▶▶▶ **Le corse**

Collection Sans Peine

par Pascal Marchetti

Illustrations de Jean-Louis Goussé

B.P. 25
94431 Chennevières-sur-Marne Cedex
FRANCE

© ASSIMIL 2018
ISBN 978-2-7005-0751-5

Nos méthodes

sont accompagnées d'enregistrements sur CD audio ou téléchargement, et existent désormais en version numérique*.

*e-méthode disponible sur le site www.assimil.com, Google Play et App Store

Sans Peine

L'allemand
L'anglais
L'anglais d'Amérique
L'arabe
Le bulgare
Le chinois
Le coréen
Le croate
Le danois
L'égyptien hiéroglyphique
L'espagnol
Le finnois
Le grec
Le grec ancien
L'hébreu
Le hindi
Le hongrois
L'indonésien
L'italien
Le japonais
Le japonais l'écriture kanji
Le khmer
Le latin
Le malgache
Le néerlandais
Le norvégien
Le persan
Le polonais
Le portugais
Le portugais du Brésil
Le roumain
Le russe
Le sanskrit
Le suédois
Le swahili
Le tchèque
Le thaï
Le turc
L'ukrainien
Le vietnamien

Perfectionnement

Allemand
Anglais
Espagnol
Italien
Russe

Langues régionales

Le breton
Le catalan
Le corse
L'occitan

Affaires

L'anglais des affaires

Objectif langues

Apprendre l'allemand
Apprendre l'anglais
Apprendre l'arabe
Apprendre le chinois
Apprendre le créole guadeloupéen
Apprendre le danois
Apprendre l'espagnol
Apprendre l'islandais
Apprendre l'italien
Apprendre le japonais
Apprendre le néerlandais
Apprendre le portugais
Apprendre le russe
Apprendre le serbe
Apprendre le tchèque
Apprendre le wolof
Learn French

Sommaire

Introduction VII
Le principe de la méthode VII
Lire le corse IX

Leçons 1 à 100

1 Cumu và ? 1
2 Quale simu ? 3
3 A mane à bon'ora 7
4 Sempre caffè ! 9
5 Gattivu tempu 11
6 In serata 15
7 Revisione 17
8 Paese o cità 21
9 Parintia 23
10 Chjachjerata 27
11 Chì aghju da purtà ? 31
12 In carrughju 33
13 Ceccè face a spesa 37
14 Revisione 39
15 Induve si manghja ? 43
16 Scontru 45
17 Trenu o vittura ? 49
18 In farmacia 53
19 Un pastu nustrale 57
20 Indè u pilucheru 61
21 Revisione 65
22 L'impiegatu nuvellu 67
23 Per mare è per aria 71
24 U purtabile 75
25 A passione di e fiure 79
26 L'amicu cumpetente 81
27 Nova framante 85
28 Revisione 89
29 Aió ! Si parte ! 93

• III

30	Calma paisana	97
31	À l'usu mudernu	101
32	Altru chè lume !	105
33	A ghjurnata di Rusina	109
34	Scalendu ind'un hôtel	113
35	Revisione	117
36	Divertesi	119
37	Roba "bió"	123
38	Ognunu a so arte	127
39	S'ella ci hè a salute...	131
40	À circà casa	133
41	L'alta strada	137
42	Revisione	141
43	Nantu batticcia	145
44	Turisimu	149
45	Rumenzula	153
46	Pastizzeria	157
47	Sulleoni	161
48	Quantu n'avemu ?	165
49	Revisione	169
50	U vicinante attaccalita	173
51	Compra di vistitoghja	177
52	Invisticciassi	181
53	Allo, sò torna eiu !	185
54	Un fanaticu in malafede	189
55	Una sosula di Mammone	193
56	Revisione	197
57	U ghjattu patrone	199
58	Letica in famiglia	203
59	Battistu si vole accasà	207
60	Caccia sì è caccia nò	211
61	À tempi mei...	215
62	Megliu pensacci prima	219
63	Revisione	223
64	Ti dicu a meia...	225
65	A rambella di l'oliva	229
66	A ghjucadora	233
67	Nivaghja è cutrura	237
68	Affari di guvernu	241

69 Prima di parte	245
70 Revisione	249
71 Ammubulassi	253
72 Induve vi sente ?	257
73 Una vita eculogica	261
74 Di quì è d'altrò	265
75 Vutà in paese	271
76 À i quattru venti	275
77 Revisione	279
78 Poni tavula, o Ceccè !	283
79 A machja	289
80 Vai è chjinati !	293
81 L'amicu di a stampa	297
82 Ind'è u ligumaghju	303
83 Nota sumerina	307
84 Revisione	311
85 Parolle pasturecce	315
86 A cantina di Tottò	321
87 Castagni è castagne	325
88 Roba di mare	331
89 Arburatura	335
90 Tonu è saietta	341
91 Revisione	345
92 Un girettu ind'a natura	349
93 Scola di prima è d'avà	353
94 Ragiunendu d'acillame	359
95 Chincaglieria	363
96 Pruverbii è detti	369
97 Solli allucati	373
98 Revisione	379
99 Fole è canzone	383
100 Per licenziassi	389

Appendice grammatical	396
Index grammatical	402
Bibliographie	405
Lexiques	406
Lexique corse-français	406
Lexique français-corse	463

Cet ouvrage auquel Pascal MARCHETTI a consacré ses dernières années est l'ultime témoignage d'un engagement de toute une vie pour la défense et la survie de la langue corse.

Introduction

Madame, Monsieur, cher (ère) lecteur (trice)
Vous avez décidé d'apprendre à parler le corse, à tout le moins le comprendre, et dans tous les cas vous le rendre familier. À cette fin, vous avez choisi de vous adresser à Assimil, et nous vous remercions de votre confiance
Vous trouverez ici une langue authentique, des dialogues vivants, tels que l'on pourrait les surprendre ici ou là en se mêlant aux habitants de l'île. En vous conformant aux prescriptions de la méthode, régularité et persévérance, écoute attentive et répétitive des enregistrements si vous en disposez, respect des deux "vagues" du parcours, vous atteindrez au terme de votre étude une aisance dans la langue qui, même si elle devait être jugée imparfaite par d'exigeants autochtones, vous sera un sésame incontestable pour accéder au monde des corsophones.

Le corse... Qu'est-ce à dire ?

Il n'y a pas de corse standard, et il est convenu que tout parler de l'île, à condition d'être cohérent et authentique (et non pas une forme patoisante calquée sur le français) peut légitimement se dire "langue corse". Cela s'applique à chacun des régiolectes (variétés linguistiques considérées sous l'angle de l'aire géographique occupée) que l'on distingue en Corse : deux (Nord et Sud) selon une répartition sommaire, trois si l'on prend en compte une zone intermédiaire. Il est clair cependant que l'existence de ces variétés ne met aucun obstacle à l'intercompréhension parmi les locuteurs. Nous vous proposons ici, sur cent leçons, un parler appartenant au régiolecte Nord. Disperser l'attention du débutant que vous êtes en digressions sur des variations morphologiques d'autres parlers n'aurait pour effet que de retarder votre progression.

Le principe de la méthode

La meilleure façon d'apprendre le corse est de se distraire en étudiant. La méthode est simple et naturelle : elle consiste à comprendre d'abord, et parler ensuite. Vous n'avez qu'à vous laisser guider, mais il faut de la régularité. Il est inutile de passer des heures d'affilée, une trentaine de minutes par jour et vous progresserez, c'est une certitude.

La méthode va se dérouler en deux phases, dites "première" et "deuxième vague".
• Durant la première vague – phase d'imprégnation – il vous suffira d'écouter le texte corse (page de gauche) une première fois dans sa totalité pour vous imprégner de sa musicalité et son rythme et une seconde fois en le comparant à la traduction française située en regard (page de droite). Vous lirez ensuite attentivement les notes explicatives et, une fois les exercices terminés, vous relirez à haute voix chaque phrase numérotée en la répétant immédiatement sans regarder le texte. Il est inutile d'apprendre par cœur, il ne s'agit que de répéter chaque phrase, aussitôt après l'avoir lue et comprise.
C'est la pratique quotidienne qui fera le reste. Grâce à cette répétition, vous assimilerez d'abord les expressions les plus courantes, puis à mesure que vous progressez, vos connaissances vont s'enrichir naturellement.
• À la cinquantième leçon (milieu de la méthode), commencera alors la "deuxième vague". Durant cette phase d'activation, à chaque nouvelle leçon et ce, jusqu'à la dernière, vous reprendrez une leçon passée, en commençant par le début, et vous traduirez le français en corse. L'objectif est d'arriver à penser en corse.
Si votre étude est régulière (une trentaine de minutes par jour) vous y parviendrez. Si vous avez déjà des bases ou bien si vous progressez rapidement et que vous avez assez de temps à votre disposition, rien ne vous empêche de faire plusieurs leçons de suite : mais il est essentiel d'être régulier. Ne laissez pas passer un jour sans faire vos quelques minutes de corse ; même si vous ne faites pas une nouvelle leçon, revoyez au moins celle de la veille.

Les enregistrements contiennent les textes corses des leçons, des exercices de traduction et des dialogues des leçons de révision. Les voix vivantes vous aideront non seulement à parfaire votre oreille et votre prononciation, mais elles faciliteront la mémorisation des expressions.
Sur les enregistrements, vous remarquerez que dans les 13 premières leçons, les dialogues sont enregistrés 2 fois : une première

fois avec les phrases en continu pour vous permettre de vous familiariser avec les sonorités du dialogue, et une deuxième fois avec une pause entre chaque phrase pour vous permettre de répéter. À partir de la leçon 15, les leçons ne seront enregistrées qu'une seule fois, il vous reviendra de mettre vous-même votre lecteur en pause pour effectuer cette répétition.

Lire le corse

Comme il n'existe pas de science spontanée de la lecture vous ne saurez pas lire le corse sans en apprendre les règles qui ne sont pas (il s'en faut !) celles du français.
La principale difficulté que vous rencontrerez est la mutation de certaines consonnes qui assument une valeur forte ou faible selon ce qui les précède dans la phrase ou dans le mot.
Fort heureusement il existe une règle ainsi formulée :
après pause, accent, ou consonne, les consonnes mutantes ont le son dur, dans les autres cas elles ont le son doux.
Ces différentes valeurs sont indiquées dans le tableau ci-dessous :

1 Comment prononcer les mutantes

Consonnes corses	Après pause, accent ou consonne	Autres cas
	Sons français correspondants	
B	B	au début d'un mot : **W**
		à l'intérieur d'un mot : **B**
devant A, O, U, consonne	K	Ç
C devant E, I	TCH	DJ
CHJ	TY	au début d'un mot : **DY**
		à l'intérieur d'un mot : **TY**
D	D	s'atténue ou s'amuït
F	F	V

devant A, O, U, consonne Ç devant E,I	Ç	s'atténue ou s'amuït
	DJ	
ÇHJ	DY	au début d'un mot : **Y**
		à l'intérieur d'un mot : **DY**
P	P	B
Q	K	Ç
devant voyelle S devant consonne	S	Z
	S devant C dur, F, P, Q,T **Z** devant B,Ç dur, L, M, N, V	
T	T	D
V	B	W
Z	TS ou DZ	DZ

À la question, que se passe-t-il si on omet d'opérer la mutation et si, par exemple, la séquence **u papa è i preti** (*le pape et les prêtres*) est prononcée *[ou papa è i préti]* au lieu de ce que commande la règle *[ou baba è i bréd]* ? Réponse : vous serez compris tout autant, mais votre langue n'aura ni la fluidité ni le naturel d'un parlant-corse.

2 Les consonnes spécifiques

Le corse possède deux consonnes spécifiques représentées dans l'écriture respectivement par les groupes **CHJ** et **ÇHJ** et soumises l'une et l'autre à la règle de mutation (voir le tableau de prononciation).

3 Attention aux consonnes doubles !

Si en français on prononce les consonnes doubles de la même façon que les simples (*belle* comme *bêle*, *colle* comme *col*, *salle* comme *sale*, etc.) il n'en va pas de même en corse où les deux consonnes doivent s'entendre : **allora** *[al-lora]* ne se prononce pas comme *alors*, **palla** *[pal-la]*, *balle* ne se prononce pas comme **pala** *[pa-la]*, *pelle*, etc.

4 L'accent tonique

Ayez toujours soin de prononcer plus fortement la syllabe tonique. C'est elle qui donne au corse sa musique. L'accent tonique n'est marqué dans l'écriture (par un accent grave ou, plus rarement, par un accent aigu) que lorsqu'il frappe un monosyllabe ou la voyelle finale d'un mot. Dans le texte des leçons la syllabe tonique sera toujours marquée par une lettre **en gras**.

5 Chuintantes et palatales

Le son chuintant rendu en français par **CH** (*chat*) est rendu en corse par **SC** devant **E** ou **I**, **SCI** devant **A**, **O**, **U**. Exemples : **pesci** *[pèchi]*, **cascia** *[cacha]*.
Le son chuintant rendu en français par **J** *[je]* est rendu en corse par **SG** devant **E** ou **I**, **SGI** devant **A**, **O**, **U**. Exemples : **cosge** *[côjè]*, **sgiò** *[jo]*
Les groupes corses **GLI** er **GN** traduisent respectivement les sons que l'on a en français dans les mots *lieu* et *vigne*. Exemples : **paglia** *[palya]*, **Spagna** *[Espagne]*.

6 Rôles du *H*

Le **H** sert à conserver au **C** et au **G** leur son dur devant **E**, **I**. En effet, si **CE** et **CI** se lisent respectivement *[tchè]* et *[tchi]*, il nous faut avoir **CHE** et **CHI** pour rendre les sons *[kè]* et *[ki]*.
Le **H** est muet dans les formes verbales **hà** et **hè**.

7 Les voyelles

A et **I** se lisent comme en français.
E et **O** peuvent avoir un son ouvert (fr. *dais*, *port*) ou fermé (fr. *dé*, *pot*). Dans la prononciation figurée *e* et *o* ouverts sont laissés sans accent, *é* fermé est coiffé d'un accent aigu, *ô* fermé est coiffé d'un accent circonflexe.
U se lit toujours *[ou]*.

8 Lettres étrangères

K, **W**, **X**, **Y** ne se rencontrent que dans des mots étrangers.

1 / Prima lezione

Avant d'entamer votre première leçon, veillez à bien lire les pages qui précèdent. Vous y trouverez toutes les explications préliminaires indispensables à un apprentissage efficace.

Prima lezione [prima létsionè]

Cumu và ?

1 – Bonghjornu o Marì [1] !
2 – Salute [2] o Dumè [1] !
3 – Cumu state [3] ?
4 – Stò [3] bè, vi [4] ringraziu.
5 – È voi [4] ?
6 – Ùn ci hè male, grazie.

Prononciation

koumou oua 1 bondyornou ô mari 2 saloudè ô doumè 3 koumou stadè 4 sto bè bi rinn-gradziou 5 è boï 6 oun tchè malè gradziè

Remarques de prononciation

Les numéros en marge vous indiquent la phrase du dialogue dans laquelle se trouve le mot concerné par ces remarques.

(2) • **salute** *[saloudè]* : en raison de sa position le t s'affaiblit en *[d]* conformément à votre tableau de prononciation des mutantes.
• **dumè** *[doumè]* pour la même raison le d est ici très faiblement prononcé et parfois même amuï.
(4), (5) Notez la différence de prononciation du v : après voyelle atone comme dans le titre : **cumu và** *[oua]*, et après pause ou voyelle accentuée : **vi, voi** *[b]*.
(6) ci hè *[tchè]* le i ne doit pas être prononcé.

Notes

1 Les deux interlocuteurs se nomment respectivement **Maria** et **Dumenicu**, mais lorsqu'on appelle ou interpelle quelqu'un on commence toujours par l'interjection vocative **o**, et on arrête l'énoncé sur la voyelle tonique : **o Marì, o Dumè**.

Première leçon / 1

Pour vous aider à mieux repérer la traduction des mots corses, nous vous indiquons, entre parenthèses et en caractères italiques, les traductions littérales qui nous semblent nécessaires.

Première leçon

Comment [ça] va ?

1 – Bonjour *(ô)* Maria !
2 – Salut *(ô)* Dumenicu !
3 – Comment allez-vous *(restez[-vous])* ?
4 – [J]e vais *(reste)* bien, [je] vous remercie.
5 Et vous ?
6 – Pas trop mal *(n'y est mal)*, merci.

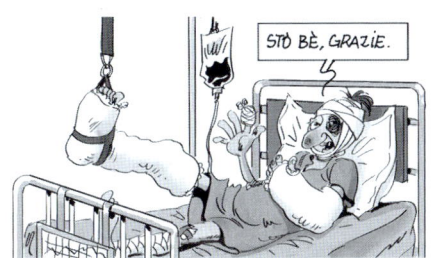

2 **salute** (litt. "salutations") a le même sens que **bonghjornu**, *bonjour*, en un peu plus familier. Nous le rendons donc ici par *Salut !*

3 **state**, **stò** sont des formes du verbe **stà**, *rester*, qui selon le contexte peut assumer d'autres sens, comme ici celui de *se porter*.

4 **vi** est un pronom complément d'objet indirect *à vous*, **voi** (en phrase 5) est le pronom sujet *vous*.

dui • 2

Eserciziu 1 – Traducite
Exercice 1 - Traduisez

❶ O Dumè, cumu state ? ❷ Sto bè, grazie. ❸ È voi o Marì ?
❹ Ùn ci hè male. ❺ Vi ringraziu.

***

Eserciziu 2 – Cumplitate
Exercice 2 – Complétez
(chaque point représente un caractère – lettre ou apostrophe, tiret, etc.)

❶ Bonjour, Dumenicu !
   . . . . , o Dumè !

❷ Comment allez-vous ?
   Cumu . . . . . ?

❸ Salut, Maria !
   Salute, ... !

2

Seconda lezzione [sègonda lètsionè]

Quale ' simu ?

1 – Cumu vi chjamate ?
2 – Mi chjamu Ghjulia, è voi ?

Prononciation
koualè zimou 1 koumou oui dyamadè 2 mi dyamou youlia è boï

Remarques de prononciation
(1), (2) chjamate, chjamu : vous faites connaissance avec le groupe **chj**, ici après voyelle atone et donc prononcé *[dy]*

(2) • **ghjulia** et revoici le groupe **ghj** déjà rencontré à la première leçon dans bonghjornu, mais cette fois il se trouve après voyelle atone et donc il est simplement prononcé " y ";

• **è voi** : vous avez bien noté que le **v** après voyelle tonique se prononce *[b]*. Fort bien.

3 • **trè**

Deuxième leçon / 2

Corrigé de l'exercice 1
❶ Dumenicu, comment allez-vous ? ❷ Je vais bien, merci. ❸ Et vous, Maria ? ❹ Pas trop mal. ❺ Je vous remercie.

***

❹ Comment ça va ?
   Cumu .. ?

❺ Pas trop mal, merci.
   .. .. .. male, ...

Corrigé de l'exercice 2
❶ Bonghjornu – ❷ – state ❸ – o Marì ❹ – và ❺ Ùn ci hè – grazie

Deuxième leçon

Qui sommes[-nous] ?

1 – Comment vous appelez[-vous] ?
2 – [Je] m'appelle Ghjulia, et vous ?

Note
1 Le pronom interrogatif **quale**, *qui ?*, est invariable.

quattru • 4

2 / Seconda lezzione

   3 – **E**iu sò [2] Matt**e**u.
   4 – Mi f**a**ce piac**è**.
   5 – S**i**te giurnal**i**sta [3] ?
   6 – Nò, sò s**e**mpre studi**e**nte [4].

3 éyou zo matéou 4 mi vadjè biadjè 5 sidè djiournalista 6 no so sèmprè stoudïèntè

Notes
2 En corse on n'emploie les pronoms personnels sujets que pour marquer une comparaison ou une opposition : **Eiu sò Matteu** correspond à *et moi je suis Matteu*. En dehors de ces cas la forme verbale suffit : **sò**, *je suis*.

***

Eserciziu 1 – Traducite
Exercice 1 – Traduisez

❶ Bonghjornu o Ghjù ! ❷ Mi chjamu Matteu è sò giurnalistu. ❸ Mi face piacè. ❹ Site giurnalista ? ❺ Nò, o Matté, eiu sò studiente.

***

Eserciziu 2 – Cumplitate
Exercice 2 – Complétez

❶ Comment vous appelez-vous ?
   Cumu vi .... ?

❷ Je m'appelle Ghjulia
   .... Ghjulia.

❸ Enchanté.
   ...... piacè.

5 • **cinque**

Deuxième leçon / 2

3 – Moi [je] suis Matteu.
4 – **Enchantée** *([ça] me fait plaisir)*.
5 – [Vous] êtes journaliste ?
6 – Non, [je] suis toujours étudiante.

3 **giurnalista** est la forme du féminin, le masculin est **giurnalistu**, *journaliste*.
4 **studiente** vaut pour les deux genres : *étudiant/étudiante*.

***

Corrigé de l'exercice 1
❶ Bonjour, Ghjulia ! ❷ Je m'appelle Matteu et je suis journaliste. ❸ Enchanté/e. ❹ Vous êtes journaliste ? ❺ Non, Matteu, moi je suis étudiante.

***

❹ Moi, je suis toujours étudiante.
 ..., sò sempre ....

Corrigé de l'exercice 2
❶ – chjamate ❷ Mi chjamu – ❸ Mi face – ❹ Eiu – studiente

sei • 6

Terza lezione [tertsa lètsionè]

A mane[1] à bon'ora[2]

1 – Ohò ![3] Site digià arrittu,
2 ... ùn hè ancu ghjornu !
3 – M'arrizzu prima di l'alba
4 per andà à travaglià[4].
5 – Avete ragiò, cum'ellu dice u pruverbiu...
6 "À chì dorme ùn piglia pesci."

Prononciation
amanè a bônôra 1 sidè idjia aritou 2 ounn è ankou yornou 3 maritsou brima i lalba 4 per anda a traoualya 5 aouèdè radjio koum'èl-lou idjè ou brou-ouèrbiou 6 a ki dôrmè oun pilya bèchi

Notes

1 **a mane** est synonyme de **a matina**, *le matin*, mais ne s'emploie que dans certaines locutions, comme ici dans le titre de la leçon, ou pour une précision horaire, par exemple : **à trè ore di mane**, *à trois heures du matin*.

2 **bon'ora**, *de bonne heure* : l'adjectif **bonu** (féminin **bona**), *bon/bonne*, s'élide lorsqu'il est placé avant le nom qu'il qualifie.

3 **ohò** est une interjection qui marque la surprise.

4 **andà à travaglià**, *aller travailler* : les verbes de mouvement suivis d'un infinitif s'accompagnent toujours de la préposition **à**. C'est une règle à retenir.

***

Eserciziu 1 – Traducite
❶ Site arrittu prima di l'alba. ❷ Ùn hè ancu ghjornu. ❸ M'arrizzu per andà à travaglià. ❹ Avete ragiò. ❺ À chì dorme ùn piglia pesci.

Troisième leçon

Le matin de bonne heure

1 – Tiens ! [vous] êtes déjà debout,
2 ... [il] ne fait *(n'est)* [pas] encore jour !
3 – [Je] me lève avant *(de)* l'aube
4 pour aller *(à)* travailler.
5 – [Vous] avez raison, comme *(il)* dit le proverbe...
6 "*(à)* qui dort ne prend [pas de] poissons."

Remarques de prononciation
(1) digià : le **d** ne se prononce pratiquement pas puisqu'il vient après une voyelle atone ;
(3) di même observation que pour **digià**.
(4) travaglià : vous faites connaissance avec le groupe **gli** où le **g** ne se prononce absolument pas mais signale un son "mouillé" comme dans le français *liane*, *lion*.
(5) dice même observation que pour **digià** et **di**.
(6) dorme ici en revanche le **d** suit une voyelle tonique, il se prononce donc pleinement ; **pesci** : **sc** devant **e** ou **i** a la valeur du français *[ch]*.

Corrigé de l'exercice 1
❶ Vous êtes debout avant l'aube. ❷ Il ne fait pas encore jour. ❸ Je me lève pour aller travailler. ❹ Vous avez raison. ❺ Qui dort ne prend pas de poissons.

4 / Quarta lezzione

Eserciziu 2 – Cumplitate
❶ Vous êtes déjà debout.
   Site digià ....

❷ Il ne fait pas encore jour.
   Ùn hè .... ghjornu.

❸ Je me lève avant l'aube.
   .... prima di l'alba.

Quarta lezzione [kouarta letsionè]

Sempre caffè !

1 – Chì pigliate a matina o Catalì ?
2 – Caffè ind'una [1] cuppetta...
3   cù u latte è cù u zuccheru.
4 – È Ghjiseppu, chì piglia ?
5 – Ellu, una tazzina [2] di caffè neru.
6 – Fattu cullazione, v'accunsente [3] un "espresso" [4] ?
7 – Sicura [5], senza caffè ùn possu stà [6] ! □

Prononciation
sèmprè gafè 1 ki pilyadè amadina ôgadali 2 kafè i-ndouna goupèta 3 kou ou latè è kou ou dzoukèrou 4 è dyizèpou ki pilya 5 èl-lou ouna datsina i gafè nèrou 6 fatou goul-ladzionè bakounsèntè oun espresso 7 sigoura sèntsa gafè oun pôssou sta

Notes

1 ind' comme indu sont des formes renforcées de in, *dans*, que l'on emploie devant une voyelle, par commodité articulatoire.

2 tazzina le suffixe -ina est un diminutif, soit *petite tasse*. La forme simple est tazza, *tasse*.

3 accunsente, infinitif et ici 3ᵉ personne du singulier de l'indicatif présent : *consentir, agréer*.

4 espresso est un mot italien qui s'intègre sans difficulté en corse, il convient donc de l'accentuer comme dans sa langue d'origine.

9 • **nove**

Quatrième leçon / 4

❹ Comme dit le proverbe...
  Cum'ellu .... u pruverbiu...
❺ Qui dort ne prend pas de poissons.
  À chì dorme ùn piglia ....

Corrigé de l'exercice 2
❶ – arrittu ❷ – ancu ❸ – m'arrizzu – ❹ – dice – ❺ – pesci

Quatrième leçon

Toujours du café !

1 – Que prenez[-vous] le matin, *(o)* Catalina ?
2 – [du] café dans un bol...
3   avec du *(le)* lait et *(avec)* du *(le)* sucre.
4 – Et Ghjiseppu, que prend[-il] ?
5 – Lui, une petite tasse de café noir.
6 – Après *(fait)* déjeuner, un expresso n'est pas pour vous déplaire *(vous agrée un expresso ?)* ?
7 – Sûrement, sans café [je] ne peux [pas] vivre *(rester)* !

Remarque de prononciation
L'adoucissement des consonnes mutantes dans la chaîne orale devra à la longue devenir automatique et spontané, mais pour l'instant vous veillerez à appliquer la règle : après une pause, un accent, ou une consonne, ou lorsqu'elles sont doubles, les mutantes gardent leur valeur forte, dans les autres cas elles s'adoucissent. La figuration phonétique ci-dessus rend parfaitement compte de ce phénomène.

5 *sicura*, *sûrement*, *bien sûr* : le corse n'aime guère les adverbes en **-mente** : plutôt que "**sicuramente**" on se contente de l'adjectif féminin, employé adverbialement.

6 *stà*, *rester*, qui, comme nous l'avons vu dès la première leçon est un verbe qui peut avoir plusieurs sens, est ici exceptionnellement rendu en français par *vivre*.

dece • 10

5 / Quinta lezzione

Eserciziu 1 – Traducite
❶ Catalina piglia u caffè ind'una cuppetta. ❷ A matina Ghjiseppu piglia caffè neru. ❸ Un espresso ind'una tazzina accunsente. ❹ Cù u zuccheru, sicura ! ❺ Senza caffè ùn possu stà.

Eserciziu 2 – Cumplitate
❶ Que prenez-vous le matin ?
   Chì .... a matina ?

❷ Catalina prend un café dans un bol.
   Catalina piglia u caffè ind'una ....

❸ Ghjiseppu prend du café noir.
   Ghjiseppu ...... caffè ..... .

❹ Après déjeuner un expresso (vous) est bien agréable ?
   Fattu .... v'accunsente un espresso ?

❺ Sans café je ne peux pas vivre.
   ..... caffè ùn possu stà.

Quinta lezzione [koui-nta letsionè]

Ghjattivu tempu

1 – Stamane [1] piove è ne fala [2].
2 – Piglia u paracqua...

Prononciation
gati-wou dèmpou **1** *stamanè biô-ouè è nè vala* **2** *pilya ou barakoua*

Remarques de prononciation
(titre), (1), (3), (7) Dans cette leçon nous rencontrons cinq fois le **v** en position faible (cf. **ghjattivu, piove, voli, avemu, rivocchi**) et donc toujours prononcé *[w]*.
(titre), (4), (5), (6) Notez aussi les consonnes doublées : à la différence du français qui les prononce comme simples il convient en corse de bien faire entendre le redoublement.

11 • ondeci

Corrigé de l'exercice 1

❶ Catalina prend du café dans un bol. ❷ Le matin Ghjiseppu prend du café noir. ❸ Un expresso dans une petite tasse est bien agréable. ❹ Avec du sucre, bien sûr ! ❺ Sans café, je ne peux pas vivre.

Corrigé de l'exercice 2

❶ – pigliate – ❷ – cuppetta ❸ – piglia – neru ❹ – cullazione – ❺ Senza –

Cinquième leçon

Mauvais temps

1 – Ce matin *(ce-matin)* [il] tombe des cordes *([il] pleut et [il] en descend)*.

2 – Prends ton *(le)* parapluie...

Notes

1 **stamane**, *ce matin*, est un adverbe de temps, composé de l'adjectif démonstratif féminin **sta**, *cette* (car **mane** est féminin en corse) et du nom **mane**, *matin*, que nous avons déjà rencontré (cf. 3ᵉ leçon).

2 **piove è ne fala**, littéralement "[il] pleut et [il] en descend" signifie **il tombe des cordes** ou encore **il pleut en abondance**.

5 / Quinta lezione

3 sè [3] t'ùn ti v**o**li incrusci**à**.
4 – Inn**ò** [4], asp**e**ttu **u**na stanci**a**ta.
5 – H**a**i da [5] aspitt**à** un p**e**zzu,
6 hà d**e**ttu a meteó [6] chì per trè ghj**o**rni [7]
7 av**e**mu l'**a**cqua à riv**o**cchi !

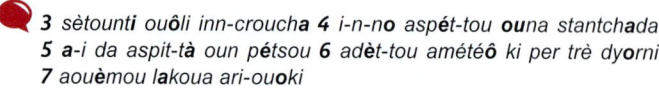

3 sètounti ou**ô**li inn-crouch**a** 4 i-n-n**o** aspét-tou **ou**na stantchada
5 **a**-i da aspit-tà oun pétsou 6 adèt-tou amétéô ki per trè dyorni
7 aouèmou lakoua ari-ou**o**ki

Notes

3 **sè** : la conjonction marquant une condition est **sè** devant un pronom personnel, et **sì** dans les autres cas.

4 **innò** est la forme renforcée de l'adverbe de négation **nò**. On l'emploie pour une dénégation plus ferme (*non, pas du tout*) ou pour une réponse négative à une affirmation, comme cela est le cas ici.

***

Eserciziu 1 – Traducite

❶ Stamane piove à rivocchi. ❷ T'hai da incrusci**à**. ❸ Piglia u paracqua. ❹ Avemu l'acqua per trè ghjorni. ❺ Aspettu una stanciata.

Eserciziu 2 – Cumplitate

❶ Il pleut en abondance.
   Piove e .. ..

❷ J'attends une accalmie.
   .... una stanciata.

❸ Tu vas attendre longtemps.
   Hai da aspittà .. ..

❹ Nous avons de l'eau à verse.
   Avemu l'acqua . ...

❺ Prends ton paraluie.
   ...... u paracqua.

Cinquième leçon / 5

3 si tu ne *(te)* veux [pas te] mouiller.
4 – Mais non, [j']attends une accalmie *(interruption)*.
5 – [Tu] vas *(as à)* attendre longtemps *(un bout)*,
6 la météo a dit *(a dit la météo)* que pendant *(pour)* trois jours
7 [nous] aurons *(avons)* [de] l'eau à verse *(déversements)* !

5 **hai da** : le verbe **avè**, *avoir*, suivi de la préposition **da**, *à*, et d'un infinitif, est une forme usuelle de futur proche.

6 **ha dettu a meteó** : notez l'inversion du verbe et du sujet : une construction que nous rencontrerons souvent : *"a dit la météo"*.

7 **ghjorni**, singulier **ghjornu**. Les noms masculins en **–u** font leur pluriel en **–i**.

***

Corrigé de l'exercice 1
❶ Ce matin il pleut à verse. ❷ Tu vas te mouiller. ❸ Prends ton *(un)* parapluie. ❹ Nous avons de l'eau pendant trois jours. ❺ J'attends une accalmie.

Corrigé de l'exercice 2
❶ – ne fala ❷ Aspettu – ❸ – un pezzu ❹ – à rivocchi ❺ Piglia –

Sesta lezzione [sésta létsionè]

In serata

1 – Chì faci o Pé stasera ?
2 – Stasera ¹ mi stò ² in casa.
3 – Noi andemu à sente i cantadori,
4   voli vene ?
5 – Nò, chì sò stancu è aghju u sonnu,
6   serà per un'altra volta ³.
7 – Allora avvedeci, à bona notte ⁴ !

Prononciation
inn serada 1 kifadji obé stazèra 2 stazèra misto ncaza 3 noi andèmou assèntè igantaori 4 bôli ouènè 5 no kisso stankou è adyou ouzo-nnou 6 sera per ounaltra ouôlta 7 al-lôra abè-edji à bôna nôt-tè

Notes
1 **stasera**, *ce soir*, est un adverbe composé, comme **stamane**, *ce matin*, que nous avons vu précédemment
2 **stò** : revoilà le verbe **stà**, cette fois dans une de ses acceptions les plus courantes : *je reste*.
3 **un' altra volta**, *une autre fois* : l'apostrophe marque le féminin de l'article ; dans **un altru ghjornu**, *un autre jour*, on n'en mettra pas.
4 **à bona notte** : lorsque le souhait de *bonne nuit* est en même temps une prise de congé on le fait précéder de la préposition **à**.

***

Eserciziu 1 – Traducite
❶ Chì faci stasera ? ❷ Voli vene à sente i cantadori ? ❸ Mi stò in casa chì sò stancu. ❹ Aghju u sonnu, à bona notte ! ❺ Avvedeci !

15 • **quindeci**

Sixième leçon

Dans la soirée

1 – Que fais[-tu] *(ô)* Petru ce soir *(ce-soir)* ?
2 – Ce soir *(ce-soir)* [je] *(me)* reste à la *(en)* maison.
3 – Nous, [nous] allons *(à)* écouter *(entendre)* des *(les)* chanteurs,
4 veux[-tu] venir ?
5 – Non, car *(que)* [je] suis fatigué et [j'] ai *(le)* sommeil,
6 [ce] sera pour une autre fois.
7 – Alors, au revoir, *(à)* bonne nuit !

Remarques de prononciation
(Titre), (2) Observez la différence de prononciation de **in** selon que cette préposition est autonome (titre) ou dans la chaîne orale où le **i-** s'amüit (phrase 2).
(3) cantadori le **d** entre deux voyelles n'est pratiquement pas prononcé, alors que l'est, dans la même phrase, celui après consonne de **andemu**.
(4) Bonne illustration des deux valeurs de **v** : prononcé *[b]* après pause dans **voli** et *[w]* après voyelle atone dans **vene**.
(7) avvedeci : deux **v** se lisent comme un *[b]*.

Corrigé de l'exercice 1
❶ Que fais-tu ce soir ? ❷ Veux-tu venir écouter des chanteurs ? ❸ Je reste à la maison car je suis fatigué. ❹ J'ai sommeil, bonne nuit ! ❺ Au revoir !

Eserciziu 2 – Cumplitate

❶ Nous allons écouter des chanteurs.
Andemu . . . . . . i cantadori.

❷ Que fais-tu ce soir ?
Chì . . . . stasera ?

❸ Je suis fatigué et j'ai sommeil.
Sò stancu è aghju . . . .

❹ Ce sera pour une autre fois.
Sarà per un'altra . . . .

Settima lezzione [séttima létsionè]

Revisione – Révision

Voici votre première leçon de révision. Passons donc en revue les différents points grammaticaux que nous avons découverts au fil de ces 6 premières leçons.

1 Écriture et prononciation

Vous avez avancé. Dans de petits dialogues de la vie courante vous avez découvert le ton, les constructions grammaticales du corse, et déjà des éléments de son vocabulaire usuel. À la lecture vous commencez à vous habituer aux groupes **chj** et **ghj**, mais leur mutation et celle de onze autres consonnes, dont rend compte la prononciation figurée, a pu souvent vous amener à consulter le tableau de prononciation, placé au début du livre. Ne vous en effrayez pas : la lecture des mutantes vous deviendra familière au bout de quelques leçons.

En attendant, rappelons-en la règle : **après pause** (point, virgule, début de phrase), **accent** (tonique et/ou graphique), **consonne**, ou lorsqu'elle est **double**, la mutante revêt sa forme forte, dans les autres cas elle s'affaiblit.

Rappelez-vous que les sons français des groupes *an*, *un*, *in*, *on* ne se retrouvent pas tels quels en corse. La nasalisation y existe mais

❺ Alors, au revoir, bonne nuit !
   Allora ...., à bona notte !

Corrigé de l'exercice 2
❶ – à sente – ❷ – faci – ❸ – u sonnu ❹ – volta ❺ – avvedeci –

Les nombreux groupes de chanteurs éclos dans l'Ile depuis les années 1970 et dont le répertoire est exclusivement corse se produisent lors de soirées organisées, dans des salles de spectacle ou, l'été, sur les places publiques.

Septième leçon

elle est très faible. Et ne prononcez pas les **r** de la gorge, mais de la langue et du palais, légèrement vibrés.

2 L'accent tonique

La voyelle qui le porte, sur laquelle on doit marquer l'intensité, est signalée en **gras** dans les leçons. Cet accent qui donne à la langue son rythme et sa "musique" frappe le plus souvent l'avant-dernière syllabe : **bonghjornu**, **matina**, **cullazione**, **paracqua**.
Mais on peut le rencontrer sur la syllabe qui précède l'avant-dernière, appelée "antépénultième" :
Dumenicu, **zuccheru**, **avvedeci**, **settima**, et parfois aussi sur la dernière : **piacè**, **digià**, **ragiò**, **caffè**.

3 Les verbes auxiliaires

Au cours des premières leçons vous avez fait la connaissance du présent de l'indicatif des verbes **esse**, *être*, et **avè**, *avoir*, rappelé ci-dessous. Bien qu'on n'emploie pas ordinairement devant le verbe les pronoms personnels sujets, nous les indiquons ici, car dans certains cas ils sont utiles à la conversation.

pr. sujet / verbe aux.	esse	avè
eiu	sò	aghju
tù	sì	hai
ellu/ella	hè	hà
noi	simu	avemu
voi	site	avete
elli/elle	sò	anu

4 La conjugaison des verbes

Vous avez probablement observé qu'il y a en corse deux conjugaisons :
– l'une a son infinitif en **-à** ; **stà**, *rester / se porter / demeurer* ; **travaglià**, *travailler* ; **aspittà**, *attendre*
– et l'autre en **-e** : **dorme**, *dormir* ; **accunsente**, *être agréable* ; **sente**, *sentir*.
Et puis existent quelques verbes irréguliers (**andà**, *aller* ; **vene**, *venir*…). Nous aurons l'occasion d'y revenir.

5 L'article

5.1 L'article défini

	Défini singulier		Défini pluriel	
	masc.	fém.	masc.	fém.
devant consonne	u	a	i	e
devant voyelle	l'		l'	

5.2 L'article indéfini

	Indéfini singulier	
devant consonne	un	una
devant voyelle	un	un'

Il n'y a pas d'articles indéfinis au pluriel, le pluriel du nom suffit.

6 La négation

Elle se fait au moyen de la particule **ùn**, (à ne pas confondre avec l'article ci-dessus) :
Ùn ci hè male, *Il n'y a pas de mal.* (leçon 1)
Ùn hè ancu ghjornu, *Il ne fait pas encore jour.* (leçon 3)
Senza caffè ùn possu stà, *Sans café, je ne peux pas vivre.* (leçon 4)
Sè t'ùn ti voli incruscià..., *Si tu ne veux pas te mouiller...* (leçon 5)

Dialogue de révision

1 – Cumu state o Dumè ?
2 – Bè, grazie.
3 – Site arrittu à bon'ora stamane.
4 – Sicura, aghju da andà à travaglià.
5 – Pigliate un caffè ?
6 – Senza zuccheru, ind'una tazzina,
7   vi ringraziu, o Marì.
8 – Site sempre studiente ?
9 – Innò, sò giurnalistu.
10 – Chì dice a meteó, hà da piove stasera ?

Traduction

1 Comment allez-vous Dumenicu ? **2** Bien, merci. **3** Vous êtes debout de bonne heure ce matin. **4** Sûrement, je vais aller travailler. **5** Vous prenez un café ? **6** Sans sucre, dans une petite tasse, **7** je vous remercie, Maria. **8** Vous êtes toujours étudiant ? **9** Non, pas du tout, je suis journaliste. **10** Que dit la météo, il va pleuvoir ce soir ?

Bravo ! vous avez atteint le terme de la première semaine d'étude et vous êtes déjà en possession de plusieurs clés du corse. Continuez tranquillement sur le même rythme, les progrès viendront vite.

8

Ottesima lezzione [ôtèzima letsionè]

Paese o cità

1 – State in paese tuttu l'annu voi ?
2 – Ïé [1], aghju 'ssu [2] piacè è ne prufittu.
3 – Hè più bona l'aria [3], ci hè più poca ghjente è menu rimore.
4 – Ma site luntanu da [4] i principali cummerci.
5 – Per quessa [5], bastanu vinti minuti [6] di vittura per andà à fà a pruvista.
6 – Allora videte chì senza vene in cità ùn si pó campà [7] !

Prononciation

paèzè o tchida 1 stadè inn paèzè douttou la-nnou ouo-i 2 i-yé adyou sou biadgè è nè brouvitou 3 è piou bôna laria tchè piou poga yèntè è mènou rimorè 4 ma zidè lountanou da i prinn-tchibali goumertchi 5 per kouèssa bastanou ouinn-ti minoudi di ouitoura per andà a fa a brou-ouista 6 al-lôra oui-èdè gui sèntsa ouènè inn tchida oun si bô kampa

Notes

1 **ïé** est avec **sì** l'un des deux adverbes servant à dire "oui", mais ils ne sont pas interchangeables : seul **sì** est une affirmation pouvant être opposée à **nò** dans des locutions (**o sì o nò**, *oui ou non*, **dì di sì**, *dire oui*, etc.), alors que **ïé** (cf. le toscan **gli è**, *cela est, c'est cela*) est, comme ici, une confirmation des propos d'un interlocuteur.

2 **'ssu**, *ce* est l'aphérèse du démonstratif **quessu** [kouèssou].

3 **aria**, *air* : en corse ce nom est du féminin, prenez-y garde.

Huitième leçon

Village ou ville

1 – [Vous] habitez *(restez)* au *(en)* village toute l'année, vous ?
2 – Oui, [j']ai ce plaisir et [j']en profite.
3 L'air est meilleur *(est plus bon l'air)*, il y a moins de monde *(plus peu [de] gens)* et moins [de] bruit.
4 – Mais [vous] êtes loin des *(de les)* principaux commerces.
5 – Pour ça *(celle-là)* il suffit de *(suffisent)* vingt minutes de voiture pour aller *(à)* faire des *(la)* provision[s].
6 – Alors [vous] voyez que sans venir en ville on ne *(ne se)* peut [pas] vivre !

Remarques de prononciation
(1) annu *[a-nnou]* : si en français on ne fait pas entendre le redoublement des consonnes, il n'en va pas de même en corse où le sens peut changer selon que la consonne est simple ou double.
(6) • allora *[al-lôra]* : même remarque que ci-dessus : ne prononcez pas les deux "l" comme dans le français *alors*.
• videte *[oui-èdè]* : le "d" intervocalique est ici tellement affaibli qu'on ne l'entend pratiquement pas. Et vous aurez remarqué sur l'ensemble du dialogue que la règle de prononciation des consonnes mutantes joue implacablement.

4 da est une préposition servant, entre autres emplois, à exprimer une distance ou une provenance.
5 quessa, littéralement *celle-là*, est un démonstratif féminin qui peut aussi avoir une valeur neutre : *ça*.
6 Attention : **minuti** *minutes* (sing. **minutu**) est du masculin.
7 campà, *subsister, survivre*, et par extension *vivre*, est un verbe intransitif largement plus usité que son synonyme **vive** *[bi-ouè]*.

Eserciziu 1 – Traducite

❶ L'aria hè più bona. ❷ Ci hè menu rimore. ❸ Aghju 'ssu piacè. ❹ Bastanu vinti minuti di vittura. ❺ In cità si pó stà tuttu l'annu.

Eserciziu 2 – Cumplitate

❶ Vous habitez au village, vous ?
State .. .. voi ?

❷ Il y a moins de monde.
Ci hè più poca ....

❸ Alors, vous voyez, j'en profite !
...... videte .. prufittu !

❹ Sans faire de provisions on ne peut pas vivre.
Senza fà a .... ùn si pó campà.

❺ Mais vous êtes loin des commerces...
Ma site .... da i cummerci...

9

Nuvesima lezzione [nou-ouèzima létsionè]

Parintia

1 – Chì ti vene, o Pé, u duttore Vincenti ?
2 – Hè un parente per parte di Mamma.[1]

Prononciation
parinn-tia 1 ki ti ouènè ôbé ou outorè ouinn-tchènti 2 è oun parèntè per partè i mamma

Note

1 **Mamma**, *ma mère*. En corse, lorsqu'on cite ses propres parents ou grands-parents on ne met pas de possessif. De plus, le nom est alors

Corrigé de l'exercice 1
❶ L'air est meilleur. ❷ Il y a moins de bruit. ❸ J'ai ce plaisir. ❹ Il suffit de vingt minutes de voiture. ❺ En ville on peut rester toute l'année.

Corrigé de l'exercice 2
❶ – in paese – ❷ – ghjente ❸ Allora – ne – ❹ – pruvista – ❺ – luntanu –

À la fin du vingtième siècle beaucoup d'activités et de populations se sont progressivement retirées des zones rurales de l'intérieur pour gagner les villes et les bourgades côtières.

Neuvième leçon 9

Parenté

1 – Quel lien de parenté as-tu *(que te vient)*, Petru, [avec] le docteur Vincenti ?
2 – [C']est un parent du côté de [ma] mère.

Remarques de prononciation
(1), (2), (3), (4) Tous les "d" – de **duttore**, **di**, **duzina** – sont en position faible et ne sont donc pas prononcés (ou à peine).

considéré comme un nom propre et prend une majuscule. On dira de même **Babbu** *mon père*, **Babbone** *mon grand-père*, **Mammone** *ma grand-mère*.

9 / Nuvesima lezzione

3 Simu parechji [2] di listessu ceppu...,
4 trà cugini carnali è cugini di terzu [3] ne aghju una duzina...
5 senza cuntà l'appiccicaticci.
6 – È cù i to vicini chì di casata si chjamanu cum'è [4] tè, sì parente ?
7 – À dilla franca [5], cù quessi simu più parenti chè amici !

3 simou barètyi i listèssou djèpou 4 tra koudjini carnali è koudjini i dertsou nè adyou ouna oudzina 5 sèntsa gounta lapitchigaditchi 6 è kou i do ouidjini gui di gazada zi dyamanou goumèttè si parèntè 7 adil-la vranca kou kouèssi zimou biou parènti guè amidji

Remarques de prononciation
(6), (7) Les "d" de **di** et de **dilla** viennent après une voyelle accentuée : on les prononce donc pleinement.

Notes
2 **parechji**, littéralement "plusieurs". Mais cet adjectif peut exprimer une quantité assez importante, comme le français populaire *pas mal*...

3 **di terzu**, *de troisième* (**gradu**, *degré* est sous-entendu). On considère traditionnellement que le premier degré c'est la fratrie, et donc les cousins germains représentent le deuxième degré, les issus de germains le troisième.

***

Eserciziu 1   Traducite

❶ Cugini ne aghju una duzina. ❷ Site di listessu ceppu ? ❸ L'appiccicaticci sò parechji. ❹ U duttore Vincenti hè un cuginu di terzu. ❺ À dilla franca, i to vicini ùn sò amici.

25 • **vinticinque**

3 Nous sommes nombreux *(plusieurs)* de la-même souche…,
4 entre cousins germains *(charnels)* et cousins issus de germains *(de troisième [degré])* [j']en ai une douzaine…
5 sans compter les "pièces rapportées" *(adhésifs)*.
6 – Et avec tes *(les tiens)* voisins qui par leur *(de)* patronyme s'appellent comme toi, es[-tu] parent ?
7 – Pour parler franchement *(à la-dire franche)*, avec ces gens-là *(ceux-là)* nous sommes davantage *(plus)* parents que [nous ne sommes] amis !

4 **cum'è** *comme*. Il s'agit ici de l'adverbe élidé **cumu** accompagné de la conjonction tonique **è** *et* qui confère le son dur à la consonne qui suit.

5 **dilla** : composition de l'infinitif **dì** *dire* et du pronom complément **la** *la*. Ce dernier étant atone s'appuie sur l'accent final de l'infintif, ce qui entraîne le redoublement de sa consonne initiale. Pour rendre lisible cette situation, il est indispensable d'accoler le pronom au verbe qui précède.

***

Corrigé de l'exercice 1

❶ Des cousins j'en ai une douzaine. ❷ Êtes-vous de la même souche ? ❸ Les "pièces rapportées" sont nombreuses. ❹ Le docteur Vincenti est un cousin issu de germains. ❺ Pour parler franchement, tes voisins ne sont pas des amis.

Eserciziu 2 – Cumplitate

❶ Quel est ton lien de parenté avec le docteur Vincenti ?
    … .. …. u duttore Vincenti ?

❷ Nous sommes cousins du côté de ma mère.
    Simu cugini … …… di Mamma.

❸ Comment s'appellent tes voisins ?
    Cumu .. ……… i to vicini ?

Decesima lezzione [dédgèzima létsionè]

Chjachjerata

1 – Site bella ¹ carca o Lucì !
2 Induve l'avete busca ² tutta 'ssa roba ³ ?
3 – Vengu da u mercatu.
4 Aghju compru ⁴ manghjusca per una settimana...
5 da ⁵ appatturisce a famiglia.

Prononciation

tyatyèrada **1** sidè ouèl-la garka ô loudgi **2** inn-dou-ouè laouèdè **ou**ska d**ou**ta sa roba **3** bèngou da ou merkadou **4** adyou gomprou mand**you**ska ber**ou**na zétimana **5** da apatourichè a vamilya

Remarques de prononciation

(Titre) chjachjerata [tyatyèrada] : la double présence dans le même mot du son rendu par le groupe **chj** est l'occasion de se familiariser avec cette graphie. Notez au surplus que cette répétition produit un effet évocateur de bavardage, comme c'est le cas dans *babillage* ou *bla-bla-bla*.

(5) appatturisce [apatourichè] : nous avons déjà vu que **sc** devant **e** ou **i** se prononce comme **ch** en français. Mais pas devant **a**, **o** ou **u** comme on le voit à la phrase 4 : **manghjusca** [mandy**ou**ska] et à la phrase 7 **scalla** [skal-la].

❹ Le patronyme est Vincenti.
   A ...... hè Vincenti.

❺ Avec ceux-là je ne suis pas parent.
   Cù ...... ùn sò parente.

Corrigé de l'exercice 2
❶ Chi ti vene – ❷ – per parte – ❸ – si chjamanu – ❹ – casata – ❺ – quessi –

Dixième leçon

[Brin de] causette

1 – [Vous] êtes bien *(belle)* chargée *(ô)* Lucia !
2   Où vous êtes-vous procuré *(l'avez-vous dégotée)* toute cette marchandise ?
3 – [Je] viens du *(de le)* marché.
4   [J']ai acheté [de la] nourriture pour une semaine...
5   de quoi *(de)* rassasier ma *(la)* famille.

Notes

1 **bella** : l'adjectif **bellu**, *beau* accordé en genre et en nombre, devant un autre adjectif, confère à ce dernier une valeur superlative. Nous le rendons par *bien*.

2 **busca** : c'est un adjectif verbal, appelé aussi "participe passé court" – le long serait ici **buscata** – du verbe **buscà**, *trouver / se procurer* (familièrement *dégoter*).

3 **roba**, *chose / marchandise* est un mot extrêmement usuel. Vous l'entendrez souvent dans diverses acceptions.

4 **compru** : autre adjectif verbal (du verbe **cumprà**, *acheter*).

5 **da**, *de quoi*, un des nombreux sens de cette préposition, déjà rencontrée (cf. leçon 8, note 4) et ci-desssus (phrase 3).

10 / Decesima lezzione

6 – Fate bè : cum'ellu si dice ...
7 "hè per a bocca ch'ellu si scalla u fornu."
8 – Si dice dinù [6] : "Saccu biotu ùn pó stà arrittu !" □

6 fadè ouè koumèl-lou zi idgè 7 è per a ouoka guèl-lou zi skal-la ou vornou 8 si idgè inou sakou yôdou oun pô sta aritou

Remarque de prononciation
(8) biotu *[yôdou]* : le **b**, ici en position faible, ne se prononce pas.

Note
6 dinù, *encore / aussi*. Le sens premier et encore actuel de cet adverbe est *de nouveau*. Mais par extension on l'emploie couramment dans le sens de *aussi*.

***

Eserciziu 1 – Traducite
❶ Lucia hè carca di manghjusca. ❷ Hà compru roba per una settimana. ❸ Induve si scalla u fornu ? ❹ Chì si dice dinù ? ❺ Un saccu biotu ùn stà arrittu.

***

Eserciziu 2 – Cumplitate
❶ Je viens du marché.
..... da u mercatu.

❷ Je suis bien chargée.
Sò ..... carca

❸ Toute cette nourriture rassasie ma famille.
Tutta 'ssa .... appatturisce a famiglia.

Dixième leçon / 10

6 – [Vous] faites bien : on dit …
7 "[C']est par la bouche que l'on *(qu'il se)* chauffe le four."
8 – On *(Se)* dit aussi : "[Un] Sac vide ne peut tenir *(rester)* debout !"

***

Corrigé de l'exercice 1
❶ Lucia est chargée de nourriture. ❷ Elle a acheté de la marchandise pour une semaine. ❸ Où chauffe-t-on le four ? ❹ Que dit-on aussi ?
❺ Un sac vide ne tient pas debout.

***

❹ Le four se chauffe par la bouche.
   U furnu .. …… per a bocca.

❺ Vous faites un brin de causette avec Lucia.
   …. una ………… cù Lucia.

Corrigé de l'exercice 2
❶ Vengu – ❷ – bella – ❸ – manghjusca – ❹ – si scalla – ❺ Fate – chjachjerata –

Undicesima lezzione [oundidgèzima letsionè]

Chì aghju da purtà ? [1]

1 – Sò invitatu à cena in casa d'amici...
2 Ci vole à purtà qualcosa,
3 micca [2] possu ghjunghje, sicondu u dettu...
4 "cù a bocca è cù i denti".
5 – Arreca [3] un mazzulu di fiori per a patrona di casa !
6 – Avà ! [4] Hè megliu una buttiglia di sciampagnu [5], mi pare,
7 mette più aligria quand'ellu salta u tappu.
8 – Bravu ! Cusì godi ancu tù u to rigalu !

Prononciation
ki adyou a bourta 1 so inn-bidadou a tchèna inn kaza amidji 2 tchôlè a pourta koualkoza 3 mika bôssou youndyè sigondou ou èt-tou 4 kou a ouoka è kou i ènti 5 aréga oun matsoulou i viori ber a badrona i gaza 6 ahoua è mélyou ouna woutilya i champagnou mi barè 7 mét-tè biou aligria gouand-èl-lou zalta ou dap-pou 8 brawou kouzi gohi ankou dou ou do rigalou

Notes

1 **aghju da** + infinitif, *je vais* + infinitif. Nous retrouvons ici le futur proche.

2 **micca**, *pas* (négation). Cet adverbe s'emploie surtout après un verbe en renfort de la négation comme dans le français *ne... pas*. Ici il précède le verbe pour insister sur le refus de ce qui suit.

3 **arreca**, *apporte*, c'est l'impératif du verbe **arricà** dont le sens exact est *apporter quelque chose à quelqu'un*, donc plus précis que **purtà**, *apporter / porter*. La personne qui reçoit ses *invités*, **invitati**, peut être *la maîtresse de maison*, **patrona di casa**, ou plus généralement *l'hôte*, **ospite** (mais rarement utilisé en corse).

Onzième leçon

Que vais-je apporter ?

1 – [Je] suis invité à dîner chez *(en maison d')* [des] amis...
2 Il faut *(y veut à)* apporter quelque chose,
3 je ne peux pas *(pas [ne] peux)* arriver, selon le dicton...
4 "avec ma *(la)* bouche et avec mes *(les)* dents".
5 – Apporte un bouquet de fleurs pour la maîtresse de maison !
6 – Bah *(maintenant)* ! Il vaut *(est)* mieux une bouteille de champagne, [il] me semble,
7 [ça] crée *(met)* davantage *(plus)* [de] gaîté quand *(il)* saute le bouchon.
8 – Bravo ! Ainsi [tu] profites *(jouis)* toi aussi *(aussi toi)* [de] ton cadeau !

4 **avà !** Curieux emploi sous forme d'interjection de l'adverbe de temps **avale**, *maintenant*, fréquemment abrégé dans l'usage courant en **avà**. Ici l'interlocuteur l'utilise pour signifier son rejet du conseil qui lui est donné.

5 **sciampagnu**, *champagne*. C'est la "corsisation" courante du nom de ce fameux breuvage.

12 / Dodicesima lezione

Eserciziu 1 – Traducite
❶ Induve sì invitatu stasera ? ❷ Chì hai da purtà à a patrona di casa ? ❸ Possu purtà un rigalu. ❹ Arreca una buttiglia, micca fiori. ❺ U sciampagnu mette aligria.

***

Eserciziu 2 – Cumplitate
❶ Je ne peux pas arriver "avec ma bouche et avec mes dents".
Ùn possu .... "cù a bocca è cu i denti".

❷ Il faut apporter quelque chose, il me semble.
.. .. purtà qualcosa, mi .....

❸ Je suis chez des amis.
Stasera sò in casa d'......

Dodicesima lezione [dohidjèzima letsionè]

In carrughju

1 – O Francè, vulemu ¹ fà quattru passi per 'ssa cità ?
2 – Ahù ²... à st'ora ci hè un trafficu strasordinariu :
3   ingorgu di vitture, rombu di mutori è strumbittime ³,

Prononciation
inn karoudyou 1 ovrantchè boulèmou va kouatrou bassi ber sa djida 2 aou astòra tchè oun traf-figou strazordinaryou 3 inn-gorgou i ouitourè rombou i moudori è stroum-bitimè

Notes
1 vulè, *vouloir* : ce verbe présente un phénomène constant, appelé "alternance vocalique" selon lequel les **o** et les **e** toniques au radical se changent respectivement en **u** et en **i** lorsque l'accent tonique se

Corrigé de l'exercice 1

❶ Où es-tu invité ce soir ? ❷ Que vas-tu apporter à la maîtresse de maison ? ❸ Je peux apporter un cadeau. ❹ Apporte une bouteille, pas des fleurs. ❺ Le champagne crée de la gaîté.

***

❹ Le bouchon du champagne saute.
   U ..... di u sciampagnu ....

❺ Bravo ! Tu profites de ton cadeau.
   Bravu ! .... u to ....

Corrigé de l'exercice 2
❶ – micca ghjunghje – ❷ Ci vole à – pare ❸ – amici ❹ – tappu – salta ❺ – Godi – rigalu

Douzième leçon

Dans la rue

- **1 –** *(ô)* Francè, [si nous] faisions *(voulons faire)* un tour *(quatre pas)* dans *(par)* cette ville ?
- **2 –** Bof... à cette heure[-ci] il y a *(y est)* une circulation *(un trafic)* extraordinaire :
- **3** embouteillage *(engorgement de voitures)*, vrombissement de moteurs et concert d'avertisseurs *(son de trompes)*,

---

déplace sur la terminaison : **voli** (phrase 6), *tu veux*, mais **vulemu**, *nous voulons*. On aurait de même : **credi**, *tu crois*, mais **cridimu**, *nous croyons*.

2 ahù : interjection exprimant l'impossibilité de faire ou la lassitude.

3 strumbittime, "son de trompes", *klaxon*, *avertisseur*, le préfixe **s-** et le suffixe **-ime** évoquent l'un et l'autre la continuité de l'action : "l'incessant klaxonnement".

4 si vïaghja [4] male à mezu à tutta 'ssa ghjente,
5 i magazini è i caffè sò pieni à tappu...
6 – Aghju capitu ! Voli sorte à mezanotte...
7 per esse patrone di u quartieru ?
8 – Ti sbagli [5]: tandu i veri patroni di e strette
9 sò i ghjatti !

4 si oui-adya malè amédzou atouta sa yèntè 5 i magadzini è i gafè so pyèni atapou 6 adyou gabidou bôli zôrtè a médzanôtè 7 per ésse badronè di ou gouartyérou 8 ti sbalyi tandou i ouèri badroni i è strèt-tè 9 zo i yat-ti

Notes

4 **vïaghjà**, *marcher* = *se déplacer* (et aussi *voyager*) est à distinguer de **marchjà**, *marcher* au seul sens de la fonction physique de la marche, ou au sens militaire.

5 **ti sbagli**, *tu te trompes*, du verbe pronominal dont l'infinitif est **sbagliassi**, *se tromper / faire erreur*. Retenir que le français *tromper (quelqu'un)* ne peut pas se rendre en corse par le verbe **sbaglià**, mais selon le cas par **burlà** ou **ingannà**.

***

Eserciziu 1 – Traducite

❶ Vulemu vïaghjà per 'sse strette ? ❷ Hè mezanotte, ci hè menu circulazione. ❸ I magazini di u quartieru ùn sò pieni. ❹ U patrone di u caffè face quattru passi in cità. ❺ À st'ora, i ghjatti sò indù i carrughji.

***

Eserciziu 2 – Cumplitate

❶ Il y a un embouteillage dans la rue.
   Ci hè un .... di vitture in carrughju.

❷ Quel vrombissement de moteurs, alors !
   Chì rombu di mutori, ... !

❸ Le concert d'avertisseurs est extraordinaire.
   U .... hè strasordinariu.

Douzième leçon / 12

4 on marche mal au milieu de tout ce monde,
5 les magasins et les cafés sont bondés *(pleins à bouchon)*...
6 – []'ai compris ! [Tu] veux sortir à minuit...
7 pour être maître du quartier ?
8 – [Tu] te trompes : à ce moment-là *(alors)* les véritables *(vrais)* maîtres des ruelles
9 [ce] sont les chats !

***

Corrigé de l'exercice 1
❶ Si on marchait dans les ruelles ? ❷ Il est minuit, il y a moins de circulation. ❸ Les magasins du quartier ne sont pas pleins. ❹ Le patron du café fait un tour en ville. ❺ À cette heure-ci, les chats sont dans les rues.

***

❹ Tu veux sortir à cette heure-ci ?
   Voli sorte à ...... ?

❺ Tu te trompes mais moi j'ai compris.
   Ti ...... ma eiu ....

Corrigé de l'exercice 2
❶ – ingorgu – ❷ – tandu ❸ – strumbittime – ❹ – st'ora ❺ – sbagli – aghju capitu

13

Tredicesima lezzione [trèhidjèzima letsionè]

Ceccè face a spesa [1]

1 — **O**ghje, u mi**o** zit**e**llu, **ù**n **a**ghju t**e**mpu à scucin**à**,
2 manghjer**e**mu [2] à l'asci**u**ttu.
3 V**a**i [3] in f**u**ria ind**è** u panatt**e**ru
4 è p**i**glia **u**na cuppi**e**tta, [4]
5 d**o**pu p**a**ssa in b**u**tte**a** è c**o**mpra d**u**ie [5] f**e**tte di pris**u**ttu,
6 un furm**a**gliu è **u**na insal**a**ta, spicci**a**ti ! [6]
7 — Ma sè tù ti sc**o**rdi di d**a**mmi i s**o**lli, o M**à**,
8 pagher**a**ghju in canz**o**ne !

Prononciation
tchètchè fadjè aspèza 1 ôdyè ou myo dzidél-lou ounn adyou dèmpou a skoudjina 2 mandièrèmou al-achoutou 3 bahi inn fourya inn-dè ou banatérou 4 è pilya ouna goupièta 5 dôbou bassa inn boutéa è kompra ouyè vèt-tè i brizoutou 6 oun fourmalyou è ouna nsalada spitchadi 7 ma sè tou ti skôrdi i am-mi i zôl-li ôma 8 paguèradyou inn kantsonè

Remarque de prononciation
(6) insalata *[nsalada]* précédé d'une voyelle le **i** initial de ce mot ne se prononce pas, mais il se prononce après consonne : l'**insalata** *[linn-salada]*.

Notes
1 **Ceccè** est la forme familière, d'intention affectueuse, de **Ceccu** ou de **Cecca** qui sont des diminutifs de **Francescu**, *François* ou de **Francesca**, *Françoise*.
La locution **fà a spesa**, littéralement "faire la dépense", correspond à *faire les commissions / faire ses courses / faire son marché*.

Treizième leçon

Ceccè fait les commissions

1 – Aujourd'hui, mon garçon, [je] n'ai [pas] le temps de *(à)* cuisiner,
2 [nous] ferons un repas froid *(mangerons au sec)*.
3 Va vite *(en vitesse)* chez le boulanger
4 et prends une coupiette *(un couple-de-petits-pains)*,
5 ensuite *(après)* passe à l'épicerie *(en boutique)* et achète deux tranches de jambon,
6 un fromage et une salade, dépêche-toi !
7 – Mais si tu *(te)* oublies de me donner *(donner-me)* les sous, *(ô)* Maman,
8 [je] paierai en chansons !

---

2 **manghjeremu**, *nous mangerons*, et à la phrase 8, **pagheraghju**, *je paierai*, nous font faire connaissance avec le futur des verbes à la première personne du pluriel et du singulier.

3 **Vai**, *va* : tous les verbes des phrases 4 à 6 sont à l'impératif. **Vai** est du verbe **andà** comme *va* est en français du verbe *aller*.

4 **cuppietta** (ne pas confondre avec **cuppetta**, *bol*) est un diminutif de **coppia**, *couple (de choses)*, à distinguer du masculin **coppiu**, *couple (de personnes)*. La **cuppietta** des boulangers est un mot aujourd'hui "francisé", passé dans le langage courant français en Corse sous l'appellation de "coupiette".

5 **duie**, *deux* : seul numéral cardinal variable en genre. Ici le féminin, le masculin étant **dui**.

6 **spicciati !**, *dépêche-toi !* À l'impératif comme à l'infinitif **spicciassi**, *se dépêcher* et à la phrase 7 **dammi**, *me donner*, les pronoms compléments s'accolent à la forme verbale.

trentottu

Eserciziu 1 – Traducite

❶ Spicciati, u mio zitellu ! ❷ Oghje manghjeremu in furia. ❸ Ùn aghju tempu à andà indè u panatteru. ❹ Vai in buttea è compra u prisuttu. ❺ Piglia un furmagliu, pagheraghju.

***

Eserciziu 2 – Cumplitate

❶ Le garçon fait les commissions.
U zitellu face . ...

❷ La maman n'a pas le temps de cuisiner.
A mamma ùn hà tempu à ....

❸ Nous mangerons deux tranches de pain avec du jambon.
Manghjeremu duie ..... di pane cù u ....

❹ Tu oublies de me donner les sous.
Ti ...... di dammi i solli.

❺ Alors je paierai en chansons.
Tandu .... in canzone.

Quattordicesima lezzione
[kouatordidjèzima letsionè]

Revisione – Révision

Dans les six dernières leçons se sont précisées de nouvelles et importantes notions grammaticales et le vocabulaire a continué à s'enrichir. Revoyons cela pour mieux engranger les progrès.

1 L'alternance vocalique

C'est une règle qui concerne les voyelles **e** et **o** toniques au radical d'un mot. Exemples : **par**e**nte** (leçon 9), **c**o**ppia** (leçon 13). Quand, par suite d'allongement du mot pour cause de dérivation ou de suffixe, l'accent tonique se déplace sur la terminaison, ex. **parin-tia**, **cuppietta**, on constate qu'au radical le **e** devient **i** et que le **o** devient **u**.

Corrigé de l'exercice 1

❶ Dépêche-toi, mon garçon ! ❷ Aujourd'hui nous mangerons en vitesse. ❸ Je n'ai pas le temps d'aller chez le boulanger. ❹ Va à l'épicerie et achète du jambon. ❺ Prends un fromage, je paierai.

Corrigé de l'exercice 2

❶ – a spesa ❷ – scucinà ❸ – fette – prisuttu ❹ – scordi – ❺ – pagheraghju –

*Le **prisuttu** est un jambon de pays, jouissant comme les autres produits de la charcuterie corse, d'une flatteuse réputation. La qualité de sa viande doit beaucoup au mode d'élevage des porcs : en plein air et en libre pâture, nourris en grande partie de glands ou de châtaignes.*

Quatorzième leçon

Autres exemples tirés des leçons précédentes : **arre**ca et **arri**cà, **cre**di et **cri**dimu, **com**pru et **cum**prà, **vo**li et **vu**lemu.

2 Le présent de l'indicatif des verbes réguliers

• 1ʳᵉ conjugaison, **can**tà, *chanter* : **can**tu, **can**ti, **can**ta, can**te**mu, can**ta**te, **can**tanu.
• 2ᵉ conjugaison, **par**te, *partir* : **par**tu, **par**ti, **par**te, par**ti**mu, par**ti**te, **par**tenu.
Parmi les verbes qui suivent ces modèles nous avons rencontré, entre autres, les très usuels **vïaghjà**, *marcher* ; **manghjà**, *manger* ; **piglià**, *prendre* ; **me**tte, *mettre* ; **sor**te, *sortir*.

14 / Quattordicesima lezione

3 Le futur

Nous connaissions déjà le futur proche : le verbe **avè**, *avoir* suivi de **da** et d'un infinitif, ex. **aghju da manghjà**, *je vais manger*. Nous avons découvert (leçon 13) le futur régulier : **manghjeremu**, *nous mangerons*, **pagheraghju**, *je paierai*. C'est l'occasion de conjuguer ce temps aux autres personnes : **manghjerai**, *tu mangeras*, **pagherà**, *elle paiera*, **manghjerete**, *vous mangerez*, **pagheranu**, *ils paieront*.

4 Les verbes pronominaux

Aux infinitifs **sbagliassi**, *se tromper* (leçon 12), **spicciassi**, *se dépêcher*, **scurdassi**, *oublier* (leçon 13) le pronom est accolé à la forme verbale. C'est aussi le cas au gérondif : **sbagliendusi**, *en se trompant*, et à l'impératif : **spicciati**, *dépêche-toi*.
Mais aux autres modes le pronom personnel se place avant le verbe : **mi sbagliu**, *je me trompe*, **ti spicci**, *tu te dépêches*, **si scorda**, *il oublie*, **ci sbagliemu**, *nous nous trompons*, **vi spicciate**, *vous vous dépêchez*, **si scordanu**, *elles oublient*.

***

▶ Dialogue de révision

1 – Aghju da manghjà indè u mio cuginu carnale…
2   chì stà in paese tuttu l'annu.
3   Vogliu purtà qualcosa à l'amici.
4   Averaghju tempu à cumprà qualcosa ?
5   Piglieraghju una bona buttiglia.
6 – Ïé. Ma spicciati !
7   I magazini sò pieni à st'ora…
8   è in cità ci hè un ingorgu strasordinariu.
9 – Vinti minuti di vitttura, mi spicceraghju…
10 Ùn aghju da fà aspittà a famiglia.

5 Le pluriel des noms

Tous les noms masculins, quelle que soit leur terminaison, ont leur pluriel en **-i** : **ghjatti** est le pluriel de **ghjattu**, **denti** est le pluriel de **dente**.
Les noms féminins en **–a** ont leur pluriel en **–e** : **canzone** est le pluriel de **canzona**.

6 Les démonstratifs dits "de la 2ᵉ personne"

Les adjectifs démonstratifs **'ssu**, *ce/cet*, **'ssa**, *cette*, **'ssi** et **'sse**, *ces*, comme les pronoms **quessu**, *celui-là*, **quessa**, *celle-là*, **quessi**, *ceux-là*, **quesse**, *celles-là*, servent à désigner les personnes et les choses qui sont près de celui/celle qui écoute ; ou qui viennent d'être évoquées par lui/elle (cf. leçons 8, 9 et 12).

***

Traduction

1 Je vais manger chez mon cousin germain… **2** qui habite au village toute l'année. **3** Je veux apporter quelque chose aux amis. **4** Aurai-je le temps d'acheter quelque chose ? **5** Je vais prendre une bonne bouteille. **6** Oui. Mais dépêche-toi ! **7** Les magasins sont pleins à cette heure-ci… **8** et en ville il y a un embouteillage extraordinaire. **9** Vingt minutes de voiture, je me dépêcherai. **10** Je ne vais pas faire attendre la famille.

Quindicesima lezione
[kouinn-didgèzima létsionè]

Induve si manghja [1] ?

1 – Hè un'ora menu un quartu [2] è aghju a fame [3].
2 – A mi sentu anch'eiu [4] !
3 – Induve puderemu andà à fà cullazione [5] ?
4 – Qui accantu ci hè una pizzeria.
5 – Eiu à a pizza ùn ci tengu tantu.
6 – Appena più indà [6] ci hè un restaurant chì face u pesciu...
7 Si chjama "U Mazzacarò" è u patrone hè piscadore.
8 – Allora pruvemu quessu, sperendu ch'ellu ùn ci resti [7] una lisca in gola !

Prononciation
Inn-dou-ouè zi mandia 1 è ounôra mènou oun kouartou è adyou a vamè 2 amizèntou ankéyou 3 inn-dou-ouè bou-èrèmou anda affa koul-ladzionè 4 koui akantou tchè ouna bitséri-a 5 éyou aa bitsa oun tchi dèngou dantou 6 apèna biounda tchè oun restaurant ki fadgè ou bèchou 7 si dyama ou matsagaro è ou badronè è piskaorè 8 al-lôra brou-ouèmou gouèssou spèrèndou guel-lou oun tchi résti ouna liska ngola

Notes
1 **si manghja**, *on mange* : l'impersonnel *on* est ici rendu par le pronom de troisième personne **si**. Mais dans d'autres cas, il peut être rendu par le pronom indéfini **omu**, ex. : **omu s'annoia** *[ômou za-nnôya]*, *on s'ennuie*, ou par une troisième personne du pluriel, ex. : **dicenu chì...** *[didgènou gui]*, *on dit que...*

Quinzième leçon

Où est-ce qu'on mange ?

1 – [Il] est une heure moins le *(un)* quart et [j']ai *(la)* faim.
2 – [Je] la *(me)* sens moi aussi *(aussi moi)* !
3 – Où pouvons-[nous] aller *(à faire)* déjeuner ?
4 – À côté d'ici *(Ici à côté)*, [il] y a *(est)* une pizzeria.
5 – Moi, *(à)* la pizza, je n'en raffole pas *(n'y tiens pas tellement)*.
6 – Un peu plus loin *(au-delà)*, [il] y a *(est)* un restaurant de *(qui fait le)* poisson…
7   Il s'appelle "Au *(Le)* goujon de mer" et le patron est pêcheur.
8 – Alors essayons celui-là, [en] espérant qu'il ne nous reste [pas] une arête en [travers de la] gorge !

---

2 **un'ora menu un quartu**, *une heure moins le quart* : retenons les grandes divisions de l'heure : **un'ora è quartu**, *une heure et quart*, **un'ora è mezu** *[médzou]*, *une heure et demie*.

3 **aghju a fame**, *j'ai faim*. Nous avons déjà vu **aghju u sonnu**, *j'ai sommeil* (leçon 6). Il en est de même pour les expressions de sensations (de soif : **a sete** *[azèdè]*, de froid : **u freddu** *[ouvrèdou]*, etc.).

4 **anch'eiu**, *moi aussi*. Noter la variation de **ancu** élidé devant **e**.

5 En français *déjeuner* et *dîner* sont à la fois noms et verbes, en corse on distinguera les noms **a cullazione** et **a cena**, *le déjeuner* et *le dîner* des verbes **fà cullazione**, *déjeuner* et **fà cena**, *dîner*.

6 **indà**, *au-delà* : lorsque ce mot n'est pas au début d'une phrase le **i** ne se prononce pas.

7 **resti** : voici un verbe au subjonctif présent, un temps où les trois personnes du singulier ont la même terminaison en **-i**.

quarantaquattru • 44

Eserciziu 1 – Traducite

❶ Hè ora di fà cullazione. ❷ Anch'eiu sentu a fame. ❸ À u pesciu ùn ci tengu tantu. ❹ Mi pó restà una lisca in gola. ❺ Più indà ci hè una pizzeria*.

* **pizza**, **pizzeria**, **restaurant** ne sont pas à l'origine des mots corses, mais ils sont désormais intégrés dans la langue courante.

***

Eserciziu 2 – Cumplitate

❶ Il est une heure et demie.
Hè un'ora . . . .

❷ Allons déjeuner.
Andemu à . . . .

❸ Le restaurant s'appelle "Au goujon de mer".
U restaurant . . . . "U mazzacarò".

❹ Le patron est pêcheur et il fait du poisson.
U patrone hè . . . . è face . . . .

Sedicesima lezzione [séhidgèzima létsionè]

Scontru

1 – Mì [1] à Corinna ! Beatu à [2] chì ti vede [3] !

Prononciation
skontrou **1** mi a kori-nna béadou aki ti ouèlè

Remarques de prononciation
(1), (6) vede *[ouèlè]*, voit ; vedi *[ouèli]* vois : le **d** entre voyelles se prononce comme un **l**, c'est une exception propre au verbe **vede**, voir.

Notes

1 **mì !** est une forme apocopée de l'impératif du verbe **mirà**, *observer*. Elle sert à attirer l'attention d'un interlocuteur. Son complément d'objet étant ici un nom de personne, on fait précéder celui-ci de la préposition **à**.

Corrigé de l'exercice 1

❶ C'est l'heure de déjeuner. ❷ Moi aussi je sens la faim. ❸ Le poisson, je n'en raffole pas. ❹ Il peut me rester une arête dans la gorge. ❺ Plus loin, il y a une pizzeria.

❺ Moi, j'ai une arête dans la gorge.
   ... aghju una ..... in .....

Corrigé de l'exercice 2

❶ – è mezu ❷ – fà cullazione ❸ – si chjama – ❹ – piscadore – u pesciu ❺ Eiu – lisca – gola

Seizième leçon

Rencontre

1 – Tiens, voilà *(à)* Corinna ! Heureux *(bienheureux)* de te voir *(à qui te voit)* !

2 à, le pronom **chì** représentant ici une personne, la présence de la préposition ne doit pas surprendre. Quant à la formule **beatu à chì ti / vi vede**, on l'adresse à quelqu'un que l'on n'a pas vu depuis longtemps ou qui sort rarement de chez lui.

3 **vede**, *voit*, ici troisième personne. L'infinitif de ce verbe irrégulier est **vede** ; indicatif présent : **vecu, vedi, vede, videmu, videte, vedenu** ; participe passé **vistu**.

16 / Sedicesima lezione

  2 Cumu stai ? Chì diventi ?
  3 – A [4] mi passu, è tù ?
  4 – Dimmi appena : sò anni chì ùn aghju più nutizie di a to surella.
  5 – Stà bè, s'hè maritata è hà dui figlioli [5].
  6 – È e to amiche, e duie surelle Rossetti, e vedi più ?
  7 – L'aghju viste chì ùn hè tantu, sò traminduie [6] in piena forma...
  8 u fratellu [7] invece ùn s'hè più nè vistu nè intesu...
  9 in quantu à mè serà [8] per 'sse Meriche [9] ! ☐

2 koumou stahi ki di-ouènti 3 a mi bassou è tou 4 dimmapèna so a-nni gui ounn adyou biou noudidzyè i a do zourél-la 5 stabè sè maridada è a douhi vilyôli 6 è edo amiguè è ouyè zourél-lè rossèti è ouèli biou 7 ladyou ouistè gui ounnè tantou so traminn-douyè inn pyèna vorma 8 ou vradél-lou inn-bèdgè oun sè piou nè bistou nè ntèzou 9 inn kouantamè serà pè sè mériguè

Remarques de prononciation

(8) invece *[inn-bèdgè]*, *en revanche* ; nè vistu *[nè bistou]*, *ni vu* : le **v** après consonne ou voyelle accentuée se prononce **b**.

(9) per se réduit dans la prononciation à *[pè]* devant les articles **u**, **a**, **i**, **e** et, comme c'est le cas ici, devant les adjectifs démonstratifs.

Notes

4 a, *la* : pronom dont l'antécédent sous-entendu est *la vie / l'existence*, comme dans le français *se la couler douce*.

***

Eserciziu 1 – Traducite

❶ À Corinna ùn l'aghju più vista. ❷ Serà anch'ella per 'sse Meriche. ❸ S'hè maritata chì ùn hè tantu. ❹ A surella hà trè figlioli. ❺ A si passanu traminduie.

Seizième leçon / 16

2 Comment vas[-tu] *(restes[-tu])* ? Que deviens[-tu] ?
3 – Je me porte assez bien *([je] me la passe)*, et toi ?
4 – Dis-moi donc *(un peu)* : il y a *(sont)* des années que [je] n'ai plus [de] nouvelles de ta sœur.
5 – [Elle] va bien, [elle] s'est mariée et [elle] a deux enfants.
6 – Et tes amies, les deux sœurs Rossetti, [tu ne] les vois plus ?
7 – [Je] les ai vues il n'y a pas très longtemps *(que n'est tellement)*, [elles] sont toutes les deux *(toutes-les-deux)* en pleine forme...
8 leur *(le)* frère, en revanche, on ne l'a *(ne s'est)* plus *(ni)* vu ni entendu...
9 à mon avis *(en quant à moi)* il doit être *(sera)* quelque part en Amérique *(par ces Amériques)*.

5 figlioli, *enfants* au sens de la filiation (en référence à l'âge on dit : zitelli).
6 traminduie, *toutes les deux*, au masculin **traminduì**.
7 u fratellu, *leur frère* : quand on évoque un proche parent d'une personne déjà citée, l'article vaut possessif.
8 serà, littéralement "sera". C'est ce qu'on appelle le futur hypothétique : Corinna pense que l'individu en question pourrait être en Amérique, mais elle n'en est pas certaine.
9 e Meriche, *les Amériques*, pluriel emphatique de la forme populaire a Merica, *l'Amérique*. On dit aussi l'America.

***

Corrigé de l'exercice 1
❶ Corinna, je ne l'ai plus revue. ❷ Elle doit être elle aussi quelque part en Amérique. ❸ Elle s'est mariée il n'y a pas très longtemps. ❹ Sa sœur a trois enfants. ❺ Elles se portent assez bien toutes les deux.

17 / Dicessettesima lezzione

Eserciziu 2 – Cumplitate

❶ Dis-moi donc, as-tu des nouvelles de Corinna ?
...., hai .... di Corinna ?

❷ Il y a des années que je ne l'ai plus vue.
.. anni chì ùn l'aghju più ....

❸ Où peut-elle bien être ?
Induve .... ?

❹ Les sœurs Rossetti sont toutes les deux des amies.
E surelle Rossetti sò .... amiche.

❺ Leur frère est quelque part en Amérique.
. ... hè per 'sse Meriche.

Dicessettesima lezzione
[didgessétèzima létsionè]

Trenu o vittura ?

1 – Ci v**o**le ch'o v**a**chi¹ in Aiacciu per i mio²
  aff**a**ri...
2   serà m**e**gliu in tr**e**nu o **a**ghju da piglià a
  vitt**u**ra ?
3 – In tr**e**nu si vi**a**ghja più ripus**a**ti

Prononciation
*trènou o ouitoura **1** tchôlè go ouagui inn ayatchou bè i miaffari
2 serà mélyou inn trènou o adyou da bilya a ouitoura **3** inn trènou
zi oui-adya biou ribouzadi*

Notes

1 **o** : réduction de **eo** *[éo]*, *je*, qui est une variante de **eiu**. **vachi** *[ouagui]*,
aille : première personne du subjonctif présent du verbe irrégulier
andà, *aller*. Les trois personnes du singulier sont identiques. Au pluriel :
vachimu *[ouaguimou]*, **vachite** *[ouaguidè]*, **vachinu** *[ouaguinou]*.

Corrigé de l'exercice 2
❶ Dimmi appena – nutizie – ❷ Sò – vista ❸ – serà ❹ – traminduie – ❺ U fratellu –

Dix-septième leçon

Train ou voiture ?

1 – Il faut que j'aille à *(en)* Ajaccio pour mes affaires...
2 c'est *(sera)* mieux en train ou je vais *(j'ai à)* prendre la voiture ?
3 – En train on voyage plus détendus *(reposés)*

Remarques de prononciation
(1) • **per** comme vu précédemment (leçon 16) se réduit *[pè]* (ici *[bè]* vu sa position) devant les articles **u, a, i, e**.
• **mio affari** *[miaffari]* dans la chaîne orale l'initiale du nom l'emporte sur la finale de l'adjectif possessif.

2 **i mio** *[imyo]*, *mes* : l'article varie en genre et en nombre (**u, a, i, e**) mais l'adjectif possessif (**mio**) est invariable. Une autre forme en est **me**, également précédée de l'article et invariable.

17 / Dicessettesima lezione

4 è ghjunti culà ùn ci hè u penseru di truvà una piazza per ingarassi [3].

5 – Quessa hè vera, ma ùn s'hè liberi di parte quand' omu [4] vole.

6 – Incù Trinnichellu [5] poi vede u paisaggiu, in vittura fideghji [6] u stradone.

7 – Ma facciu più in furia, chì ùn mi fermu vinti volte per istrada [7].

8 – Fà puru cum'ella ti pare, o ghjocatila à testa o gigliu [8] !

4 è dyounti goula oun tchè ou bènsérou i drou-oua ouna byatsa bèr ingarassi 5 kouèssa è bèra ma oun sè libèri i bartè gouand ômu ouôlè 6 inn-kou tri-nniguél-lou pôhi ouèlè ou bahizadjou inn bitoura vihèdyi ou straonè 7 ma vatchou biou nfourya ki oun mi vèrmou ouinn-ti ouôltè beristraha 8 fa pourou goumèl-la di barè o yôgadila a tésta o djilyou

Notes

3 **ingarassi**, *se garer*. Le mot corse est clairement une adaptation du français, mais parfaitement assimilée.

4 **omu**, *on*. C'est le nom **omu**, *homme*, en fonction de pronom indéfini.

5 **Trinnichellu**, mot issu du croisement de **trenu** / **trennu**, *train* avec le verbe **trinnicà**, *secouer*, et le diminutif **-ellu**. Désignation familière du "petit train" du réseau corse.

6 **fideghji**, *tu regardes*, du verbe **fidighjà**, *regarder*.

7 **per istrada**, *en chemin*, locution toute faite.

***

Eserciziu 1 – Traducite

❶ Anderagliju à fà i mio affari in Aiacciu ❷ Incù a vittura facciu più in furia. ❸ Ancu sè mi fermu duie volte, sò più liberu. ❹ Ghjuntu culà possu ingarammi induv'ella mi pare. ❺ U stradone hè liberu, ci hè a piazza.

Dix-septième leçon / 17

4 et arrivés à destination *(là-bas)* on n'a pas *(n'y est)* le souci de trouver une place pour se garer *(garer-se)*.
5 – *(Ça)* [c'] est vrai *(vraie)* mais on n'est *(ne s'est)* [pas] libres de partir quand on veut.
6 – Avec [le] tortillard *(tremblotin)* [tu] peux voir le paysage, en voiture [tu] regardes la route.
7 – Mais je vais plus vite *(fais plus en vitesse)* car *(que)* [je] ne m'arrête [pas] vingt fois en chemin.
8 – Fais donc *(tout-de-même)* comme bon *(elle)* te semble ou tire *(joue-toi-la)* à pile ou face *(tête ou lys)* !

Remarque de prononciation
(8) ghjocatila *[yogadila]* l'agglutination à l'impératif **ghjoca** de deux pronoms atones (**ti** et **la**) – parce qu'ils dépendent de son accent tonique – a pour effet de créer un vocable accentué sur la syllabe précédant l'antépénultième.

8 testa o gigliu, *pile ou face*. L'expression date du temps où les pièces de monnaie portaient une effigie (**testa**, *tête*) à l'avers et une fleur de lys (**gigliu**) au revers.

***

Corrigé de l'exercice 1
❶ J'irai faire mes affaires à Ajaccio. ❷ Avec la voiture je vais plus vite. ❸ Même si je m'arrête deux fois, je suis plus libre. ❹ Arrivé à destination, je peux me garer où bon me semble. ❺ La route est libre, il y a de la place.

Eserciziu 2 – Cumplitate

❶ Je pars en voyage pour mes affaires.
Partu .. .. per i mio affari.

❷ Il faut que j'aille à Ajaccio.
Ci vole ch'o ..... in Aiacciu.

❸ Je ne vais pas prendre la voiture.
.. .. piglià a vittura.

❹ En train nous voyageons plus détendus.
In trenu si .... più ....

❺ Chemin faisant, on regarde le paysage.
... . omu .... u paisaggiu.

Diciottesima lezzione [didjôtèzima létsionè]

In farmacia [1]

1 – Chi ci vole per voi ?
2 – Datemi ghjà [2] e medicine signate nantu à stu [3] repice.
3 – Pillule, sdrughjini è sciroppu, hè per l'influenza ?

Prononciation
inn farmadgi-a **1** *ki tchôlè ber bo-i* **2** *dadèmi ya è mé-idjinè zignadè nantou a stou rèbidgè* **3** *pil-lulè zdroudyini è chirôpou è per l'inflouèntsa*

Notes

1 farmacia, *pharmacie*. Le *pharmacien*, jadis u spiziale, est de nos jours appelé u farmacistu.

2 ghjà, littéralement "déjà", mais cet adverbe, en usage dans une grande partie de la Corse, a aussi un emploi explétif, c'est à dire grammaticalement non nécessaire, lorsqu'il suit un impératif, auquel il confère alors

Corrigé de l'exercice 2
❶ – in viaghju – ❷ – vachi – ❸ Ùn aghju da – ❹ – viaghja – ripusati
❺ Per istrada – fideghja –

Le train qui relie Ajaccio à Bastia porte bien son nom : Trinnichellu, soit le "tremblotin". Le vieux tortillard traverse l'île selon un axe sud-ouest nord-est. Cet autorail est un bon moyen d'apprécier le paysage pittoresque, mais effectivement, il ne faut pas être pressé car un incident serait vite arrivé dans ce décor escarpé ! Il est surtout fréquenté l'été, par les touristes, plus que par les autochtones.

Dix-huitième leçon

À la pharmacie

1 – Qu'est-ce qu'il vous faut *(Qu'est-ce qu'il faut pour vous)* ?
2 – Donnez-moi s'il vous plaît *(déjà)* les médicaments marqués sur cette ordonnance.
3 – [Des] comprimés *(pilules)*, [des] suppositoires et [du] sirop, [c']est pour la grippe ?

---

un surplus d'affabilité : **dimmi ghjà**, *dis-moi donc*, **senti ghjà**, *écoute voir* (pop.), **datemi ghjà**, *donnez-moi s'il vous plaît*... Prononcé **[ya]** lorsqu'il suit une voyelle atone (comme dans les exemples-ci dessus) et **[dya]** dans les autres cas.

3 **stu**, *ce/cet*, adjectif démonstratif, plur. **sti** (fém. **sta**, plur. **ste**), désigne ce qui est près de celui qui parle ou qui se rapporte à lui.

18 / Diciottesima lezione

4 – Sí, a persona ha una forte pena in capu,
5 sussineghja [4], a frebba l'hè cullata [5] à quaranta.
6 – Corre, 'ssa malatia, sì vo sapissite [6] quant'ellu ci n'hè in giru !
7 Attenti à ùn piglialla [7] ancu voi !
8 – Pruveraghju à paralla [7], è s'o mi n'avvecu…
9 ùn ne chjappu eiu "grippa [8]" !

4 si a bersona a ouna vôrtè bènankabou 5 soussinèdya a vréba lè koul-lada a kouaranta 6 kor-rè sa maladia si bo sabissidè gouantèl-lou tchinè inn djirou 7 atènti a oun pilyal-la ankou ouo-i 8 prouhouèradyou a paral-la è so mi n'abègou 9 oun nè dyap-pou éyou grip-pa

Remarques de prononciation

(4) a pena in capu *[a bènankabou]*, *le mal à la tête*, doit se lire et se prononcer comme s'il s'agissait d'un seul mot et surtout ne pas faire entendre le **i** de **in**.

(8) mi n'avveggu *[mi n'abègou]*, *je m'en aperçois* : n'oublions pas que deux **v** consécutifs se prononcent comme un *b*.

Notes

4 sussineghja, du verbe **sussinà**, *frissonner*, fait partie de ces verbes tri- et quadrisyllabiques qui intercalent le groupe **-eghj-** entre le radical et la terminaison. Cela seulement aux trois personnes du singulier et à la troisième personne du pluriel au présent de l'indicatif, ainsi qu'à toutes les personnes au présent du subjonctif et à la deuxième personne du singulier de l'impératif.

5 cullata, *montée*, du verbe **cullà**, *monter* vs **falà**, *descendre*.

***

Eserciziu 1 – Traducite

❶ Aghju a frebba à quaranta. **❷** Ancu voi avete a pena in capu ? **❸** Attenti ! Corre l'influenza. **❹** Aghju u repice per piglià e medicine. **❺** Chi ci vole, pillule e sdrughjini ?

Dix-huitième leçon / 18

4 – Oui, cette *(la)* personne a un violent *(fort)* mal de tête *(peine-en-tête)*,
5 des frissons *([elle] frissonne)*, sa *(la)* fièvre s'est élevée *(lui est montée)* à quarante.
6 – [Elle] court, cette maladie, si vous saviez combien il y en a *(est)* alentour !
7 Attention à ne [pas] l'attraper *(la prendre)* vous aussi *(même vous)* !
8 – []']essaierai de *(à)* l'éviter *(éviter-la)* et pour peu que je m'en aperçoive *(si je m'en aperçois)*...
9 [je] n'en attrape [pas], moi, [de] grippe !

6 sì vo sapissite, *si vous saviez*, nous avons ici le verbe **sapé**, *savoir*, à l'imparfait du subjonctif. La forme correspondante de ce verbe en français étant inusitée, nous traduisons par l'imparfait de l'indicatif.

7 piglialla, *la prendre*, et paralla, *l'éviter* (phrase 8) : le pronom complément atone **la**, dépendant de l'accent des verbes **piglià** et **parà**, s'accole à ces derniers, ce qui entraîne le redoublement de sa consonne initiale.

8 "grippa" : mot français avec une finale corse, souvent employé dans le langage populaire à la place de **influenza**.

***

Corrigé de l'exercice 1

❶ J'ai quarante de fièvre. ❷ Vous aussi, vous avez mal à la tête ? ❸ Attention! La grippe court. ❹ J'ai l'ordonnance pour prendre les médicaments. ❺ Qu'est-ce qu'il faut, des comprimés et des suppositoires ?

Eserciziu 2 – Cumplitate

❶ J'ai des frissons.
   . . . .

❷ J'attrape la maladie, je m'en aperçois.
   . . . . a malatia, ...

❸ Si vous saviez combien est montée ma fièvre !
   Sì vo . . . . quant'ella m'hè . . . . a frebba !

Dicennovesima lezzione
[didgèn'nôhouèzima létsionè]

Un pastu [1] nustrale [2]

1 – (U stabilimentu si chjama "A Tavula Corsa", sintimu [3] u patrone).

2 – Oghje, per principià ci sò e frittelle [4] cù u furmagliu [5] frescu

3 osinnò un mischju di salciccia coppa è lonzu [6].

Prononciation

oun pastou noustralè **1** ou stabilimèntou zi dyama a taoula gôrsa sinn-timou ou badronè **2** ôdyè per prinn-tchibya tchi zo è vritél-lè gou ou vourmalyou vrèskou **3** ozinno oun mistyou i zaltchitcha gopa è londzou

Notes

1 **pastu**, *repas* : il convient d'éviter la déformation "**ripastu**" qui a tendance à s'y superposer.

2 **nustrale**, *du pays/de chez nous*, adjectif formé sur **nostru**, *nôtre*.

3 **sintimu**, *écoutons*, première personne du pluriel de l'indicatif et, comme ici, de l'impératif, du verbe **sente**, *entendre, écouter, sentir*.

4 **frittelle**, *beignets* : c'est un mot dont on rencontre souvent la graphie erronée "fritelle" due à l'influence du mot français *frite*.

Dix-neuvième leçon / 19

❹ Donnez-moi s'il vous plaît des médicaments pour la grippe.
　…… ….e medicine … ………….

❺ J'essaierai ce sirop.
　……….stu sciroppu.

Corrigé de l'exercice 2
❶ Sussineghju ❷ Chjappu – mi n'avvecu ❸ – sapissete – cullata – ❹ Datemi ghjà – per l'influenza ❺ Pruveraghju –

Dix-neuvième leçon

Un repas de chez nous

1 – (L'établissement s'appelle "La Table Corse", écoutons le patron).
2 – Aujourd'hui, pour commencer il y a *(y sont)* les beignets au *(avec le)* fromage frais
3 ou bien *(ou-sinon)* un assortiment *(mélange)* de saucisson, coppa et "lonzu".

5 **furmagliu**, *fromage*, c'est le terme générique, pour toute variété de ce produit. Voir aussi la note 8.
6 **lonzu**, *filet* (de porc), à la différence du nom **coppa** (*faux-filet*) devenu familier grâce à la diffusion du produit italien de même nature, le nom de cette autre spécialité de la charcuterie corse, également séchée ou fumée, est peu connu hors de l'île.

19 / Dicennovesima lezione

4 Cum'è piattu principale avemu u stufatu o u caprettu à l'istretta [7], è fasgiulini per accumpagnà.
5 À chì vole : insalata, casgiu [8] vechju...
6 è per finisce fiadone [9] o pastizzu [10].
7 Vini corsi n'avemu parechji : rossi bianchi è rusulini.
8 – Ci accunsente tuttu, è bon prò [11] ci faccia !

4 koumè pyatou brinn-tchibalè ahouèmou ou stouvadou o ou gabrètou a listrèta è fajoulini ber akoumpanya 5 a ki bôlè innsalada kajou ouétyou 6 è per finichè vyadonè o bastitsou 7 bini gôrsi naouèmou barètyi rossi yanki è rouzoulini 8 tchakounsèntè doutou è bon pro tchi vatcha

Notes

7 à l'istretta, *à l'étouffée*, locution exclusivement culinaire.

8 casgiu, *fromage* : d'un emploi plus limité et plus familier que son synonyme **furmagliu**, ce mot ne peut en tout cas désigner que du fromage corse.

9 fiadone, *gâteau au* **brocciu** (ce dernier étant une variété de fromage frais de chèvre ou de brebis).

***

Eserciziu 1 – Traducite

❶ Chì ci hè per principià 'ssu pastu ? **❷** À chì vole : frittelle, osinnò salciccia è coppa. **❸** Per accumpagnà u piattu principale avemu i fasgiulini. **❹** Vi accunsente u casgiu vechju ? **❺** U vinu, u vulete biancu o rossu ?

***

Eserciziu 2 – Cumplitate

❶ Écoutons le patron de l'établissement.
.... u patrone di u ....

❷ Aujourd'hui, il y a du cabri à l'étouffée.
Oghje ci hè ....

❸ Nous avons aussi de la daube.
Avemu ancu . ...

59 • **cinquantanove**

Dix-neuvième leçon / 19

4 Comme plat de résistance *(principal)* [nous] avons [de] la daube ou du *(le)* cabri à l'étouffée *(à l'étroite)*, et *(des)* haricots verts en accompagnement *(pour accompagner)*.
5 Pour qui le désire *(à qui veut)* salade, "fromage vieux"
6 et pour terminer *(finir)* [du] "fiadone" ou [du] gâteau de semoule.
7 [Des] vins corses, [nous] en avons plusieurs, rouges, blancs et rosés.
8 – Tout cela nous convient *(nous agrée tout)* et grand bien *(bon profit)* nous fasse !

Remarques de prononciation
(4), (5) fasgiulini *[fajoulini]*, casgiu *[kajou]* : le groupe **sg** devant **i** ou **e** se prononce comme un *j* français.
(7) bianchi *[yanki]*, le groupe **bia-** après une voyelle atone présente le même affaiblissement que le groupe **ghja** en pareille position : *[ya]*.

10 pastizzu, *gâteau de semoule*. Par "téléscopage" avec l'usuelle corsisation du marseillais *pastis*, le mot désigne aussi désormais un apéritif à l'anis.
11 prò, *profit, avantage, bénéfice* (cf. latin *pro*, *en faveur de*).

***

Corrigé de l'exercice 1
❶ Qu'y a-t-il pour commencer ce repas ? ❷ Pour qui en veut : des beignets, sinon du saucisson et de la coppa. ❸ Pour accompagner le plat de résistance nous avons des haricots verts. ❹ Ça vous dit, du fromage corse ? ❺ Le vin, vous le voulez blanc ou rouge ?

***

❹ Pour terminer le repas, Il y aura du gâteau de semoule.
Per .... u pastu ci sarà ....

❺ Ou du fromage de chez nous pour qui en veut.
O .... à chì ne vole.

Corrigé de l'exercice 2
❶ Sintimu – stabilimentu ❷ – u caprettu à l'istretta ❸ – u stufatu ❹ – finisce – u pastizzu ❺ – casgiu nustrale –

Vintesima lezzione [binn-tèzima letsionè]

Indè u piluccheru [1]

1 – O monsieur, tocca à voi [2]. Pusate.
2   Cumu i [3] v'aghju da taglià, 'ssi capelli ?
3 – Accurtateli daretu, ma sopra lasciateli puru [4] stà.
4 – Ma prima li demu una lavata...
5 – Cum'ella vi pare. Mi rinfrischerà.
6 – Allora, à paesi [5], chì contanu [6] ?

Prononciation
inn-dè ou biloukérou 1 ô monsieur tokaboï pouzadè 2 koumou i ouadyou a dalya si gabèl-li 3 akourtadèli arédou ma zobra lachadèli bourou sta 4 ma brima li èmou ouna laouada 5 koumèl-la oui barè mi rinn-friskèra 6 al-lôra a paèzi ki kontanou

Remarques de prononciation
(1) tocca à voi *[tokaboï]* : on évite le hiatus (rencontre des deux a).
(6) allora *[al-lôra]* : il existe aussi une région où l'on dit *[al-lora]*, ce qui est surtout important dans ce mot, c'est de bien articuler les deux l.

Notes

1 **piluccheru** : c'est le mot corse pour *coiffeur*. Toutefois le recours fréquent au mot français, sous la forme "**quaffore**", en a réduit considérablement l'usage.

2 **tocca à voi**, *c'est votre tour* : locution idiomatique déclinable quant au pronom, le reste étant invariable. On a donc **tocca à mè**, *c'est mon tour*, et ainsi de suite avec **tè, ellu/ella, noi, voi, elli/elle**.

3 **i** (réduction de **li**) : noter l'anticipation de ce pronom, dont l'antécédent ('ssi capelli) n'est exprimé qu'en fin de phrase.

4 **puru**, *même*, en liaison avec un impératif cet adverbe introduit une valeur concessive : **state puru**, *vous pouvez rester*, **venite puru a matina**, *vous pouvez même venir le matin*.

61 • **sessantunu**

Vingtième leçon

Chez le coiffeur

1 – *(Ô)* monsieur, c'est votre tour, *([ça] touche à vous)*. Asseyez[-vous].
2 Comment vais-je vous les *(les vous ai[-je] à)* couper, ces cheveux ?
3 – Raccourcissez-les derrière, mais dessus vous pouvez les laisser comme ils sont *(laissez-les tout de même rester)*.
4 – Mais d'abord nous faisons un shampoing *(leur donnons un lavage)*...
5 – Comme vous voulez *(comme elle vous semble)*. [Ça] me rafraîchira.
6 – Alors, dans les *(à)* villages, qu'est-ce qu'on raconte *(que racontent)* ?

5 à paesi, *dans les villages*, formule par laquelle les citadins, non sans quelque hauteur, mentionnent le monde villageois. La même locution, dans l'intérieur, signifie *clairsemé*, l'image étant celle des villages épars dans la campagne.

6 contanu, *on raconte*, dicenu, *on dit* : avec les verbes **dì** et **cuntà**, l'impersonnel *on* est souvent rendu par la 3ᵉ personne du pluriel. Il peut l'être aussi par la forme habituelle : la 3ᵉ personne du singulier précédée du pronom **si** : **si dice**, **si conta**.

20 / Vintesima lezzione

7 – Pocu affare, ne sapere**te** [7] più v**o**i in cit**à**...
8 – Qui ne d**i**cenu [6] **tan**te [8], u più hè 'ssa
puliticaccia [9].
9 Pa**re** chì...

7 pogafarè nè saberèdè biou boï inn tchida 8 koui nè idgènou dantè ou biou è sa boulidigatcha 9 parè gui

Remarque de prononciation
(7) pocu affare *[pogafarè]* : ici encore on évite le hiatus résultant de la rencontre de deux voyelles.

Notes
7 saperete, littéralement "vous saurez". Mais ici nous retrouvons le futur hypothétique : *vous devez savoir, peut-être savez-vous*.

***

Eserciziu 1 – Traducite
❶ Avale tocca à mè. **❷** Induve aghju da pusà ? **❸** Una bella lavata mi rinfrischerà. **❹** Accurtate puru 'ssi capelli daretu. **❺** Ma sopra u pilucchero i lascia stà.

***

Eserciziu 2 – Cumplitate
❶ Que raconte-t-on dans les villages ?
   Chì .... à paesi ?

❷ On dit tant de choses.
   Ne dicenu ..... .

❸ C'est surtout cette sacrée politique.
   U più hè 'ssa ....

Vingtième leçon / 20

7 – **Pas grand-chose** *(peu [d'] affaire[s])*, **vous devez en savoir** *(en saurez)* **davantage** *(plus)*, **vous, à la** *(en)* **ville...**
8 – **Ici on dit tant de choses** *(en disent tant)*, **surtout** *(le plus)* **[c']est cette sacrée politique** *(politicaillerie)*.
9 **[Il] paraît que...**

8 **tante**, c'est le féminin pluriel du pronom-adjectif **tantu**, variable en genre et en nombre, alors que le français *tant* est un adverbe. D'où la traduction par *tant de choses*.

9 **puliticaccia**. La *politique*, c'est a **pulitica**. Le mot est ici assorti du suffixe péjoratif **-accia** (masc. **-acciu**).

***

Corrigé de l'exercice 1
❶ Maintenant, c'est mon tour. ❷ Où vais-je m'asseoir ? ❸ Un bon shampoing me rafraîchira. ❹ Vous pouvez raccourcir ces cheveux derrière. ❺ Mais dessus, le coiffeur les laisse comme ils sont.

***

❹ En ville vous devez en savoir davantage
   In cità .. .. più voi.

❺ Pas grand-chose, mais il paraît que...
   ...., ma pare chì...

Corrigé de l'exercice 2
❶ – contanu – ❷ – tante ❸ – puliticaccia ❹ – ne saperete – ❺ Pocu affare –

21

Vintunesima lezzione [binn-tounèzima létsionè]

Revisione – Révision

1 Le subjonctif

Le corse recourt souvent à ce mode, y compris à son imparfait (qui connaît la désuétude en français). Nous avons rencontré **resti** (leçon 15) au subjonctif présent du verbe **restà**, *rester*, **vachi** (leçon 17) au subjonctif présent du verbe irrégulier **andà**, *aller*, puis **sapissite** (leçon 18) au subjonctif imparfait du verbe **sapè**, *savoir*, enfin **faccia** (leçon 19) au subjonctif présent du verbe irrégulier **fà**, *faire*. Il est donc temps de faire plus ample connaissance avec le subjonctif, et d'abord celui des verbes auxiliaires **esse** et **avè** :
Présent :
Esse : s**i**a, s**i**a, s**i**a, s**i**amu, s**i**ate, s**i**anu.
Avè : **a**bbia, **a**bbia, **a**bbia, **a**bbiamu, **a**bbiate, **a**bbianu.
Imparfait :
Esse : f**u**ssi, f**u**ssi, f**u**ssi, f**u**ssimu, f**u**ssite, f**u**ssinu.
Avè : av**i**ssi, av**i**ssi, av**i**ssi *[ahouissi]*, av**i**ssimu *[ahouissimou]*, av**i**ssite *[ahouissitè]*, av**i**ssinu *[ahouissinou]*.
En ce qui concerne les conjugaisons régulières, le présent du subjonctif présente les mêmes terminaisons : c**a**nti, c**a**nti, c**a**nti, c**a**ntimu, c**a**ntite, c**a**ntinu pour la première (**cantà**, *chanter*), comme p**a**rti, p**a**rti, p**a**rti, p**a**rtimu, p**a**rtite, p**a**rtinu pour la seconde (**parte**, *partir*). Mais on retrouve des désinences différentes à l'imparfait : cant**a**ssi, part**i**ssi.
Il existe un sous-groupe de la conjugaison en **-e**, dont nous avons rencontré un échantillon : l'infinitif **finisce** (leçon 19). Son subjonctif présent est en **-a** : **finisca**. Nous en reparlerons plus loin, ainsi que du subjonctif des verbes irréguliers.

2 Le futur hypothétique

Le futur peut exprimer une hypothèse, un doute, une incertitude.
Exemples :
Serà per 'sse Meriche, *Il doit être en Amérique*. (leçon 16)

Vingt et unième leçon

Ne saperete più voi, *Vous devez en savoir davantage* (leçon 20).
Parmi les emplois les plus courants du futur hypothétique, on retiendra :
Chì ora serà ? *Quelle heure peut-il bien être ?*
Quant'anni averà ? *Quel âge peut-il /elle avoir ?*

3 L'enclise

C'est le phénomène par lequel les pronoms compléments dépourvus d'accent s'appuient sur un verbe (à l'infinitif, à l'impératif ou au gérondif) en formant avec lui une seule unité accentuelle. Ainsi : **dimmi**, *dis-moi* (leçon 16) **datemi**, *donnez-moi*, **piglialla**, *la prendre*, **paralla**, *l'éviter* (leçon 18), **accurtateli**, *raccourcissez-les*, **lasciateli**, *laissez-les* (leçon 20). On note qu'après une finale accentuée (**dì, piglià, parà**) se produit le redoublement de l'initiale du pronom (**-mmi, -lla**).
Il arrive que l'on ait deux pronoms en enclise : **ghjocatila !**, "joue-toi-la !" (leçon 17).

4 Le sujet indéfini

Il y a trois façons de rendre en corse ce que le français exprime à l'aide du pronom sujet *on* :
a) par le pronom **si / s'** suivi du verbe à la troisième personne du singulier, ex. : **Induve si manghja** (leçon 15), *Où est-ce qu'on mange ?* ; **Si viaghja più ripusati**, *On voyage plus détendus* ; **ùn s'hè liberi di parte**, *on n'est pas libre de partir* (leçon 17). Cette formulation implique la personne qui parle dans le nombre imprécisé des sujets, et sous-entend *je* ou *nous*.
b) par l'impersonnel **omu**.
Ex. : **quand'omu vole**, *quand on veut* (leçon 17).
c) par la troisième personne du pluriel.
Ex. : **chì contanu ?**, *qu'est-ce qu'on raconte ?*
ne dicenu tante, *on dit tant de choses* (leçon 20).
Ce qui est sous-entendu dans ces phrases c'est : *les gens*.

5 Les démonstratifs dits "de la 1ʳᵉ personne"

Les adjectifs démonstratifs **stu**, *ce/cet*, **sta**, *cette*, **sti** et **ste**, *ces*, comme les pronoms **questu**, *celui-ci*, **questa**, *celle-ci*, **questi**, *ceux-ci* ; **queste**, *celles-ci*, s'emploient pour désigner ce qui est près de celui qui parle ou qui se rapporte à lui, cf. leçon 18 : **stu repice**, *cette ordonnance* (le mot est masculin en corse). Rappelons-nous que nous avons rencontré cet adjectif en composition dans les formes adverbiales **stamane**, *ce matin* et **stasera**, *ce soir*.

Dialogue de révision

1 – Aghju a fame, induve anderemu à fà cullazione ?
2 – Induv'ella ti pare, ci sarà per istrada un restaurant induve si manghja bè.
3 – Dicenu chì ci n'hè unu appena più indà.
4 – Ma ci vole ancu ch'o mi fermi in farmacia…
5 à piglià e medicine per a pena in capu,

Vintiduiesima lezzione

À partir de cette leçon, seule la prononciation des mots nouveaux ou présentant une difficulté particulière sera indiquée en transcription phonétique.

L'impiigatu [1] nuvellu [2]

1 – **E**ccu, o monsieur Agosti**n**i, s**i**te indu u v**o**stru [3] sc**a**gnu [4]…

Prononciation
… imm-pyig**a**dou … nouhou**é**l-lou **1** **é**kou … ou ou**ô**strou skan**y**ou

Notes
1 **impiigatu**, *employé* : le mot dérive de **impiegu**, *emploi*. Il a subi l'alternance vocalique (appelée aussi "apophonie") selon laquelle les voyelles **e** et **o** qui cessent d'être toniques par suite de l'allongement du mot passent respectivement à **i** (c'est le cas ici) et à **u**.

6 e tù ùn hai da andà à fatti taglià i capelli ?
7 – Ïé, ma aspettu ch'ellu tocchi à mè,
8 à st'ora e surelle Rossetti sò traminduie indè u piluccheru,
9 quand'omu hè in cità, ci vole à prufittà per fà i so affari.
10 – Allora aspitteranu e frittelle !

Traduction

1 J'ai faim, où allons-nous déjeuner ? **2** Où tu voudras, il doit bien y avoir en chemin un restaurant où on mange bien. **3** On dit qu'il y en a un, un peu plus loin. **4** Mais il faut aussi que je m'arrête à la pharmacie… **5** prendre les médicaments pour le mal à la tête, **6** et toi tu ne dois pas aller te faire couper les cheveux ? **7** Oui, mais j'attends que ce soit mon tour, **8** à cette heure-ci les sœurs Rossetti sont toutes les deux chez le coiffeur, **9** quand on est à la ville il faut profiter pour faire ses affaires. **10** Alors les beignets attendront !

Vingt-deuxième leçon

Le nouvel employé

1 – Voilà, *(ô)* monsieur Agostini, [vous] êtes dans votre bureau…

2 **nuvellu**, *nouveau*. Cet adjectif se place toujours après le nom. À remarquer que, dérivé de **novu**, *neuf/nouveau*, il a subi aussi l'alternance vocalique.

3 **u nostru**, *notre* (phrase 3), **u vostru** (phrase 7), *votre*, sont des adjectifs possessifs variables en genre et en nombre selon l'objet possédé. On a donc au féminin **a vostra** (phrase 2), **a vostra** (pl. **e nostre, e vostre**) et au pluriel masc. **i nostri, i vostri**.

4 **scagnu** désigne *le bureau* : le local, à l'exclusion des autres sens du mot français. Par glissement sémantique, ce mot a pris aussi en Corse le sens de *"tiroir"*.

22 / Vintiduiesima lezzione

2 è qui accantu hè quellu [5] di a vostra [3] cullega [6], madama Casanova.
3 A stanza chè vo videte in fondu à u curridore hè quella [5] di u nostru [3] sceffu [7], monsieur Luciani,
4 è custì à manu manca ci hè u sicritariatu.
5 A sala di riunione si trova à u sicondu pianu.
6 Avà site à currènte di tuttu.
7 Pudete piglià u vostru [3] serviziu dumatina [8].
8 – Vi ringraziu, mi pare ch'o [9] seraghju comudu per travaglià…
9 Basta ch'ella ci sia a pazienza è l'affari si feranu !

2 … a ouôstra goul-léga mahama gazanôhoua **3** … ouihèdè … ou gouri-orè … ou nôstrou … chèffou … loudgiani **4** … sigridaryadou **5** … si drôhoua … **6** ahoua … **7** pouhèdè … doumadina **8** bi … gomouhou …

Notes

5 quellu, *celui /ce* (pl. **quelli**, *ceux/ces*), fém. **quella**, *celle/cette* (pl. **quelle**, *celles/ces*), à la fois pronoms et adjectifs, ces démonstratifs dits "de la 3ᵉ personne" sont employés pour désigner ce qui ne relève ni de celui qui parle, ni de celui qui écoute.

6 cullega, *collègue* : invariable en genre au singulier (**un cullega**, **una cullega**), variable au pluriel : **i culleghi**, **e culleghe**.

***

Eserciziu 1 – Traducite

❶ Serete comudu indu u vostru scagnu ? ❷ A vostra cullega piglierà u sò serviziu dumatina. ❸ U sicritariatu hè à currente di tutti l'affari chì si feranu. ❹ A stanza di u sceffu si trova in curridore à u secondu pianu. ❺ Custì accantu, à manu manca, ci hè una sala di riunione.

Vingt-deuxième leçon / 22

2 et à côté d'ici *(ici à côté)* [c'] est celui de votre collègue, madame Casanova.
3 La pièce que vous voyez au *(en)* fond du *(au)* couloir [c']est celle de notre chef, monsieur Luciani,
4 et là, à *(main)* gauche, [il] y a *(est)* le secrétariat.
5 La salle de réunion se trouve au deuxième étage.
6 Maintenant vous êtes au *(à)* courant de tout.
7 Vous pouvez prendre votre service demain matin *(demain-matin)*.
8 – [Je] vous remercie, [il] me semble que je serai à l'aise *(commode)* pour travailler…
9 [Il] suffit d'avoir de *(qu'il y soit)* la patience et les affaires se régleront *(se feront)*.

---

7 **sceffu**, *chef*. C'est évidemment une adaptation du mot français, mais enracinée dans l'usage, d'abord militaire (**aiutante sceffu**, *adjudant chef*), puis civil (**sceffu di gara**, *chef de gare*), enfin généralisé, qui a pris la place dans cet emploi de **capu**, lequel survit dans des mots composés (**capipastore**, *chef berger*, **capicantuneru**, *chef cantonnier*).

8 **dumatina**, *demain matin* : adverbe de temps résultant de deux composantes. On a aussi **dumanassera**, *demain soir*.

9 **o** est une forme élidée du pronom personnel sujet **eo**, variante de **eiu**. On rencontre cette forme après les conjonctions, elles aussi élidées. Ex. **ci vole ch'o travagli**, *il faut que je travaille*, **s'o possu**, *si je peux*.

***

Corrigé de l'exercice 1

❶ Serez-vous à l'aise dans votre bureau ? ❷ Votre collègue prendra son service demain matin. ❸ Le secrétariat est au courant de toutes les affaires qui se régleront. ❹ La pièce du chef se trouve dans le couloir au deuxième étage. ❺ Là, à côté, à gauche, il y a une salle de réunion.

Eserciziu 2 – Cumplitate

❶ Au fond du couloir il y a le bureau du chef.
   .. .. ci hè u scagnu di u sceffu.

❷ Le secrétariat est là à gauche.
   U sicritariatu hè ....

❸ À côté d'ici, c'est la pièce de Madame Casanova.
   ... ., hè a ...... di Madama Casanova.

❹ Voilà, Monsieur, je vous remercie.
   ...., . Monsieur, vi ringraziu.

❺ Il suffit d'avoir de la patience.
   ..... ch'ella ci sia . ...

Vintitreesima lezzione

Per mare è per aria

1 – O zì [1], quand'**è** vo and**a**te in cuntin**e**nte, c**u**mu ghjé [2] chì pigli**a**te u batt**e**llu è m**i**cca l'avion ?
2 – Mi pi**a**ce à f**à** cum'**e**llu si f**a**cia [3] **i**ndu i t**e**mpi :
3 tandu [4] si "franc**a**va u p**o**zzu [5]" imbarc**a**ti è m**i**cca pis**a**ti per **a**ria.

Prononciation

... aria **1** ôdzi ... kou**m**ou ... yé ... ou ouat**é**l-lou **2** ... pi**a**dgè ... fadgia ... **3** ... ou b**o**tsou ...

Notes

1 O zì : c'est ainsi qu'on s'adresse à un *oncle* (**ziu**) ou à une *tante* (**zia**) et aussi à toute personne âgée avec laquelle on n'a aucun lien de parenté mais à qui on entend exprimer du respect.

2 ghjé est une forme renforcée de la 3e personne du singulier du verbe **esse**, *être* au présent de l'indicatif. On y recourt quand on veut insister sur un fait précis, une situation bien établie.

Corrigé de l'exercice 2

❶ In fondu à u curridore – ❷ – custì à manu manca ❸ Qui accantu – stanza – ❹ Eccu, o – ❺ Basta – a pazienza

Vingt-troisième leçon

Par [la] mer et par [les] air[s]

1 – Tonton, quand tu vas sur le *(en)* continent, comment se fait-il *(est)* que tu prennes *(prends)* le bateau et pas l'avion ?
2 – J'aime *(me plaît à)* faire comme on *(il se)* faisait autrefois *(dans les temps)* :
3   alors on "franchissait la mare" embarqués et non soulevés en l'*(par)*air.

---

3 **facia, francàva** (phrase 3), **andava** (phrase 4), **facia** et **partia** (phrase 5), **durmia** et **si cuntintava** (phrase 6). Ces verbes sont à l'imparfait de l'indicatif : un temps que nous découvrons dans cette leçon.
On note les désinences : **-ava** pour les verbes en **-à** et **-ia** pour les autres verbes, mis à part **esse** (3ᵉ personne : **era**).

4 **tandu**, *alors* (= *à ce moment-là, à l'époque*) est un adverbe de temps original et très usuel.

5 **u pozzu**, *la mare*, façon familière et plaisante de désigner la mer qui entoure la Corse. Ce terme s'utilise à l'intérieur de la locution "**francà ~**".

23 / Vintitreesima lezzione

4 Era un'altra epica, si andava ³ più pianu in tutte e faccende.
5 A traversata si facia di notte, si partia ³ a sera,
6 è à chì durmia ³ in cabina è à chì si cuntintava ³ di una carrea longa.
7 – Hè cusì ancu avà, ma u battellu ùn lu piglianu chè quelli chì portanu a so ⁶ vittura.
8 – A credi ? Ci sò quelli chì ùn ponu spende, chì l'avion costa caru, è quelli chì ùn li piace à vulà.
9 – Sia cum'ella sia, avà si passa è si vene da una sponda à l'altra, più spessu, più in furia è cù minò ⁷ fatica.
10 – Serà ⁸, ma a Corsica hè sempre un'isula, è di quessa ùn si sorte per stu pocu !

4 éra … èbiga … fatchèndè 5 … drahouèrsada … nôtè … 6 … ouna garéa … 7 … ank'aoua … kouèl-li … pôrtanou … 8 a grèhi … pônou spèndè … kôsta … boula 9 … ouènè … spèssou … fadiga 10 a gôrsiga … si zôrtè bè stou bogou

Notes

6 a so, adjectif possessif correspondant à la fois à *sa* et *leur* (fém.).

7 minò, *moindre*, apocope usuelle de **minore** devant un mot commençant par une consonne.

8 Serà, nous retrouvons le futur hypothétique (du verbe **esse**, *être*).

***

Eserciziu 1 – Traducite

❶ Quand'è vo pigliate u battellu a sera, induve durmite ?
❷ Ancu vol purtale a vostra vittura in cuntinente ?
❸ L'avion costa caru ma si và più in furia. ❹ Indu i tempi avion ùn ci n'era per francà u mare. ❺ Tandu si passava è si venia menu spessu che avà.

4 [C']était une autre époque, on allait plus lentement dans toutes nos *(les)* occupations.

5 La traversée avait lieu *(se faisait)* la *(de)* nuit, on partait le soir,

6 et les uns *(à qui)* dormaient *(dormait)* en cabine, et les autres *(à qui)* se contentaient *(se contentait)* d'une chaise longue.

7 – C'est comme ça *(ainsi)* même maintenant, mais ne prennent le bateau *(le bateau ne le prennent)* que ceux qui emportent leur voiture.

8 – Tu *(la)* crois ? Il y a ceux qui n'ont pas les moyens *(ne peuvent dépenser)* car l'avion coûte cher, et ceux qui n'aiment pas *(ne leur plaît à)* voler.

9 – Quoi qu'il en soit *(soit comme elle soit)*, maintenant on va *(passe)* et on vient d'un rivage à l'autre, plus souvent, plus vite et avec [une] moindre fatigue.

10 – Sans doute *(sera)*, mais la Corse est toujours une île, et de cela on n'est pas près d'en sortir *(ne se sort pour ce peu)* !

***

Corrigé de l'exercice 1

❶ Quand vous prenez le bateau le soir, où dormez-vous ? ❷ Vous aussi vous emportez votre voiture sur le continent ? ❸ L'avion coûte cher mais on va plus vite. ❹ Autrefois il n'y avait pas d'avion pour franchir la mer. ❺ En ce temps-là on allait et venait moins souvent que maintenant.

Eserciziu 2 – Cumplitate

❶ Comment se fait-il que vous alliez souvent sur le continent ?
....chè vo andate ......in cuntinente ?

❷ La traversée se faisait la nuit.
A traversata si facia .. ..

❸ Les uns prennent le bateau, les autres prennent l'avion.
. ...piglia u battellu, ...piglia l'avion.

Vintiquattresima lezzione

U purtabile

1 – O chì bella truvata,'ssu telefunucciu ! [1]
2   Ùn pare mancu vera...
3   à chì s'arricorda [2] di e telefunate di una volta.
4   Di pudè chjamà una persona induve voglia ch'ella sia è da qualsiasi locu...
5   ùn hè un miraculu ?
6 – Ebbè per i zitelli è i giovani hè una cosa naturale...
7   è criditemi [3] puru, si ne sanu [4] ghjuvà !

Prononciation
ou pourtabilè 1 ... trouhouada ... telefounoutchou 2 ... ouèra 3 ... sarigôrda ... telefounadè ... ouôlta 4 ... ouôlya guel-la zia ... lôgou 5 ... miragoulou 6 ... dzidél-li ... dgio-ouani 7 crihidémi ... youhoua

Notes
1 **telefunucciu**, diminutif de **telefunu**, *téléphone*. Le suffixe **-ucciu** ajoute une notion d'affectivité : ce petit téléphone que l'on aime tant, auquel on est si attaché.

❹ Quoi qu'il en soit, maintenant on va et on vient plus vite.
  . . . . , . . . si passa è si vene . . . .

❺ Sans doute, mais la Corse est toujours une île.
  . . . . , ma a Corsica hè sempre . . . .

Corrigé de l'exercice 2
❶ Cumu ghjé – spessu – ❷ – di notte ❸ À chì – à chì – ❹ Sia cum'ella sia, avà – più in furia ❺ Serà – un'isula

---

Vingt-quatrième leçon

Le portable

1 – *(O)* quelle belle trouvaille, ce petit téléphone !
2 [Cela] ne semble même pas vrai…
3 pour *(à)* qui se souvient des communications téléphoniques *(coups de téléphone)* d'autrefois *(une fois)*.
4 *(De)* pouvoir appeler quelqu'un *(une personne)* où *(veuille)* qu'il *(elle)* soit et depuis *(de)* quelque endroit que ce soit *(quel-soit-se)*…
5 n'est[-ce pas] un miracle ?
6 – Eh bien *(et-bien)* pour les enfants et [pour] les jeunes c'est quelque chose de naturel *(une chose naturelle)*…
7 et, vous pouvez m'en croire *(croyez-moi tout de même)*, ils savent s'en *(s'en savent)* servir !

---

2 **s'arricorda**, *se souvient*, du verbe pronominal **arricurdassi** à l'indicatif présent. Noter l'alternance vocalique : le **o** passant à **u** lorsque l'accent tonique se déplace à la fin du mot.

3 **criditemi**, *croyez-moi* ; **scusate**, *excusez(-moi)*, impératif 2ᵉ personne du pluriel respectivement des verbes **crede** (noter ici encore l'alternance vocalique) et **scusà**.

4 **sanu**, *ils savent*, du verbe irrégulier **sapè**, *savoir*, que l'on conjugue comme suit au présent de l'indicatif : **sò, sai, sà, sapemu, sapete, sanu**.

8 – Ma ancu i maiò [5], uni pochi [6] anu sempre 'ss incrochju appesu à l'orechja [7]...

9 Ah scusate [3], u meiu sona, mi chjamanu...

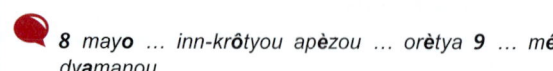

8 mayo ... inn-krôtyou apèzou ... orètya 9 ... méyou zona ... dyamanou

Notes

5 **maiò**, *plus grand*, apocope usuelle de **maiore** (plur. **–i**), adjectif employé aussi comme nom.

6 **uni pochi**, *certains (d'aucuns)*, mais selon le contexte cette expression peut signifier *beaucoup*. Féminin : **une poche**.

7 **orechja**, *oreille*. Dans une large partie de la Corse on dit **arechja**.

***

Eserciziu 1 – Traducite

❶ Criditemi puru, u purtabile hè una bella truvata. ❷ Ùn pare mancu vera, serà un miraculu ? ❸ I giovani ùn s'arricordanu di e telefunate di una volta. ❹ Induve voglia ch'ella sia, uni pochi anu u telefunucciu appesu à l'orechja. ❺ È voi, vi ne sapete ghjuvà di 'ss incrochju ?

***

Eserciziu 2 – Cumplitate

❶ Pour les adultes, cela ne semble pas vrai.
Per . .... ùn pare .....

❷ Pour les jeunes, c'est une chose naturelle.
Per . ... hè ... . naturale.

❸ Même les enfants savent s'en servir.
.... i zitelli si ne sanu ....

Vingt-quatrième leçon / 24

8 – Mais les adultes aussi *(même les plus-grands)*, certains ont toujours ce machin suspendu à l'oreille...
9   Ah excusez[-moi], le mien sonne, on m'appelle...

***

Corrigé de l'exercice 1
❶ Vous pouvez me croire, le portable est une belle trouvaille. ❷ Cela ne semble même pas vrai, serait-ce un miracle ? ❸ Les jeunes ne se souviennent pas des communications téléphoniques d'autrefois. ❹ Où que ce soit, certains ont le petit téléphone suspendu à l'oreille. ❺ Et vous, vous savez vous en servir, de ce machin ?

***

❹ Excusez-moi, mon portable sonne.
  ...., sona u mio purtabile.

❺ On m'appelle de n'importe quel endroit.
  .. ..da qualsiasi ..... .

Corrigé de l'exercice 2
❶ – i maiò – vera ❷ – i giovani – una cosa – ❸ Ancu – ghjuvà
❹ Scusate – ❺ Mi chjamanu – locu

settantottu • 78

Vinticinquesima lezione

A passione di e fiure [1]

1 – Ma chì fidighjerai [2] po sempre nantu à 'ssu postu o Luì ?
2 – M'interessu è mi divertu, ùn hè fatta apposta sta 'nvenzione ?
3   Stò à sente e nutizie, mi guardu [3] qualchì filmu o un macciu [4] di pallò... [5]
4   seguitu e serìe di pulizzeri, mi piacenu i ducumintarii...
5   chì mi facenu scopre [6] certi paesi induve ùn anderaghju mai...
6 – Sò belle cose, ma ùn ci hè più versu di fatti [7] sorte di casa,
7   o di fassi [7] una ragiunata in famiglia.
8 – Ùn vole dì [8], a televisione hè una cumpagnia...
9   eppó a sera tardi m'addurmenta quandu hè ora...
10   Ùn hè un vantaghju ancu quessu ?

Prononciation
abassionè i èviourè **1** ... fihidyèrahi ... bôstou ... **2** minn-téréssou ... ihouèrtou ... apôsta ... nbentsyonè **3** ... ouardou ... di ... bal-lo **4** sé-ouidou ... i ougouminn-taryi **5** ... skôbrè **6** ... bèrsou ... zôrtè ... **8** oun bôlè ... hi **10** ... oun bantadyou ...

Notes

1 **fiure**, plur. de **fiura**, *image*, forme contractée de la variante **figura**.
2 **fidighjerai**, *tu regarderas*. Infinitif : **fidighjà**, *regarder*, verbe qui subit l'alternance vocalique. Indicatif présent : **fideghju, -i, -a, fidighjemu, -ate, fideghjanu**. Il existe de ce verbe les formes contractées **fidià** et **fighjà**, ainsi que la forme suffixée **fighjulà**, cette dernière propre au sud de la Corse.

79 • settantanove

Vingt-cinquième leçon

La passion des images

1 – Mais que regardes[-tu] *(regarderas)* donc *(puis)* toujours sur ce poste, *(ô)* Luigi ?
2 – [Je] m'intéresse et [je] m'amuse, n'est[-elle pas] faite pour ça *(exprès)* cette invention ?
3 J'écoute *(reste à écouter)* les nouvelles, [je] *(me)* regarde un *(quelque)* film ou un match de football...
4 [je] suis les séries policières, j'aime *(me plaisent)* les documentaires...
5 qui me font découvrir des *(certains)* pays où [je] n'irai jamais...
6 – C'est très joli *(sont belles choses)*, mais [il] n'y a *(est)* plus moyen de te faire *(faire-te)* sortir de [la] maison,
7 ou d'avoir *(de faire-se)* une discussion en famille.
8 – Ça ne fait rien *(ne veut dire)*, la télévision est une compagnie...
9 et puis *(et-puis)* le soir, tard, [elle] m'endort quand [c'] est [l'] heure...
10 N'est[ce pas] un avantage cela aussi *(même celui-là)* ?

---

3 **guardu**, *je regarde*, du verbe **guardà**, *regarder*, synonyme de **fidighjà**.
4 **filmu**, **macciu** sont des adaptations bien intégrées de *film* et de *match*.
5 **pallò**, apocope de **pallone**, *ballon*. Augmentatif de **palla**, *bille / boule*.
6 **scopre**, *découvrir* et son antonyme **copre**, *couvrir* ont un participe passé irrégulier, respectivement **scupertu** et **cupertu**.
7 **fassi**, *se faire*, **fatti**, *te faire* : les pronoms compléments atones (ici **ti** et **si**) s'accolent à l'infinitif parce que dépendants de son accent.
8 **dì**, *dire*, est un verbe irrégulier dont le présent de l'indicatif est **dicu**, **dici**, **dice**, **dimu**, **dite**, **dicenu**, et le participe passé **dettu**.

ottanta • 80

Eserciziu 1 – Traducite
❶ Fidighjemu a televisione in famiglia è ci addurmintemu davanti à u postu. ❷ Sta 'nvenzione hè fatta apposta per interessà è diverte a ghjente. ❸ Quandu hè ora stemu à sente e nutizie. ❹ Mi piace à guardà un filmu senza sorte di casa. ❺ In certi paesi ùn ci anderaghju mai, ma ùn vole dì, ci sò i ducumintarii.

***

Eserciziu 2 – Cumplitate
❶ Que regardes-tu, Luigi ?
Chì . . . . , . . . ?

❷ Il y a un match de football qui m'intéresse.
Ci hè un macciu di . . . . . chì m'interessa

❸ Il n'y a plus moyen d'avoir une discussion en famille.
Ùn ci hè più . . . . . di fassi . . . . in famiglia

❹ Ça ne fait rien, la télévision est une compagnie.
. . . . , a televisione hè una . . . .

❺ Et puis le soir elle m'endort quand c'est l'heure.
. . . . a sera . . . . quandu hè l'ora.

Vintiseiesima lezzione

L'amicu cumpetente

1 – Tù chì ci capisci, mi poi dì ciò chì ùn và ind'u mio urdinatore ?
2 Ùn ci hè l'arte di mettelu in cunnessione incù a stampaghjola [1], eppó ogni tantu si spegne.

Prononciation
1 ... pôhi hi ... oun ba ... myo 2 ... stampadyôla ... eppó ...

Corrigé de l'exercice 1

❶ Nous regardons la télévision en famille et nous nous endormons devant le poste. ❷ Cette invention est faite exprès pour intéresser et amuser les gens. ❸ Quand c'est l'heure nous écoutons les nouvelles. ❹ J'aime regarder un film sans sortir de la maison. ❺ Dans certains pays je n'irai jamais, mais ça ne fait rien, il y a les documentaires.

***

Corrigé de l'exercice 2

❶ – fideghji, o Luì ❷ – pallò – ❸ – versu – una ragiunata – ❹ Ùn vole dì – cumpagnia ❺ Eppó – m'addurmenta –

Vingt-sixième leçon

L'ami compétent

1 – Toi *(tu)* qui t'y connais *(y comprends)* peux-tu me *(me peux-tu)* dire ce qui ne va [pas] dans mon ordinateur ?

2 [Il] n'y a *(est)* [pas] moyen *(l'art)* de le mettre *(mettre-le)* en connexion avec l'imprimante, et puis *(et-puis)* de temps en temps *(chaque tant)* [il] s'éteint.

Note

1 stampaghjola, *imprimante*, néologisme.

26 / Vintiseiesima lezzione

3 – Ùn ci serà tantu dannu, ci pensu eiu à rigulallu.
4 – Fammi u piacè, spiegami dinù [2] duie o trè cose di 'ssu novu lugiziale [3] per i disegni.
5 – Feremu [4] ancu quessa.
6 – Ci hè un antru [5] affare [6] : ùn mi riesce à mandà un schidulariu [7] di fotó [8].
7 – Và bè, circheraghju d'accuncià tuttu attempu.
8 – Sii [9] ringraziatu, o amicu, sebiatu tù chì sì u rè di l'infurmatica !
9 – Tù sì chì... ! [10]Aghju appena di pratica, è basta.
10 – Ma si sà "a pratica vince a grammatica", nevvè [11] ?

3 ... tantu a-n-nou ... 4 ... pyadgè ... nóhou ... 6 ... skidoularyou ... i ... votô 7 ba bè ... akountcha ... 10 ... a bradiga ouinn-tchè a ramadiga nèbè

Notes

2 **dinù** *[dinô]* existe aussi dans l'usage sous la forme **dinó** *[dinô]* apocope de **di novu** *[di nôhou]*, *de nouveau*, puis étendu dans l'usage au sens de *aussi* (cf. leçon 10, note 6).

3 **lugiziale** *[loudgidzialè]*, adaptation du français *logiciel*, dans l'usage international : **software**.

4 **feremu**, *nous ferons* mis pour *je ferai*. L'emploi de la 1re personne du pluriel à la place de la 1re du singulier, loin d'être un "pluriel de majesté" est en revanche un pluriel de modestie.

5 **antru** pour **altru**, *autre*, est fréquent dans la conversation.

6 **affare**, *affaire*. Attention ! Ce mot est masculin en corse.

7 **schidulariu**, *fichier*, dérivé de **schedula**, *fiche*. Dans l'usage international : **file**.

8 **fotó**, nom invariable, apocope de **fotografia**. Certains y substituent parfois, bien à tort, le mot **ritrattu**, *portrait* : c'est parce qu'aux premiers temps de la photographie, celle-ci servait essentiellement à "portraiturer" des individus.

Vingt-sixième leçon / 26

3 – [Il] ne doit pas y avoir *(n'y sera)* grand *(tant)* dommage, je me charge de *(y pense moi à)* le régler *(régler-le)*.

4 – S'il te plaît *(fais-moi le plaisir)*, explique-moi aussi deux ou trois choses sur *(de)* ce nouveau logiciel pour les dessins.

5 – [Nous] ferons cela aussi *(même cela)*.

6 – [Il] y a une autre affaire : je n'arrive pas *(ne me réussit)* à envoyer un fichier de photos.

7 – C'est bon *(va bien)*, [j']essaierai *(chercherai)* de réparer tout en même temps *(à-temps)*.

8 – Sois[-en] remercié, l'*(ô)* ami, heureux homme *(toi)* qui es le roi de l'informatique !

9 – Comme tu y vas… *(toi oui que)* ! J'ai un peu d'expérience, sans plus.

10 – Mais c'est bien connu *(se sait)* "expérience passe science" *(la pratique vainc la grammaire)*, pas vrai ?

9 sii, siamu, siate, *sois, soyons, soyez*. Nous faisons connaissance avec l'impératif du verbe **esse**, *être*.

10 tù sì chì…, littéralement "toi oui que" (sous-entendu : *tu y vas fort/tu exagères/tu déraisonnes*, etc.).

11 nevvè *[nèbè]* apocope de **nevvera** qui est la forme ramassée de la proposition interrogative **ùn hè vera ?** *n'est-il pas vrai ?* Nous savons par ailleurs que deux **v** consécutifs se prononcent **b**.

ottantaquattru • 84

Eserciziu 1 – Traducite

❶ Chì dannu ci serà indu u mio urdinatore ? ❷ Ùn ci hè l'arte di mandà un schidulariu. ❸ Ùn mi riesce à mette a stampaghjola in cunnessione. ❹ L'amicu circherà d'accuncià attempu tuttu ciò chì ùn và. ❺ Sebiatu ellu chì ci capisce in l'infurmatica !

***

Eserciziu 2 – Cumplitate

❶ Je me charge de régler l'ordinateur.
.. ..à rigulà l'urdinatore.

❷ De temps en temps il s'éteint.
....si spegne.

❸ Explique-moi ce nouveau logiciel.
.... 'ssu novu ....

27

Vintisettesima lezzione

Nova framante [1]

1 – Chì bella vittura, o Jean [2] !
2 – L'aghju aspittata un pezzu, ùn avianu u culore chì mi piacia.
3 – Avà l'hai, è vai puru, si vede da luntanu !

Prononciation
nôhoua ... vramantè **1** ... ouitoura ... **2** oun pétsou ... ahouihyanou ... biadgiha **3** ahoua ... bahi bourou ... ouèlè ...

Corrigé de l'exercice 1
❶ Quel dommage peut-il y avoir dans mon ordinateur ? ❷ Il n'y a pas moyen d'envoyer un fichier. ❸ Je n'arrive pas à mettre l'imprimante en connexion. ❹ L'ami essaiera de réparer en même temps tout ce qui ne va pas. ❺ Heureux homme qui s'y connaît en informatique !

***

❹ Sois remercié, toi qui as un peu d'expérience.
... ringraziatu, tu chi hai ....

❺ C'est bien connu, "expérience passe science".
.. ..., "a pratica vince a grammatica".

Corrigé de l'exercice 2
❶ Ci pensu eiu – ❷ Ogni tantu – ❸ Spiegami – lugiziale ❹ Sii – appena di pratica ❺ Si sà –

Vingt-septième leçon

Flambant neuve

1 – Quelle belle voiture, *(ô)* Jean !
2 – [Je] l'ai attendue longtemps *(un bout)*, [ils] n'avaient [pas] la couleur qui me plaisait.
3 – Maintenant [tu] l'as, et sois sans crainte *(tu peux y aller)* on [la] *(se)* voit de loin !

Notes
1 **framante**, *flambant*, cet adjectif, variable en nombre (plur. **framanti**), ne s'emploie qu'à la suite de l'adjectif **novu** variable en genre et nombre.
2 C'est au début du vingtième siècle que beaucoup de Corses ont adopté la version française de leur prénom, telle qu'elle figurait aux registres de l'état civil, pendant que d'autres continuaient à utiliser la forme corse. Plus récemment on a vu se dessiner une tendance à attribuer aux enfants des prénoms à consonance corse.

27 / Vintisettesima lezzione

4 – **Vo**gliu chì a carruzze**ri**a spampillul**eghj**i [3] è a tr**o**mba ch'**e**lli a sent**i**nu **a**ncu i ci**o**nchi [4].

5 – È u mut**o**re, o Jean, chì ghj**é** [5] u pi**ù** chì c**o**nta ?

6 – **Ù**n **a**bbia [6] po pens**e**ru : si f**a**ce s**e**nte anch'**e**llu… ci hè a put**e**nza, p**o**ssu avanz**à** à t**u**tti.

7 – Per a sb**a**cca [7] sì pr**o**ntu è par**a**tu, ma om**a**ncu si st**à** c**o**mudi d**e**ntru ?

8 – I futt**o**gli [8] sò di v**e**ru c**o**ghju, e spall**e**re si p**o**nu cal**à** è **o**mu si p**ó** **a**ncu stracqu**à** [9].

9 – L**a**scia c**o**rre 'ssu particul**a**re, chì [10] e vitt**u**re **ù**n sò f**a**tte per d**o**rmeci !

4 bôlyou … spampil-loulèdyi … djonki 6 pôssou ahouantsa … 7 … zbaka … 8 i … voutôlyi … ouèrou gôdyou … spal-lére … pônou … ômou zi bô … strakoua 9 lacha gorè … pè dôrmèdgi

Notes

3 **spampilluleghji**, *resplendisse*, du verbe **spampillulà** qui fait partie des verbes à infixe **-eghj-** entre le radical et la désinence (cf. leçon 18, note 4).

4 **cionchi** ; sing. **cioncu**, fém. **cionca**, plur. **cionche**. Retenir que ce mot désigne dans une partie de la Corse les personnes simplement "dures d'oreille" et dans une autre partie les gens atteints de surdité complète.

5 **ghjé** *[dyé]* ici après voyelle tonique, mais cette forme renforcée de la 3ᵉ personne de **esse** se prononce *[yé]* après voyelle atone.

6 **abbia, abbiamu, abbiate**, *aies, ayons, ayez*, impératif de **avè**, *avoir*.

***

Eserciziu 1 – Traducite

❶ Jean hè prontu è paratu per fà a sbacca. ❷ A so vittura spampilluleghja. ❸ Pó avanzà à tutti chì ci hè a putenza. ❹ Omu si pó stracquà chì e spallere si ponu calà. ❺ Ma a vittura ùn hè fatta per dormeci.

Vingt-septième leçon / 27

4 – Je veux que la carrosserie resplendisse et [que] même les sourds entendent le klaxon *(qu'ils l'entendent même les sourds)*.

5 – Et le moteur, Jean, qui est le plus important *(le plus qui compte)* ?

6 – Ne te fais pas de souci *(n'aie donc souci)* : il se fait entendre *(lui)* aussi, il y a de la puissance et [je] peux doubler *(à)* tout le monde *(tous)*.

7 – Pour la frime tu es fin prêt *(prêt et paré)*, mais est-ce que l'intérieur est confortable au moins *(on reste commodes dedans)* ?

8 – Les fauteuils sont en cuir véritable *(de vrai cuir)*, on peut abaisser les sièges *(les dossiers se peuvent baisser)* et on *(se)* peut même [s']étendre.

9 – Laisse tomber *(courir)* ce détail, car les voitures ne sont [pas] faites pour y dormir *(dormir-y)* !

---

7 **sbacca**, *épate / esbroufe / "frime"* et le dérivé de même sens **sbaccata**, comme **sbaccone**, *fanfaron / crâneur* (on trouve aussi la forme **spacca** et dérivés) proviennent du verbe **sbaccà**, *fendre / couper en deux d'un seul coup*, et partant des exploits imaginaires d'un fanfaron de légende : **sbaccamonti**, *tranche-montagne*.

8 **futtogli**, sing. **futtogliu**, *fauteuil*, adaptation enracinée de longue date du mot français.

9 **stracquà**, est surtout employé sous sa forme pronominale **stracquassi**, *s'étendre, se coucher (mais pas pour la nuit)*, **mi stracquu**, **ti stracqui**, etc.

10 **chì**, ici est une conjonction et non un pronom.

***

Corrigé de l'exercice 1

❶ Jean est fin prêt pour faire de l'épate. ❷ Sa voiture resplendit. ❸ Il peut doubler tout le monde car le moteur a de la puissance. ❹ On peut s'étendre car on peut abaisser les dossiers. ❺ Mais la voiture n'est pas faite pour y dormir.

ottantottu

Eserciziu 2 – Cumplitate

❶ La couleur de la carrosserie se voit de loin.
   .... di a carruzzeria ...... da luntanu.

❷ Le klaxon, même les sourds l'entendent !
   A tromba, ... a sentenu !

❸ Au moins les fauteuils sont en cuir véritable.
   ...... i futtogli sò .. ..

Vintottesima lezzione

Revisione – Révision

1 Capisce, finisce, etc.

Les verbes de ce sous-groupe intercalent l'infixe **-isc-** entre le radical et la désinence :
– au présent (sauf 1er et 2e du pluriel)
– au futur de l'indicatif
– au présent du subjonctif
– au conditionnel
– à l'impératif (2e sing., **capisci**)
– et au gérondif (**capiscendu**).

Ils sont parfois présentés comme une 3e conjugaison du fait de la forme abrégée de leur infinitif (**capì**, **finì**, etc.).
Le participe passé de ces verbes est en **-itu** (**capitu**).

Indicatif présent	Indicatif futur	Subjonctif présent	Conditionnel
capiscu	capisceraghju	capisca	capiscerebbi/-ria
capisci	capiscerai	capisca	capisceresti/ -rii
capisce	capiscerà	capisca	capiscerebbe/ -ria
capimu	capisceremu	capiscamu	capiscerebbimu/ riamu
capite	capiscerete	capiscate	capiscereste/-riate
capiscenu	capisceranu	capiscanu	capiscerebbinu/-rianu

❹ Le moteur est flambant neuf.
   U mutore hè ....

❺ Jean l'a attendu longtemps.
   Jean l'hà aspittatu .. ..

Corrigé de l'exercice 2
❶ U culore – si vede – ❷ – ancu i cionchi – ❸ Omancu – di veru coghju ❹ – novu framante ❺ – un pezzu

Vingt-huitième leçon

2 Verbes irréguliers très usuels

dì, *dire* :	ind. présent :	dicu, dici, dice, dimu, dite, dicenu	participe passé :	dettu
fà, *faire* :	ind. présent :	facciu, faci, face, femu, fate, facenu	participe passé :	fattu
andà, *aller* :	ind. présent :	vò, vai, và, andemu, andate, vanu	participe passé :	andatu
vene, *venir* :	ind. présent :	vengu, veni, vene, venimu, venite, venenu	participe passé :	venutu
vulè, *vouloir* :	ind. présent :	vogliu, voli, vole, vulemu, vulete, volenu	participe passé :	vugliutu
pudè, *pouvoir* :	ind. présent :	possu, poi, pó, pudemu, pudete, ponu	participe passé :	pussutu

3 L'impératif

L'impératif des conjugaisons régulières est :
canta, **cantemu**, **cantate**, *chante, chantons, chantez* ;
parti, **partimu**, **partite**, *pars, partons, partez*
Nous avons vu (leçon 26, note 9) l'impératif du verbe **esse** et (leçon 27, note 6) celui du verbe **avè**. Ce dernier était dans la leçon sous la forme négative **ùn abbii**.

novanta • 90

Mais l'impératif négatif, en règle générale se fait, pour la deuxième personne du singulier, au moyen de l'adverbe de négation **ùn** suivi de l'infinitif.

Exemples : **ùn avè paura**, *n'aie pas peur*, **ùn esse cusì curiosu**, *ne sois pas si curieux*, **ùn parlà**, *ne parle pas*, **ùn teme nunda**, *ne crains rien*.

Pour les autres personnes, la négation s'obtient en faisant précéder de **ùn** la forme affirmative.

4 Les adjectifs possessifs

Si l'objet possédé est du genre masculin, on a :
u mio, *mon* ; **u to**, *ton* ; **u so**, *son* ; **u nostru**, *notre* ; **u vostru**, *votre* ; **u so**, *leur*.
Si les objets possédés sont du genre masculin, on a :
i mio, *mes* ; **i to**, *tes* ; **i so**, *ses* ; **i nostri**, *nos* ; **i vostri**, *vos* ; **i so**, *leurs*.
Si l'objet possédé est du genre féminin, on a :
a mio, *ma* ; **a to**, *ta* ; **a so**, *sa* ; **a nostra**, *notre* ; **a vostra**, *votre* ; **a so**, *leur*.
Si les objets possédés sont du genre féminin, on a :
e mio, *mes* ; **e to**, *tes* ; **e so**, *ses* ; **e nostre**, *nos* ; **e vostre**, *vos* ; **e so**, *leurs*.
N.B. Concurremment à **mio** *[myo]* existent aussi les formes **mo** et **me**.

5 Adverbes de temps

Familiarisons-nous avec les adverbes rencontrés :
dumatina, *demain matin* et **dumanassera**, *demain soir* (leçon 22).
avà, *maintenant* ; **quandu**, *quand* ; **tandu**, *alors* (en ce temps-là) ; **spessu**, *souvent* ; **sempre**, *toujours* (leçon 23) ; **una volta**, *autrefois* (leçon 24) ; **mai**, *jamais* ; **tardi**, *tard* (leçon 25) ; **attempu**, *en même temps* ; **ogni tantu**, *de temps en temps* (leçon 26) ; **un pezzu**, *longtemps* (leçon 27).

Vingt-huitième leçon / 28

▶ Dialogue de révision

1 – À u mio ziu piace à fà cum'ellu si facia una volta...
2 – Allora ùn si sà ghjuvà di l'urdinatore ?
3 – Nò, ma hà u so telefunucciu sempre appesu à l'orechja.
4 – Sia cum'ella sia, ùn si campa più cume indu i tempi.
5 – Tandu si andava più pianu in tutte e faccende...
6 – Avà si viaghja in furia...
7 – Ci vole à vede à Jean, cum'ellu avanza à tutti cù u so mutore cusì putente !
8 – È u mio amicu cù l'infurmatica, ellu sì chì ci capisce !
9 – I giovani sò à currente di tutte e truvate : li parenu naturali.
10 – Lascemu corre 'ssi particulari : simu in un'altra epica, è basta.

Traduction

1 Mon oncle aime faire comme on faisait jadis... 2 Alors il ne sait pas se servir de l'ordinateur ? 3 Non, mais il a son petit téléphone toujours suspendu à l'oreille. 4 Quoi qu'il en soit, on ne vit plus comme autrefois. 5 En ce temps-là on allait plus lentement dans toutes les affaires... 6 Maintenant on va vite... 7 Il faut voir Jean, comment il double tout le monde avec sa voiture si puissante ! 8 Et mon ami avec l'informatique, lui il s'y connaît vraiment ! 9 Les jeunes sont au courant de toutes les inventions : elles leur semblent naturelles. 10 Laissons tomber ces détails : nous sommes dans une autre époque, c'est tout.

Vintinovesima lezzione

Aió [1] ! Si parte !

1 – **A**ghju da visit**à** parechji clienti per 'ssi paesi, voli vene incù mè, o Lisà ?
2 – Cusì, à l'ispensata ? Quandu vulteresti [2], chì ùn mi possu troppu alluntanà ?
3 – À quattr'ore serai in casa toia, intantu ci femu 'ssa scampagnata ! Cogliti [3] in vittura !
4 – Alé ! [4] A cullazione a ci feremu per istrada. [5]
5 – Ùn ti scurdà [6] di mette a cinta, i gendarmi sò impustati à u primu crucivia. [7]
6 – U stradone l'anu bellu [8] allargatu, si circuleghja assai megliu chè prima.

Prononciation

ayô ... 1 ... da ouizida ... bôli ouènè ... 2 ... pôssou drôpou ... 3 akouatrôrè ... kaza dôya ... kôlyidi ... 5 ... groudgi-oui-ya 6 ... strahonè ...

Notes

1 **aió !** est une interjection très usuelle dans diverses situations, les plus courantes étant l'invitation à faire quelque chose (*allons-y !*) ou à accompagner quelqu'un (*viens / venez avec moi*). Répétée (**aió aió !**) elle marque l'incrédulité, voire l'indignation.

2 **vulteresti**, 2ᵉ personne sing. du verbe **vultà**, *revenir* au conditionnel. Ce mode se présente donc comme suit : **vulterebbi, vulteresti, vulterebbe, vulterebbimu, vultereste, vulterebbinu**. Il existe une autre forme du conditionnel, que nous verrons plus loin.

3 **cogliti**, impératif du verbe réléchi **cogliesi**, *monter sur qqch.*, *se hisser*. Ainsi : **cogliesi nantu un arburu**, *monter sur un arbre*, et surtout **cogliesi à cavallu**, ou simplement : **cogliesi**, *monter à cheval (ou à dos d'âne).*

Vingt-neuvième leçon

Tu viens ! On part !

1 – Je vais *(j'ai à)* visiter plusieurs clients dans les *(par ces)* villages, tu veux venir avec moi, *(ô)* Alexandre ?
2 – Comme ça, à l'improviste ? Quand reviendrais-tu, [parce] que [je] ne *(me)* peux [pas] trop [m']éloigner ?
3 – À quatre heures [tu] seras chez toi *(en maison tienne)*, en attendant, *(nous)* faisons cette excursion ! Monte en voiture !
4 – Ça marche ! Le déjeuner, on le fera *(le nous ferons)* en route.
5 – N'oublie [pas] de mettre la ceinture, les gendarmes sont postés au premier carrefour.
6 – La route a été *(ils l'ont)* bien *(belle)* élargie, on circule beaucoup mieux.

---

4 alé ! Interjection d'exhortation ou, comme ici, d'acquiescement, dont il est aisé de trouver l'origine dans le français *allez !*, mais très anciennement entrée dans l'usage corse (et même italien).

5 per istrada, *chemin faisant*, *en route*. Le mot **strada** est exceptionnellement précédé d'un **i** dans cette locution pour éviter la succession de trois consonnes. Pour la même raison, on a avec **scola**, *école* : in iscola, *à l'école / en classe*, et avec **Spagna**, *Espagne* : in Ispagna (où l'on ne fait que restaurer l'original **Hispania**).

6 ùn ti scurdà di..., *n'oublie pas de...* ; ùn caccià... (phrase 10), *ne sors pas...* Exemples d'impératif négatif (cf. leçon 28).

7 crucivia, *carrefour*, *croisée des chemins*. Ce mot est invariable.

8 bellu, *beau* mis pour bè, *bien*. L'adjectif, employé adverbialement, s'accorde cependant avec le nom (**u stradone**).

29 / Vintinovesima lezzione

7 – Ma quanti giratoghji ch'elli anu fattu stu pocu !
8 – Serà per muderà a vitezza [9], chì certi viaghjanu à a scimesca.
9 Possu apre 'ssu vetru ? À mè mi [10] ci vole l'aria !
10 – Aprilu, ma ùn caccià u bracciu fora, hè un vezzu periculosu !

7 djiradodyi ... 8 ... mouhèra a ... ouidètsa ... 9 ... mi dji-ouôlè ... 10 abrilou ... oun katcha ou ratchou vôra ... bètsou bérigoulozou

Notes

9 *vitezza*, *vitesse*, apport du français, toutefois *vite* se dit **prestu** ou **di/in furia**.

10 *à mè... mi*, *à moi... me* : ce pléonasme de la langue parlée nous accoutume à l'emploi des pronoms personnels compléments d'attribution.

***

Eserciziu 1 – Traducite

❶ Si parte à l'ispensata senza sapè quand'ellu si vulterà. ❷ Ùn t'alluntanà troppu è ùn ti scurdà di muderà a vitezza. ❸ Senza tutti 'ssi giratoghji si circulerebbe più in furia. ❹ Certi chì viaghjanu à a scimesca si scordanu chì i gendarmi sò impustati. ❺ Per istrada apru u vetru ma ùn cacciu u bracciu fora.

***

Eserciziu 2 – Cumplitate

❶ Tu viens ? Allons visiter les villages !
   Aió ? .... i paesi !

❷ À quatre heures tu seras chez toi.
   À quattr'ore serai .. ..

❸ Nous déjeunerons en route.
   .... per istrada.

7 – Mais que de ronds-points *(qu'on a)* faits ces derniers temps *(ce peu)* !

8 – Ce doit être pour réduire la vitesse, car certains roulent *(marchent)* comme des fous *(follement)*.

9 – Je peux ouvrir cette vitre *(vitre)* ? *(À moi)* Il me faut de l'air !

10 – Ouvre-la, mais ne sors [pas] ton *(le)* bras dehors, [c'] est une habitude dangereuse !

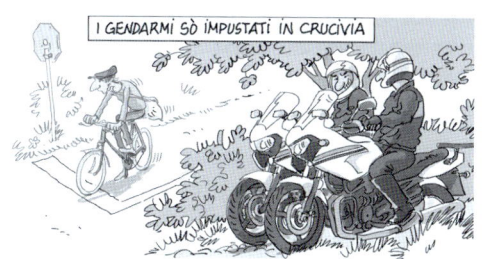

Corrigé de l'exercice 1
❶ On part à l'improviste sans savoir quand on reviendra. ❷ Ne t'éloigne pas trop et n'oublie pas de réduire la vitesse. ❸ Sans tous ces ronds-points on circulerait plus vite. ❹ Certains qui roulent comme des fous oublient que les gendarmes sont postés. ❺ Chemin faisant j'ouvre la vitre mais je ne sors pas le bras dehors.

***

❹ En attendant nous faisons l'excursion.
.... ci femu a scampagnata.

❺ Monte en voiture, on part !
.... , si parte !

Corrigé de l'exercice 2
❶ – Andemu à visità – ❷ – in casa toia ❸ Feremu cullazione – ❹ Intantu – ❺ Cogliti in vittura –

Trentesima lezzione

Calma paisana [1]

1 – O Madama, ci pudete insignà a merria [2], per piacè ?
2 – Vulenteri, pigliate 'ssa ricciata [3], ghjunti in cima trincate à diritta, è à una trentina di metri truvate a "Casa cumuna"...
3 viderete : ci sò e bandere sopra a porta.
4 – Vi ringraziemu, o Madama, avvedeci.
5 Hè un bellu paisucciu [4] questu quì, o Lisà, e strette sò pulite, e case fiurite...
6 u scialbu di a chjesa è di u campanile si vede ch'ellu hè statu rifattu di pocu.
7 – Fideghja : i tetti sò tutti di teghje [5], e ghjelusie sò tutte di listessu culore.

Prononciation
kalma bahizana **1** ... mahama ... mèriha **2** boulèntéri ... **3** ... ouandérè ... pôrta **5** ... bahizôlou ... **6** ... chalbou ... guiéza ... **7** ... tètti ... tèdiè ... yèlouzihè

Notes

1 Deux observations sur ce titre :
a) en corse *le calme* est du féminin, **incù a calma**, *avec/dans le calme*.
b) **paisanu/-a** n'a jamais le sens de *paysan/-ne*, mais celui de *villageois/-e*. Il désigne aussi une personne originaire de la même localité, comme le français familier *"pays/-e"*.

2 **merria** et **merre** (ce dernier revêtant aussi les formes **merru** et **merri**) sont issus des mots *mairie* et *maire* institutionnalisés par la Révolution française et parfaitement assimilés par le corse. Toutefois une tendance

Trentième leçon

Calme villageois

1 – *(ô)* Madame, [vous] pouvez nous *(nous pouvons)* indiquer la mairie, s'il vous plaît *(par plaisir)* ?
2 – Volontiers, prenez cette montée *(chemin pavé)*, arrivés en haut tournez à droite, et à une trentaine de mètres [vous] trouvez la "Maison Commune"…
3 [vous] verrez : il y a *(y sont)* des *(les)* drapeaux au-dessus de la porte.
4 – [Nous] vous remercions, *(ô)* Madame, au revoir.
5 [C']est un beau petit village celui-ci, *(ô)* Alexandre, les ruelles sont propres, les maisons fleuries…
6 le crépi de l'église et du clocher, on voit qu'il a été refait depuis peu.
7 – Regarde : les toits sont tous en lauzes, les persiennes sont toutes de la même couleur.

    s'est fait jour pour appeler **casa cumuna** le siège de l'administration municipale.

3 La **ricciata** qui est ici désignée comme une montée peut aussi bien être descendue. Il s'agit en fait d'une "voie en pente", caractérisée par les pierres du pavage disposées en *hérisson* (**ricciu** en corse), c'est-à-dire posées sur chant.

4 **paisucciu** est un diminutif de **paese** où sont exprimées à la fois la dimension réduite du village et le regard bienveillant qu'on y porte.

5 Les **teghje**, *lauzes* sont des tuiles de schiste gris qui, – lorsqu'elles n'ont pas été remplacées par des tuiles industrielles rouges ou autres matériaux – habillent les toits dans la partie nord-est de la Corse.

30 / Trentesima lezione

8 – Rinchere stu silenziu, ùn si sente chè u spisciulime di a funtana.
8 – Ma ti piaceria [6] à stà qui da un capu d'annu [7] à l'altru ? Ùn credu.
10 – Aió [8], chì u merre [2] ci aspetta !

8 rinn-kérè … spichoulimè … 9 … biadjèriha … crèou 10 … mèrè … aspéta

Notes

6 **ti piaceria**, littéralement : "te plairait-il". Nous rencontrons ici pour la première fois la deuxième forme du conditionnel. Au verbe **esse**, on a : ser**ia**, ser**ii**, ser**ia**, ser**iamu**, ser**iate**, ser**ianu**, dont les désinences -**eria** et la suite sont communes à tous les verbes conjugués à ce mode.

7 **capu d'annu**, *bout de l'année*. En un seul mot et avec majuscule **Capudannu** désigne la festivité du Jour de l'An ; citée souvent avec celle de **Natale**, *Noël*.

***

Eserciziu 1 – Traducite

❶ Eiu ùn staria indu 'ssu paisucciu da un capu d'annu à l'altru. ❷ A chjesa è u campanile sò in cima à a ricciata. ❸ U scialbu di e case ùn hè più statu rifattu. ❹ U silenziu di e strette rinchere. ❺ Ci pudete insignà a Casa cumuna, chì u merre ci aspetta ?

***

Eserciziu 2 – Cumplitate

❶ Vous verrez : il y a des drapeaux au-dessus de la porte.
　……… : ci sò e bandere ….. a porta.

❷ Arrivés en haut, tournez à droite.
　Ghjunti .. ….., trincate ……….

❸ Regarde : les toits sont tous en lauzes.
　……… : i tetti sò tutti di …….

Trentième leçon / 30

8 – C'est agréable, ce silence, on n'entend que le gargouillement de la fontaine.
9 – Mais tu aimerais habiter ici d'un bout de l'année à l'autre ? [Je] ne crois [pas].
10 – Marchons, *(car)* le maire nous attend !

8 **aió**, cf. leçon 29, note 1, assume selon les situations des sens différents et partant des traductions différentes en français.

***

Corrigé de l'exercice 1
❶ Moi, je n'habiterais pas dans ce petit village d'un bout de l'année à l'autre. ❷ L'église et le clocher sont en haut de la montée. ❸ Le crépi des maisons n'a pas été refait. ❹ Le silence des ruelles est agréable. ❺ Pouvez-vous nous indiquer la Mairie car le maire nous attend ?

***

❹ C'est un joli petit village, celui-ci.
Hè un bellu paisucciu, ………. .

❺ Les persiennes sont toutes de la même couleur.
………. sò tutte di …….. culore.

Corrigé de l'exercice 2
❶ Viderete – sopra – ❷ – in cima – à diritta ❸ Fideghja – teghje ❹ – questu quì ❺ E ghjelusie – listessu –

Trentunesima lezzione

À l'usu mudernu

1 – Postu chì ancu noi, o Petrupà ¹, avemu fattu tamantu ² viaghju fora di Corsica...
2 vulemu mandà una carta pustale à Maria è à Christian ?
3 Elli e ci mandanu sempre quand'elli giranu u mondu.
4 – Cum'ella ti pare, o Nù ³, ma ùn seria ⁴ megliu un mail ?
5 Una, chì viaghja più in furia...
6 è, seconda, ci pudemu appiccià qualchì ⁵ fotó di nostru. ⁶
7 – Hai ragiò, ma voialtri avvezzi à l'infurmatica ùn scrivite più un filare di manu.

 Prononciation
al-louzou mouhèrnou **1** *pôstou … bédrouba … vôra hi gôrsiga* **2** *boulèmou …* **3** *… djiranou* **6** *… di nôstrou* **7** *… radjo … boyaltri abètsi …*

 Notes

1 **Petrupà**, vocatif de **Petrupaulu**, *Pierre-Paul*. La tradition est de ne pas décomposer les prénoms doubles, ex. **Ghjuvancarlu**, *Jean-Charles*, **Annalucia**, *Anne-Lucie*, **Marcandria**, *Marc-André*, **Mariafelice**, *Marie-Félicie*, etc.

2 **tamantu**, *si grand*, adjectif soulignant la grandeur, l'importance. **Tamanta casa !**, *Quelle grande maison !* **tamantu** peut aussi être employé seul : **Tamantu !**, *qu'il est grand !*

3 **Nù**, vocatif de **Nunzia**, forme abrégée d'**Annunziata**, prénom féminin de dévotion à Marie, faisant référence à l'annonce qui lui fut faite

31

Trente-et-unième leçon

Selon l'usage moderne

1 – Puisque nous aussi, *(ô)* Petrupaulu, nous avons fait un si long voyage hors de Corse...
2 si l'on envoyait *(voulons envoyer)* une carte postale à Maria et *(à)* Christian ?
3 Eux, ils ont l'habitude de nous en *(les nous)* envoyer toujours quand ils parcourent le monde.
4 – Si tu veux *(comme elle te semble, ô)* Nunzia, mais ne vaudrait-il *(serait)* [pas] mieux un mail ?
5 Premièrement *(une)* [parce]que [ça] va *(voyage)* plus vite *(en vitesse)*...
6 et, deuxièmement *(seconde)* [nous] *(y)* pouvons [y] joindre quelques-unes de nos photos *(quelque photo de nôtre)*.
7 – [Tu] as raison, mais vous autres, habitués à l'informatique, [vous] n'écrivez plus une ligne à la *(de)* main.

---

d'avoir été choisie pour être la mère de Jésus. En France, il existe bien un équivalent, *Annonciade*, mais il est très peu utilisé comme prénom.

4 **seria**, *serait*, 3ᵉ personne sing. de la deuxième forme du conditionnel, dont l'équivalent dans la première forme est **serebbe**. Les deux formes peuvent s'employer indifféremment.

5 **qualchì**, *quelque/-s*, adjectif indéfini et invariable. Le nom qu'il détermine se met au singulier, même s'il s'agit de plusieurs objets : **qualchì stonda dopu**, *quelques instants après*. On peut parfois rencontrer le déterminé au pluriel, il s'agit alors soit d'un usage extrêmement localisé, soit d'un gallicisme.

6 **di nostru**, *à nous, nôtre*. Cette construction est possible avec tous les pronoms possessifs : **un cuginu di meiu**, *un cousin à moi*.

cent'è dui • 102

31 / Trentunesima lezione

8 – Ti scordi, cara meia [7], chì ùn avemu a franchizia, i magazini sò serrati [8], oghje hè dumenica,
9 è indu u cuntornu ùn avemu vistu una sola buatta [9] per impustà a to carta.
10 – Femu cum'è tù dici, tantu u prugressu ùn si pó parà !

8 ... scôrdi ... méya ... vrankidzya ... magadzini ... ôdyè ... doumèniga 10 fèmou ... dIdji ... ou brougréssou oun si bô para

Notes

7 **meia**, *mienne*. Cette note, comme la précédente, nous amène à nous pencher sur les pronoms possessifs **u meiu** *[ou méyou]*, *le mien* ; **u toiu** *[ou tôyou]*, *le tien* ; **u soiu** *[ou zôyou]*, *le sien/le leur* ; **u nostru** *[ou nôstrou]* *le nôtre* ; **u vostru** *[ou ouôstrou]*, *le vôtre*, variables en genre et en nombre.

8 **serrati**, sing. **serratu**, *fermé*. Synonyme : **chjosu**.

***

Eserciziu 1 – Traducite

❶ Indu u cuntornu tutti i magazini eranu serrati. **❷** Per mandà una carta ci vole una franchizia. **❸** Ci vole à scrive di manu qualchì filare è impustà. **❹** Quand'omu hè avvezzi à l'infurmatica hè megliu un mail, chì viaghja più in furia. **❺** Postu chì u prugressu ùn si pó parà, femu cum'ella ti pare !

***

Eserciziu 2 – Cumplitate

❶ Quand ils parcourent le monde Maria et Christian nous envoient une carte.
Quand'elli ...., Maria è Christian .... una carta.

❷ Nous aussi, nous avons fait un si long voyage.
.... avemu fattu .... viaghju.

❸ Nous pouvons envoyer hors de Corse quelques unes de nos photos.
Pudemu mandà .... qualchì fotó ....

Trente et unième leçon / 31

8 – Tu oublies, ma chère *(chère mienne)*, que [nous] n'avons [pas] de *(le)* timbre-poste, [que] les magasins sont fermés, aujourd'hui [c']est dimanche,
9 et [que] dans les parages [nous] n'avons [pas] vu une seule boîte pour poster ta carte.
10 – Faisons comme tu [le] dis, de toute façon on n'arrête pas le progrès *(le progrès ne se peut arrêter)* !

9 **buatta**, adaptation du fr. *boîte*, employée dans certains cas particuliers : *boîte aux lettres*, *boîte de nuit*… Le mot d'usage général (*boîte de conserves*, etc.) est **scatula**.

***

Corrigé de l'exercice 1
❶ Dans les parages tous les magasins étaient fermés. ❷ Pour envoyer une carte il faut un timbre-poste. ❸ Il faut écrire à la main quelques lignes et poster. ❹ Quand on est habitué à l'informatique, c'est mieux un mail, car ça va plus vite. ❺ Puisqu'on n'arrête pas le progrès, faisons comme tu veux !

***

❹ Nous n'avons pas vu une seule boîte pour poster ta carte.
Ùn avemu vistu una sola …… per …… a to carta.

❺ Tu oublies, ma chère, qu'aujourd'hui c'est dimanche.
………, cara meia, chì oghje …………. .

Corrigé de l'exercice 2
❶ – giranu u mondu – ci mandanu – ❷ Ancu noi – tamantu – ❸ – fora di Corsica – di nostru ❹ – buatta – impustà – ❺ Ti scordi – hè dumenica

Trentaduiesima lezzione

Altru chè lume [1] !

1 – Quanta ghjente [2] chì vi scrive, o 'Nghjulusà [3] !
2 – Oh andate ! Tutte fatture. Trà un affare è l'altru ùn si face chè pagà...
3 A pigiò, l'acqua, l'assicurenza, l'eletricità.
4 – Quessa pagatela puru, chì ferebbimu [4] senza u currente ?
5 – Addio [5] u lume ! Seriamu à u bughju ogni sera, osinnò ci tuccheria à accende e candele o e vechje lumere !
6 – È a cucina, ci avete pensatu ? U lavapanni, u scallabagnu, i radiatori, u ferru da stirà...

Prononciation
1 yèntè ... ndyoulouza 3 a bidjo ... élèdridjida 5 oudyou ... ozi-nno ... è gandèlè ... loumérè 6 lahouaba-nni ... skal-la- ouanyou ...

Notes

1 **u lume** (masc.), *la lumière* (artificielle, électrique ou autre). La lumière naturelle, celle du soleil, se dit **a luce** (fém.).

2 **a ghjente** *[a yèntè]*, *les gens*. Il s'agit d'un singulier collectif, qui n'a donc pas de pluriel propre, mais dont les accords se font au pluriel : **Chì diceranu a ghjente ?**, *Que vont dire les gens ?* **A ghjente ùn la credenu**, *Les gens ne le croient pas*. Parfois ce mot prend l'article d'emphase **la** : **Chì s'hà da dì a la ghjente ?** *Que va-t-on dire aux gens ?*

3 **'Nghjulusà**, vocatif du prénom double **Anghjulusantu** (**A**nghjulu + **S**antu) dont la traduction française courante est *Ange-Toussaint*.

Trente-deuxième leçon

Pas seulement la lumière !

1 – Que de *(Combien)* gens qui vous écrivent, *(ô)* Anghjulu Santu !
2 – Pensez-vous *(Oh allez)* ! Rien que des *(toutes)* factures. Entre une affaire et l'autre on ne *(ne se)* fait que payer…
3 Le loyer, l'eau, l'assurance, l'électricité.
4 – Celle-là, vous pouvez la payer *(payez-la tout de même)*, que ferions[-nous] sans le courant ?
5 – Adieu la lumière ! [Nous] serions dans *(à)* l'obscurité chaque soir, sinon [il] nous faudrait *(toucherait à)* allumer des *(les)* chandelles ou de *(les)* vieilles lampes à huile !
6 – Et la cuisine, y avez[-vous] pensé ? Le lave-linge, le chauffe-bain, les radiateurs, le fer à repasser…

4 **ferebbimu**, *seriamu* (phrase 5). Remarquons que les deux interlocuteurs usent de conditionnels différents.
5 **addio**, *adieu*, et **Dio**, *Dieu* coexistent avec **addiu** et **Diu**. Selon les régions de l'Ile, l'une ou l'autre forme est exclusive.

7 – **El**e**t**richi **sò** din**ù** u lavapi**a**tti, l'aspirat**o**re, a caffitt**e**ra è u mi**o** ras**o**ghju...

8 – Vi scurd**a**te di a televisi**o**ne, di l'urdinat**o**re, è di a c**a**rica di u v**o**stru tel**e**funu !

9 – B**a**sta b**a**sta ! S'**e**lla scagli**e**ssi [6] l'eletricit**à**, seri**a**mu più disgrazi**a**ti chè i n**o**stri anti**ch**i...

10 – ... chi ùn **e**ranu schj**a**vi di t**a**nti attr**a**cci !

---

7 élèdrigui ... a gafitéra ... razodyou 9 basta ouasta ...

***

Eserciziu 1 – Traducite

❶ Ùn vi scurdate di pagà a fattura, osinnò addio u lume ! ❷ S'ellu scagliessi u currente seriamu à u bughju. ❸ Senza l'attracci eletrichi chì ferebbimu ? ❹ Quanta ghjente chì sò schjavi di a televisione ! ❺ Avete pensatu cum'elli serianu disgraziati ?

***

Eserciziu 2 – Cumplitate

❶ Il nous faudrait allumer de vieilles lampes à huile.
Ci tuccheria à .... e vechje lumere.

❷ Entre loyer et assurance on ne fait que payer.
Trà ..... è assicurenza .. .. chè paga.

❸ Mon rasoir aussi est électrique.
U mio .... hè eletricu.

Trente-deuxième leçon / 32

7 – Électriques sont aussi le lave-vaisselle, l'aspirateur, la cafetière et mon rasoir...
8 – Vous oubliez la télévision, l'ordinateur, et le chargeur de votre téléphone !
9 – Suffit ! Si l'électricité venait à manquer *(elle faisait défaut l'électricité)* **nous serions plus malheureux que nos ancêtres...**
10 ... qui n'étaient [pas] esclaves de tant [d']instruments !

Note

6 **scagliessi**, 3ᵉ p. sing. imparfait du subjonctif du verbe **scaglià**, *faire défaut / venir à manquer*. Ce temps, désuet en français, est encore très vivant en corse.

***

Corrigé de l'exercice 1
❶ N'oubliez pas de payer la facture, sinon adieu la lumière ! ❷ Si le courant venait à manquer nous serions dans l'obscurité. ❸ Sans les instruments électriques que ferions-nous ? ❹ Que de gens qui sont esclaves de la télévision ! ❺ Avez-vous pensé comme ils seraient malheureux ?

***

❹ Avez-vous pensé au chargeur de votre téléphone ?
 Avete pensatu à . . . . di u vostru telefunu ?

❺ Cafetière et lave-vaisselle sont des instruments de la cuisine.
 . . . . è lavapiatti sò . . . . di a cucina.

Corrigé de l'exercice 2
❶ – accende – ❷ – pigiò – ùn si face – ❸ – rasoghju dinù – ❹ – à a carica – ❺ Caffittera – attracci –

cent'è ottu • 108

33

Trentatreesima lezzione

A ghjurnata di Rusina

1 – **O**ghje à travagli**à** ùn ci vò [1], ma puru, daf**à** [2] ùn mi n'hà da manc**à**.
2 Per prima cosa mi tocca à purt**à** [3] i zitelli à a scola.
3 Dopu aghju un appuntamentu [4] per fammi pittin**à**.
4 À ondeci'ore [5] facciu a spesa per marti e per mercuri.
5 Dopu meziornu, cù a mio cugnata andemu à cumpr**à** scarpi è vistit**o**ghja. [6]
6 À quattr'ore è mezu, ci vole ch'o sia ind**è** u dintistu,

Prononciation

yournada ... 1 ôdyè ... 2 ... dzidél-li ... skôla 3 dôbou ... 4 ... ôrè ... 6 ... médzou ... ouôlè ...

Notes

1 **vò**, *je vais*. Nous avons jusqu'ici rencontré le verbe irrégulier **andà** à différentes personnes et à différents temps. Le voici à la 1ʳᵉ personne du singulier du présent de l'indicatif, prononcé *[ouo]* après voyelle atone (comme ici) et *[bo]* dans les autres cas.

2 **dafà**, nom invariable composé de la préposition **da** et de l'infinitif **fà** = *à faire*.

3 **purtà**, *porter/emporter* se dit aussi quand le complément est une personne, dans le sens de *mener / emmener / conduire*.

4 **appuntamentu**, *rendez-vous*, néologisme tiré de l'italien contemporain.

Trente-troisième leçon

La journée de Rusina

1 – Aujourd'hui je ne vais pas travailler *(à travailler n'y vais)*, mais tout de même je ne vais pas manquer de tâches *(tâches ne n'en a à manquer)*.
2 Tout d'abord *(pour première chose)* je dois emmener *(me touche à porter)* les enfants à l'école.
3 Après, [j']ai un rendez-vous pour me faire *(faire-me)* coiffer.
4 À onze heures [je] fais les courses *(la dépense)* pour mardi et mercredi.
5 [Dans l']après-midi, avec ma belle-sœur, [nous] allons *(à)* acheter [des] chaussures et [des] vêtements *(ensemble-de-vêtements)*.
6 À quatre heures et demie *(demi)*, il faut *(y veut)* que je sois chez le dentiste,

5 **ondeci'ore**, et plus bas **quattr'ore** (phrase 6) et **sei'ore** (phrase 7) ainsi que les autres indications horaires par numéral s'énoncent comme un mot unique accentué sur l'avant-dernière syllabe (paroxyton).
6 **vistitoghja / ve-** désigne l'ensemble des vêtements qu'une personne porte sur elle et, par extension, les effets ou articles d'habillement.

cent'è dece • 110

33 / Trentatreesima lezzione

7 è à sei'ore ci hè a riunione di coprupietà chì dura finu à ora di cena è ancu più 'ndà. [7]
8 Ci vole dinù à aiutà i zitelli à fà i so duveri,
9 è rimette appena a casa in sesta, via, e faccende ùn finiscenu mai.
10 À le volte, hè più sfaticata à fà l'impiigata fora chè a patrona in casa soia ! □

7 … séyôrè … cobroubieda … 9 … riméttè … sésta … 10 … ouôltè … vôra … badrona … zôya

Note
7 'ndà, *au-delà*. La forme entière est **indà**, mais le **i** initial est rarement prononcé.

***

Eserciziu 1 – Traducite
❶ Per Rusina u dafà ùn hà da mancà. ❷ Dice chì hè più sfaticata a travaglià fora chè in casa. ❸ Ella è a cugnata facenu a spesa quandu i zitelli sò in iscola. ❹ L'appuntamentu indè u dintistu hè dopu meziornu. ❺ Dopu cena ci vole à rimette a casa in sesta.

***

Eserciziu 2 – Cumplitate
❶ Le matin j'emmène les enfants à l'école.
A matina ..... i zitelli à a scola.

❷ Mardi il y a la réunion de copropriété.
..... ci hè a riunione di ....

❸ Mercredi à quatre heures et demie je vais me faire coiffer.
.... à quatt'ore è .... vò à fammi ....

Trente-troisième leçon / 33

7 et à six heures [il] y a *(est)* la réunion de copropriété qui dure jusqu'à l'heure de dîner et même *(plus)* au-delà.

8 Il faut *(y veut)* aussi *(à)* aider les enfants à faire leurs devoirs,

9 et remettre un peu d'ordre dans la maison *(la maison en ordre)*, bref, les occupations sont sans fin *(ne finissent jamais)*.

10 Il y a des jours où *(des fois)* [il] est plus reposant d'être *(à faire l')*employée à l'extérieur que maîtresse chez soi !

***

Corrigé de l'exercice 1

❶ Pour Rusina les tâches ne vont pas manquer. ❷ Elle dit qu'il est plus reposant de travailler à l'extérieur qu'à la maison. ❸ Elle et sa belle-sœur font les courses quand les enfants sont à l'école. ❹ Le rendez-vous chez le dentiste est l'après-midi. ❺ Après dîner il faut remettre la maison en ordre.

***

❹ Les occupations ne finissent jamais.
. . . . ùn finiscenu mai.

❺ Elles durent jusqu'à l'heure du dîner et même au-delà.
Duranu finu à ora di cena è . . . .

Corrigé de l'exercice 2

❶ – portu – ❷ Marti – coprupietà ❸ Mercuri – mezu – pittinà ❹ E faccende – ❺ – ancu più 'ndà

cent'è dodeci • 112

34
Trentaquattresima lezzione

Scalendu ind'un hôtel [1]

1 – Avetene camere libere ? Ci ne vulerebbe duie [2].
2 – Quantu ci avete da stà ?
3 – Una notte sola. Ripartimu dumatina.
4 – Mi ferma u vintottu, à u secondu pianu. Hè chjuca [3] ma una persona ci stà bè, è ci hè a so duscia. [4]
5 L'altra, u trentanove, à u terzu, cù dui letti à piccia [5], è a bagnarola.
6 – Induve affaccanu ? Ch'ell'ùn ci sia rimore...
7 – Ùn ci hè penseru [6] ! S'elli ùn vi discetanu l'acelli...

Prononciation
skalèndou ... **1** aouèdènè ... oulèrèbè ... **ou**yè **3** ... nôtè ... **4** ... ouinn-tôtou ... **ou**cha ... **5** ... trintanô-ouè ... banyarôla **7** ... dichèdanou ... adjél-li

Notes

[1] **scalendu**, gérondif du verbe **scalà**, *débarquer, arriver fortuitement*. **hôtel**, mot français passé dans l'usage international et qui ne saurait être proprement rendu par aucun mot corse, le mot **osteria**, parfois proposé, désignant une *auberge*.

[2] **duie**, *deux* (fém.) comme déjà signalé le numéral cardinal **dui**, *deux* est le seul à posséder un féminin.

[3] **chjuca** *[tyouga]*, *petite* et le masc. **chjucu**, *petit*, adjectif qualificatif toujours placé après le nom qu'il qualifie : **una camera chjuca**, *une chambre petite, de dimensions réduites*. Si l'on place l'adjectif avant le

113 • cent' è tredeci

Trente-quatrième leçon

En arrivant à l'hôtel

1 – Avez-vous *(avez-en)* [des] chambres libres ? [Il] *(y)* en faudrait *(voudrait)* deux.
2 – Combien [de temps] *(y)* allez-vous *(avez-vous à)* rester ?
3 – Une nuit seulement *(seule)*. [Nous] repartons demain matin.
4 – [Il] me reste la vingt-huit, au deuxième étage. Elle est petite mais une personne y est *(y reste)* bien, et il y a la *(sa)* douche.
5 L'autre, la trente-neuf, est au troisième, avec deux lits jumeaux, et la baignoire.
6 – Où donnent-elles *(regardent-elles-dehors)* ? [Vous êtes sûr] que ce ne soit pas bruyant *(n'y soit bruit)*...
7 – Il n'y a pas de souci ! Si ce ne sont pas les oiseaux qui vous réveillent *(s'ils ne vous réveillent les oiseaux)* ...

---

nom on recourt alors au synonyme **picculu/a** : **una piccula camera**, *une petite chambre*.

4 **duscia** : on reconnaît ici la "corsisation", désormais usuelle, du mot français *douche*, lui-même ancienne francisation du mot italien **doccia**.

5 **piccia**, couple ou paire d'objets semblables superposés ou accolés. Le masculin **picciu** désigne un accouchement gémellaire.

6 **Ùn ci hè penseru !** Cette locution, comprise comme "*ça ne risque pas*", "*y a pas de danger !*", traduite ici à la lettre donne "*il n'y a pas de souci*", rejoignant ainsi, pour l'occasion, cette locution française.

8 – U caffè, à partesi da chì ora u servite ?
9 – Da sett'ore à nov'ore è mezu, in sala quì à pianu. Eccu e vostre chjavi [7]. L'ascensore hè daretu à voi.
10 – Ci ne cullemu à chjinacci. Bona sera !

8 ... ôra ... 9 ... zétôrè ... nohouôrè è médzou ... ékou ... dyaoui ... 10 ... goul-lèmou ... tyinatchi bôna zèra

Note

[7] **chjavi**, *clés*, sing. ; **chjave**, n. fém. Pour certains locuteurs corses, les noms féminins terminés en **-e** sont invariables, pour d'autres le pluriel de ces noms se fait régulièrement en **-i** : una chjave, duie chjavi. Nous privilégions ce dernier usage qui a le grand avantage de pouvoir dans tous les cas distinguer le pluriel du singulier.

***

Eserciziu 1 – Traducite

❶ Eccu a chjave di a vostra camera à u secondu pianu. ❷ À pianu pigliemu l'ascensore per cullà à chjinacci. ❸ Ùn ci hè rimore, ma ci disciteranu l'acelli. ❹ À partesi da sett'ore u caffè serà servitu in sala. ❺ Dumatina à nov'ore si riparte, ùn avemu da stà quì.

***

Eserciziu 2 – Cumplitate

❶ Il faudrait deux chambres.
.. .. duie camere.

❷ Elles sont libres pour une nuit seulement.
Sò libere per una notte   .

❸ Il me reste la vingt-huit au deuxième étage.
.. .. u vintottu à u secondu ....

Trente-quatrième leçon / 34

8 – À partir de quelle heure servez-vous le petit-déjeuner *(café)* ?
9 – De sept heures à neuf heures et demie, dans la *(en)* salle [à manger] ici au rez-de-chaussée. Voilà vos clés. L'ascenseur est derrière *(à)* vous.
10 – [Nous] *(en)* montons *(à)* nous coucher *(coucher-nous)*. Bonsoir.

Corrigé de l'exercice 1
❶ Voilà la clé de votre chambre au deuxième étage. ❷ Au rez-de-chaussée nous prenons l'ascenseur pour monter nous coucher. ❸ Il n'y a pas de bruit mais les oiseaux nous réveilleront. ❹ À partir de sept heures le petit-déjeuner sera servi dans la salle à manger. ❺ Demain matin à neuf heures on repart, nous n'allons pas rester ici.

***

❹ Elle est petite, mais il y a une baignoire.
   Hè ......, ma ci hè a ....

❺ Au trente-neuf, il y a deux lits jumeaux.
   À u ...., ci sò dui letti . ...

Corrigé de l'exercice 2
❶ Ci vulerebbe – ❷ – sola ❸ Mi ferma – pianu ❹ – chjuca – bagnarola ❺ – trentanove – à piccia

Trentacinquesima lezione

Revisione – Révision

1 Le conditionnel

Il existe, on l'a vu au cours des dernières leçons, deux formes (interchangeables) du conditionnel :
– la forme en **-ebbi** (désinence de la 1ʳᵉ personne) dont nous avons rencontré **vulteresti**, *tu reviendrais* (leçon 29), **ferebbimu**, *nous ferions* (leçon 32), **vulerebbe**, *voudrait* dans le sens de *faudrait* (leçon 34) ;
– la forme en **-ia** (désinence de la 1ʳᵉ personne) dont nous avons rencontré **piaceria**, *plairait* (leçon 30), **seria**, *serait* (leçon 31), **seriamu**, *nous serions* (leçon 32).

2 Les pronoms personnels

2.1 Pronoms personnels sujets

À retenir que la 1ʳᵉ pers. sing. **eiu / eo**, présente des formes réduites à **e / o** dans les constructions de subordination :
ex. : **ciò ch'e/o dicu**, *ce que je dis*, **s'e/o possu**, *si je peux*.
Cf. leçon 33, phrase 6 : **ci vole ch'o sia indè u dintistu**.
Les 1ʳᵉ et 2ᵉ du pluriel, **noi** et **voi**, subissent aussi un phénomène d'apocope dans les mêmes situations : **ciò chè no femu**, *ce que nous faisons*, **s'è vo pudete**, *si vous pouvez*.
Les autres pronoms sont **tù** (2ᵉ), **ellu/ella**, **elli/elle** (3ᵉ).

2.2 Pronoms personnels compléments

Nous distinguons les formes dites "faibles", celles que l'on emploie notamment dans les conjugaisons pronominales ou réfléchies : **mi**, **ti**, **lu/la (u/a)**, **li**, **ci**, **vi**, **li/le (i/e)**, **li** et **si**, et les formes dites "fortes" souvent précédées d'une préposition : **mè**, **tè**, **ellu/ella**, **noi**, **voi**, **elli/elle** et **sè**.

Trente-cinquième leçon

3 Le gérondif

Ce mode (cf. **scalendu**, *en arrivant*, leçon 34) servant à exprimer une action en train de s'accomplir ne se confond pas en corse avec le participe présent. Il correspond donc toujours à une forme verbale du français que l'on peut faire précéder de **en**.
Il est en **-endu** pour tous les verbes, quelle que soit la conjugaison : **essendu**, *(en) étant* ; **avendu**, *(en) ayant* ; **cantendu**, *(en) chantant* ; **durmendu**, *(en) dormant* ; **finiscendu**, *(en) finissant*.

4 Quelques verbes très usuels

fidighjà (leçon 30) *regarder*, apophonique : **fideghju**, **fidighjemu**.
vistu (leçon 31), participe passé de **vede**, *voir*.
cullà (leçon 34) *monter*, apophonique : **collu**, **cullemu**.
chjinassi (leçon 34) *se coucher*, avec une consonne d'appui à la 1re du sing. de l'ind. présent : **mi chjingu**, *je me couche*.
discità (leçon 34) *réveiller*, apophonique : **discetu**, **discitemu**.

5 Locutions

per istrada, *chemin faisant* ; **in casa soia**, *chez soi*.
ùn ci hè penseru !, *ça ne risque pas !*

Dialogue de révision

1 – Andemu à fà una scampagnata !
2 – Ié, ma viaghja pianu chì ci sò i gendarmi in crucivia.
3 – Ùn mancanu i giratoghji per 'ssu stradone…
4 – Culleremu in cima à a ricciata à visità a chjesa.
5 U silenziu di e strette rinchere.

6 Ci tocca à mandà un mail cù e fotó di 'ssu paisucciu.
7 À quattr'ore è mezu avemu un appuntamentu in merria.
8 – Seremu in casa nostra à ora di cena ?
9 – Ié, ùn averemu da chjinacci ind'un hôtel !
10 – È cusì dumatina puderemu purtà i nostri zitelli à a scola.

36

Trentaseiesima lezzione

Divertesi

1 – Salute o Filì, chì ate [1] previstu tù è Carole [2] per sabatu sera ?
2 – Per avà nunda [3] di speziale...
3 I zitelli vanu à una festa in casa di un cumpagnu di scola...
4 è noi ùn la sapemu ancu cosa [4] feremu.
5 – Chì ne dite d'andà à vede un bellu filmu [5] ?

Prononciation
di-ouèrtèzi **1** ... pré-ouistou ... **2** ... ahoua ... **3** ... dzidél-li ... fésta ... skôla **4** ... zabèmou **5** hidè ... bèlè ... bèl-lou

Notes

1 **ate** : aphérèse de **avete**, *vous avez*, employée en fonction d'auxiliaire pour les temps composés et pour le futur proche : **ate dettu**, *vous avez dit*, **ate da parte**, *vous allez partir*. Même traitement pour **emu** : aphérèse de **avemu**, *nous avons*. Ces formes fréquentes dans la conversation n'y sont pourtant pas obligatoires puisqu'on peut user à leur place des moins expéditifs **avete** et **avemu**.

2 **tù è Carole** : ce n'est pas en raison d'une quelconque préséance que l'interlocuteur masculin est cité avant sa compagne, car l'usage corse,

Traduction

1 Allons faire une excursion ! **2** Oui, mais roule lentement car il y a des gendarmes au carrefour. **3** Les ronds-points ne manquent pas sur cette route... **4** Nous monterons en haut du chemin pavé visiter l'église. **5** Le silence des ruelles est agréable. **6** Il nous faut envoyer un mail avec des photos de ce joli petit village. **7** À quatre heures et demie nous avons un rendez-vous à la mairie. **8** Serons-nous chez nous à l'heure du dîner ? **9** Oui, nous n'aurons pas à coucher à l'hôtel ! **10** Et comme ça demain matin nous pourrons emmener nos enfants à l'école.

Trente-sixième leçon

Se distraire

1 – Salut *(ô)* Filippu, qu'avez-vous prévu, Carole et toi *(toi et Carole)*, pour samedi soir ?

2 – Pour l'instant *(maintenant)*, rien de spécial...

3 Les enfants vont à une fête chez un camarade *(d'école)* ...

4 et nous [nous] ne *(la)* savons [pas] encore ce que *(chose)* [nous] ferons.

5 – Ça vous dit *(qu'en dites-vous)* d'aller *(à)* voir un bon *(beau)* film ?

à la différence du français, prescrit, en cas d'énumération, que la personne à laquelle on s'adresse soit mentionnée avant toute autre. De même, si celui qui parle se cite dans un couple ou un groupe, il se nommera d'abord : **eiu è Petru**, *Pierre et moi*.

3 nunda, *rien*. Il existe de cet adverbe le synonyme **nulla**, largement répandu.

4 cosa, *ce que* : le mot **cosa**, *chose*, peut dans le langage familier être l'équivalent du démonstratif **ciò**, et du pronom interrogatif **chì ?**, ex. **cosa voli ?** *que veux-tu ?*

5 filmu, *film* : ce mot anglais a été "corsisé" grâce à l'expansion du cinéma.

6 – À dilla franca, di filmi n'avemu vistu ancu troppu incù 'ssu festival [6] di u mese scorsu...

7 À svariacci pensu chì saria megliu qualcosa di teatru o di musica.

8 – Allora senti : à u Teatru ci hè un spettaculu di gran [7] successu, à ciò chì si dice...

9 è, s'ella ti pare, possu passà eiu à piglià i biglietti dumatina.

10 – Hè detta, cusì hè assicurata a siratina [8], à prestu, o Stè.

6 ... dil-la ... drôpou ... mèzè ... 7 ... zbari-atchi ... mélyou ... 8 al-lôra ... soutchéssou ... hIdjè 9 ... pôssou ... ouilyèti ... 10 ... préstou ...

Notes

6 *festival*, contrairement au précédent, cet autre mot anglais, plus récemment introduit et moins fréquent demeure tel quel.

***

Eserciziu 1 – Traducite

❶ Ate previstu una siratina in casa di Stefanu ? ❷ Nò, ùn emu previstu nunda per sabatu sera. ❸ Vulemu andà à sente appena di musica, chì ne dite ? ❹ À dilla franca seria megliu un spettaculu à u Teatru. ❺ Tandu ci vulerà à piglià i biglietti à partesi da dumatina.

***

Eserciziu 2 – Cumplitate

❶ Le festival du mois dernier a été un succès.
U festival di u .... hè statu un ....

❷ Nous ne savons pas encore ce que nous ferons samedi soir.
Ùn sapemu ancu .... sabatu sera.

❸ Pour nous changer les idées nous irons écouter de la musique.
. ... anderemu à ..... a musica.

Trente-sixième leçon / 36

6 – Franchement *(à-la-dire franche)*, des *(de)* films [nous] en avons vus même *(encore)* trop avec ce festival du mois dernier *(écoulé)*…
7 Pour nous changer les idées *(à varier-nous)* [je] pense qu'[il] vaudrait *(serait)* mieux du *(quelque chose de)* théâtre ou de [la] musique.
8 – Alors, écoute : au Théâtre il y a un spectacle qui a beaucoup de *(de grand)* succès, à ce qu'on dit…
9 et si tu veux *(si elle te paraît)* je peux passer moi[-même] *(à)* prendre les billets demain matin.
10 – D'accord *(c'est dit)*, comme ça la soirée est assurée, à bientôt *(ô)* Stefanu.

---

7 **gran**, apocope de l'adjectif **grande**, *grand*, lorsque ce dernier est suivi par un nom commençant par une consonne : **un gran pueta**, *un grand poète*.

8 **siratina**, diminutif de **serata**, *soirée*, faisant surtout référence à la durée d'une soirée, notamment conviviale.

***

Corrigé de l'exercice 1
❶ Avez-vous prévu une soirée chez Stefanu ? ❷ Non, nous n'avons rien prévu pour samedi soir. ❸ Si nous allions écouter un peu de musique, ça vous dit ? ❹ Franchement il vaudrait mieux un spectacle au théâtre. ❺ Alors il faudra prendre les billets à partir de demain matin.

***

❹ Si tu veux je peux prendre les billets.
 …… .. …., possu piglià i biglietti.

❺ Les enfants sont chez un camarade.
 . …… sò in casa di un ……… .. …….

Corrigé de l'exercice 2
❶ – mese scorsu – successu ❷ – cosa feremu – ❸ À svariacci – sente – ❹ S'ella ti pare – ❺ I zitelli – cumpagnu di scola

37 / Trentasettesima lezione

Trentasettesima lezione

Roba "bió"

1 – U mio ziu Antone ùn si fida più di nimu quand'ellu si tratta di roba [1] manghjereccia.
2 Li preme di sapè da 'nduve vene a mercanzia, quandu hè stata fabbricata...
3 è finu à quandu hè manghjatoghja.
4 – Averà u so chì fà, à i ghjorni chè no simu tuttu ciò chì si compra cuntene prudotti chimici :
5 cunservatori, culurenti, stuzzicagustu [2], eccetera.
6 – Hè per quella chì Ziu [3] piglia e so precauzioni :
7 cunnosce i pruduttori, compra l'oliu à u franghju, u furmagliu à u stazzu, è face u so ortu [4].

Prononciation
1 ... myo dzihou 'ntonè ... fiha ... 2 ... nd**ou**houè ouènè ... 4 ... yorni ... brouh**ô**ti guimidji 5 stoutsiga-h**ou**stou ... 6 ... brégaoudzyoni 7 ... brouhoutori ... ôliou ... statsou ... ôrtou

Notes
1 **roba** est un mot passe-partout pour *choses*, *produits*, *affaires*, *biens*, etc.

Trente-septième leçon / 37

Les villes corses ont longtemps été des foyers importants de l'art lyrique. Bastia, patrie des ténors de carrière et de réputation internationales César Vezzani (1886-1951) et José Luccioni (1903-1978) possède un imposant théâtre municipal. À Ajaccio, le théâtre Saint Gabriel, détruit par un incendie en 1927, avait été depuis le milieu du XIXe siècle un temple très fréquenté d'amateurs de Bel Canto.

Trente-septième leçon

Produits "bio"

1 – Mon oncle Antone ne se fie plus à *(de)* personne quand il s'agit de produits comestibles.
2 [Il] lui importe de savoir d'où vient la marchandise, quand [elle] a été fabriquée…
3 et jusqu'à quand [elle] est consommable *(mangeable)*.
4 – Il aura de *(son)* quoi faire, à l'époque où *(aux jours que)* nous sommes, tout ce que l'on achète contient [des] produits chimiques :
5 conservateurs, colorants, exhausteurs de goût, etc.
6 – [C']est pour cela *(celle-là)* que mon oncle prend ses précautions :
7 il connaît les producteurs, achète l'huile au pressoir, le fromage à la bergerie, et il fait son potager.

---

2 **stuzzicagustu**, *exhausteur de goût*, est un néologisme.
3 **Ziu**, *l'Oncle*. Employées sans possessif, les désignations de proches sont traitées comme des noms propres. Cf. **Babbu**, **Mamma**, **Babbone**, **Mammone**…
4 **ortu** : il s'agit bien d'un *potager*, qui peut être *verger* en même temps. Dans le cas d'un jardin d'agrément on dira : **giardinu**.

37 / Trentasettesima lezione

8 Stamane m'ha rigalatu un spurtellu [5] sanu di pumate, merzane è zucchini di pruduzzione soia.
9 Ci hè da fanne parechji tiani [6]...
10 – Di quessi fatene puru abusu : ùn ci hè periculu di pena [7] in corpu !

8 ... spourtél-lou ... tsoukini ... zôya 9 ... dihani 10 ... kôrpou

Notes
5 *spurtellu*, caractérise un *panier* artisanal local, d'une capacité d'environ un décalitre, surtout utilisé lors de récoltes de fruits et légumes.

***

Eserciziu 1 – Traducite
❶ Ziu m'ha rigalatu un spurtellu di roba di l'ortu. ❷ Piglia l'oliu à u franghju per precauzione. ❸ Li preme di cumprà mercanzia senza prudotti chimici. ❹ Hà u so chì fà, chì ùn si fida di nimu. ❺ Feremu un tianu di zucchini è merzane.

***

Eserciziu 2 – Cumplitate
❶ Jusqu'à quand sont consommables ces choses-là ?
Finu à quandu hè .... 'ssa roba ?

❷ Mon oncle ne veut pas de colorants dans les produits comestibles.
U mio ziu ùn vole .... indu i prudotti ....

❸ Il connaît les producteurs et prend son fromage à la bergerie.
.... i pruduttori è piglia u furmagliu à ....

❹ Les tomates sont de sa production.
E ...... sò di pruduzzione ..... .

❺ Vous pouvez en manger, vous n'aurez pas mal au ventre.
Manghjatene ...., ùn averete ....

Trente-septième leçon / 37

8 Ce matin il m'a offert un plein panier *(panier entier)* de tomates, aubergines et courgettes de sa production *(de production sienne)*.
9 [Il] y a de [quoi] *(en)* faire pas mal de *(plusieurs)* ragoûts *(fricots)*.
10 – De ceux-là vous pouvez en abuser *(faites-en même abus)* : vous ne risquez pas d'avoir *(il n'y a pas danger de)* mal au *(en)* ventre !

6 **tiani**, à l'origine *poêlon* (en terre) et, par extension, tout plat en sauce, *fricot* ou *ragoût* cuisiné dans cet ustensile (et plus tard en casserole métallique ou marmite).

7 **pena** se dit aussi bien d'une *douleur* corporelle (**pena in capu**, *mal à la tête*) que d'un chagrin ou autre affliction morale.

***

Corrigé de l'exercice 1
❶ L'Oncle m'a offert un panier de produits du potager. ❷ Il prend l'huile au pressoir par précaution. ❸ Il lui importe d'acheter de la marchandise sans produits chimiques. ❹ Il a de quoi faire, car il ne se fie à personne. ❺ Nous ferons un fricot de courgettes et d'aubergines.

***

Corrigé de l'exercice 2
❶ – manghjatoghja – ❷ – culurenti – manghjerecci ❸ Cunnosce – u stazzu ❹ – pumate – soia ❺ – puru – pena in corpu

Recette de courgettes farcies au brocciu*
Couper les courgettes en deux dans le sens de la longueur. Les blanchir cinq minutes, puis en retirer la chair à l'aide d'une petite cuiller. Pressez cette chair, la hacher, y mélanger le brocciu, ajouter l'ail (facultatif) et le persil, un œuf battu, salez et poivrez. Remplir les demi-courgettes avec la farce ainsi obtenue. Saupoudrez de chapelure. Disposez dans un plat huilé. Cuire à feu doux.
* Spécialité corse de fromage blanc et compact de lait de chèvre.

38

Trentottesima lezione

Ognunu a so arte [1]

1 – O zitelli, ci avete pensatu à l'avvene ? Chì cuntate di fà, da [2] grandi ?
2 – *(unu)* Eiu vogliu esse pilotu di corsa, per fà e prove di i mutori più putenti [3].
3 – *(un altru)* Eiu seraghju ghjucadore di pallò, prufessiunale.
4 – È voialtre, o zitelle, avete un'idea di u vostru futuru mistieru ?
5 – *(una)* Vuleria esse duttore spezialista in pediatria, perchè mi piacenu e criature [4].
6 – *(un'altra)* Eiu hôtesse nantu à i voli intercuntinentali.
7 – *(à unu)* Babbitu [5] chì face ?
8 – Babbu hè pulizzeru.

Prononciation
ognounou a zo artè **1** ... *dzidél-li ... abbènè ... randi* **2** ... *ouôlyou ... pilôdou ... prôhouè* **3** ... *yougahorè i bal-lo* **4** ... *boyaltrè ... ihéa ... ouôstrou ... mistiérou* **5** ... *houtorè ... gri-adourè* **6** ... *ouoli* ... **8** ... *poulitsérou*

Notes
1 **arte**, *art* mais aussi anciennement *métier*, est employé avec ce dernier sens dans les locutions proverbiales, comme c'est le cas ici.
2 **da** : parmi les nombreuses fonctions de cette préposition (agent, provenance, obligation…) on trouve ici le sens de *"à l'état de…"*, *"en tant que…"*. Ex.: **Da zitellu mi piacianu e fiure**, *Lorsque j'étais enfant j'aimais les images* ; **Ha sempre fattu da patrone**, *Il s'est toujours comporté en maître*.

Trente-huitième leçon

Chacun son métier

1 – *(Ô)* [Les] garçons, *(y)* avez[-vous] pensé à l'avenir ? Que comptez[-vous] faire quand vous serez *(de)* grands ?
2 – *(un garçon)* Moi [je] veux être pilote de course, pour faire les essais des moteurs les plus puissants.
3 – *(un autre)* Moi [je] serai footballeur *(joueur de ballon)* professionnel.
4 – Et vous*(-autres)*, *(ô)* [les] filles, [vous] avez une idée de votre futur métier ?
5 – *(une fille)* Je voudrais être médecin *(docteur)* spécialiste en pédiatrie, parce que j'aime les enfants en bas âge *(les créatures)*.
6 – *(une autre)* Moi, hôtesse de l'air, sur les vols intercontinentaux.
7 – *(à un garçon)* Qu'est-ce qu'il fait, ton papa *(père-ton)* ?
8 – Papa est policier.

3 **i mutori più putenti**, *les moteurs les plus puissants* : notez qu'à la différence du français dans ce type de superlatif on ne répète pas l'article.
4 **criature**, *enfants en bas âge* (jusqu'à l'âge de quatre ans environ, après quoi on dit **zitelli/-e**).
5 **Babbitu**, *ton père*, à ne pas confondre avec **Babbu**, *mon père*. De la même façon on a **Mammata**, *ta mère* et **Mamma**, *ma mère*.

centu vintottu • 128

38 / Trentottesima lezione

9 – **Ta**ndu **di**lli [6] ch'**e**llu surv**e**gli bè sì tù è i to cump**a**gni amp**a**rate a gramm**a**tica è a matem**a**tica...

10 ... chì **s**enza qu**e**lle ùn si sb**o**cca ind**o**cu.

9 ... ramadiga ... madémadiga 10 ... inn-dôgou

***

Eserciziu 1 – Traducite

❶ À l'avvene ci vole à pensacci da zitelli. ❷ Da grandi vuleranu fà i mistieri chì li piacenu. ❸ Una zitella vole esse duttore, l'altra serà hôtesse. ❹ I zitelli contanu di ghjucà à pallò. ❺ U babbu di u mio cumpagnu surveglierà si no amparemu bè a grammatica.

***

Eserciziu 2 – Cumplitate

❶ Ton père est policier, mon père est pilote de course.
 .... hè pulizzeru, ... hè pilotu di corsa.

❷ J'aime les enfants en bas âge, je serai spécialiste en pédiatrie.
 Mi piacenu . ..., seraghju spezialista in pediatria.

❸ Je vais faire les essais des moteurs les plus puissants.
 Aghju da fà . ..... di i mutori ... .

Trente-huitième leçon / 38

9 – Dans ce cas *(à ce moment-là)*, dis-lui de bien surveiller si tes camarades et toi apprenez la grammaire et les *(la)* mathématique[s]...
10 car sans ces deux-là *(celles-là)* on n'aboutit *(débouche)* nulle part.

 Note
6 **dilli**, *dis-lui*, est composé de l'impératif **dì** et du pronom d'attribution **li** dont la consonne initiale se redouble après voyelle tonique.

***

Corrigé de l'exercice 1
❶ À l'avenir, il faut y penser lorsqu'on est enfant. ❷ Quand ils seront grands ils voudront faire les métiers qu'ils aiment. ❸ Une fille veut être docteur, l'autre sera hôtesse de l'air. ❹ Les garçons comptent jouer au ballon. ❺ Le père de mon camarade surveillera si nous apprenons bien la grammaire.

***

❹ Sans les mathématiques on n'aboutit nulle part.
   Senza a matematica ùn si sbocca ....

❺ Moi, je serai footballeur.
   ..., seraghju ....

Corrigé de l'exercice 2
❶ Babbitu – Babbu – ❷ – e criature – ❸ – e prove – più putenti ❹ – indocu ❺ Eiu – ghjucadore di pallò

Trentanovesima lezzione

S'ella ci hè a salute...

1 – Eviva ! [1] Vecu chì sì rimessu di quella cascatoghja...
2   marchji senza bastone è senza scianchittà [2].
3 – Hè statu longu l'affare [3], trà l'ospidale è a rieducazione...
4   Ancu di grazia [4] ch'avia un bon kiné, m'hà campu. [5]
5   Aghju ripigliatu u travagliu è facciu tuttu cum'è prima.
6   Ùn hè chè per u sport chì ci vole à attimpà.
7   For di quessa, a mi passu, l'appitittu ci hè, dormu cum'è un ciocciu...
8 – Allora, quandu ci femu una cena per festighjà 'ssu risanamentu ?
9 – Quand'ella ti pare, basta à dimmila a vigilia [6].
10 – Simu intesi, più bella fine chè à tavulinu un gattivu casu ùn pó avè.

Prononciation
1 éhoui-houa ... 2 ... chankita 3 ... ospihalè ... 4 ... di radzia ... 7 ... apiditou ... dôrmou ... tchôtchou 10 ... 'ntèzi ... tahoulinou ... pô ahouè

Notes

1 **Eviva !** interjection pour saluer un fait jugé favorable ou réjouissant. Substantivé, ce mot a le sens de *vivat* : **Fà l'evive**, porter des vivats en faveur de quelqu'un ou *pour fêter un événement*. Suivi d'un nom de personne ou d'institution, il célèbre celles-ci : **Eviva..... !**, *Vive...... !*

2 **scianchittà**, *boitiller*, est formé sur **sciancu**, *boiteux*.

3 Rappel : **affare**, *affaire* est masculin en corse.

Trente-neuvième leçon

Tant qu'on a la santé...

1 – À la bonne heure *(Vive)* ! Je vois que tu es remis de cette vilaine chute...
2 tu marches sans canne et sans boitiller.
3 – Ça a été long *(Elle a été longue l'affaire)*, entre l'hôpital et la rééducation...
4 Heureusement *(encore de grâce)* que j'avais un bon kiné, il m'a fait énormément de bien *(sauvé)*.
5 J'ai repris le travail et je fais tout comme avant.
6 Il n'y a que pour le sport qu'il faut remettre à plus tard *(ajourner)*.
7 À part ça, je me porte bien *(me la passe)*, j'ai bon appétit *(l'appétit y est)*, je dors comme une souche *(un hibou)*...
8 – Alors, quand nous faisons-nous un dîner pour fêter cette guérison ?
9 – Quand tu veux *(elle te paraît)*, [il] suffit de *(à)* me le dire *(dire-me-la)* la veille.
10 – C'est entendu *(nous sommes entendus)*, un mauvais cas ne peut avoir plus belle fin qu'à table.

---

4 Ancu di grazia est la plus courante des locutions pour *heureusement (par bonheur)* que l'on peut rendre aussi par **ancu assai** ou encore **per furtuna**.

5 **campu**, participe passé, dit "court", de **campà** régi par l'auxiliaire **avè**, il a alors le sens de *réjoui, tiré d'affaire, sauvé*... En revanche, l'autre participe passé, dit "long", **campatu**, régi par l'auxiliaire **esse**, a le sens de *vécu*.

6 **a vigilia**, *la veille* (le jour avant), à ne surtout pas confondre avec **a veghja**, plus proche, "à l'oreille", du français, mais qui signifie *la veillée*.

Eserciziu 1 – Traducite

❶ Mi sò puru rimessu di quella cascatoghja. ❷ L'affare hè statu longu ma ùn scianchitteghju più cum'è prima. ❸ Ancu di grazia chì u kiné era bonu. ❹ Marchju senza bastone ma per u sport ci vulerà a attimpà. ❺ Avà a mi passu è dormu cum'è un ciocciu.

***

Eserciziu 2 – Cumplitate

❶ J'ai repris le travail et je fais tout comme avant.
Aghju .... u travagliu è facciu tuttu ....

❷ Nous allons fêter à table cette guérison.
Avemu da .... à tavulinu 'ssu ....

❸ Quand tu voudras nous ferons un dîner.
.... feremu una cena.

❹ Il suffit de me le dire la veille.
..... à dimmila ....

❺ C'est entendu, c'est la plus belle fin d'un mauvais cas.
...., hè a più bella fine di un .... casu.

Quarantesima lezzione

À circà casa [1]

1 I sposi Pieretti ghjunti per mutivi prufissiunali ind'una cità luntana si cercanu un alloghju :
2 – Menu di trè stanze ùn si ne parli ! È ind'un quarticru centrale...

Note
1 Littéralement : "à chercher maison".

Corrigé de l'exercice 1

❶ Je me suis enfin remis de cette mauvaise chute. ❷ Ça a été long mais je ne boitille plus comme avant. ❸ Heureusement que le kiné était bon. ❹ Je marche sans canne mais pour le sport il faudra remettre à plus tard. ❺ Maintenant je suis en bonne santé et je dors comme une souche.

***

Corrigé de l'exercice 2

❶ – ripigliatu – cum'è prima ❷ – festighjà – risanamentu ❸ Quand'ella ti pare – ❹ Basta – a vigilia ❺ Simu intesi – gattivu –

Quarantième leçon

À la recherche d'une maison

1 Les époux Pieretti, rendus pour raisons professionnelles dans une ville lointaine, cherchent un logement :
2 – Moins de trois pièces, qu'on n'en parle même pas *(ne s'en parle)* ! Et dans un quartier central...

40 / Quaranttesima lezzione

3   ùn **a**ghju l**a**ziu ² di stà à c**a**sa di l'Erdi**a**vule ³, è fà u p**a**ss'è v**e**ne m**a**ne è s**e**ra...
4 – Sì tù p**o**ni tr**o**ppu cundizi**o**ni, ùn truver**a**i mai u l**o**cu ad**a**ttu. È u pr**e**zzu ti ne sì prim**u**rata ?
5 – A d**o**nna di l'ag**e**nza d**i**ce chì quì hè m**e**nu c**a**ru chè altr**ò**, ùn mi p**a**re m**i**cca ⁴ à mè.
6 – Intantu ander**e**mu à visit**à** l'**a**ltru appartam**e**ntu ch'**e**lla ci prup**o**ne.
7 – Qu**e**llu d'**e**ri m**a**ne **e**ranu d**u**i chjuv**e**lli è qu**a**ttru pi**a**ni à cull**à**...
8 – Ma **e**ra in st**a**tu, par**i**a n**o**vu. À v**e**de s'è no truver**e**mu di m**e**gliu ?
9 – Casum**a**i cambier**e**mu ag**e**nza, pussibule p**o**i chè no ùn avv**e**ntimu qualc**o**sa di cunfac**e**nte in tam**a**nta cit**à** ?
10 – Ma'pi**ù** ! Ma pr**e**stu è bè **ù**n v**a**nu ins**e**me : inc**ù** u t**e**mpu è inc**ù** a p**a**glia mat**u**ranu e n**e**spule ⁵... □

Prononciation

3 ... ladzyou ... erdi-aoulè ... 4 ... drôpou ... lôgou ahatou ... 5 ... hô-nna ... 6 ... bizida ... 7 ... dyou-houél-li ... 8 ... nôhou ... mélyou 9 ... bôhi ... abèntimou ... 10 ma byou ... bréstou ... banou nsèmè ... balya madouranou ... nèspoulè

: Notes

2   **laziu**, *envie* (disposition pour l'activité) **laziu di travaglià**, *envie de travailler*. Par extension : *entrain*, avec les dérivés **laziosu**, *dispos, plein d'entrain*, **slaziatu** ou **dillaziatu / sdillaziatu**, *sans entrain*.

3   **Erdiavule**, c'est le mot **Diavule**, *Diable*, avec la prosthèse **Er** qui insiste sur l'idée d'éloignement, comme la locution populaire française *au diable vert*, dérivée de la locution érudite "au diable vauvert".

4   **micca**, adverbe qui, lorsqu'il accompagne la négation **ùn**, la rend plus ferme et catégorique : **ùn vogliu**, *je ne veux pas*, **ùn vogliu micca**, *je ne*

Quarantième leçon / 40

3 je n'ai pas envie d'habiter au *(à la maison du)* diable, et faire le va-et-vient *(passe et viens)* matin et soir...
4 – Si tu poses trop de conditions tu ne trouveras jamais le lieu adéquat. Et le prix, t'en es[-tu] souciée ?
5 – La dame de l'agence dit qu'ici [c']est moins cher qu'ailleurs, je ne trouve pas *(ne me semble pas, à)*, moi.
6 – En attendant nous irons *(à)* visiter l'autre appartement qu'elle nous propose.
7 – Celui d'hier matin c'étaient deux pièces minuscules et quatre étages à monter...
8 – Mais il était en [bon] état, comme *(il semblait)* neuf. Pas sûr *(À voir)* que nous trouvions *(si nous trouverons)* [quelque chose] de mieux ?
9 – S'il le faut *(cas-jamais)* nous changerons [d'] agence, [est-ce] possible, enfin *(puis)*, que nous ne découvrions pas quelque chose de convenable dans une si grande ville ?
10 – Ce serait bien extraordinaire *(jamais plus)* ! Mais vite et bien ne vont pas ensemble : tout vient à point à qui sait attendre *(avec le temps et la paille mûrissent les nèfles)*.

veux absolument pas. Il ne s'agit donc pas du même automatisme que celui du *ne ... pas* français.

5 **ne**spule, nèfles, fruits comestibles du néflier. Le proverbe cité fait allusion à l'ancien usage de coucher ces fruits, cueillis verts, sur de la paille où ils mûrissent lentement.

Eserciziu 1 – Traducite

① I Pieretti si cercanu un alloghju senza piani à cullà. ② Ùn si primureghjanu di u prezzu, basta chì u locu sia in statu è centrale. ③ Ùn volenu micca chjuvelli, casumai cambieranu agenza. ④ Noi ùn avemu laziu di stà in tamanta cità. ⑤ U mio travagliu hè luntanu da casa meia, facciu u pass'è vene.

***

Eserciziu 2 – Cumplitate

① Il habite au diable et fait le va-et-vient matin et soir.
...à casa di l'Erdiavule è ....u pass'è vene mane è sera.

② T'es-tu souciée du prix, est-ce moins cher qu'ailleurs ?
Ti sì .... di u prezzu, hè menu caru chè ..... ?

③ L'appartement est comme neuf, mais il n'a que deux pièces.
L'appartamentu pare ...., ma ùn hà chè duie ....

41

Quarantunesima lezione

L'alta strada [1]

1 – Induve a chjappi st'aostu, o Petru Marì ?
2 Soca [2] conti di stattine à u locu cume annu [3] ?
3 – Innò, quistannu [4] vogliu pruvalla à trafancà e nostre muntagne, da livante à punente.

Prononciation
1 ... dyapi ... 2 ... lôgou ... 3 ... brou-oual-la ... nôstrè ... li-ouantè ...

Notes

[1] **L'alta strada** : c'est le titre d'une chanson à succès des années 80 célébrant la montagne corse, plus tard appliqué au fameux chemin de grande randonnée GR 20. Le circuit traverse l'île de part en part, en suivant la chaîne montagneuse. Ce parcours est réputé difficile.

Quarante et unième leçon / 41

Corrigé de l'exercice 1

❶ Les Pieretti cherchent un logement sans étages à monter. ❷ Ils ne se soucient pas du prix, il suffit que le lieu soit en bon état et central. ❸ Ils ne veulent absolument pas de petites pièces, s'il le faut ils changeront d'agence. ❹ Nous, nous n'avons pas envie d'habiter dans une si grande ville. ❺ Mon travail est loin de ma maison, je fais des va-et-vient.

***

❹ La dame de l'agence dit que nous trouverons mieux.
  A ..... di l'agenza dice chè no truveremu ....

❺ Elle nous en propose un autre, si le prix est convenable.
  Ci ne .... un altru, sì u prezzu hè ....

Corrigé de l'exercice 2

❶ Stà – face – ❷ – primurata – altrò ❸ – novu – stanze ❹ – donna – di megliu ❺ – prupone – cunfacente

Quarante-et-unième leçon

Le haut chemin

1 – Où as-tu l'intention d'aller *(l'attrapes)*, en *(cet)* août [prochain], *(ô)* Pierre-Marie ?
2 [Mais] peut-être comptes-tu *(de t'en)* rester sur place *(au lieu)* comme [l']année [dernière] ?
3 – Pas du tout, cette année je veux tenter de *(essayer-la à)* franchir à pied nos montagnes, d'est en *(à)* ouest.

2 **soca**, *peut-être que / il se pourrait que*. Cet adverbe sert à introduire une supposition. Il est souvent suivi du futur hypothétique.

3 **annu**, *an/année*, mais employé adverbialement il signifie *l'année dernière / l'an passé*.

4 **quistannu**, *cette année*, est adverbe de temps qui doit évidemment s'écrire en un seul mot, puisque le démonstratif **quest-** se transforme en **quist-** par suite du déplacement de l'accent tonique sur la terminaison.

41 / Quarantunesima lezzione

4 – Sè tù a ti senti, animu toiu !
5   Cumpagnia ùn ti ne mancherà :
6   u più furesteri [5], tutta ghjente rubusta è risuluta.
7 – Ma ci sò chì cappianu à meza strada, spussati è à fiatu in bocca !
8 – Ùn serai pò di quelli, avvezzu chè tù sì ad [6] arripiccatti per 'ssi scugliali.
9 – Ùn basta l'abitudine, s'ella ùn ci hè a forza.
10 – Ma vai ! Fussi puru eiu furzutu quant'è tè !

4 ... dôyou *6* fourestéri ... yèntè ... *8* ... abètsou ... skoulyali *9* ... fôrtsa *10* ... oua-hi ...

Notes

5   **furesteri**, *étrangers*. Ce terme s'applique à tous ceux qui ne sont pas du pays, quelle que soit leur provenance. Il n'implique aucune notion de nationalité.

***

Eserciziu 1 – Traducite

❶ Voli pruvalla quistannu à cullà per l'alta strada ? ❷ A ti senti à trafancà 'ssi scugliali ? ❸ Ci vole à esse avvezzi ad arripiccassi. ❹ I furesteri u più sò rubusti è risuluti. ❺ Ma ci sò chì cappianu à fiatu in bocca !

***

Eserciziu 2 – Cumplitate

❶ L'année dernière je suis resté sur place.
 . . . . mi sò statu . . . .

❷ Peut-être étais-je harassé par le travail ?
 . . . . eru . . . . da u travagliu ?

❸ Ce prochain mois d'août je veux aller d'est en ouest.
 . . . . a chjappu da livante à . . . .

Quarante et unième leçon / 41

4 – Si tu t'en *(te la)* sens [capable], [bon] courage *(tien)* !
5 Tu ne manqueras pas de compagnie *(compagnie ne t'en manquera)* :
6 des étrangers pour la plupart *(le plus)*, tous [des] gens robustes et hardis.
7 – Mais il y en a *(y sont)* qui abandonnent *(lâchent)* à mi-chemin, harassés et à bout de souffle *(souffle à la bouche)* !
8 – [Tu] ne seras certes *(puis)* [pas] de ceux-là, habitué que tu es à *(t')*escalader *(par)* les *(ces)* pentes rocheuses.
9 – L'habitude ne suffit pas *(ne suffit l'habitude)* si la force vient à manquer *(si elle n'y est la force)*.
10 – Allons donc *(Mais va)* ! Je voudrais bien être aussi vigoureux que toi *(fusse même moi vigoureux autant que toi)* !

6 ad : un **d** euphonique s'adjoint à la préposition pour éviter le hiatus (deux **a** consécutifs).

***

Corrigé de l'exercice 1
❶ Veux-tu tenter cette année de monter par le haut chemin ? ❷ Te sens-tu capable de franchir à pied les pentes rocheuses ? ❸ Il faut être habitué à escalader. ❹ Les étrangers pour la plupart sont robustes et hardis. ❺ Mais certains abandonnent à bout de souffle !

***

❹ Bon courage ! Tu es vigoureux et tu as l'habitude.
 . . . . ! Sì . . . . è hai l'abitudine.

❺ N'abandonne pas à mi-chemin, Pierre-Marie !
 Ùn cappià à meza strada, ... !

Corrigé de l'exercice 2
❶ Annu – à u locu ❷ Soca – spussatu – ❸ St'aostu – punente ❹ Animu toiu – furzutu – ❺ – o Petru Marì

centu quaranta • 140

Quarantaduiesima lezzione

Revisione – Révision

Vous êtes maintenant familiarisé avec les dialogues de la vie courante, leurs vocatifs et leurs interjections, et surtout leurs constructions grammaticales souvent différentes du français. La conversation corse n'est plus un mystère pour vous parce que vous en avez découvert le ton, et que vous avez acquis déjà une base lexicale. Ne négligez pas la répétition à haute voix, et allez de l'avant tranquillement et régulièrement : l'assimilation se fera toute seule.

1 Les verbes à consonne d'appui

Ce sont ces verbes dont le radical se termine en **l**, **n** ou **r** et qui disposent d'une consonne d'appui – la lettre **g** (ou **gh** devant un **i**) – à la première personne du présent de l'indicatif et à toutes les personnes du présent du subjonctif.
Exemples :
falà, *descendre*, **falgu**, *je descends*, **ch'o falghi**, *que je descende*.
minà, *frapper*, **mengu**, *je frappe*, **ch'o menghi**, *que je frappe*.
corre, *courir*, **corgu**, *je cours*, **ch'o corghi**, *que je coure*.
Les verbes très usuels **tene**, *tenir*, (**tengu**, **ch'o tenga//ghi**), **vene**, *venir* (**vengu**, **ch'o venga//ghi**) et **pare**, *sembler* (**pargu**, **ch'o parghi**) relèvent de cette particularité.

2 Le verbe *sapè*, "savoir"

Indicatif présent : **sò**, **sai**, **sà**, **sapemu**, **sapete**, **sanu**.
Les temps usuels de l'indicatif et le conditionnel sont réguliers (**sapia**, **saperaghju**, **saperebbi** / **saperia**).
Subjonctif présent : **sappia**, **sappia**, **sappia**, **sappiamu**, **sappiate**, **sappianu**. Le subjonctif imparfait est régulier (**sapessi**).
Gerondif : **sapendu**.
Participe passé : **sappiutu** / **saputu**.

Quarante-deuxième leçon

3 Le démonstratif dit "de la 3ᵉ personne"

Pour désigner un objet qui ne se rapporte directement ni à celui qui parle (auquel cas le démonstratif serait **stu/sta**), ni à celui qui écoute (auquel cas le démonstratif serait **'ssu/'ssa**) mais à une tierce personne, on se sert du démonstratif **quellu/quella**.
Hè per quella chì Ziu piglia e so precauzioni. *C'est pour cela que mon oncle prend ses précautions.* (leçon 37, phrase 6)
Senza quelle ùn si sbocca indocu. *Sans ces deux-là on n'aboutit nulle part.* (leçon 38, phrase 10)
Ùn serai pò di quelli, avvezzu chè tù sì ad arripiccatti per 'ssi scugliali. *Tu ne seras certes pas de ceux-là, habitué que tu es à escalader les pentes rocheuses.* (leçon 41, phrase 8)
Par ailleurs, l'utilisation de **quellu/quella** peut simplement impliquer un éloignement dans le temps :
Vecu chì sì rimessu di quella cascatoghja… *Je vois que tu es remis de cette vilaine chute…* (cf. leçon 39, phrase 1).

4 L'apocope

Certains adjectifs sont sujets à l'apocope quand ils sont placés devant un nom commençant par une consonne. Ainsi **bonu** perd son **u** en leçon 39 : **un bon kiné**, et **grande** se voit tronqué en leçon 36 (**gran successu**).
On remarque une apocope aussi en leçon 39, non sur un adjectif cette fois mais sur l'adverbe **fora => for di quessa**.
Au fur et à mesure des leçons, nous en rencontrerons d'autres.

5 Datations

annu, *l'année dernière* ;
quistannu, *cette année* ;
nanzadannu, *il y a deux ans* ;

quistannu chì vene, *l'année prochaine* ;
trè anni fà, *il y a trois ans* ;
cent'anni fà, *il y a cent ans*...
et ainsi de suite !

6 L'enclise (rappel)

Êtes-vous bien accoutumé aux mots composés d'une forme verbale (le plus souvent l'infinitif ou l'impératif) et d'un pronom complément formant une seule unité accentuelle ?
Par exemple :
l'impératif **dì** + le pronom d'attribution **li** => **dilli**

***

Dialogue de révision

1 – Ùn avemu previstu nunda per diverteci sabatu chì vene.
2 Ancu di grazia chì Babbitu ci hà rigalatu dui biglietti per u spettaculu di a serata.
3 – Prima ci feremu una cena : à tavulinu si stà bè in cumpagnia.
4 – I Pieretti cercanu alloghju ma ùn volenu micca menu di trè stanze .
5 – Soca cambieranu agenza s'elli ùn avventanu nunda ind'u quartieru centrale.
6 – Ziu Antone face i tiani cù i prudotti di u so ortu.
7 Ùn si fida di nimu, li preme di sapè da induve vene a roba.
8 – Quistannu hè risanatu, a si passa è appitittu ùn li ne manca !

Quarante-deuxième leçon / 42

Notez le redoublement de la consonne initiale **l** après voyelle tonique. (leçon 38)
Mais aussi :
d**i**l**la**, *le dire*, **sva**ri**acci**, *nous changer* (leçon 36) ; **fanne**, *en faire* (leçon 37) ; d**i**m**mila**, *me le dire* (leçon 39) ; **stattine**, "t'en rester" ; **pruvalla**, *l'essayer* ; **arripiccatti**, "t'escalader" (leçon 41).
Remarquez là encore que dans les exemples ci-dessus la consonne initiale du pronom se redouble lorsqu'elle suit une voyelle accentuée.
Attention : Ce phénomène ne se produit pas lorsqu'elle suit une voyelle atone, cf. **div**e**rtesi**, *se distraire* (leçon 36), et **fatene**, *faites-en* (leçon 37).

***

9 – I zitelli è e zitelle ùn sò più criature, pensanu à l'avvene è à cosa feranu da grandi.
10 – Ma senza amparà a matematica è a grammatica ùn si sbocca indocu.

Traduction

1 Nous n'avons rien prévu pour nous distraire samedi prochain. **2** Heureusement que ton père nous a offert deux billets pour le spectacle de la soirée. **3** Nous commencerons par un dîner : être en bonne compagnie à table est agréable. **4** Les Pieretti cherchent un logement mais ils ne veulent absolument pas moins de trois pièces. **5** Peut-être changeront-ils d'agence s'ils ne découvrent rien dans le quartier central. **6** L'oncle Antoine fait des ragoûts avec les produits de son potager. **7** Il ne se fie à personne, il lui importe de savoir d'où vient la marchandise. **8** Cette année il est guéri, il se porte bien et ne manque pas d'appétit ! **9** Les garçons et les filles ne sont plus des enfants en bas âge, ils pensent à l'avenir et à ce qu'ils feront quand ils seront grands. **10** Mais sans apprendre les mathématiques et la grammaire on n'aboutit nulle part.

Quarantatreesima lezione

Nantu batticcia [1]

1 – Or [2] chì simu à la [3] marina, o Letì, ci feremu una ciuttata…
2 – Ùn la sò, chì u mare ùn mi pare tantu lisciu, ci sò i marosuli !
3 – Averesti paura d'incrusciatti ?
4 – Micca [4], chì anch'eiu sò nutà, ma ùn mi piace à entre in mare incù tutte 'sse matarusciate.
5 T'aspettu quì, sottu à u parasole.
6 – Eiu ùn aghju primura di 'ssu sciambottu è mi ci lampu.
7 *(dopu à u bagnu)* Sò ghjuntu sinu à 'ssu scogliu, quallà.
8 'Ssu vintulellu [5] frescu mi face a carne ghjallinina, hè megliu ch'o m'asciuvi è mi vesti subitu.

Prononciation

2 … lichou … marôzouli 3 aouèrèsti … inn-crouchati 5 … aspétou … 6 … chambôtou … 7 … skôlyou goual-la 8 … yal-linina … achou-oui …

Notes

1 **nantu batticcia** *[ouatitcha]* comme **nantu marina**, *sur le rivage* et **nantu rena**, *sur le sable* (phrase 9) sont des locutions qui ne comportent pas d'article.
2 **or**, adverbe (apocope de **ora**) marque une transition d'une situation à une autre.
3 **la** est la forme entière de l'article défini féminin (le plus souvent réduit à **a**). Elle permet ici d'éviter un hiatus.

Quarante-troisième leçon

Sur la grève

1 – Maintenant que [nous] sommes sur [le] rivage, [ô] Letizia, nous allons faire *(nous ferons une)* trempette.
2 – Je ne sais pas [trop] *(ne la sais)*, car la mer ne m'a pas l'air *(semble pas)* vraiment étale *(lisse)*. Il y a de *(y sont les)* grosses vagues !
3 – Aurais[-tu] peur de te mouiller *(mouiller-te)* ?
4 – Pas [vraiment], car moi aussi je sais nager, mais je n'aime pas *(ne me plaît)* entrer dans l'eau *(en mer)* avec tous ces rouleaux.
5 Je t'attends ici, sous *(sous à)* le parasol.
6 – Moi, [je] ne me soucie pas *(n'ai cure)* de ce remous et j'y plonge *(m'y lance)*.
7 *(après le bain)* [Je] suis arrivé jusqu'à ce rocher, là-bas.
8 Ce petit vent frais me donne *(fait)* la chair de poule, il vaut *(est)* mieux que [je] me sèche et [que je] me [r]habille tout de suite.

4 *micca*, *pas*, cf. leçon 40, note 4. Cet adverbe peut aussi être employé seul pour marquer une nette opposition aux propos d'un interlocuteur, comme nous le voyons dans ce dialogue.

5 *vintulellu*, est le diminutif de *ventu*, *vent*.

43 / Quarantatreesima lezzione

9 – A t'aghju detta chì ùn era ghjornu ad [6] allungassila nantu rena [7].
10 – Ma intantu un bagnu hè salutivaru, ti strufina u sangue !

9 ... yornou ... 10 ... saloudi-ouarou ... strouvina ...

Notes

6 **ad** : l'adjonction du **d** euphonique évite un hiatus et rend l'accent grave inutile.

***

Eserciziu 1 – Traducite

❶ Nantu batticcia si sente u sciambottu di e matarusciate.
❷ Ci sò i marosuli, hè megliu à ùn allungassila in l'acqua.
❸ Ci vole à sapè nutà per andà sinu à 'ssu scogliu. ❹ À la marina ci hè un vintulellu salutivaru. ❺ Hè megliu ad asciuvassi subitu per ùn avè a carne ghjallinina.

***

Eserciziu 2 – Cumplitate

❶ La mer n'était pas très étale et Laetitia ne voulait pas plonger dans ce remous.
U mare ùn era tantu ...... è Letizia ùn si vulia lampà in quellu ....

❷ Elle sait nager et n'a pas peur de se mouiller
Sà .... è ùn hà paura d'.............

❸ Mais ce n'était pas un jour à faire trempette.
Ma ùn era ghjornu da fassi ... .

Quarante-troisième leçon / 43

9 – Je te l'avais bien dit *(la t'ai dite)* que [ce] n'était [pas] [un] jour à s'attarder *(attarder-se-la)* sur [le] sable.
10 – *(Mais)* en même temps, le bain est salutaire, [ça] vous *(te)* **fouette** *(frotte)* le sang !

7 allungassila nantu rena, *s'attarder sur le sable* (donc "allonger le temps qu'on y reste"), et non s'y allonger (ce serait **stracquassi**). Le verbe **allungà** représenterait donc ici un redoutable "faux ami"…

***

Corrigé de l'exercice 1
❶ Sur la grève, on entend le remous des rouleaux. **❷** Il y a de grosses vagues, il vaut mieux ne pas s'attarder dans l'eau. **❸** Il faut savoir nager pour aller jusqu'à ce rocher. **❹** Sur le rivage, il y a un petit vent salutaire. **❺** Il vaut mieux se sécher tout de suite pour ne pas avoir la chair de poule.

***

❹ Elle s'attarde sur le sable, sous un parasol.
   A s'allonga . . . . **sottu à un parasole.**
❺ En même temps un bain de mer fouette le sang.
   Intantu un . . . . . **di mare** . . . . **u sangue.**

Corrigé de l'exercice 2
❶ – lisciu – sciambottu **❷** – nutà – incrusciassi **❸** – una ciuttata
❹ – nantu rena – **❺** – bagnu – strufina –

Quarantaquattresima lezione

Turisimu [1]

1 – O amicu, tù chì travagli in portu, ne ghjunghje turisti quistannu ?
2 – Aghju capitu ch'ellu ne ghjunghje !
3 Sbarcanu miraculi di vitture da i battelli gialli rossi è turchini [2].
4 Ci hè ghjente di tutte e mamme è di tutte e lingue.
5 – Ié, ma sò tutti listessi, omi è donne : cù e camisgiole bracanate, i pantaloni accurtati, è barrette americane,
6 apparechji di fotó o camerà appiccollu [3].
7 – Quesse sò persone attimpate o anzianotte [4],
8 invece i giovani cù e motó è quelli chì a si piglianu à pedi, carchi cum'è muli, anu un'altra presenza [5].

Prononciation
tourizimou **1** ... *youndyè* ... **3** ... *miragouli* ... *ouitourè* ... *ouatél-li* ... **5** ... *ômi* ... *dô-n-nè* ... *gamijôlè* ... **6** ... *fotô* ... *apikôl-lou* **7** ... *antsianôtè* **8** ... *motô* ... *péhi* ...

Notes
[1] **turisimu**, les mots corses correspondant aux mots français en *-isme* se terminent en **-isimu**. Ex. : **termalisimu**, *thermalisme*, etc.
[2] **turchini**, *bleus*. L'adjectif **turchinu/a** désigne toute sorte de bleu, y compris le bleu azur, et pas seulement le bleu "turquoise".

Quarante-quatrième leçon

Tourisme

1 – [Dis donc, l'] *(Ô)* ami, toi qui travailles au *(en)* port, [il] en arrive [des] touristes, cette année ?
2 – Et comment qu'il en arrive !
3 Il débarque *(débarquent)* une multitude *(miracles)* de voitures des bateaux jaunes, rouges et bleus.
4 [Il] y a [des] gens de toute origine *(toutes les mères)* et de toutes les langues.
5 – Oui, mais [ils] sont tous les mêmes, [les] hommes et [les] femmes : avec leurs *(les)* tee-shirts bariolés, leurs bermudas *(pantalons raccourcis)*, leurs casquettes américaines,
6 appareil *(de)* photo et caméra en bandoulière.
7 – Ceux-là sont [des] personnes d'âge mûr ou assez âgées,
8 tandis que les jeunes avec leurs motos et ceux qui partent *(se la prennent)* à pied, chargés comme des mulets, ont une autre allure.

---

3 **appiccollu**, *en bandoulière* : cet adverbe peut être employé aussi comme équivalent de *"autour du cou", en sautoir* ou *en écharpe*. Il est à distinguer de **accollu** surtout utilisé pour ce qui est porté aux bras.

4 **anzianotte**, *assez âgées*. L'adjectif **anzianu**, ici assorti d'un diminutif, n'a principalement que le sens de *âgé* : **una persona anziana**, *une personne âgée*. Toutefois, sous l'influence du français, il a pris aussi le sens de "qui n'est plus tel" et "qui n'est plus en fonction" dans des cas déterminés : **anzianu cumbattente / merre**, *ancien combattant / maire*.

5 **presenza**, *allure = aspect*. La façon de se déplacer se dit **andatura**.

centu cinquanta

44 / Quarantaquattresima lezzione

9 – Giranu l'isula sana [6], ùn si fermanu indocu, s'infrugnanu in ogni scornu,
10 è finisce chì a Corsica a cunnoscenu megliu chè noi chì ci simu nati è ci stemu !

9 djiranu ... indôgou ... skôrnou 10 ... gôrsiga ...

Note

6 **sana**, *entière*. C'est l'un des sens de **sanu**, qui veut aussi dire *sain, intact*.

***

Eserciziu 1 – Traducite

❶ I battelli ghjunghjenu carchi, ci sò i turisti di tutte e mamme. ❷ Quistannu ne sbarca più chè annu è nanzadannu. ❸ U più sò ghjente attimpata è ancu persone anziane. ❹ L'omi incù e barrette americane anu a camerà appiccollu. ❺ Incù e so camisgiole bracanate giranu l'isula sana.

***

Eserciziu 2 – Cumplitate

❶ Ils sont tous les mêmes avec leurs tee-shirts et leurs bermudas.
Sò tutti .... cù e so .... è i so pantaloni accurtati.

❷ Les jeunes avec les motos ont une autre allure.
I giovani cù e motó anu un'altra ....

❸ Ceux qui partent à pied sont chargés comme des mulets.
.... chì a si piglianu à pedi sò ...... cume muli.

❹ Ils ne s'arrêtent nulle part et pénètrent dans tous les coins.
Ùn si fermanu ...... è s'infrugnanu in ogni ....

Quarante-quatrième leçon / 44

9 – Ils parcourent l'île entière, ne s'arrêtent nulle part, pénètrent *(se fourrent)* dans les moindres recoins *(en tout coin)*,
10 si bien *(et [ça] finit)* qu'ils connaissent mieux la Corse que nous, qui y sommes nés et [qui] y habitons !

Corrigé de l'exercice 1
❶ Les bateaux arrivent chargés, il y a des touristes de toute origine. ❷ Cette année il en débarque plus que l'année dernière et il y a deux ans. ❸ La plupart sont des gens d'âge mûr et même des personnes âgées. ❹ Les hommes avec des casquettes américaines ont leur caméra en bandoulière. ❺ Avec leurs tee-shirts bariolés, ils parcourent l'île entière.

***

❺ Si bien qu'ils connaissent la Corse mieux que nous qui y sommes nés.
Finisce chì cunnoscenu a Corsica megliu chè noi
chì .. ..

Corrigé de l'exercice 2
❶ – listessi – camisgiole – ❷ – presenza ❸ Quelli – carchi – ❹ – indocu – scornu ❺ – ci simu nati

Quarantacinquesima lezzione

Rumenzula

1 – Brava ghjente, simu vinuti à parlavvi di cumu si sceglie [1] a roba di scartu...
2 per ch'ùn abbiate à ghjittà tuttu à buleghju.
3 – Una, vi ci vole un stagnone o un bacile per lampacci l'avanzature,
4 a frutta [2] guasta, a posa di u caffè, e chjaroppule, e buchje, i fiori passi, i mandili di carta...
5 – Quessu l'arnese l'avemu, eppó chì ci vole torna ?
6 – Una pubbella [3] gialla per e scatule di cunserva, i cartoni, e buttiglie di plastica...
7 – Cridite chì a ghjente si derà u fastidiu di sceglie tuttu 'ssu mullizzu ?
8 – Sì vo vulete mantene a pulizia indù u circondu, quessi sò usi da rispittà.

Prononciation
roumèn-tsoula 1 ... parlabi ... chélyè ... 2 ... dyita ... 3 ... ouôlè ... 4 ... ouasta ... tyarôpoulè ... outyè ... 6 ... poubél-la ... outilyè ... 7 ... krihidè ... moul-litsou

Notes

1 **sceglie**, *trier* a aussi le sens de *choisir*. C'est un verbe irrégulier qui présente la consonne d'appui à la 1re personne du présent de l'indicatif : **scelgu** et à toutes les personnes du présent du subjonctif : **scelga**, etc. De plus, il subit l'alternance vocalique (ou apophonie) quand l'accent tonique s'y déplace : **sciglimu, sciglite**, *nous trions, vous triez*. Son participe passé est **sceltu/a**.

Quarante-cinquième leçon

Déchets

1 – Braves gens, nous sommes venus *(à)* vous parler *(parler-vous)* de la façon de trier *(comment on trie)* les produits de rebut...
2 afin que vous ne jetiez pas *(n'ayez pas à jeter)* tout pêle-mêle.
3 Premièrement *(une)* il vous faut *(vous y veut)* un seau ou une bassine pour y déverser *(lancer-y)* les restes des repas *(reliefs)*,
4 les fruits gâtés, le marc de café, les coquilles d'œuf, les épluchures, les fleurs fanées, les mouchoirs en *(de)* papier...
5 – Cet ustensile-là, nous l'avons, et puis que faut-il *(y veut)* encore ?
6 – Une poubelle jaune pour les boîtes de conserve, les cartons, les bouteilles en *(de)* plastique...
7 – [Vous] croyez que les gens vont se donner la peine *(se donneront l'ennui)* de trier toutes ces saletés ?
8 – Si vous voulez entretenir la propreté dans l'environnement, ce *(ceux-là)* sont [des] usages à respecter.

---

2 a frutta, *les fruits*. Ce nom féminin singulier désigne l'ensemble des fruits comestibles de divers arbres ou plantes, et l'ensemble des fruits servis ou consommés en dessert. Le masculin **fruttu**, *fruit* (pl. **frutti**) désigne couramment au sens propre le produit d'un arbre fruitier, et peut désigner au sens figuré le résultat d'activités humaines : **u fruttu di i nostri sforzi**, *le fruit de nos efforts*.

3 **pubbella** est l'adaptation, désormais usuelle, du français *poubelle*, du nom d'Eugène Poubelle, préfet qui en 1883 imposa aux Parisiens l'usage de récipients destinés à contenir les ordures ménagères.

45 / Quarantacinquesima lezzione

9 Ê vi ci vulerà dinù una pubbella turchina per a carta, una verde per u vetru…

10 – Basta! Emu capitu : prima si sceglie è dopu si ghjetta. Cusì feremu.

9 ouèrdè … ouèdrou

***

Eserciziu 1 – Traducite
❶ A ghjente ùn si danu u fastidiu di sceglie a roba di scartu.
❷ Ghjettanu à buleghju buchje è scatule di cunserva.
❸ L'avete voi l'arnese chì ci vole per lampacci posa è chjaroppule ? ❹ Sì, avemu un bacile di plastica turchina.
❺ Site brava ghjente, rispittate a pulizia di u circondu.

***

Eserciziu 2 – Cumplitate
❶ On jette les fruits gâtés et les fleurs fanées dans un seau.
Si ghjetta . . . . è i fiori passi ind'un . . . .

❷ La poubelle jaune est pour les bouteilles en plastique et les cartons.
A pubbella . . . . . . hè per e . . . . di plastica è i cartoni.

❸ Il faut d'abord trier ces saletés et après les jeter.
Ci vole . . . . . à sceglie 'ssu . . . . è dopu ghjittallu.

❹ Les restes des repas et les mouchoirs en papier vont dans le même ustensile.
L'avanzature è i . . . . di carta vanu in listessu arnese.

❺ Il faut trier les déchets pour entretenir la propreté de l'environnement.
Ci vole à sceglie a rumenzula per mantene . . . . di u . . . .

Quarante-cinquième leçon / 45

9 Et il vous faudra *(vous y voudra)* aussi une poubelle bleue pour le papier, une verte pour le verre...
10 – [Ça] suffit ! [Nous] avons compris : d'abord on trie et ensuite on jette. C'est ce que *(ainsi)* [nous] ferons.

***

Corrigé de l'exercice 1
❶ Les gens ne se donnent pas la peine de trier les produits de rebut. ❷ Ils jettent pêle-mêle les épluchures et les boîtes de conserve. ❸ Vous l'avez, vous, l'ustensile qu'il faut pour y déverser le marc de café et les coquilles d'œuf ? ❹ Oui, nous avons une bassine en plastique bleu. ❺ Vous êtes de braves gens, vous respectez la propreté de l'environnement.

***

Corrigé de l'exercice 2
❶ – a frutta guasta – stagnone ❷ – gialla – buttiglie – ❸ – prima – mullizzu – ❹ – mandili – ❺ – a pulizia – circondu

Quarantaseiesima lezione

Pastizzeria

1 – Bongiornu [1] o Madama, pisatemi per piacè una libbra di 'ssi canistrelli [2]...
2 chì si ne sente u muscu sinu à in fondu à u carrughju.
3 – Qualessi vulete ? L'avemu naturali, à u limone, à l'anice, à u vinu biancu...
4 – Fatemine [3] un mischju, cusì i tasteremu tutti.
5 Cumu ghjé [4] chi ci hè sempre tutta 'ssa ghjente à cumprà ind'è voi ?
6 – Serà chì simu cunnisciuti dipoi un pezzu : simu a terza generazione di pastizzeri. Eppó ci hè a qualità...
7 I canistrelli i femu tuttu l'annu, è d'estate si ne spachja di più, incù a ghjente di passeghju.

Prononciation
pastitséria **1** *bon-djornou ... mahama ... ganistrél-li* **3** *... ouinou yankou* **5** *... yé ... yèntè ... boï* **6** *... diboï ... pétsou ... pasti-tséri ... èpô ...*

Notes
1 **bongiornu**, *bonjour*. Il existe de ce mot la variante **bonghjornu**.
2 **canistrelli** : spécialité de gâteaux secs.
3 **fatemine** : l'impératif (2ᵉ pers. pl.) du verbe **fà**, *faire* est suivi de deux pronoms atones dépendant de son accent. Cette situation a pour effet de constituer – fait rare – un vocable accentué sur la syllabe précédant l'antépénultième.

Quarante-sixième leçon

Pâtisserie

1 – Bonjour *(ô)* Madame, pesez-moi, s'il vous plaît, une livre de ces canistrelli…
2 dont on *(qu'on en)* sent la bonne odeur jusqu'au bout de *(au fond à)* la rue.
3 – Lesquels voulez[-vous] ? [Nous en] *(les)* avons nature, au citron, à l'anis, au vin blanc…
4 – Faites-m'en un assortiment, comme ça nous les goûterons tous.
5 Comment se fait-il *(est)* qu'il y a toujours tout ce monde pour *(à)* acheter chez vous ?
6 – C'est *(sera)* parce que [nous] sommes connus depuis longtemps *(un morceau)* : [nous] sommes la troisième génération de pâtissiers. Et puis il y a la qualité…
7 Les canistrelli, [nous] les faisons toute l'année et en *(d')*été on en écoule davantage, avec les gens de passage.

4 ghjé, ici, en raison de sa position, prononcé *[yé]* est, comme déjà signalé, une forme renforcée de la 3ᵉ personne du verbe **esse**, *être*, donc synonyme de **hè**.

46 / Quarantaseiesima lezione

8 Ma e nostre pratiche venenu dinù à piglià i panzerotti [5] per San Ghjiseppu, i campanili [6] in Pasqua, e salviate [7] per i Santi.

9 – Segnu chì e tradizioni ùn si perdenu, è quessa hè ancu meritu vostru.

10 – Vi ringraziu per u cumplimentu. Circhemu à fà bè u nostru mistieru. Simu cuntenti cusì.

8 ... nôstri ... ban-tsé-rôt i... 9 ... méridou ouôstrou 10 ... mistiérou ...

Notes

5 Les **panzerotti** sont de gros beignets en forme de boule, à base de riz, farine et œufs, enrobés de sucre.

***

Eserciziu 1 – Traducite

❶ Di i canistrelli si ne sente u muscu in carrughju. ❷ I pastizzeri i facenu tuttu l'annu. ❸ Ancu a ghjente di passeghju vene à cumpralli. ❹ Cusì d'estate si ne spachja di più. ❺ Mi ne facciu pisà una libbra, di quelli à l'anice.

***

Eserciziu 2 – Cumplitate

❶ Nous goûterons les canistrelli au citron.
　......... i canistrelli à u ....

❷ Vos clients viennent acheter des campanili à Pâques.
　....... .... venenu à cumprà i campanili .. ..

❸ Vous êtes connus depuis longtemps.
　Site cunnisciuti dipoi .. ..

159 • **centu cinquantanove**

Quarante-sixième leçon / 46

8 Mais nos clients viennent aussi *(à)* **chercher** *(prendre)* les panzerotti pour [la] saint-Joseph, les campanili à *(en)* Pâques, les salviate à *(pour)* la Toussaint.

9 – [C'est un] signe que les traditions ne se perdent [pas] et cela est aussi grâce à vous *(mérite vôtre)*.

10 – [Je] vous remercie pour le compliment. [Nous] cherchons à bien faire notre métier. [Nous] n'en demandons pas plus *(sommes contents comme ça)*.

6 Le **campanile**, ainsi nommé pour sa forme allongée évoquant un clocher à jour, est une brioche pascale contenant dans sa pâte un œuf durci à la cuisson.

7 **salviata** est un gâteau en forme de S (pour **i Santi**), parfumé à la *sauge* (**salvia**), traditionnel de la Toussaint.

***

Corrigé de l'exercice 1
❶ On sent la bonne odeur des canistrelli dans la rue. ❷ Les pâtissiers les font toute l'année. ❸ Même les gens de passage viennent les acheter. ❹ Comme ça, en été on en écoule davantage. ❺ Je m'en fais peser une livre, de ceux à l'anis.

***

❹ Vous faites bien votre métier
Fate bè . . . . mistieru.

❺ Il y a toujours des gens chez vous.
Ci hè sempre . . . . indè voi.

Corrigé de l'exercice 2
❶ Tasteremu – limone ❷ E vostre pratiche – in Pasqua ❸ – un pezzu
❹ – u vostru – ❺ – a ghjente –

Quarantasettesima lezione

Sulleoni [1]

1 – Da mezu lugliu à mezu aostu hè l'epica di a sciappittana. [2]
2 Si cerca u frescu à l'umbria, sottu à le fronde o indù qualchì currente.
3 À chì in mare è à chì in fiume a ghjente trovanu friscura.
4 L'acqua di e surgenti, è tutte e biende chì meglu caccianu a sete accunsentenu più chè mai.
5 Per unipochi [3] hè tempu di vacanza, altru ùn anu da pensà chè riposu è divertimentu.
6 Ci sò chì si tendenu à u sole per 'sse marine, altri [4] chì s'atteppanu in biccicletta, è ognunu face à so piacè.
7 – Rinviviscenu i paesi, pieni à statinanti chì mettenu trambustu è aligria.

Prononciation
soul-léoni 3 … drô-ouanou … 4 … oui-yèndè … 5 … ounibogui … di-ouèrtimèntou 7 rimbi-ouichènou …

Notes

1 **i sulleoni**, *la canicule* : ce pluriel désigne, comme l'étymologie le révèle, les jours où le soleil est sous le signe astrologique du Lion, au plus fort de l'été.

2 **a sciappittana**, *les fortes chaleurs*. Le mot, très usuel et un peu familier, correspond au plein cagnard du Midi de la France. Ce sont les plus ardents rayons du soleil.

Quarante-septième leçon

Canicule

1 – De [la] mi-juillet à [la] mi-août [c']est la période des fortes chaleurs.
2 On recherche le frais dans des lieux ombragés *(à l'ubac)*, sous les feuillages ou dans un *(quelque)* courant d'air.
3 Les uns *(à qui)* à la mer, les autres *(à qui)* à la rivière, les gens [re]trouvent de la fraîcheur.
4 L'eau [puisée] aux *(des)* sources et toutes les boissons qui étanchent *(ôtent)* le mieux la soif sont plus appréciées que jamais.
5 Pour beaucoup [c']est le temps des *(de)* vacance[s], ils n'ont d'autre souci *(autre n'ont à penser)* que repos et distraction.
6 Certains *(y sont qui)* s'exposent au soleil le long des *(par ces)* plages, [d']autres gravissent des côtes en vélo *(bicyclette)*, et chacun agit *(fait)* à son gré *(plaisir)*.
7 – Les villages revivent *(revivent les villages)*, bondés d'*(pleins à)* estivants qui mettent [de l']animation et [de la] gaieté.

---

3 **unipochi**, *beaucoup*. Il s'agit d'un adjectif, variable en genre et en nombre (**unepocu/a**, plur. **unipochi** / **unepoche**). Employé seul et au pluriel, il désigne des personnes en nombre.

4 **altri**, *d'autres*. Il convient d'observer que ce pronom indéfini, contrairement au calque inconscient du français, fréquent chez les scripteurs corses, ne saurait être précédé de l'article élidé "d'" pour la simple raison qu'un tel article n'existe pas en corse.

47 / Quarantasettesima lezzione

8 U più chì si stà bè ghjé a sera è si trica ad andassine à dorme...
9 – Ma 'ssa cuccagna dura pocu...
10 ... è di ciò ch'ella hè "a stagione" [5] per quelli chí travaglianu, ùn ate nunda à dì ?

8 ... triga ... dôrmè 9 ... oura ... 10 ... stadgionè ...

Note

5 *a stagione*, c'est évidemment *la saison* touristique, dont les opérateurs économiques déplorent la brièveté, mais qui vu le gonflement considérable de la population, impose à certains personnels une importante surcharge de travail.

***

Eserciziu 1 – Traducite
❶ À chì si tende à u sole, à chì cerca u frescu. **❷** Si stà bè sottu à le fronde à l'epica di a sciappittana. **❸** I statinanti si caccianu a sete cù l'acqua di e surgenti. **❹** A ghjente trica ad andassine à dorme. **❺** À mezu aostu accunsente l'umbria.

***

Eserciziu 2 – Cumplitate
❶ Il y en a qui gravissent des côtes en vélo.
Ci sò chì .... in bicicletta.

❷ Les villages revivent ; pleins d'estivants qui mettent de l'animation.
.... i paesi, pieni à statinanti chì mettenu trambustu.

❸ À la mi-juillet c'est la période de la canicule.
À mezu ......, hè l'epica di ....

Quarante-septième leçon / 47

8 Le meilleur moment *(le plus qu'on est bien)* **c'est
le soir, et l'on tarde à aller se coucher** *(s'en aller à
dormir)*...

9 – Mais ce bon temps *(cette cocagne)* **ne dure guère** *(dure
peu)*...

10 ... et de ce qu'est "la saison" pour ceux qui
travaillent, vous n'avez rien à [en] dire ?

Corrigé de l'exercice 1
❶ Les uns s'exposent au soleil, les autres recherchent la fraîcheur.
❷ On est bien sous les feuillages à la période des fortes chaleurs.
❸ Les estivants étanchent leur soif avec l'eau des sources. ❹ Les gens tardent à aller se coucher. ❺ À la mi-août les lieux ombragés sont appréciés.

***

❹ Le long des plages chacun agit à son gré.
   Per 'sse ...... ognunu face à so ....

❺ Dans le courant d'air ou à la rivière on trouve de la fraîcheur.
   Indù .... o .... si trova a friscura.

Corrigé de l'exercice 2
❶ – s'atteppanu – ❷ Rinviviscenu – ❸ – lugliu – i sulleoni ❹ – marine – piacè ❺ – u currente – in fiume –

centu sessantaquattru • 164

Quarantottesima lezione

Quantu n'avemu ? [1]

1 – Ci avete fattu casu ? U vostru giurnale mette a data in corsu !
2 – Cusì si leghje : "ghjovi u 2 di sittembre di u 20..." (duiemila è tanti).
3 – Ùn la pudianu fà più à l'accorta, cume in tutte e lingue : ghjornu mese è annu, senza tanti "u", "di" è "di u" ?
4 – Sicura, ma anu vulsutu [2] fà vede una differenza nantu à un particulare...
5 – Di u calendariu ci n'hè pochi [3] detti è pruverbii ! L'almanacchi i ci rammentanu :
6 – Ferraghjettu [4] cù le so friddure, marzu catarzu [5] è le so burrasche, à ùn mintuvà chè quessi, ognunu si n'arricorda.
7 – Ma hè vera chì parlà di u tempu ghjé a manera di ragiunà senza cumprumettesi.

Prononciation
1 ... ouôstrou djournalè ... kôrsou *2* ... lédyè ... dyô-oui ... *3* ... pou-i-anu ... *6* ... arigôrda *7* ... manéra ... radjouna ...

Notes

1 **Quantu n'avemu ?** *On est le combien ?* Littéralement : "combien en avons[-nous] ?"

2 **vulsutu**, *voulu*. Cette forme du participe passé du verbe irrégulier **vulè**, *vouloir*, coexiste avec une autre forme, **vugliutu**, moins fréquente.

Quarante-huitième leçon

Le combien sommes-nous ?

1 – L'avez-vous remarqué *(Y avez-vous fait cas)* ? Votre journal met la date en corse !
2 – [C'est] ainsi [qu']on peut lire *(lit)* : "jeudi le 2 de septembre de l'[an] 20… (deux mille et la suite).
3 – Ils ne pouvaient pas faire plus court, comme dans toutes les langues : jour mois et année, sans tous ces *(tant de)* "le", "de" et "de l'[an] ?
4 – Bien sûr *(Sûre)*, mais ils ont voulu afficher *(faire voir)* une différence sur un détail…
5 – [À propos] de calendrier, ce ne sont pas les dictons et les proverbes qui manquent *(il y en a peu)* ! Les almanachs nous les *(les nous)* rappellent :
6 – "Le petit février" avec ses froidures, "mars l'extravagant" et ses bourrasques, pour *(à)* ne citer que ceux-là, chacun s'en souvient.
7 – Mais [il] est vrai que parler du temps c'est une *(la)* façon de causer sans [avoir à] se compromettre.

---

3 ci n'hè pochi..! Antiphrase ou traduction d'un jugement par l'expression contraire, affectée d'un ton adéquat. *Il y en a peu..!* (= il y en a beaucoup).

4 ferraghjettu, diminutif de ferraghju, *février*. ferraghjettu cortu è maladettu, *le petit février court et maudit*. Ce dicton associe la brièveté de ce mois et son taux de mortalité.

5 marzu catarzu, *mars l'extravagant, l'imprévisible*. Une légende rapporte qu'un berger qui s'était réjoui trop tôt de la fin de ce mois, et donc de ses intempéries, eut à faire face à de nouveaux troubles pendant les trois premiers jours d'avril, "prêtés" par ce dernier à son prédécesseur. Ces jours sont appelés i prestaticci, *les jours d'emprunt*.

8 – Ghjustappuntu, tenì, ùn sò u ghjornu chè no simu, oghje hè marti o mercuri ?
9 – Hè venneri, mi pare chè vo perdite u rigiru ! [6]
10 – Avete ragiò, eiu cù a memoria ùn simu tantu di settimana !

8 ... ôdyè ... 9 ... bèn-neri ... kè bo ... ridjirou 10 ... radjo ... mémôrya ...

Note

6 **perde u rigiru**, locution pouvant être traduite par *perdre le nord / la boussole*, etc. Le mot **rigiru** peut être compris, selon le contexte, comme *bon sens, présence d'esprit, initiative, ressource morale*.

***

Eserciziu 1 – Traducite

❶ Avete fattu casu à 'ssu particulare ? **❷** U giurnale parla di u tempu ch'ellu ferà in settimana. **❸** Anu ragiò di mette a data in corsu, più à l'accorta seria megliu. **❹** U calendariu rammenta u ghjornu chè no simu. **❺** M'arricordu di e burrasche di marzu , eiu ùn perdu u rigiru.

***

Eserciziu 2 – Cumplitate

❶ Ils ont voulu afficher une différence avec toutes les autres langues.
Anu .... fà vede una differenza cu .... lingue.

❷ Il y a beaucoup de proverbes et dictons dans les almanachs !
.. .. pruverbii è   in l'almanacchi !

❸ Chacun se souvient des froidures du petit mois de février.
...... s'arricorda e friddure di ....

Quarante-huitième leçon / 48

8 – Justement *(juste-à-point)*, tenez, je ne sais pas quel *(le)* jour *(que)* nous sommes, aujourd'hui [c']est mardi ou mercredi ?

9 – [C']est vendredi, [il] me semble que vous perdez la boussole *(perdiez le bon sens)* !

10 – [Vous] avez raison, la mémoire et moi nous ne sommes pas en très bons termes *(tellement de semaine)* !

Corrigé de l'exercice 1
❶ Avez-vous remarqué ce détail ? ❷ Le journal parle du temps qu'il fera dans la semaine. ❸ Ils ont raison de mettre la date en corse, plus court ce serait mieux. ❹ Le calendrier rappelle le jour où nous sommes. ❺ Je me souviens des bourrasques de mars, moi je ne perds pas la boussole.

***

❹ Quel temps fera-t-il mardi et mercredi ?
Chì tempu ferà ..... è .... ?

❺ Nous ne sommes pas en très bons termes avec beaucoup de gens.
Ùn simu .... cù ....

Corrigé de l'exercice 2
❶ – vulsutu – tutte l'altre – ❷ Ci n'hè pochi – detti – ❸ Ognunu – ferraghjettu ❹ – marti – mercuri ❺ – tantu di settimana – unipochi

Quarantanovesima lezzione

Revisione – Révision

1 L'imparfait de l'indicatif

Ùn la pudianu fà più à l'accorta (leçon 48), *ils ne pouvaient pas faire plus court.*

Nous avons déjà rencontré des verbes à l'imparfait de l'indicatif. Ce temps n'est irrégulier qu'avec le verbe **esse**, *être*, où l'on a :
(eiu) era, *j'étais* ; **(tù) e**ri, *tu étais* ; **(ellu /ella) e**ra, *il /elle était* ; **(noi) e**ramu, *nous étions* ; **(voi) e**rate, *vous étiez* ; **(elli / elle) e**ranu, *ils / elles étaient.*

Il existe deux désinences, celle des verbes de la 1ʳᵉ conjugaison (**cantà**) et celle de tous les autres verbes, y compris les irréguliers (**pudè, vulè, sapè**, etc), voir ci-dessous.

cant**a**va, *je chantais*	sap**i**a, *je savais*	cap**i**a, *je comprenais*
cant**a**vi, *tu chantais*	sap**i**i, *tu savais*	cap**i**i, *tu comprenais*
cant**a**va, *il/elle chantait*	sap**i**a, *il/elle savait*	cap**i**a, *il/elle comprenait*
cant**a**vamu, *nous chantions*	sap**i**amu, *nous savions*	cap**i**amu, *nous comprenions*
cant**a**vate, *vous chantiez*	sap**i**ate, *vous saviez*	cap**i**ate, *vous compreniez*
cant**a**vanu, *ils/elles chantaient*	sap**i**anu, *ils savaient*	cap**i**anu, *elles comprenaient*

2 Les pronoms relatifs

Sujet : **chì**
Ex. :
tù chì travagli in portu (leçon 44), *toi qui travailles au port.*
ci sò chì si tendenu à u sole, *il y en a qui s'exposent au soleil.*

Quarante-neuvième leçon

Complément : **chè**
Ex. :
l'appartamentu ch'ella ci prupone (leçon 40), *l'appartement qu'elle nous propose*.
u ghjornu chè no simu, *le jour où nous sommes*.

3 Les pronoms interrogatifs

S'agissant d'une personne : **quale ?**
Ex. : **qual'hè ?** *qui est-ce ?*
à quale circate ? *qui cherchez-vous ?*
S'agissant d'une chose : **chì ?**
Ex. : **chì ghjè ?** *qu'est-ce que c'est ?*
chì ne sapete ? *qu'en savez-vous ?*
En cas d'alternative : **qualessu ?**
Ex. : **qualessa aghju da piglià ?** *laquelle vais-je prendre ?*
qualessi vulete ? (leçon 46) *lesquels voulez-vous ?*

4 Suffixes diminutifs

vintulellu (leçon 43), de **ventu**, *vent* : *petit vent, brise*.
camisgiole (leçon 44), de **camisgia**, *chemise* : *chemisettes d'un type particulier, tee-shirts*.
anzianotte (leçon 44), de **anzianu**, *âgé* : *âgées sans l'être trop*.
ferraghjettu (leçon 48) de **ferraghju**, *février* : *le petit mois de février*.

5 Genre de certains noms

l'arte (leçon 38) féminin *vs l'art / le métier* masculin
l'affare (leçon 39) masculin *vs l'affaire* féminin
u mare (leçon 43) masculin *vs la mer* féminin
i fiori (leçon 45) masculin *vs les fleurs* féminin

6 Ordre des pronoms personnels

Quand deux pronoms personnels sont employés ensemble, comme dans la phrase **a t'aghju detta** (leçon 43), *[je] te l'ai dit*, le pronom complément direct (ici **a**) précède le pronom complément indirect (ici **t'** pour **ti**). L'ordre est donc différent de celui du français.

***

▶ Dialogue de révision

1 – Un bagnu in mare hè salutivaru, ancu s'elli ci sò i marosuli.
2 – À la marina ghjunghjenu unipochi di turisti, giovani è attimpati.
3 – Ci sò chì ghjettanu e buttiglie di plastica nantu rena, cumu vulete mantene a pulizia ?
4 – Tutta 'ssa ghjente sbarca di lugliu è d'aostu per tendesi à u sole.
5 – Hè l'epica di i sulleoni, a stagione di u riposu è u divertimentu.
6 – Ma ci hè ancu a ghjente chì travaglia è di quessi ùn si ne parla ?
7 – Ié, tenì, i pastizzeri chì spachjanu di più i so prudotti cù tutti 'ssi statinanti.
8 – Cù 'ssu trambustu, ci hè da perde u rigiru !
9 – Intantu ci hè aligria è i paesi rinviviscenu.
10 – Sicura, ma hè una cuccagna chì dura pocu : di sittembre si hà da vede a differenza…

Quarante-neuvième leçon / 49

Traduction

1 Un bain de mer est salutaire, même s'il y a de grosses vagues.
2 À la plage arrivent beaucoup de touristes, jeunes et d'âge mûr.
3 Il y en a qui jettent des bouteilles en plastique sur le sable : comment voulez-vous maintenir la propreté ? **4** Tous ces gens-là débarquent en juillet et en août pour s'exposer au soleil. **5** C'est la période de la canicule, la saison du repos et de la distraction. **6** Mais il y a aussi des gens qui travaillent et de ceux-là on n'en parle pas ? **7** Si, tenez, les pâtissiers qui écoulent davantage leurs produits avec tous ces estivants. **8** Avec cette animation, il y a de quoi perdre la boussole ! **9** En même temps il y a de la gaieté et les villages revivent. **10** Bien sûr, mais c'est un bon temps qui dure peu, en septembre on va voir la différence...

***

Vous êtes parvenu à la fin de la première phase, celle où en vous accoutumant aux fondements de l'apprentissage (accent tonique, mutation consonantique, alternance vocalique ou apophonie) vous vous êtes imprégné de la cadence du corse et de ses sonorités. Dans le même temps vous avez exploré une partie de sa grammaire et de son lexique. C'était la phase d'imprégnation. *Dès la leçon 50 vous entrez dans la* phase d'activation. *Voici en quoi elle consiste : parallèlement à l'étude de chaque nouvelle leçon vous allez, dans l'ordre, en reprendre une ancienne dont, à haute voix, vous traduirez en corse les textes en français du dialogue et de l'exercice 1. Nous vous indiquerons la leçon à reprendre à la fin de l'étude de chaque nouvelle leçon avec la mention "Deuxième vague" ; rendez-vous donc en fin de leçon 50.*
Vous vous corrigerez vous-même et pourrez alors apprécier l'état de votre avancement : nous ne doutons pas qu'il sera source de satisfaction.
Bonne progression et bon courage !

Cinquantesima lezione

U vicinante attaccalita [1]

1 – À sente à Paulantone : ellu hè in causa contru à tutti...
2 «Ti citu», «Vi schjaffu in tribunale» a l'aghju intesa dì più di una volta à l'unu è à l'altru, ancu à parenti di soiu.
3 – Ùn la ferà micca sempre, ma intantu li piace à parlà seccu per cacciassi u nerbosu.
4 – An eh ! [2] Prucessi ne hà parechji, chì correnu.
5 – Unu, l'hà persu è si n'hè appellatu, per un antru [3] aspetta a sintenza sti pochi ghjorni.
6 – Andate puru chì i face travaglià i ghjudici è l'avucati !
7 – In quantu à mè serà più ciò ch'ellu ci spende chè ciò ch'ellu ci guadagna...
8 – Ma vole passà u so puntu, hè quessa a so primura.
9 – Tante volte, ùn saria megliu un gattivu acconciu chè un bellu ghjudiziu ?

Prononciation
ou ouidjinantè atakalida **2** ... *styafou* ... *ouôlta* ... *zôyou* **4** *an hè* ... **6** ... *youhidji* ... *ahougadi* **7** ... *ouahagna* **8** ... *ouôlè* ... **9** ... *ouôltè* ... *youhidziou*

Notes

1 **attaccalita**, ou **accattalita**, mot composé, littéralement, selon le cas : "qui attaque" (**attacca**) ou "recherche" (**accatta**) le litige (**lita**).
2 **an eh !** Cette interjection, nasalisée dans sa première partie, vaut une dénégation opposée à l'interlocuteur.

Cinquantième leçon

Le voisin procédurier

1 – À écouter *(à)* Paul-Antoine, [il] serait *(est)*, lui, en procès *(cause)* contre tout le monde...
2 «[Je] t'assigne», «[Je] vous flanque au *(en)* tribunal », [je] le lui ai entendu dire plus d'une fois aux uns et aux autres *(à l'un et l'autre)*, même à des parents à lui *(de sien)*.
3 – [Il] ne le fait peut-être *(fera)* pas toujours, mais en attendant il aime bien parler sèchement pour se défouler *(s'ôter la nervosité)*.
4 – Détrompez-vous ! [Des] procès, il en a plusieurs en cours *(qui courent)*.
5 – Un, [il] l'a perdu et a fait appel *(s'en est appelé)*, pour un autre, il attend la décision *(sentence)* ces jours-ci *(ces peu de jours)*.
6 – Soyez assuré *(allez quand même)* qu'il leur donne du travail *(les fait travailler)* aux *(les)* juges et aux *(les)* avocats !
7 – À mon avis *(en quant à moi)*, ça lui coûte davantage *(sera plus ce qu'il y dépense)* que ce qu'il y gagne...
8 – Mais [il] veut avoir le dernier mot *(passer son point)*, [c']est là *(celle-là)* son [principal] souci.
9 – Bien des fois, ne vaudrait-il *(serait-ce)* [pas] mieux un mauvais arrangement [plutôt] qu'un bon procès *(beau jugement)* ?

---

3 **antru** est une variante populaire de **altru**, *autre*. Noter qu'à la phrase 2, à l'unu è à l'altru étant une locution "toute faite" la forme **altru** y est conservée.

50 / Cinquantesima lezzione

10 – Andate à fallila capì [4] ! L'omu hè chjuccutu…
11 – Allora, perse ch'elle seranu e cause, si n'appellerà à u senatu [5] !

10 … fal-lila gabi … ômou … tyoukoudou 11 al-lôra …

Notes

[4] **capì**, *comprendre* : c'est l'une des deux formes infinitives de cette classe de verbes, l'autre forme étant **capisce**. Dans la même classe on a notamment **finì / finisce**, *finir*.

[5] **appellassine à u senatu**, *faire appel devant le sénat*. Il s'agit d'une expression remontant au temps (du XIIIe au XVIIIe siècle) où la Corse était

***

Eserciziu 1 – Traducite

❶ Paulantone hè chjuccutu è vole passà u so puntu.
❷ Schjaffa in tribunale ancu i parenti di soiu.
❸ Parla seccu per cacciassi u nerbosu.
❹ Hà parechji prucessi cù l'unu è cù l'altru.
❺ Sì a so causa hè persa, si n'appellerà à u senatu !

***

Eserciziu 2 – Cumplitate

❶ « Je t'assigne », je le lui ai entendu dire plus d'une fois.
« . . . . . . », a l'aghju intesa dì . . . .

❷ Il attend la décision d'un procès ces jours-ci.
. . . . a sintenza di un prucessu . . . .

❸ À mon avis, ça lui coûte davantage que ce qu'il y gagne.
. . . . sarà più ciò ch'ellu spende chè ciò ch'ellu . . . .

❹ Un mauvais arrangement vaut mieux qu'un bon jugement.
Un gattivu . . . . hè megliu chè un bon . . . .

175 • **centu settantacinque**

Cinquantième leçon / 50

10 – Allez [donc] le lui faire *(a faire-lui-la)* comprendre ! L'individu *(l'homme)* est cabochard...
11 – Alors, quand il aura perdu ses procès *(perdues que seront ses causes)*, il n'aura plus qu'à faire appel devant le *(s'en appellera au)* sénat de Gênes !

une dépendance de la République de Gênes. Le sénat de cet État était l'instance suprême devant laquelle pouvait être déférée une décision de justice. Mais une telle action n'était guère à la portée de tous les justiciables. Aussi l'expression, toujours bien vivante, est-elle devenue synonyme d'impuissance devant un état de fait devenu irréversible.

***

Corrigé de l'exercice 1
❶ Paul-Antoine est cabochard et veut avoir le dernier mot. ❷ Il flanque au tribunal même des parents à lui. ❸ Il parle sèchement pour se défouler. ❹ Il a plusieurs procès avec les uns et les autres. ❺ Si sa cause est perdue, il fera appel devant le sénat génois !

❺ Allez donc le lui faire comprendre !
Andate à . . . . !

Corrigé de l'exercice 2
❶ – Ti citu – più di una volta ❷ Aspetta – sti pochi ghjorni ❸ In quantu à mè – ci guadagna ❹ – acconciu – ghjudiziu ❺ – fallila capì

Deuxième vague : 1re leçon

51

Cinquantunesima lezione

Compra di vistitoghja

1 – Stu pantalone hè ghjustu à e vostre misure, o Madama...
2 Basterà accurtallu un par [1] di centimetri.
3 – À a vesta poi ùn ci hè nunda da rituccà : vi stà d'incanti !
4 – À mè mi pare appinuccia [2] larga, è u culore mi piaceria menu foscu.
5 Ùn averestete [3] a cumpagna [4] più chjara è di una taglia sottu ?
6 – Mirà, aghju sta bella vesta di seta grisgia, a vulete pruvà ?
7 Ma aghju paura ch'ella vi stringa...
8 – Aviate ragiò, mi stà megliu l'altra...
9 Ma ùn seranu troppu corte 'sse maniche ?
10 – S'ellla hè per quessa, pudemu allungalle una cria [5], è serà tuttu in sesta...

Prononciation

... ouistidodya **1** ... ouôstrè ... mahama **3** ... ouésta bôï ... **6** ... ouésta ... rija ... prouhoua **8** ... mélyou ... **9** ... drôpou ... **10** ... sésta

Notes

1 **un par**, apocope de **un paru**, *une paire*, forme préférée, devant la préposition **di**, à la forme courante **un paghju**.

2 **appinuccia**, *un petit peu / un tout petit peu*, diminutif de **appena** synonyme usuel de **un pocu / un pò**, *un peu*.

3 **averestete**, *vous auriez*. La forme habituelle est **avereste**, parfois utilisée aussi, concurremment à **averesti**, pour la deuxième personne du

177 • centu settantasette

Cinquante et unième leçon

Achat de vêtements

1 – Ce pantalon est juste à vos mesures, *(ô)* Madame…
2 [Il] suffira [de] le raccourcir [de] deux *(une paire de)* centimètres.
3 – [Quant] à la veste *(puis)* [il] n'y a *(est)* rien à retoucher : elle vous va à ravir !
4 – À moi, [elle] me semble un tout petit peu large, et j'aimerais *(me plairait)* une couleur moins sombre.
5 [Vous] n'auriez [pas] la même *(compagne)* [en] plus clair*(e)* et une taille en dessous ?
6 – Regardez, [j']ai cette belle veste de soie grise, *(la)* voulez[-vous l']essayer ?
7 Mais je crains *(ai peur)* qu'elle [ne] vous serre…
8 – [Vous] aviez raison, l'autre me va mieux *(me va mieux l'autre)*…
9 Mais les manches sont peut-être un peu courtes *(ne seront trop courtes ces manches)* ?
10 – Si c'est pour ça, nous pouvons les allonger un tantinet, et tout sera en ordre…

---

singulier. Aussi l'usage a-t-il forgé une forme allongée d'une syllabe, afin de distinguer, quand il y a lieu, le vouvoiement du tutoiement.

4 **cumpagna** et le masculin **cumpagnu**, *compagne, compagnon*. Ces substantifs employés adjectivement prennent le sens de *identique, semblable*.

5 **una cria**, mot d'origine napolitaine, au sens propre *un grain d'orge*, désigne au figuré une très petite quantité de quelque chose. Ses synonymes les plus courants sont un **suppulu** (sens pr.: *une miette de pain trempé*), **una 'nghjicula** (**unghjicula**) *un petit ongle* (le contenant pour le contenu).

centu settantottu • 178

51 / Cinquantunesima lezzione

11 è scummettu chè vo sarete cuntenta di a vostra incetta, o Madama !

11 ... skoumétou ... ntchéta ...

***

Eserciziu 1 – Traducite
❶ Scummettu chì a vesta grisgia vi piacerà. ❷ Ghjé à e vostre misure, ùn ci hè nunda da rituccà. ❸ Pudemu allungà e maniche s'elle vi parenu appinuccia corte. ❹ Vulete accurtà 'ssu pantalone di un par di centimetri ? ❺ Aghju paura ch'ellu vi stringa una cria.

***

Eserciziu 2 – Cumplitate
❶ Voulez-vous essayer cette veste en soie grise ?
Vulete ..... sta vesta .. .. ?

❷ Elle vous va à ravir, vous serez contente de vos emplettes.
.. ... d'incanti, serete cuntenta di a vostra ....

❸ J'aimerais une couleur moins sombre
.. .. menu foscu.

❹ Vous n'avez pas la même plus claire ?
Ùn avete . ... più ...... ?

❺ Il suffira de les allonger, ces manches.
.... 'sse maniche.

Cinquante et unième leçon / 51

11 et [je] parie que vous serez contente de vos emplettes *(votre emplette)*, *(ô)* Madame !

***

Corrigé de l'exercice 1

❶ Je parie que la veste grise vous plaira. ❷ Elle est à vos mesures, il n'y a rien à retoucher. ❸ Nous pouvons allonger les manches si elles vous semblent un petit peu courtes. ❹ Voulez-vous raccourcir ce pantalon d'une paire de centimètres ? ❺ Je crains qu'il ne vous serre un tantinet.

Corrigé de l'exercice 2

❶ – pruvà – di seta grisgia ❷ Vi stà – incetta ❸ Mi piaceria un culore – ❹ – a cumpagna – chjara ❺ Basterà allungalle –

Deuxième vague : 2ᵉ leçon

Cinquantaduiesima lezzione

Invisticciassi

1 – **A**ghju da fà u testim**o**ne à un matrim**o**niu...
2 è mi ci v**o**le una ten**u**ta per l'occasi**o**ne.
3 – In flacch**i**na c**u**me u sp**o**su ?
4 – Inn**ò**, ma una ghjacch**e**tta [1] n**e**ra è un pantal**o**ne arri**a**tu...
5 cam**i**sgia bi**a**nca è fiucch**e**ttu, sc**a**rpi f**i**ni.
6 **U**na ten**u**ta di cerim**o**nia, v**i**a, chì ùn ghj**o**va chè p**o**che v**o**lte.
7 M**o**ltu pi**ù** [2] chì **e**iu **a**ghju p**o**ca prim**u**ra di t**u**tta 'ssa p**o**mpa, pi**ù** mi v**e**stu c**o**mudu [3] è m**e**gliu mi s**e**ntu.
8 – A p**e**nsu cum'**è** t**è**, ma ùn si p**ó** **e**sse s**e**mpre scamisgiul**a**ti è à tracc**o**lle in b**e**lla v**i**sta.
9 – M**a**i ch'**e**lla s**i**a, ma un t**a**ntu chì b**a**sti !

Prononciation
Im-bisti-tchassi **2** ... *ouôlè* ... **4** *in-no* ... *yakèta* ... *ari-yadou*
5 *kamija yanka* ... **6** ... *djérimonya* ... **7** ... *éyou* ... *gomouhou* ...
8 *skamijouladi* ... *trakôl-lè* ...

Notes
1 **ghjacchetta**. Faux ami ! Ce n'est pas la *jaquette*, qui se dit **flacchina** (cf. phrase 3), mais simplement une *veste d'homme*.

2 **moltu più**, *d'autant plus*. L'adverbe **moltu**, *beaucoup*, ne se rencontre, comme ici, que dans des locutions. Il n'a pas, à la différence de **pocu**, *peu*, de fonctions adjectivales, ces dernières s'exprimant par les adjectifs **unepocu** et **parechju**. Quant à la forme plurielle **molti**, c'est un pronom indéfini signifiant *beaucoup de gens*.

Cinquante-deuxième leçon

S'attifer

1 – Je vais être *(faire le)* témoin à un mariage...
2 et il me faut *(m'y veut)* une tenue pour cette *(l')* occasion.
3 – En jaquette, comme le marié ?
4 – Non, mais une veste noire et un pantalon rayé...
5 chemise blanche et nœud papillon, souliers fins.
6 Bref, une tenue de cérémonie, qui ne sert que de rares fois.
7 D'autant *(beaucoup)* plus que moi je n'aime guère *(j'ai peu le souci de)* toute cette solennité *(pompe)*, plus je suis à mon aise *(commode)* et mieux je me sens.
8 – Je suis de ton avis *(la pense comme toi)*, mais on ne peut pas être toujours en manches de chemise et exhiber ses bretelles *(à bretelles en belle vue)*.
9 – Jamais de la vie, mais point trop n'en faut [non plus] *(un tant qui suffise)* !

3 **comudu**, *commode* (rendu ici par *à l'aise*) : adjectif en fonction adverbiale (*commodément*) tour fréquent et préféré en corse aux adverbes en **-mente**.

10 Sta volta, tantu per fà onore à i sposi è u parentatu...
11 ti mitterai ancu tù in tocchisi [4], o cumpà [5] !

*10 ... ou**ô**lta*

Notes

4 in **tocchisi**, *en falbalas*. De l'italien **tocchi** (populairement allongé en corse par contamination avec le nom d'une localité : **T**occhisi) pluriel de **tocco**, *passementerie* (ouvrages tels que cordons, dentelles, épaulettes, galons, rubans, tresses, etc. destinés à l'ornement des vêtements). La locution équivaut de nos jours à : *sur son trente et un, en grande tenue.*

***

Eserciziu 1 – Traducite

❶ Hai da fà u testimone in tocchisi, o cumpà ! ❷ Mitteraghju una bella ghjacchetta nera per l'occasione. ❸ Moltu più chì tuttu u parentatu serà in tenuta di cerimonia. ❹ U sposu serà in flacchina, pantalone arriatu è scarpi fini. ❺ Eiu ùn aghju primura di tutta 'ssa pompa, 'sse camisge bianche è 'ssi fiucchetti.

***

Eserciziu 2 – Cumplitate

❶ Plus je m'habille à l'aise et mieux je me sens.
Più .. .. è megliu mi sentu.

❷ Une tenue de cérémonie ça ne sert que de rares fois.
Una tenuta di cerimonia .. .. chè ....

❸ On ne peut pas être toujours en manches de chemise
Ùn si pó esse sempre ....

❹ Cette fois il faut faire honneur aux mariés.
... . ci vole à fà onore à . ...

Cinquante-deuxième leçon / 52

10 Cette fois, *(tant)* pour faire honneur aux mariés et [à] la parenté...
11 tu te mettras toi aussi en grande tenue *(en falbalas)*, mon ami *(ô compère !)* !

5 **o cumpà**, vocatif de **cumpare**. Au sens strict, **cumpare** et **cumare** sont les parrain et marraine d'un enfant. Ce sont aussi, par rapport à vous, les personnes qui ont baptisé votre enfant, ou dont vous avez baptisé un enfant. Par extension, et familièrement, on peut appeler de façon amicale **o cumpà** / **o cumà** des personnes avec lesquelles on n'a pas de liens de parrainage.

***

Corrigé de l'exercice 1
❶ Tu vas être témoin en grande tenue, mon ami ! ❷ Je mettrai une belle veste noire pour cette occasion. ❸ D'autant plus que toute la parenté sera en tenue de cérémonie. ❹ Le marié sera en jaquette, pantalon rayé et souliers fins. ❺ Moi, je n'aime guère toute cette solennité, ces chemises blanches et ces nœuds papillons.

***

❺ Il faut s'habiller, mais point trop n'en faut !
   Ci vole à .... ma un tantu ... . !

Corrigé de l'exercice 2
❶ – mi vestu comudu – ❷ – ùn ghjova – poche volte ❸ – scamisgiulati ❹ Sta volta – i sposi ❺ – invisticciassi – chì basti

Deuxième vague : 3ᵉ leçon

Cinquantatreesima lezione

Allo, sò torna eiu !

1 – Allo, bongiornu, sò monsieur Colonna, di l'Assicurenze... vulerebbi parlà à madama Graziani.
2 – Mi dispiace, madama Graziani hè surtita aval'avà [1].
3 – Quandu possu richjamà ? Serebbe appena urgente...
4 – Pruvate da quì à un'oretta...
5 hà dettu chì sarebbe vultata ver'di [2] trè ore.
6 – Và bè, vi ringraziu, à senteci più tardi.
7 – Allo, sò torna [3] eiu, ci hè madama Graziani ?
8 – Nò, ma ùn averebbe da stà tantu, chjamate da quì à una stonda.
9 – Ùn puderaghju, chì sò ubligatu à parte. Possu lacà u mandataghju [4] ?

Prononciation
1 alô ... mahama ... *2* ... ahoual'ahoua *3* ... pôssou ridyama ... *7* ... éyou ... *9* ... pôssou ...

Notes
1 aval'avà, *à l'instant même*. La répétition sous cette forme de **avale** *maintenant* insiste sur l'immédiateté de l'action. Selon le contexte la traduction en est *tout de suite, immédiatement, sur le champ, séance tenante*, etc. Elle est ici rendue par la locution verbale *venir de* marquant une action qui vient tout juste de se produire.

Cinquante-troisième leçon

Allô, c'est encore moi !

1 – Allô, bonjour, [je] suis monsieur Colonna, des Assurances… [je] voudrais parler à Madame Graziani.
2 – Je regrette *(me déplaît)*, Madame Graziani vient de sortir *(est sortie maintenant-maintenant)*.
3 – Quand puis-je rappeler ? C'est assez *(ce serait un peu)* urgent…
4 – Essayez dans environ une heure *(d'ici à une petite heure)*…
5   [elle] a dit [qu'elle] serait de retour *(revenue)* vers trois heures.
6 – C'est bon *(va bien)*, [je] vous remercie, à *(nous entendre)* plus tard.
7 – Allô, c'est *(suis)* encore moi ! Est-ce que *(y est)* Madame Graziani [est là] ?
8 – Non, mais elle ne devrait pas tarder *(n'aurait à rester tant)*, appelez dans *(d'ici à)* un moment.
9 – [Je] ne pourrai pas, *(car)* [je] suis obligé de *(à)* partir. [Je] peux laisser un *(le)* message ?

---

2 **ver'di**, *vers*. Cette préposition composée peut, comme la simple **versu**, indiquer une direction, mais elle est surtout expressive pour évoquer une approximation, dans le temps (*vers*) ou dans l'espace (*aux environs de…*).

3 **torna**, *encore* marque une idée de répétition, et a pour synonyme **dinù**, *de nouveau*. Ce dernier terme a également pris le sens de *aussi*.

4 **mandataghju**, *message*. Curieusement le mot peut désigner indifféremment le messager (son premier sens) et le message.

53 / Cinquantatreesima lezzione

10 – Benintesu, ma... ùn ci serà bisognu, eccula chì ghjunghje !
11 Ùn chitate [5] micca, a vi passu, avvedeci o monsieur Colonna...

10 ... ékoula ... 11 ... kidadè ... abèhèdji ...

Note
5 **chità**, *quitter*. Ce verbe, dont l'origine française est controversée, est anciennement attesté en Corse.

***

Eserciziu 1 – Traducite
❶ Site torna voi ? Lacate u mandataghju. ❷ Pudete richjamà da qui à una stonda ? ❸ Ùn aghju à stà tantu à parte. ❹ Benintesu, hè appena urgente. ❺ Vi passu à madama Graziani, eccula chì ghjunghje ?

***

Eserciziu 2 – Cumplitate
❶ Je regrette, mais Madame Graziani n'est pas là.
 . . . . , ma madama Graziani . . . .

❷ Elle a dit qu'elle serait de retour dans environ une heure.
 Hà dettu chì . . . . da qui à . . . .

❸ Essayez de rappeler plus tard, Monsieur Colonna.
 . . . . richjamà più tardi, ...

❹ Je suis obligé de partir vers trois heures.
 Sò . . . . parte . . . . . . trè ore.

187 • cent' ottantasette

Cinquante-troisième leçon / 53

10 – Bien entendu mais... ce ne sera pas nécessaire *(n'y sera besoin)*, la voilà qui arrive !
11 Ne quittez pas, [je] vous la *(la vous)* passe, au revoir, *(ô)* Monsieur Colonna...

Corrigé de l'exercice 1
❶ C'est encore vous ? Laissez un message. ❷ Pouvez-vous rappeler dans un moment ? ❸ Je ne vais pas tarder à partir. ❹ Bien entendu, c'est assez urgent. ❺ Je vous passe Madame Graziani, la voilà qui arrive.

***

❺ Ne quittez pas, elle arrive à l'instant même, je vous la passe.
.. .., ghjunghje ...., a vi passu.

Corrigé de l'exercice 2
❶ Mi dispiace – ùn ci hè ❷ – serebbe vultata – un'oretta ❸ Pruvate à – ô monsieur Colonna ❹ – ubligatu à – ver'dì – ❺ Ùn chitate micca – aval'avà –

Deuxième vague : 4ᵉ leçon

Cinquantaquattresima lezzione

Un fanaticu in malafede

1 – **E**iu, a dum**e**nica o quand'**e**lla c**a**sca [1], mi ne vò al**e**gru è dec**i**su à u st**a**diu…
2 à sust**e**ne la m**i**o sgu**a**dra, è a segu**i**tu s**e**mpre, in c**a**sa è f**o**ra.
3 – All**o**cc'à [2] l'**u**ltimu, ti d**e**ve cust**à** c**a**ru 'ssa passi**o**ne di u pall**ò**…
4 trà l'abbunam**e**nti, i bigli**e**tti, i vi**a**ghji, u t**e**mpu p**e**rsu [3].
5 – Finch'**e**llu si p**ó**, ùn si gu**a**rda [4] à sp**e**se…
6 hè tam**a**nta a suddisfazi**o**ne di v**e**de i so ghjucad**o**ri chì v**i**ncenu [5] !
7 – Ma p**ó** **a**ncu acc**a**de ch'**e**lli p**e**rdinu, **o**gni t**a**ntu !
8 – Qu**e**ssa dispi**a**ce, ma hè r**a**ra. T**a**ndu **o**mu si sottum**e**tte à a l**e**ge spurt**i**va.

Prononciation
… fan**a**digou … malav**è**hè **1** **é**you … al**é**grou … **2** … séh**ou**idou … f**ô**ra **3** al-l**ô**ka … **5** finn-k**è**l-lou … ou**a**rda … **6** … yougah**o**ri … **7** … ak**a**hè … **8** … **ô**mou …

Notes

1 **casca**, du verbe **cascà**, *tomber* au propre et au figuré comme en français : **casca bè / male**, *ça tombe bien / mal*, **casca in luni**, *ça tombe un lundi*.

2 **allocca** apocopé **allocc'** devant la préposition **à**, *d'ici à* suivi de la date ou de l'échéance : **allocc'à l'estate**, *d'ici à l'été*, **allocc'à stasera**, *d'ici ce soir*, **allocc'à tandu**, *d'ici là*, etc.

Cinquante-quatrième leçon

Un fan de mauvaise foi

1 – Moi, le dimanche ou en toute autre occasion *(quand ça tombe)*, je m'en vais, brave et joyeux *(joyeux et décidé)*, au stade...
2 pour soutenir mon équipe, et je la suis toujours, à domicile *(à la maison)* et en déplacement *(dehors)*.
3 – Au bout du compte *(d'ici au dernier)*, [ça] doit te coûter cher, cette passion du ballon [rond] ...
4 entre *(les)* abonnements, *(les)* billets, *(les)* voyages, et le temps perdu.
5 – Tant qu'on peut [le faire], on ne regarde [pas] à la dépense *(à dépenses)*...
6 [c']est une si grande satisfaction [que] de voir ses joueurs gagner *(qui gagnent)* !
7 – Mais il peut aussi arriver qu'ils perdent, de temps à autre !
8 – Ça, c'est désagréable *(déplaît)*, mais c'est rare. Dans ce cas *(alors)* on se soumet à la loi du sport *(sportive)*.

---

3 persu, *perdu*, participe passé adjectif irrégulier du verbe **perde**, *perdre*, par ailleurs régulier.
4 guarda, du verbe **guardà**, *regarder*, synonyme de **fidighjà**, mais plus fréquent dans les locutions et les proverbes, ex. **guardà cù a coda di l'ochju**, *regarder du coin de l'œil*, **ùn guardà in faccia à nimu**, *ne regarder personne en face*, etc.
5 vincenu, du verbe **vince**, *vaincre*, *gagner = l'emporter*. Au sens de *gagner = réaliser un gain* on emploie le verbe **guadagnà** dont le participe passé (irrégulier) est **guadantu**.

54 / Cinquantaquattresima lezzione

9 – L'altra volta, certi sustenitori ùn l'anu accittata, 'ssa legge.
10 Si sò impicciati cù l'aversarii è ghjé natu l'azzuffu...
11 – Vole dì chì ùn meritavamu a disfatta : hè statu a colpa di l'arbitru... è di u ventu chi ci era cuntrariu !

9 ... ouôlta ... 11 bôlè hi ...

***

Eserciziu 1 – Traducite

❶ Ogni dumenica mi ne vò alegru à u stadiu. ❷ Per sustene i so ghjucadori ùn si guarda à spese. ❸ Costa caru ma hè tamanta a suddisfazione. ❹ Avemu persu perchè u ventu ci era cuntrariu. ❺ Hè natu l'azzuffu cù i sustenitori di l'altra sguadra.

***

Eserciziu 2 – Cumplitate

❶ Au bout du compte, on se soumet à la loi du sport.
...., omu si sottumette à a .... spurtiva.

❷ En toute occasion, je suis mon équipe, à la maison et en déplacement.
Quand'ella ....., ... a mio sguadra, ...

❸ Nous ne méritions pas la défaite, c'est la faute de l'arbitre
Ùn meritavamu . ..., hè statu . ...

❹ Il peut arriver que nos joueurs perdent, mais c'est rare.
.. ..chì i nostri ghjucadori perdinu, ma .. ..

Cinquante-quatrième leçon / 54

9 – La dernière *(l'autre)* fois, certains supporters ne l'ont pas acceptée, cette loi.
10 Ils se sont heurtés aux *(avec les)* adversaires et il y a eu de *(est née)* la bagarre...
11 – C'est parce que *(ça veut dire que)* nous ne méritions pas la défaite : c'est *(a été)* la faute de l'arbitre... et du vent qui nous était contraire !

Corrigé de l'exercice 1
❶ Chaque dimanche je m'en vais, joyeux, au stade. ❷ Pour soutenir ses joueurs on ne regarde pas à la dépense. ❸ Ça coûte cher, mais la satisfaction est si grande. ❹ Nous avons perdu parce que le vent nous était contraire. ❺ Il y a eu de la bagarre avec les supporters de l'autre équipe.

***

❺ La dernière fois, certains supporters se sont heurtés aux adversaires.

...., certi sustenitori si sò impicciati cù ....

Corrigé de l'exercice 2
❶ Allocc'à l'ultimu – lege – ❷ – casca, seguitu – in casa è fora ❸ – a disfatta – a colpa di l'arbitru ❹ Pó accade – hè rara ❺ L'altra volta – l'aversarii

Deuxième vague : 5ᵉ leçon

Cinquantacinquesima lezzione

Una sosula di Mammone [1]

1 – A sai, o Mammò, chì vogliu fà u cucinaru…
2 mi voli insignà cum'elli si facenu i sturzapreti [2] ?
3 – Hè bella faciule, u mio zitellu, sè tu hai a roba chì ci vole : trè libbre di biete, duie ove [3] è un brocciu [4].
4 E biete e ciotti prima in l'acqua bullente per caccialli l'agru, dopu e spremi bè, e tazzi,
5 e imbuleghji cù u brocciu, l'ove è appena di furmagliu grattatu, cundisci cù peveru è sale.
6 Di stu mischju ne faci tante pulpette,
7 l'infarineghji, eppó e lampi una appressu [5] à l'altra in l'acqua bullente salita.

Prononciation
… sôzoula … 1 … bôlyou … 2 … ouôli … stourtsabrédi 3 … ouôle … ôhouè … brôtchou 4 … djôti … dôbou … ouè … 5 … mboulèdyi … rôtchou … ôhouè … 7 eppô … appréssou …

Notes

1 mammone, *grand-mère*, écrit avec majuscule si appliqué à une personne bien définie. Il existe deux synonymes de ce nom, usités dans différentes régions de l'Ile : minnanna dans le Centre-Ouest et le Sud, caccara dans le Centre-Est.

2 sturzapreti, littéralement "étouffe-curés". Cette appellation est la forme corse de l'italien "***strozzapreti***" qui dans la Péninsule s'applique à une préparation différente : ce sont de petits gnocchi de semoule.

3 ove, *œufs*, pluriel féminin d'un nom qui au singulier est masculin : ovu, *œuf*. Remarquez l'adjectif numéral qui s'y accorde : duie, féminin de dui, seul numéral cardinal ayant un féminin.

Cinquante-cinquième leçon

Une recette de Grand-Mère

1 – Tu sais *(la sais, ô)*, Grand-Mère, que je veux être *(faire le)* cuisinier...
2 peux *(veux)*[-tu] m'indiquer *(enseigner)* comment on fait *(ils se font)* des *(les)* sturzapreti ?
3 – [C']est très *(belle)* facile, mon garçon ; si *(tu)* as les ingrédients qu'[il] *(y)* faut *(veut)* : trois livres de blettes, deux œufs et un brocciu.
4 Les blettes, [tu] les trempes d'abord dans l'eau bouillante pour leur ôter l'âcreté, après [quoi] tu les presses bien, tu les haches,
5 tu les mélanges au *(avec le)* brocciu, aux œufs et à un peu de fromage râpé, tu assaisonnes avec [du] poivre et [du] sel.
6 De ce mélange *(cet amalgame)* tu en fais un certain nombre *(tant)* de croquettes,
7 tu les farines et tu les verses au fur et à mesure dans l'eau bouillante salée.

---

4 Le **brocciu**, déjà mentionné (cf. leçon 19, note 9, et leçon 37 *in fine*) est un fromage fabriqué à partir du lactosérum issu des fabrications fromagères. Il est consommé en l'état ou incorporé dans des préparations culinaires ou pâtissières. Doté d'une appellation d'origine contrôlée (AOC), il jouit d'une excellente réputation.

5 **appressu**, *après* en tant que préposition, et toujours rattaché directement au nom, pronom ou adjectif par la préposition **à**, exprime dans certaines locutions une proximité insistante (**esse sempre appressu à qualchissia**, *être toujours accroché à quelqu'un*) ou une rapide succession dans le temps (**unu appressu à l'altru**, *l'un après l'autre*). N'oublions pas que généralement *après* se dit **dopu**.

55 / Cinquantacinquesima lezzione

8 Aspetti ch'elle ricollinu à gallu, tandu sò cotte, e cacci cù a schjumarola,

9 e metti ind'un piattu à purtata, è ci sparghji nantu u furmagliu è a salsa, di pumata o un'altra.

10 metti in tavula, viderai chì piacenu à tutti.

11 – Ci pruveraghju è e ti feraghju tastà, o Mammò !

8 aspéti … rigôl-linou … kôtè … styoumarôla 9 … méti …

***

Eserciziu 1 – Traducite

❶ U zitellu si face insignà una sosula da a so mammone. ❷ Per fà i sturzapreti s'imbuleghjanu e biete cù u brocciu è l'ove. ❸ Ci vole à infarinà e pulpette eppó lampalle in l'acqua bullente. ❹ Quand'elle sò cotte si caccianu cù a schjumarola. ❺ Si sparghje nantu a salsa è viderete chì piacenu à tutti.

Eserciziu 2 – Cumplitate

❶ Tu sais, Grand-Mère, que je veux être cuisinier.
 . . . . , o Mammò, chì vogliu fà u . . . .

❷ C'est facile de faire les sturzapreti si tu as les ingrédients qu'il faut.
 . . . . à fà i sturzapreti sè tù hai . . . .

❸ Tu presses et tu haches les blettes et tu fais des croquettes.
 . . . . e biete è faci . . . .

❹ Tu les mets dans un plat de service et tu sers.
 . . . . . . ind'un piattu . . . . è metti in tavula.

❺ J'essaierai et je te les ferai goûter, Grand-Mère !
 . . . . è e ti feraghju . . . . !

195 • centu novantacinque

Cinquante-cinquième leçon / 55

8 Tu attends qu'elles remontent à la surface, à ce moment-là elles sont cuites, tu les retires avec une *(l')*écumoire,

9 tu les mets dans un plat de service et tu saupoudres de fromage et verses dessus la sauce tomate ou une autre sauce.

10 tu sers *(mets en table)*, tu verras que tout le monde aime ça *(plaisent à tous)*.

11 – []']*(y)* essaierai et [je] te les *(les te)* ferai goûter, *(ô)* Grand-Mère !

***

Corrigé de l'exercice 1
❶ Le garçon se fait indiquer une recette par sa grand-mère. ❷ Pour faire des sturzapreti on mélange les blettes au brocciu et aux œufs. ❸ Il faut fariner les croquettes et puis les verser dans l'eau bouillante. ❹ Quand elles sont cuites on les retire avec une écumoire. ❺ On verse dessus la sauce et vous verrez que tout le monde aime ça.

Corrigé de l'exercice 2
❶ A sai – cucinaru ❷ Hè faciule – a roba chì ci vole ❸ Spremi è tazzi – e pulpette ❹ E metti – à purtata – ❺ Ci pruveraghju – tastà o Mammò

Deuxième vague : 6ᵉ leçon

Cinquantaseiesima lezzione

Revisione – Révision

1 Les verbes à infixe *-eghj-*

infarineghji (leçon 55), *tu farines / enfarines*, du verbe **infarinà**, l'un des nombreux verbes tri- ou quadrisyllabiques de la 1ʳᵉ conjugaison qui intercalent le phonème **-eghj-** entre le radical et la désinence aux temps suivants :
a) aux trois personnes du singulier et à la 3ᵉ du pluriel du présent de l'indicatif.
Ex. avec le verbe **circulà**, *circuler* : **circuleghju**, **circuleghji**, **circuleghja**, **circuleghjanu**, alors que la 1ʳᵉ et la 2ᵉ du pluriel demeurent régulièrement **circulemu**, **circulate**.
b) à toutes les personnes du présent du subjonctif : **circuleghji**, **circuleghji**, **circuleghji**, **circuleghjimu**, **circuleghjite**, **circuleghjinu**.
c) à la 2ᵉ personne du singulier de l'impératif : **circuleghja !**, *circule !*, alors que la 2ᵉ du pluriel demeure régulièrement **circulate !**, *circulez !*
Ce groupe de verbes, auxquels nous avons donné dans "Le corse sans peine" de 1974 le nom de "verbes **eghinchi**", dénomination adoptée depuis par des grammairiens et auteurs de manuels, comprend notamment parmi les plus usuels : **apparagunà**, *comparer* ; **calculà**, *calculer* ; **cuntinuà**, *continuer* ; **dubità**, *douter* ; **felicità**, *féliciter* ; **rimpruverà**, *reprocher*.

2 Les participes passés irréguliers

Nous avons vu quelques participes passés irréguliers dans les dernières leçons :
intesu (leçon 50) du verbe **sente**, *entendre* ; **persu** (leçon 50) du verbe **perde**, *perdre* ; **dettu** (leçon 53) du verbe **dì**, *dire* ; **cottu** (leçon 55) du verbe **coce**, *cuire*.

Cinquante-sixième leçon

3 L'article d'emphase

sustene la mio sguadra (leçon 54), *soutenir mon équipe*. On a ici un article défini sous une forme inhabituelle : **la** au lieu de **a**. Comme si le locuteur, en recourant à cette forme, entendait mettre en relief l'estime qu'il nourrit pour son équipe. Les articles définis **lu**, **la**, **li**, **le** sont employés en poésie, dans les exclamations, et sont d'une façon générale le fait d'une langue plus recherchée. Mais on peut les rencontrer aussi après la préposition **in**, ou dans un usage géographiquement limité.

4 L'enclise (suite)

eccula (leçon 53), *la voici*.
L'adverbe **eccu**, *voici / voilà* est assimilé aux verbes quand il a un pronom atone (**mi**, **ti**, **lu/la**, **ci**, **vi**, **li/le**) pour complément : celui-ci constitue avec l'adverbe une unité accentuelle indissociable.
senteci (leçon 53), *nous entendre*.
Le pronom **ci** ne suit pas immédiatement la voyelle tonique et donc sa consonne initiale ne se redouble pas.
cacciassi (leçon 50), *s'ôter* ; **caccialli** (leçon 55), *leur ôter* ; **accurtallu**, **allungalle** (leçon 51), *le raccourcir*, *les allonger* : les pronoms **si**, **li**, **lu**, **le** suivent immédiatement la voyelle accentuée et donc leur consonne initiale se redouble dans l'écriture et dans la prononciation. Même cas dans **fallila** (leçon 50), *le lui faire*, pour **li**. Le pronom suit immédiatement l'accent.

5 Emplois de "*appena*"

a) comme pronom indéfini :
un peu (quantité de quelque chose ou espace de temps)
Exemples : **appena di furmagliu** (leçon 55) *un peu de fromage* ; **aspetta appena**, *attends un peu*.
Ce terme a un diminutif : **appinuccia** (leçon 51) *un tout petit peu*.
b) comme adverbe : *à peine*
Exemples : **appena ghjunti si travaglia**, *à peine arrivés on travaille*.

centu novantottu • 198

57 / Cinquantasettesima lezzione

Dialogue de révision

1 – Paulantone vole passà u so puntu, ghjé à so primura.
2 – Hè chjuccutu, ma serà più ciò ch'ellu spende chè ciò ch'ellu guadagna.
3 – Hai da fà u testimone di matrimoniu, o cumpà ?
4 – Sì, ma mi ci vole una tenuta di cerimonia chì ùn ghjova chè poche volte.
5 – Ti mitterai in tocchisi ancu tù per fà onore à i sposi.
6 – Ha chjamatu monsieur Colonna di l'Assicurenze, ma madama Graziani era surtita tandu.
7 – Richjamerà da qui à una stonda è pó lacà u mandataghju.
8 – U zitellu vole fà u cucinaru è si face insignà e sosule da a so mammone.

Cinquantasettesima lezzione

U ghjattu patrone [1]

1 – Induve l'ate [2] trovu [3] 'ssu ghjattu, o Maddalè ?
2 – Indocu, hè ghjuntu da per ellu.
3   Una matina, quandu aghju apertu u purtone, era nantu à u zigliare

Prononciation
… *yatou* **1** … *drôhou* … **2** *inn-dôgou* … **3** … *dzilyarè*

Notes

1 **patrone /-a**, ce peut être, comme en français, *le /la patron /-onne* (d'une entreprise) ou d'un établissement commercial, mais le mot désigne aussi en corse *le/la maître /-esse* (d'un animal) : *u patrone di u ghjattu / di u cane*, *le maître du chat / du chien*, et aussi *le/la propriétaire ou res-*

199 • centu novantanove

9 Ciotta e biete in l'acqua bullente, dopu e spreme è e tazza..
10 – Tasteremu i so sturzapreti, piacenu à tutti.

Traduction

1 Paul-Antoine veut avoir le dernier mot, c'est son principal souci. **2** Il est cabochard, mais ça lui coûte davantage que ce qu'il y gagne. **3** Tu vas être témoin à un mariage, mon ami ? **4** Oui, mais il me faut une tenue de cérémonie qui ne sert que de rares fois. **5** Tu te mettras toi aussi en grande tenue pour faire honneur aux mariés. **6** Monsieur Colonna des Assurances, a appelé, mais Madame Graziani venait de sortir. **7** Il rappellera d'ici un moment et il peut laisser un message. **8** Le garçon veut être cuisinier et il se fait indiquer des recettes par sa grand-mère. **9** Il plonge les blettes dans l'eau bouillante, après il les presse et il les hache. **10** Nous goûterons ses sturzapreti, tout le monde aime ça.

Deuxième vague : 7ᵉ leçon

Cinquante-septième leçon

Le chat propriétaire

1 – Où l'avez[-vous] trouvé ce chat, *(ô)* Maddalena ?
2 – Nulle part, il est arrivé tout seul *(de par lui)*.
3 Un matin, quand j'ai ouvert la porte d'entrée, il était sur le seuil,

ponsable (d'un bien) : **u patrone di a casa**, *le propriétaire de la maison*, **a patrona di casa**, *la maîtresse de maison*.

2 **ate**, forme contractée et familière, fréquente dans la conversation, de **avete**, *vous avez*, comme **emu** de **avemu**, *nous avons*.

3 **trovu**, *trouvé*, adjectif verbal, appelé aussi "participe passé court" de **truvà** qui appartient à la catégorie des verbes ayant deux participes passés, le "long", moins usuel, de ce verbe est **truvatu**.

57 / Cinquantasettesima lezzione

4 miaulava è si hè subitu infrugnatu.
5 L'aghju datu manghjà è beie [4], dopu si hè accumudatu nantu à u primu cuscinu ch'ellu hà vistu, bufunendu.
6 Oramai era in casa soia [5].
7 Eiu ùn la mi sintia più di mettelu fora...
8 Viderete cum'ellu s'inalpelleghja sopra i mobuli di sala !
9 È guai à serveli roba chì ùn li piace...
10 o s'ell'ùn hè fresca l'acqua di a so cuppetta !
11 – Allora ùn la sapiate chì quessu hè l'usu misginu [6] ?
12 È à ringrazià s'ellu ùn vi sgrinfia !

4 miaoula*hou*a ... *5* ... d*ô*bou ... *6* ... z*ô*ya *7* ... m*é*télou v*ô*ra *8* ... m*ô*bouli ... *11* al-l*ô*ra ... sabi-adè ... miji*n*ou *12* ... zgrinn-fya

Notes

4 **manghjà è beie**, noter par rapport au français (à boire et à manger) l'inversion des termes, et, dans les locutions corses : **dà manghjà, dà beie**, *donner à manger, donner à boire*, l'absence de préposition.

5 **in casa soia**, *chez lui/elle/eux/elles/soi*. Fréquente est l'expression **patrone in casa soia**, *maître chez soi*.

6 **misginu**, *de chat*, adjectif dérivé de **misgiu** qui désigne le *chat du logis*, terme qui, répété sur un ton doucereux, sert à l'appeler, l'inviter à ve-

***

Eserciziu 1 – Traducite

❶ U ghjattu era nantu à u zigliare di u purtone. ❷ Miaulava è si hè infrugnatu in casa di Maddalena. ❸ Si hè accumudatu bufunendu nantu un cuscinu. ❹ Oramai s'inalpelleghja sopra i mobuli di sala. ❺ Quessu hè l'usu misginu, Maddalena ùn la sapia.

Cinquante-septième leçon / 57

4 il miaulait et il s'est aussitôt faufilé.
5 Je lui ai donné [à] manger et [à] boire, après il a pris ses aises *(s'est commodément installé)* sur le premier coussin qu'il a vu, en ronronnant.
6 Désormais il était chez lui.
7 Moi, je n'avais plus le courage de *(ne me la sentais plus à)* le mettre dehors…
8 Il faut voir *(vous verrez)* comme il se perche sur les meubles de la salle [à manger] !
9 Et gare *(malheur)* à lui servir quelque chose qu'il n'aime pas *(qui ne lui plaît)*…
10 ou si l'eau de son bol n'est pas fraîche !
11 *(Alors)* vous ne le saviez [donc] pas que c'est là *(celui-là est)* l'usage des chats ?
12 Et encore heureux *(à remercier)* s'il ne vous griffe [pas] !

nir : **misgiu ! misgiu !** En revanche, pour l'éloigner ou le chasser on dit d'une voix forte : **gattu !** (ou **ghjattu !**). Au féminin : **misgia**, **ghjatta**.

***

Corrigé de l'exercice 1

❶ Le chat était sur le seuil de la porte d'entrée. ❷ Il miaulait et il s'est faufilé chez Maddalena. ❸ Il a pris ses aises, en ronronnant, sur un coussin. ❹ Désormais il se perche sur les meubles de la salle à manger. ❺ C'est là l'usage des chats, Maddalena ne le savait pas.

duiecent'è dui • 202

Eserciziu 2 – Cumplitate

❶ Où l'avez-vous trouvé, ce chat ?
Induve ...., 'ssu ghjattu ?

❷ Il est arrivé tout seul, je lui ai donné à manger.
Hè ghjuntu .. .., l'aghju ....

❸ Je n'avais plus le courage de les mettre dehors.
.. .. di mettelu .....

❹ Gare à lui servir quelque chose qu'il n'aime pas.
Guai à serveli ....

Cinquantottesima lezione

Letica in famiglia

1 – *(ellu)* **A**ghju d**e**ttu chì **M**ammata t**e**ne c**o**ntu i so s**o**lli, ùn ci hè n**u**nda di m**a**le.
2 – *(ella)* Ma a man**e**ra chè tù l'h**a**i d**e**tta ¹ ùn hè t**a**ntu garb**a**ta.
3 – S'**e**llu ci v**o**le din**ù** à f**à** c**a**su à u so t**o**nu di v**o**ce, ùn si p**ó** pi**ù** disc**o**rre…
4 – À part**e**si d'av**à** mi ster**a**ghju zittu ².
5 – Ùn **e**sse cus**ì** az**e**zu, ùn si p**ó** d**ì** n**u**nda senza chè tù s**o**rti da u suminatu ³ !

Prononciation
létiga … 1 … zôl-li … 2 … manéra … 3 … ouôlè … bô … 4 … ahoua … dzitou 5 … éssè … adzèdzou … sôrti …

Notes

1 **detta** : à la différence du participe passé de la phrase 1 (**dettu**), celui-ci est au féminin car il se rapporte à un élément indéfini et sous-entendu au féminin (la chose, l'assertion, l'action). Cf. de même : **falla finita** (phrase 6), **quessa** (phrase 11).

5 Encore heureux s'il ne griffe pas !
. . . . s'ellu ùn . . . . !

Corrigé de l'exercice 2
1 – l'ate trovu – **2** – da per ellu – datu manghjà **3** Ùn la mi sintia più – fora **4** – roba chì ùn li piace **5** À ringrazià – sgrinfia

Deuxième vague : 8e leçon

Cinquante-huitième leçon

Dispute en famille

1 – *(lui)* [J']ai dit que ta mère fait attention à *(tient compte de)* ses sous, il n'y a pas *(rien)* de mal [à ça].
2 – *(elle)* Mais la façon dont *(que)* tu l'as dit n'est pas des plus *(tellement)* aimable[s].
3 – S'il faut *(y veut)* aussi *(à)* faire attention *(cas)* au ton de sa *(à son ton de)* voix, on ne peut plus s'exprimer *(discourir)*…
4 À partir de maintenant je ne dirai plus rien *(me tairai)*.
5 – Ne sois pas si grincheux, on ne peut rien dire sans que tu prennes la mouche *(tu quittes la terre emblavée)* !

2 steraghju zittu, littéralement : "je resterai silencieux". L'infinitif est stà/stassi zittu, *se taire*, l'adjectif zittu demeurant variable en genre et en nombre : si stava zitta, *elle se taisait*, steremu zitti /e, *nous nous tairons*.

3 sorte da u suminatu, littéralement "sortir de l'ensemencé". Cette locution imagée a primitivement le sens (qu'elle conserve) de *s'éloigner du sujet*. Par extension : *sortir de ses gonds, s'emporter lors d'une discussion*.

6 – Ma falla finita, sì tù chì azzizzi [4]...
7 ùn mette i to sprupositi addossu à l'altri, fammi 'ssu piacè !
8 – Eppó ùn hai mutivu à criticà a to socera chì hè sempre stata brava incù tè.
9 – Sò pó miraculi ! Eiu ùn la cercu, à Mammasó [5]...
10 è a mio moglia ne piglia a pretesa, senza ch'o abbia ansciatu !
11 – Ancu quessa ! Soca [6] ùn sì statu tù u primu à cuntrastà !
12 Uh ! Hè megliu ch'o m'alluntani, chì mi scappa a pazienza !

6 ... atsitsi 7 métè ... sproupôzidi adôssou ... 8 epô ... zôdjèra ... 9 ... pô ... éyou ... mamazô 10 ... anchadou 12 ... mélyou ... padzi-in-tsa

Notes

4 **azzizzi**, du verbe **azzizzà**, *attiser* (au sens figuré), envenimer par ses propos un conflit de personnes, *"jeter de l'huile sur le feu"*.

5 **Mammasó**, proprement vocatif, si précédé de **o**, du nom **mammasocera**, *"maman-belle-mère"*, *belle-maman*. Mais cette forme est devenue aussi nominative, et personnalisée, d'où la majuscule.

***

Eserciziu 1 – Traducite

❶ A mio moglia piglia à pretesa di à mio socera. ❷ Sò miraculi ! Eiu ùn aghju ansciatu. ❸ À partesi d'avà mi steraghju zittu. ❹ Falla finita ! Sì tù chì azzizzi. ❺ Ùn si pó più discorre.

Cinquante-huitième leçon / 58

6 – Arrête *(mais fais-la finie)* ! C'est *(Es)* toi qui provoques...
7 ne mets pas tes balivernes sur le dos d'autrui *(à dos aux autres)*, s'il te plaît *(fais-moi ce plaisir)* !
8 – Après tout *(Et puis)* tu n'as aucune raison de *(motif à)* critiquer *(à)* ta belle-mère qui a *(est)* toujours été gentille avec toi.
9 – C'est incroyable *(ce sont donc miracles)* ! Moi je ne la cherche [pas] *(à)* ma belle-mère...
10 et ma femme en prend la défense, sans que j'aie soufflé mot *(haleté)* !
11 – Ça alors *(Même celle-là)* ! Comme si ce n'était pas toi le premier à disputer !
12 Oh, il vaut *(est)* mieux que je m'éloigne, car ma *(la)* patience est à bout *(m'échappe)* !

6 soca, v. leçon 41, note 2, *peut-être que ?*, ici sur un ton polémique, avec réponse sous-entendue.

***

Corrigé de l'exercice 1
❶ Ma femme prend la défense de ma belle-mère. ❷ C'est incroyable ! Moi je n'ai pas soufflé mot. ❸ À partir de maintenant je me tairai. ❹ Arrête ! C'est toi qui provoques. ❺ On ne peut plus s'exprimer.

duiecent'è sei • 206

Eserciziu 2 – Cumplitate

❶ La façon dont tu l'as dit n'est pas des plus aimables.
 . . . . chè tù l'hai detta ùn hè tantu . . . .

❷ Ne sois pas si grincheux, s'il te plaît !
 . . . . . cusì azezu, ... !

❸ On ne peut rien dire sans que tu prennes la mouche.
 . . . . senza chè tù . . . .

❹ Ta belle-mère a toujours été gentille avec toi.
 . . . . hè sempre stata . . . . . incù tè.

59

Cinquantanovesima lezzione

Battistu si vole accasà [1]

1 – Hè **o**ra ch'o mi **fa**ccia **u**na **ca**sa : à pigi**ò** ci s**ò** st**a**tu abbast**a**nza.

2 – A **sa**i, o Batt**ì**, ci**ò** ch**ì** ci v**o**le : un **si**tu, u perm**e**ssu, u cr**e**ditu…

3 – U **si**tu l'**a**ghju. Per u r**e**stu i scartaf**a**cci sò pr**o**nti.

4 – Ch**ì** int**e**ndi di f**à**, una cas**u**ccia o un casam**e**ntu ?

5 – **U**na **ca**sa, cù e so guadr**e**re di p**e**tra zucc**a**ta, **a**lta d**u**i pi**a**ni è un pardit**e**rra, da allughj**à** **u**na fam**i**glia.

6 **U**nu di sti ghj**o**rni attacch**e**mu u sbr**e**iu.

Prononciation
… ouôlè … **1** … ôra … **2** … ouôlè … **3** … réstou … **5** … ouadrérè … bédra dzoukada … **6** … zbrèyou

5 Il vaut mieux que je m'éloigne, ma patience est à bout.
. . . . ch'o m'alluntani, ...

Corrigé de l'exercice 2
1 A manera – garbata **2** Ùn esse – fammi 'ssu piacè **3** Ùn si pó dì nunda – sorti da u suminatu **4** A to socera – brava **5** Hè megliu – mi scappa a pazienza

Deuxième vague : 9ᵉ leçon

Cinquante neuvième leçon

Baptiste veut avoir sa maison

1 – [Il] est temps *(heure)* que [je] me fasse une maison : locataire *(à loyer)* [je] l'ai été *(y suis resté)* suffisamment *(assez)*.
2 – [Tu] *(la)* sais, *(ô)* Baptiste, ce qu'il faut *(y veut)* : un terrain à bâtir, le permis [de construire], le crédit…
3 – Le terrain à bâtir, [je] l'ai. Pour le reste, la paperasse est en règle *(prête)*.
4 – Qu'as-tu l'intention de faire, une petite maison ou une grande bâtisse ?
5 – Une maison avec ses quatre coins en pierre de taille, haute [de] deux étages sur *(et un)* **rez-de-chaussée**, de quoi loger une famille.
6 – Un de ces jours, [nous] attaquons le creusement des fondations.

Note

1 si vole accasà (ou vole accasassi), littéralement "veut se procurer une maison".

59 / Cinquantanovesima lezzione

7 – L'architettu, l'imprisariu, l'hai scelti, o conti di rimpiazzalli tù ?

8 – U più ch'o possu, ùn cercu à nimu.

9 – Ma di muradori [2] è manuvali ùn puderai fà di menu : ùn poi esse solu tù nantu u travagliu [3].

10 – Hè prevista 'ssa cumpagnia, è serà di e bone...

11 – Cusì u ghjornu ch'o culleraghju à ficcà a bandera à u capimonte, feremu tutti inseme una festicciola...

12 Dicianu bè, l'antichi : "casa fatta è vigna posta [4], ùn guardà quant'ella costa".

7 ... chélti ... 8 ... bôssou ... 9 ... mourahori ... pouhouèrahi ... pôhi éssè ... 10 ... ouônè 11 ... ouandéra ... 12 ... pôsta ... gôsta

Notes

2 **muradori**, sing. **muradore**, *maçon*. On a aussi **maestru di muru**, *(maître) maçon*.

3 **nantu u travagliu**, "sur le chantier", est une expression toute faite, non décomposable.

4 **posta**, participe passé adjectif au féminin du verbe **pone**, littéralement "poser", mais au sens agricole : *semer* ou comme ici *planter*.

***

Eserciziu 1 – Traducite

❶ Battistu vole fassi una casa alta dui piani è un parditerra.
❷ Un cerca à nimu è conta di rimpiazzà ellu l'imprisariu.
❸ À pigiò dice chì ci hè statu abbastanza. ❹ Intende di fà una casuccia da allughjà a famiglia. ❺ Cullerà à ficcà a bandera à u capimonte.

Cinquante-neuvième leçon / 59

7 – L'architecte, l'entrepreneur, les as-tu choisis, ou comptes-tu les remplacer toi-même ?

8 – Autant que possible *(le plus que je peux)*, je ne cherche *(à)* personne.

9 – Mais de maçons et [de] manœuvres [tu] ne pourras pas t'en passer *(faire de moins)* : [tu] ne peux [pas] être [tout] seul sur le chantier.

10 – Cette compagnie-là est prévue, et [ce] sera une bonne *(des bonnes)*...

11 – Comme ça, le jour où *(que)* [je] monterai *(à)* planter le drapeau au faîte du toit, [nous] ferons tous ensemble une petite fête...

12 [Comme le] disaient justement *(bien)* nos *(les)* anciens : "Maison construite *(faite)* et vigne plantée, ne regarde pas combien ça va coûter" *(coûte)*.

Corrigé de l'exercice 1

❶ Baptiste veut se faire une maison haute de deux étages sur rez-de-chaussée. ❷ Il ne cherche personne et compte remplacer lui-même l'entrepreneur. ❸ Locataire, il dit l'avoir été suffisamment. ❹ Il a l'intention de faire une petite maison pour loger sa famille. ❺ Il montera planter un drapeau au faîte du toit.

duiecent'è dece • 210

Eserciziu 2 – Cumplitate

❶ Il est temps que nous attaquions le creusement des fondations.
. . . . . . chè no attacchimu . . . .

❷ Les quatre coins seront en pierre de taille.
. . . . seranu . . . .

❸ Baptiste a un beau terrain à bâtir.
Battistu hà, un bellu . . . . . .

❹ Il ne fera pas une grande bâtisse de quatre étages.
Ùn ferà . . . . di quattru . . . . . .

Sessantesima lezzione

Caccia sì è caccia nò

1 – Fassi una caccighjata hè un veru piacè, percosa [1] cridite chì la ghjente ci tenga tantu ?
2 – Serà propiu un piacè à tumbà, puru ch'elli sianu animali ?
3 – U selvaticume cresce è multiplicheghja [2], sè vo lasciate corre ruvina e culture è pó ancu esse periculosu per l'omu.
4 – In veru ? Avà capiscu u mutivu chì voialtri cacciadori vi mascherate da militari...
5 è parite tanti sullati di un'armata in operazione quand'è vo muvite per 'sse machje à fucile accollu.

Prononciation

*katcha ... **1** ... grihidè ... **2** ... pròbiou ... toumba ... **3** ... òmou **4** boyaltri ... **5** ... akòl-lou*

Notes

1 **percosa**, *pourquoi / parce que* est un synonyme populaire de **perchè**.

❺ Locataire, il l'a été suffisamment !
. . . . . . ci hè statu . . . . !

Corrigé de l'exercice 2
❶ Hè ora – u sbreiu ❷ E guadrere – di petra zuccata ❸ – situ ❹ – un casamentu – piani ❺ À pigiò – abbastanza

Deuxième vague : 10ᵉ leçon

Soixantième leçon

Pour ou contre la chasse

1 – Se livrer à *(se faire)* une partie de chasse est un véritable plaisir, pourquoi [donc] croyez-vous que les gens aiment *(y tiennent)* tant [ça] ?
2 – Est-ce *(sera)* vraiment un plaisir de *(à)* tuer, même si ce sont *(qu'ils soient)* des animaux ?
3 – Le gibier augmente sans cesse en nombre *(croît et se multiplie)*, si vous laissez faire *(courir)* il saccage *(ruine)* les cultures et peut même être dangereux pour l'homme.
4 – Vraiment *(En vrai)* ? Je comprends maintenant la raison pour laquelle *(que)* vous autres chasseurs vous vous déguisez en militaires…
5 et avez l'air *(semblez d'autant)* de soldats d'une armée en opérations quand vous vous élancez dans *(par)* le(s) maquis, le fusil à l'épaule.

---

2 cresce è multiplicheghja, *croît et multiplie* (prolifère) : locution passée dans le langage courant, conjuguée selon le cas, à partir des paroles bibliques (Genèse) : "Croissez et multipliez."

60 / Sessantesima lezzione

6 – Ùn c'emu da prutege contru à i tanghi, u freddu, e bestie ?
7 – Oh andate chì ùn v'assaltanu e merle o e pernici !
8 – Ma u cignale, ellu, ci pó fraià, hè accaduta parechje volte.
9 – I cignali sputichi [3] l'avete stirpati, avale u più sò cruciati, è quessi sò mansi.
10 – Aió chì a caccia hè ancu u piacè di a cumpagnia, d'esse liberi ind'a natura, è ùn parlemu di u spartimentu di a carne...
11 – Ùn simu più di quelli tempi chì ci vulia à caccighjà per manghjà.
12 – Ié, ma un cusciottu di cignale osciatu à l'acquavita, o duie biccazze arrustite accunsentenu sempre !

*6 ... broudédgè ... ouéstyè **7** ... mérlè ... **8** ... ouôltè **10** ayô ... éssè ... **12** ... kouchôtou ... ochadou ... ouikatsè ...*

Note

3 **sputicu**, littéralement "non hypothéqué", "intrinsèque". A le sens, ici, de "non croisé", libre de toute modification d'ordre génétique.

***

Eserciziu 1 – Traducite

❶ I cacciadori à fucile accollu parenu tanti sullati. ❷ Anu stirpatu i cignali sputichi è avale u più tombanu cruciati mansi. ❸ U selvaticume pó ruvinà e culture, s'omu lascia corre. ❹ Ind'una caccighjata ci vole à prutegesi contru à i tanghi. ❺ E pernici ùn assaltanu ma u cignale ci pó fraià.

Soixantième leçon / 60

6 – Ne devons-nous (n'avons) [pas nous] (à) protéger contre les ronces, le froid, les bêtes ?
7 – Allez ! (Que) Les merles ni (et) les perdrix ne vous agressent !
8 – Mais le sanglier, lui, peut se ruer sur nous, c'est arrivé plusieurs fois.
9 – Les sangliers d'origine, vous les avez exterminés, à présent la plupart sont des croisés, et ceux-là sont inoffensifs.
10 – Allons donc ! La chasse, c'est aussi le plaisir de la compagnie, d'être libre dans la nature, et ne parlons même pas du partage de la viande…
11 – Nous ne sommes plus au temps où il fallait aller à la chasse pour manger.
12 – Certes, mais un cuissot de sanglier flambé à l'eau-de-vie, ou des (deux) bécasses rôties, c'est toujours apprécié !

Corrigé de l'exercice 1
❶ Les chasseurs, le fusil à l'épaule, ont l'air de soldats. ❷ Ils ont exterminé les sangliers d'origine et maintenant ils tuent surtout des croisés inoffensifs. ❸ Le gibier peut saccager les cultures, si on laisse faire. ❹ Dans une partie de chasse il faut se protéger contre les ronces. ❺ Les perdrix n'agressent pas mais le sanglier peut se ruer sur nous.

Eserciziu 2 – Cumplitate

❶ Vous autres chasseurs vous vous déguisez en militaires.
   .... cacciadori .... da militari.

❷ Le gibier prolifère dans le maquis.
   U selvaticume .... per 'sse machje.

❸ Une partie de chasse est un vrai plaisir.
   .... hè un veru piacè

❹ Nous ne sommes plus au temps où il fallait chasser pour manger.
   Ùn simu più .... chì ci vulia à .... per manghjà.

Sessantunesima lezzione

À tempi mei...

1 – « Quessa ùn si facia, quessa ùn si dicia, quessa un usava... »

2 O zia Marì site sempre à rimbiccà e nostre manere, à lagnavvi chì u mondu ùn sia più cum'è una volta.

3 – Vi ne pudete ride ma mi pare à mè chì i vostri mendi nuvelli ùn sianu tantu quenti.

4 – Chì ci hè chì vi dispiace, chè no sentimu.

5 – Vi vogliu purtà un paragone : à chì prò sbasgichjassi ogni volta ch'omu si scontra : à tempi mei ùn ci basgiavamu chè in Capudannu...

Prononciation
... mé-i 2 ... nôstrè manérè ... lagnabi ... ouôlta 3 ... pouhèdè rihè ... ouôstri ... nouhouèl-li 5 ... ouôlyou ... ômou ...

215 • duiecent'è quindeci

❺ Un cuissot de sanglier ou des bécasses rôties, c'est apprécié
.... o duie biccazze arrustite, ...

Corrigé de l'exercice 2
❶ Voialtri – vi mascherate – ❷ – cresce è multiplicheghja – ❸ Una caccighjata – ❹ – di quelli tempi – caccighjà – ❺ Un cusciottu di cignale – accunsente

Deuxième vague : 11ᵉ leçon

Soixante et unième leçon

De mon temps…

1 – « Ça, on ne le faisait pas, ça on ne le disait pas, ça ce n'était pas l'usage… »
2 *(Ô)* Tante Marie, vous êtes toujours en train de nous reprocher nos manières, de vous plaindre que le monde n'est *(ne soit)* plus comme autrefois.
3 – Vous pouvez vous en moquer *(rire)* mais il me semble, à moi, que vos nouveaux comportements ne sont pas très heureux *(adéquats)*.
4 – Qu'y a-t-il *(donc)* qui vous déplaît, dites-nous *(que nous entendions)*.
5 – Je vais vous citer un cas *(porter une comparaison)* : à quoi bon se bécoter chaque fois qu'on se rencontre : de mon temps nous ne nous embrassions qu'au Nouvel An…

6 – Vole dì chè no ci tenimu [1], trà di noi tutti, maschji è femmine [2].

7 – È d'impone à i ciucci [3] certi nomi chì ùn si sà da induv'elli scatuliscenu, chì vi ne pare ?

8 À tempi mei, i zitelli si chjamavanu cum'è i caccari [4].

9 – Chì vulete fà, ci tocca à seguità a moda...

10 – Di maritassi per divurzià, serà ancu quessa una moda ? A' tempi mei ci maritavamu à vita...

11 – Se no entrimu in quessu u discorsu, ùn ci surtimu più !

12 – M'anu dettu chì avà si ponu marità l'omi cù l'omi, è donne cù donne, serà vera ? À tempi mei...

6 bôlè hi ... 8 ... dzidél-li ... 9 ... môhoua 12 ... pônou ... ômi ... dô-n-nè ...

Notes

1 **ci tenimu**, nous avons les uns pour les autres un certain *attachement*, proche de l'*affection*. À distinguer de **ci tenimu caru** : nous avons de l'*amour* les uns pour les autres (ou l'un/e pour l'autre).

2 **maschji è femmine**, expression stéréotypée pour *hommes et femmes* ou *garçons et filles*.

3 **ciucci**, sing. **ciucciu**, et fém. **ciuccia**, *bébé, nouveau-né/e*.

***

Eserciziu 1 – Traducite

❶ À chì prò maritassi per divurzià, ci rimbecca Zia Maria. ❷ Si lagna chì u mondu ùn sia più cum'è una volta. ❸ Chì vi ne pare di certi mendi nuvelli ? ❹ À tempi mei quessa ùn usava. ❺ Vi ne pudete ride, ma ci tocca à seguità a moda.

Soixante et unième leçon / 61

6 – C'est parce que *(ça veut dire que)* nous nous aimons bien les uns les autres *(entre nous tous)*, hommes et femmes.
7 – Et de donner *(attribuer)* aux nouveau-nés des prénoms dont on ne sait pas d'où ils proviennent, qu'est-ce que vous en dites *(que vous en semble)* ?
8   De mon temps, les enfants s'appelaient comme leurs *(les)* grands-parents.
9 – Que voulez-vous *(faire)*, il nous faut suivre la mode…
10 – De se marier pour divorcer, ça aussi c'est une mode ? De mon temps nous nous mariions pour toute la *(à)* vie…
11 – Si nous abordons ce sujet *(entrons dans ce propos)*, nous n'en sortirons pas !
12 – On m'a dit que maintenant on peut marier des hommes avec des hommes et des femmes avec des femmes, c'est vrai ça ? De mon temps…

4   i caccari, *les grands-parents*, sing. **caccaru** et **caccara**, respectivement *grand-père* et *grand-mère*. Synonymes : **babbone** et **mammone**, **missiavu** et **minnanna**.

***

Corrigé de l'exercice 1
❶ À quoi bon se marier pour divorcer, nous reproche Tante Marie. ❷ Elle se plaint que le monde ne soit plus comme autrefois. ❸ Qu'en dites-vous de certains comportements nouveaux ? ❹ De mon temps ce n'était pas l'usage. ❺ Vous pouvez vous moquer, mais il nous faut suivre la mode.

Eserciziu 2 – Cumplitate

❶ Se bécoter chaque fois qu'on se rencontre, ça, ce n'était pas l'usage.
Sbasgichjassi .... ch'omu si scontra, ...

❷ Je veux vous citer un cas.
Vi vogliu ....

❸ Qu'y a-t-il qui vous déplaît dans cette mode ?
Chì ci hè chì .. .. in quessa a moda ?

❹ Garçons et filles, ils s'appelaient comme leurs grands-parents.
.... si chjamavanu cume . ...

Sessantaduiesima lezzione

Megliu pensacci prima

1 – Osteria Torra Mozza, bongiornu.
2 – Bongiornu, vulerebbi ritene un tavulinu per ghjovi sera di st'etima chì vene. [1]
3 – Seria, ch'o ùn mi sbagli [2], u ghjovi vintisette. Quantu site ?
4 – Simu quattru, hè pussibule d'esse piazzati fora ?
5 – Di sicuru, sì u tempu a permette. À chì ora vulete vene ?
6 – Nov'ore, nov'ore è quartu...
7 – Mi pare appinuccia tardi, risicate di ùn avè più tutta a nostra carta.

Prononciation
2 ... dyô-houi ... édima ... 3 ... ouinn-tizétè ... 4 ... éssè ... fôra
5 ... permétè ... ôra ... 6 ... ôrè ... 7 ... nôstra ...

Notes
1 **st'etima chì vene**, *la semaine prochaine* (littéralement : "la semaine qui vient"). Mais attention ! Le nom **etima** ne peut pas être isolé et

5 Attribuer certains prénoms aux nouveau-nés, cela ne se faisait pas.
...... certi nomi à . ..., quessa ùn si facia.

Corrigé de l'exercice 2
❶ – ogni volta – quessa ùn usava **❷** – purtà un paragone **❸** – vi dispiace – **❹** Maschji è femmine – i caccari **❺** Impone – i ciucci –

Deuxième vague : 12ᵉ leçon

Soixante deuxième leçon

Mieux vaut y penser à l'avance

1 – Auberge Torra Mozza *(Tour Tronquée)*, bonjour.
2 – Bonjour, je voudrais retenir une table pour jeudi soir de la semaine prochaine.
3 – Ce serait, si je ne me trompe *(que je ne me trompe)*, le jeudi vingt-sept. Combien [de personnes] *(êtes-vous)* ?
4 – Nous sommes quatre, c'est possible d'être placés à l'extérieur ?
5 – Bien sûr, si le temps le permet. À quelle heure voulez-vous venir ?
6 – Neuf heures, neuf heures et quart…
7 – Ça me semble un petit peu tard, vous risquez de ne plus avoir toute notre carte.

---

utilisé en dehors des rares locutions où il est incorporé (**st'etima**, *cette semaine*, **…passata**, *la semaine dernière*). Ordinairement *semaine* se dit **settimana**.

2 **ch'o ùn mi sbagli**. Le verbe ici au subjonctif est le pronominal **sbagliassi**, *se tromper*. Ne surtout pas employer transitivement **sbaglià** pour *tromper* qui se dit **ingannà**, *tromper (quelqu'un) sciemment*, *induire en erreur*, ou **burlà**, *tromper (quelqu'un) pour lui nuire*.

Sessantaduiesima lezzione

8 – Sì no ghjunghjimu à ott'ore è mezu, simu sicuri chì ci serà sempre tuttu ?
9 – Tandu [3] sì, puderete sceglie ciò ch'ella vi pare, ùn abbiate penseru [4].
10 À chì nome aghju da riservà ?
11 – Lorenzetti Martin.
12 – D'accordu, o monsieur Lorenzetti, u tavulinu in terrazza hè riservatu per ott'ore è mezu, ghjovi l'altru. Avvedeci !

🗨 *8 … médzou … 9 … chélyè … penserou 12 … akôrdou*

Notes

3 *tandu*, *alors* (*à ce moment-là*, *en ce temps-là*, *à cette époque-là*, etc.). Cet adverbe de temps est extrêmement usuel.

4 *ùn abbiate penseru*, recommandation rassurante équivalent à *soyez sans crainte* ou au familier *ne vous en faites pas !*

***

Eserciziu 1 – Traducite

❶ Sì u tempu a permette vi piazzeremu fora. ❷ Risicate di ùn pudè sceglie ciò ch'ella vi pare. ❸ Mi sbagliu o seremu u ghjovi vintisette ? ❹ Ùn abbiate penseru, u tavulinu per quattru hè riservatu. ❺ Ghjunghjite puru appinuccia prima.

***

Eserciziu 2 – Cumplitate

❶ Je voudrais retenir une table pour la semaine prochaine.
  ……… ritene un tavulinu per ……… … ….. .

❷ À quel nom dois-je réserver, et combien êtes-vous ?
  À chì nome …… .. ……. è …… . … ?

❸ À ce moment-là, il y aura encore toute notre carte.
  ……, ci sarà sempre …… . …… … .

❹ Bien sûr, ce sera pour huit heures et demie.
  .. …… serà per ……. . ….. .

221 • **duiecentu vintunu**

Soixante-deuxième leçon / 62

8 – Si nous arrivons à huit heures et demie, nous sommes assurés *(sûrs)* qu'il y aura toujours tout ?
9 – À ce moment-là, oui, vous pourrez choisir ce que vous voulez *(il vous paraît)*, il n'y a pas de *(n'ayez)* souci.
10 À quel nom dois-je *(ai-je à)* réserver ?
11 – Lorenzetti Martin.
12 – [C'est] d'accord, monsieur Lorenzetti, [votre] *(la)* table en terrasse est réservée pour huit heures et demie, jeudi en huit *(l'autre)*. Au revoir !

Corrigé de l'exercice 1
❶ Si le temps le permet nous vous placerons à l'extérieur. ❷ Vous risquez de ne pouvoir choisir ce que vous voulez. ❸ Je me trompe, ou nous serons le jeudi vingt-sept ? ❹ Ne vous faites pas de souci, la table pour quatre est réservée. ❺ Arrivez quand même un petit peu à l'avance.

***

❺ D'accord, monsieur Lorenzetti, c'est réservé à votre nom.
D'accordu, ... , ghjè riservatu . . . .

Corrigé de l'exercice 2
❶ Vulerebbi – st'etima chì vene ❷ – aghju da riservà – quantu site ❸ Tandu – tutta a nostra carta ❹ Di sicuru – ott'ore è mezu ❺ – o monsieur Lorenzetti – à u vostru nome

Deuxième vague : 13ᵉ leçon

Sessantatreesima lezzione

Revisione – Révision

1 Les verbes en -*ca* et -*ga*

Les verbes dont l'infinitif se termine en **-ca** ou **-ga** prennent un **h** devant les désinences commençant par **e** ou **i**, pour maintenir le son dur du **c** ou du **g**. Exemple : **attacchemu** (leçon 59) du verbe **attaccà**. De même les verbes **ficcà**, *ficher/planter* (leçon 59) et **rimbiccà**, *reprocher* (leçon 61) font à la 2ᵉ personne du singulier **ficchi** et **rimbecchi**, à la 1ʳᵉ personne du pluriel **ficchemu** et **rimbicchemu**.

Parmi les verbes les plus usuels présentant cette particularité on trouve notamment **arricà**, *apporter*, **cascà**, *tomber*, **tuccà**, *toucher*, **pagà**, *payer*.

2 Une locution verbale

Sta(ssi) zittu, *se taire* (cf. leçon 58) comporte une forme verbale, souvent un pronom, et un adjectif :
(mi) stò zittu/a, *je me tais*, **(ti) stai zittu/a**, *tu te tais*, **(si) stà zittu/a**, *il/elle se tait*, **(ci) stemu zitti/e**, *nous nous taisons*, **(vi) state zitti/e*, *vous vous taisez*, **(si) stanu zitti/e**, *ils/elles se taisent*.

N.B. : Il existe de ce verbe un synonyme beaucoup moins usuel qui est **tace**, surtout employé transitivement au sens de *taire (cacher), passer sous silence*.

3 Monter et descendre

Culleraghju, *je monterai* (leçon 59). Conjuguons au présent de l'indicatif **cullà**, *monter*, qui est un verbe régulier quant à ses désinences mais soumis à l'alternance vocalique : **collu** *[kòl-lou]*, *je monte* ; **colli**, *tu montes* ; **colla**, *il / elle monte* ; **cullemu**, *nous montons* ; **cullate**, *vous montez* ; **collanu**, *ils / elles montent*.

L'antonyme **falà**, *descendre*, est un verbe à consonne d'appui (voir leçon 42). À la première personne du présent de l'indicatif on a

Soixante-troisième leçon

donc **falgu**, *je descends*, et au présent du subjonctif la consonne d'appui se trouve à toutes les personnes : **falghi**, **falghi**, **falghi**, **falghimu**, **falghite**, **falghinu**. Cet usage, toutefois, n'est pas général, et l'on peut aussi entendre **falu** à l'indicatif et **fali** au subjonctif.

4 L'impératif négatif

Ùn esse, *ne sois pas*, **ùn mette**, *ne mets pas* (leçon 58) : à la deuxième personne du singulier, l'impératif négatif se forme avec l'infinitif du verbe, précédé de l'adverbe de négation **ùn**.
Ùn abbiate penseru, *n'ayez crainte* (leçon 62) : à la deuxième personne du pluriel, l'impératif négatif se forme avec la forme correspondante du subjonctif précédée de l'adverbe de négation **ùn**.

5 Adverbes

induve, *où*, **indocu**, *nulle part*, **fora**, *dehors* (leçon 57), **dapertuttu**, *partout*, **dentru**, *dedans*. **Una volta**, *autrefois, jadis* (leçon 61).

Dialogue de révision

1 – L'ate datu beie à 'ssu ghjattu ?
2 – Ié, ind'una cuppetta nantu à u zigliare di u purtone.
3 – Ci vole à fà casu à ciò ch'omu dice incù a ghjente azeza.
4 – Di sicuru, certi, maschji è femmine, sò sempre à rimbiccà è à lagnassi.
5 – Azzizzanu, ma eiu u più ch'o possu, cercu di ùn sorte da u suminatu..
6 – À mè, mi scappa a pazienza à sente i so sprupositi !
7 – U piacè di a cumpagnia ghjé quandu omu si tene.
8 – Battistu ùn cerca à nimu, ma nantu u travagliu di a so casa, ùn puderà fà di menu di i muradori.

dueicentu vintiquattru

9 – Vi ne pudete ride : 'ssi cacciadori parenu tanti sullati in operazioni.
10 – Serà vera chì u cignale i pó fraià ?

Traduction

1 Lui avez-vous donné à boire, à ce chat ? **2** Oui, dans un bol sur le seuil de la porte d'entrée. **3** Il faut faire attention à ce qu'on dit avec les gens grincheux. **4** Bien sûr, certains, hommes et femmes, sont toujours en train de faire des reproches et de se plaindre.

Sessantaquattresima lezzione

Ti dicu a meia [1]...

1 – Sai, o 'Ntò, aghju riflessu nantu à 'ssu prugettu chè no avemu parlatu l'altreri.
2   Mi dumandu sì allocc'à l'ultimu seria cusì bell'acquistu…
3   è ùn abbiamu da stacci appena più attenti.
4   À falla corta, mi dumandu sì indu 'ssu cuntrattu ùn ci seria, à le volte, qualchì trappula per cumpradori niscentri.
5   U più chì a mi face pensà, ghjé 'ssu prezzu cusì à straccia mercatu [2], vistu u quartieru.
6   Quessu hè un puntu da specificà…
7   ch'elle ùn ci abbianu da esse, à cose fatte, e gattive surprese !

1 … rivléssou … broudgétou … altréri 4 … ouôltè … 5 … dié … brétsou … gouartiérou 7 … éssè ,,,

1 *a meia*, *la mienne*. Il s'agit de l'opinion, la façon de voir les choses. C'est surtout à la troisième personne que l'on rencontre cette forme ellip-

225 • duiecentu vinticinque

5 Ils provoquent, mais moi, autant que possible, je cherche à ne pas prendre la mouche. **6** Moi, je perds patience à entendre leurs balivernes ! **7** Le plaisir de la compagnie, c'est quand on s'aime bien. **8** Baptiste ne cherche personne, mais sur le chantier de sa maison il ne pourra pas se passer des maçons. **9** Vous pouvez vous en moquer : ces chasseurs ont l'air d'autant de soldats en opérations. **10** Est-ce vrai que le sanglier peut se ruer sur eux ?

Deuxième vague : 14ᵉ leçon

Soixante-quatrième leçon

Je te donne mon avis…

1 – Tu sais, Antoine, j'ai réfléchi sur ce projet dont *(que)* nous avons parlé l'autre jour.
2 Je me demande si au bout du compte ce serait une si belle acquisition…
3 et si nous ne devrions pas *(nous n'ayons à y)* être un peu plus vigilants.
4 Bref *(à la faire courte)*, je me demande si des fois il n'y aurait pas dans ce contrat un *(quelque)* piège à acheteurs naïfs.
5 Ce qui surtout me le fait croire, c'est le prix, si bon marché vu le quartier.
6 C'est là *(celui-là est)* un point à éclaircir *(spécifier)*…
7 [afin] qu'il n'y ait pas, après coup *(à choses faites)*, de vilaines surprises !

---

tique : **ognunu dice a soia**, *chacun donne son avis* (ou *met son mot*) sur un sujet.

2 à straccia mercatu, littéralement "à déchirer marché", c'est-à-dire en cédant à peu de prix, en bradant.

64 / Sessantaquattresima lezione

8 Ancu u lucale mi pare ch'ellu sia scomudu.
9 Ùn hè detta ch'elli anu da esse sempre in centru tutti l'affari è i cummerci...
10 senza cuntà chì in vittura ci si ghjunghje à straziera [3], è trasporti pubblichi ci n'hè pocu è micca.
11 Di pusitivu ùn ci hè chè una cosa : u palazzu hè assai funziunale.
12 Dimmi cum'è tù a pensi, ma a ripetu : ùn niguziemu à l'allera !

10 ... stradziéra ... 12 ... ribédou ... lal-léra

***

Eserciziu 1 – Traducite

❶ Ci ponu esse e gattive surprese se no ùn simu più attenti.
❷ Ci puderia ancu esse una trappula indu u cuntrattu.
❸ Eiu ci aghju riflessu è a pensu cusì, avà dimmi a toia.
❹ Ùn siamu niscentri, ci sò parechji punti da specificà.
❺ À falla corta, 'ssu prugettu d'acquistu ùn mi pare cusì bell'affare.

***

Eserciziu 2 – Cumplitate

❶ L'autre jour, je suis allé négocier une acquisition.
.... sò andatu . ...

❷ Je suis acheteur, mais ce prix pourrait être un piège.
.. .., ma 'ssu prezzu ....

❸ L'immeuble me semble fonctionnel, mais on y arrive avec peine.
. ... mi pare funziunale, ma .. .. à straziera.

❹ Le lieu est incommode : pas ou si peu de transports publics.
. ... hè scomudu : trasporti pubblichi ....

Soixante-quatrième leçon / 64

8 Le lieu aussi me semble *(qu'il soit)* peu commode.
9 Rien ne *(il n'est pas)* dit que toutes les affaires et les commerces doivent toujours se situer *(être)* dans le centre…
10 sans compter que c'est pénible de s'y rendre en voiture [et que] des transports publics il n'y en a pas ou si peu.
11 Il y a un seul aspect positif *(de positif il n'y a qu'une chose)* : l'immeuble est très fonctionnel.
12 Dis-moi ce que tu en *(comme tu la)* penses, mais, je le répète, ne négocions pas à la légère !

Note

3 à **straziera**, *à grand peine* : locution adverbiale formée à partir du verbe **strazià** (intransitif), *peiner* (avoir de la peine = se donner du mal pour faire quelque chose). Transitif, ce verbe a le sens de *maltraiter*, *malmener*.

***

Corrigé de l'exercice 1
❶ Il peut y avoir de vilaines surprises si nous ne sommes pas plus vigilants. ❷ Il pourrait même y avoir un piège dans le contrat. ❸ Moi j'y ai réfléchi et c'est ce que je pense, maintenant donne-moi ton avis. ❹ Ne soyons pas naïfs, il y a plusieurs points à éclaircir. ❺ Bref, ce projet d'acquisition ne me semble pas une si belle affaire.

***

❺ Toutes les affaires ne seront pas toujours dans le centre.
 . . . . **ùn seranu sempre** . . . .

Corrigé de l'exercice 2
❶ L'altreri – à niguzià un acquistu ❷ Sò cumpradore – puderia esse una trappula ❸ U palazzu – ci si ghjunghje – ❹ U lucale – pocu è micca ❺ Tutti l'affari – in centru

Deuxième vague : 15ᵉ leçon

Sessantacinquesima lezione

A rambella di l'oliva [1]

1 – Cum'elli sò cambiati l'usi natalecci è di Capudannu cù u passà di e generazioni !
2 – A fucheria in piazza cumuna, u ceppu in casa si facenu sempre...
3 è ancu a messa di mezanotte, salvune in tanti lochi induv'elli sò firmati pochi paruchjani.
4 – Ma e sopraccene indu i tempi eranu rare, i più si cuntintavanu di un caffellatte dopu messa.
5 U pranzu [2] in famiglia, cù u caprettu o l'agnellu arrustitu, si facia u lindumane.
6 Presepii per'ssi paesi ùn si ne vidia, nè tante luminarie in carrughju, è i rigali à i zitelli eranu di pocu contu.
7 – Tempi è tempi... Oghje ghjallichi frisgiati d'argentu, "babbi Natale" è mazzuli di caracutu !

Prononciation
... rambél-la ... **3** ... médzanôtè ... lôgui ... **4** ... dôbou ... **5** ... agnél-lou ... **6** ... dzidél-li ... **7** ... ôdyè yal-ligui ... matsouli ...

Notes

1 A rambella di l'oliva, *le rameau d'olivier*. Deux observations sur ce titre : a) il aurait pu être plus brièvement formulé **a rambella d'ùliva**. Or il se trouve que l'emploi de l'article défini avec la préposition **di** du complément de matière (quand le nom que l'on complète est lui-même, comme ici, précédé d'un article défini) est un tour ancien mais encore bien vivant et jugé plus expressif, voire plus élégant.

Soixante-cinquième leçon

Le rameau d'olivier

1 – Qu'ils ont changé *(Comme ils sont changés)* les usages de Noël et du Nouvel An avec le passage *(passer)* des générations !
2 – Le grand feu sur la *(en)* place publique *(commune)*, la bûche à la maison, ça se fait *(se font)* toujours…
3 et même la messe de minuit, sauf dans les nombreuses localités où il ne reste *(sont restés)* [que] peu de paroissiens.
4 – Mais les réveillons *(soupers)* étaient rares autrefois *(dans les temps)*, la plupart [des gens] se contentaient d'un café au lait après [la] messe.
5 Le repas de fête, en famille, avec le cabri ou l'agneau rôti, avait lieu *(se faisait)* le lendemain.
6 Des crèches dans les villages on n'en voyait [guère], ni toutes ces illuminations dans la rue, et les cadeaux aux enfants étaient de modeste importance *(de peu de compte)*.
7 – Les temps changent *(Temps et temps)*… Aujourd'hui [ce ne sont que] sapins ornés d'argent, pères Noël et bouquets de houx !

---

b) **l'oliva**, *l'olivier*. Ce féminin qui désigne aussi bien l'arbre que son fruit (**l'oliva**, *l'olive*) est une exception. En général (hors le cas de **fica**, *figuier* et **ficu**, *figue*) l'arbre est masculin et le fruit est féminin (ex. **u melu**, *le pommier*, **a mela**, *la pomme*). Cette distinction vaut aussi pour *l'olivier* et *l'olive* dans les régions de l'île où on les appelle respectivement **l'alivu** et **l'aliva**.

2 **u pranzu** est un repas particulièrement copieux et/ou de cérémonie. On sait que les repas ordinaires sont **a cullazione**, *le déjeuner* et **a cena**, *le dîner*.

65 / Sessantacinquesima lezione

8 I criampuli cherenu [3] i ghjochi video, arnesi elettronichi è altri incrochji di tecnulugia avanzata.
9 – U primu ghjennaghju qual'hè chì porghje più quella rambella di l'oliva ? U vischju l'hà rimpiazzata.
10 – Ma à chì parla corsu a pricantula ferma quella di sempre :
11 Bon dì [4] è bon annu, bon Capudannu…
12 Pace è salute [5] per tuttu l'annu !

8 … yôgui vidéô … innkrôtyi … 9 … yennadyou … pôrdyè … 10 … gôrsou …

Notes

3 **cherenu**, *demandent*, 3ᵉ personne du pl. du verbe **chere**, *demander pour obtenir* à distinguer de **dumandà**, *demander pour savoir*. C'est un verbe à consonne d'appui (cf. leçon 42,1), donc sa 1ʳᵉ personne du sing. est, au présent de l'indicatif, **chergu**, *je demande*.

4 **Bon dì**, *bonjour*. C'est une forme ancienne et plus recherchée pour **bongiornu / bonghjornu**.

***

Eserciziu 1 – Traducite

❶ Indu i tempi luminarie in carrughju ùn si ne vidia. ❷ À mezanotte si facia a fucheria in piazza cumuna ma e sopraccene eranu rare. ❸ In casa c'era u ceppu natalecciu è avà ci hè u ghjalliccu cu i rigali. ❹ Tempi è tempi : oghje i criampuli cherenu i ghjochi elettroniichi. ❺ Cù u passà di e generazioni u vischju è u caracutu anu rimpiazzatu a rambella di l'oliva.

Soixante-cinquième leçon / 65

8 Les gamins demandent des jeux vidéo, des équipements électroniques et autres machins de technologie avancée.
9 – Le premier janvier, qui [donc vous] tend encore le rameau d'olivier ? Le gui l'a remplacé.
10 – Mais pour qui parle corse le compliment *(la formule)* demeure celui de toujours :
11 Bonjour et bonne année, bon Nouvel An…
12 Paix et santé pendant toute l'année !

5 **Pace è salute**, *paix et santé*. Formule augurale dont on se sert au Nouvel An, et uniquement en cette occasion. L'utiliser en d'autres circonstances serait proprement ridicule.

***

Corrigé de l'exercice 1
❶ Autrefois on ne voyait pas d'illuminations dans la rue. ❷ À minuit on faisait un grand feu sur la place publique mais les réveillons étaient rares. ❸ À la maison il y avait la bûche de Noël et maintenant il y a le sapin avec les cadeaux. ❹ Les temps ont changé, aujourd'hui les gamins demandent des jeux électroniques. ❺ Avec le passage des générations le gui et le houx ont remplacé le rameau d'olivier.

Eserciziu 2 – Cumplitate

❶ Bonjour et bonne année, paix et santé pendant toute l'année.
   . . . . . è bon annu, pace è salute . . . .

❷ Pour qui parle corse, c'est la formule du Nouvel An.
   . . . . , hè a pricantula di . . . .

❸ Le premier janvier on fait un repas copieux en famille.
   . . . . si face . . . . in famiglia.

❹ Après la messe, la plupart se contentaient d'un café au lait.
   . . . . , i più si cuntintavanu di . . . .

Sessantaseiesima lezione

A ghjucadora [1]

1 – Voi, o Madama, pocu vi preme a manera, basta chè vo ghjochite !
2 À carte, o corse, lutterie, è ancu cù 'sse cartine grattatoghje [2] ch'elli vendenu i tavacchini.
3 – Hè vera, u ghjocu mi hè sempre piaciutu, da quandu era zitella è si tirava a china [3] ind'u mio paese…
4 finu à frequentà i circuli è i casinó di Francia è d'altrò.
5 – L'avete fattu u contu di quantu ci avete persu in tanti anni ?

Prononciation
… yougaora 1 boï … manéra … yôguidè 3 … yôgou … dzidél-la …

Notes

[1] **ghjucadora**, *joueuse*. Notez bien que si le féminin des noms en **-tore** se fait en **-trice** (ex. : attore > attrice, *acteur > actrice*), celui des noms en **-dore** se fait en **-dora** (ex. : cumpradore > cumpradora, *acheteur > acheteuse*).

❺ Les enfants ne demandent plus des machins de peu de valeur.
I zitelli ùn .... di pocu contu.

Corrigé de l'exercice 2
❶ Bon dì – per tuttu l'annu ❷ À chì parla corsu – Capudannu ❸ U primu ghjennaghju – un pranzu – ❹ Dopu messa – un caffellatte ❺ – cherenu più incrochji –

Deuxième vague : 16ᵉ leçon

Soixante-sixième leçon

La joueuse

1 – Vous, *(ô)* Madame, peu vous importe la façon, [il] suffit que vous jouiez !
2   Aux *(à)* cartes, ou [aux] courses, [aux] loteries, et même avec ces petits papiers à gratter que *(qu'ils)* vendent les débitants de tabac.
3 – [C']est vrai, j'ai toujours aimé le jeu, depuis [le temps où] j'étais gamine et que l'on jouait au loto *(tirait la quine)* dans mon village…
4   jusqu'à ce que je fréquente *(à fréquenter)* les cercles et les casinos de France et d'ailleurs.
5 – Avez-vous fait le compte de combien vous y avez perdu en tant d'années ?

2 **grattatoghje**, *à gratter*, littéralement "grattables". Le suffixe **-toghju / -toghja** accolé à un verbe crée un adjectif ayant le sens d'une possibilité d'usage ou d'exploitation (ex. **roba manghjatoghja**, *marchandise mangeable, comestible*).

3 **a china**, ce nom (en français *quine*, n.m.) désigne sur un carton du jeu de loto la première rangée de cinq numéros extraite et donc gagnante. Par extension le jeu de loto lui-même.

6 – Nò, ma tra u più è u menu pensu ch'o sò para è patta.
7 – Cusì dicenu i vechji ghjucadori, puru ch'ella ùn sia sempre vera.
8 – Lachemu [4] corre e perdite o e vincite, ghjé u piacè di u risicu, di l'inforse, quellu chì ci cumanda.
9 A prova si n'hè chì i ricconi sò ancu più azziccati à u ghjocu chè a povera ghjente.
10 – Ié, ma quantu ci n'hè chì ci anu lacatu casali [5] è capitali ...
11 – Soca ùn eranu tantu astuti, chì si pó ghjucà, ma ci vole ancu à sapessi guvernà.
12 Alé ! Avà mi ne culleraghju in casa, à sente s'elli sò surtiti i numeri ch'o aghju signatu [6] à u "Loto"... □

7 ... ouétyi yougaori ... 9 ... prôhoua ...

Notes

[4] **lachemu**, *laissons* (phrase 8), **lacatu**, *laissé* (phrase 10), formes du verbe **lacà**, synonyme usuel de **lascià**, *laisser*.

[5] **casali**, sing. **casale**, ensemble des *biens-fonds* d'une famille (terres, bâtiments).

[6] **signatu**, *marqué*, *coché*, du verbe **signà**, dérivé de **segnu**, *marque*, *signe*.

***

Eserciziu 1 – Traducite

❶ Quella donna hè azziccata à u ghjocu in tutte le manere. ❷ Dice di esse patta è para, si vede chì pocu li premenu e perdite. ❸ U piacè di l'inforse face ghjucà i ricconi cume a povera ghjente. ❹ Sò pocu astuti è ùn si sanu guvernà quelli chì lacanu i so capitali indu i casinó. ❺ U contu di quantu anu persu in tanti anni ùn lu volenu fà.

Soixante-sixième leçon / 66

6 – Non, mais globalement *(entre le plus et le moins)* je pense que je suis quitte.
7 – C'est ce que *(ainsi)* disent les vieux joueurs, même si ce n'est pas toujours la vérité.
8 – Laissons de côté *(courir)* les pertes et les gains, c'est le plaisir du risque, du hasard, *(celui)* qui nous pousse *(commande)*.
9 À preuve *(la preuve s'en est)* que les gros richards sont encore plus accros au jeu que les pauvres gens.
10 – Oui, mais combien y en a-t-il qui y ont laissé leurs biens et leurs capitaux…
11 – Sans doute n'étaient-ils pas assez *(tant)* sages, car on peut jouer, mais il faut aussi savoir se maîtriser *(gouverner)*.
12 Bon *(Allez)* ! Maintenant je vais *(m'en)* monter chez moi, pour savoir si *(ils)* sont sortis les numéros que j'ai cochés au Loto…

Corrigé de l'exercice 1
❶ Cette dame-là est accro au jeu de toutes les façons. ❷ Elle dit être quitte, on voit qu'elle se soucie peu des pertes. ❸ Le plaisir du hasard fait jouer les gros richards comme les pauvres gens. ❹ Ils sont peu sages et ne savent pas se maîtriser ceux qui laissent leurs capitaux dans les casinos. ❺ Le compte de ce qu'ils ont perdu en tant d'années ils ne veulent pas le faire.

duiecentu trentasei • 236

Eserciziu 2 – Cumplitate

① Vous avez toujours aimé le jeu, même quand vous étiez enfant.
. . . . u ghjocu, ancu quandu erate . . . .

② Vous pouvez faire un gain avec les petits papiers à gratter.
Pudete fà . . . . cù e cartine . . . .

③ Les vieux joueurs disent qu'ils n'y ont pas perdu, mais ce n'est pas vrai.
. . . . dicenu chì . . . . ma ùn hè . . . . .

④ À preuve que certains y ont laissé leurs biens.
. . . . chì certi ci . . . . i so casali.

Sessantasettesima lezzione

Nivaghja è cutrura

1 – T'arricordi quell'annu chè no cullaimu [1] in paese di ghjennaghju [2] è fuimu bluccati quassù da u nivaghjone ?

2 – Nivò dui ghjorni à fila, ùn eranu fiocchi ma stracci [3] !

3 Alzò trè palmi ind'a nuttata è a matina ùn pobbimu mancu apre u purtone.

Prononciation
nihouadya … koudroura **1** *… arrigôrdi …* **2** *… fiôki …* **3** *… pôbimou …*

Notes

1 **cullaimu**, *nous montâmes*. Vous découvrez dans ce dialogue le passé simple, un temps guère usité en français et, par suite du contact avec cette langue, un peu oublié en corse aussi. Mais il garde toute sa valeur dans l'évocation de faits très anciens ou ressentis comme tels. Vous ferez mieux connaissance avec le passé simple à la leçon 70 et, bien entendu, en vous reportant à l'appendice grammatical.

❺ J'ai coché des numéros au Loto, je vais monter chez moi pour savoir s'ils sont sortis.

.... i numeri à u Loto, ... in casa à sente s'elli .. ..

Corrigé de l'exercice 2
❶ Vi è sempre piaciutu – zitella ❷ – una vincita – grattatoghje ❸ I vechji ghjucadori – ùn ci anu persu – vera ❹ A prova si n'hè – anu lacatu – ❺ Aghju signatu – mi ne culleraghju – sò surtiti

Deuxième vague : 17ᵉ leçon

Soixante-septième leçon

Enneigement et gelée

1 – Tu te souviens de cette année-là, quand *(que)* nous sommes montés *(montâmes)* au village en janvier et [que] nous avons été *(fûmes)* bloqués là-haut par une tempête de neige ?
2 – Il a neigé *(neigea)* deux jours de suite, ce n'était pas des flocons mais de [véritables] paquets de neige !
3 [La couche] atteignit *(haussa)* soixante-quinze centimètres *(trois empans)* dans la nuit, et le matin nous n'avons même pas pu *(ne pûmes)* ouvrir la porte de sortie.

2 **di ghjennaghju**, *en janvier*. La référence à un mois ou à une saison se fait avec la préposition **di**. Ex. : **di lugliu**, *en juillet*, **d'estate**, *en été*, **di marzu**, *au mois de mars*, **d'imbernu**, *en hiver*, etc.
3 **stracci**, littéralement "chiffons". On appelle ainsi par métaphore les gros flocons ou les associations de flocons qui font penser à des linges blancs tombant du ciel.

67 / Sessantasettesima lezzione

4 Pruvaimu à sfurzallu, si sgrignò ma ùn s'aprì : eramu prigiuneri di a neve !

5 – Ancu assai chì c'eranu e legne [4] ind'u caminu ! Incippaimu un bellu focu...

6 ed ebbimu a furtuna di truvà in cucina i figatelli [5] appesi è una pruvista di farina pisticcina.

7 Cusì fecimu a pulenda è fame ùn si ne patì !

8 – Ma ci tuccò à staccine è ghjurnate sane à u focu, à manighjà e mullette, insinu à ch'ella si sdrughjissi quella neve.

9 – À falaccine in piaghja c'era u periculu chì a vittura sculiscessi : nantu u stradone c'era u cotru.

10 Per ùn piglià u risicu di capulacci [6] in fondu à qualchì precipiziu, avemu attimpatu a partenza.

11 – Quandu puru puru ci n'andetimu, [7] c'era un sole magnificu chì facia riluce a neve di e cime.

12 Di quella scappatella, hè certa ch'o mi n'arricordu !

4 ... **nè**houè *5* ... **vô**gou *6* ... viga**dél**-li ... *7* ... **fé**djimou ... *8* ... **tché**ra ... skouli**ché**ssè ... *9* ... **gô**drou *11* ... an**dé**dimou ... *12* ... skapa**dél**-la ...

Notes

4 **e legne**, *le bois de chauffage*, sing. **una legna**, *une bûche*. À distinguer de **u legnu**, *le bois en général*, mais pas un espace de terrain couvert d'arbres qui se dit **boscu**, **valdu**, **furesta**.

5 **figatelli**, sing. **figatellu**, *saucisse de foie de porc* que l'on grille à la broche. Peut accompagner la polenta.

6 **capulacci**, "nous jeter". Le verbe **capulà** dit ordinairement *jeter au loin*, *projeter* à distance avec force.

239 • **duiecentu trentanove**

Soixante-septième leçon / 67

4 Nous avons essayé *(essayâmes)* de la forcer, elle s'est entrebâillée *(s'entrebâilla)* mais ne s'est pas ouverte *(ne s'ouvrit pas)* : nous étions prisonniers de la neige !

5 – Heureusement qu'il y avait du bois dans la cheminée ! Nous avons activé *(activâmes)* un beau feu…

6 et nous avons eu *(eûmes)* la chance de trouver à la *(en)* cuisine des figatelli suspendus et une provision de farine de châtaigne.

7 Ainsi nous avons pu faire *(fîmes)* de la polenta, et nul ne souffrit de la faim !

8 – Mais [il] nous fallut *(toucha à nous en)* rester des *(les)* journées entières au [coin du] feu à manier les pincettes jusqu'à [la fonte de] *(ce que fondît)* cette neige.

9 – Pour *(à nous en)* [re]descendre dans la *(en)* plaine, il y avait *(le)* danger que la voiture dérape *(dérapât)* : la route était verglacée *(sur la route il y avait le verglas)*.

10 Afin de *(pour)* ne [pas] prendre le risque de nous jeter au fond d'un *(de quelque)* précipice, nous avons reporté le départ.

11 – Quand enfin *(tout de même)* nous avons pu nous en aller *(nous nous en allâmes)*, il y avait un soleil magnifique qui faisait briller la neige des sommets.

12 De cette petite escapade je m'en souviens, c'est certain !

7 andetimu, *allâmes*, appartient à une deuxième forme du passé simple. Synonyme de **andaimu**, mais préféré avec le pronominal **andassine**, *s'en aller*. Au sing. **si n'andete**, *s'en alla*, mieux rendu par *s'en est allé*.

Eserciziu 1 – Traducite

① M'arricurderaghju sempre di quella scappatella.
② Fuimu bluccati quassù insinu à chì a neve si sdrughjissi.
③ Fecimu u focu indu u caminu è manighjaimu e mullette.
④ Attimpaimu a partenza perchè c'era u cotru. ⑤ Quandu ci n'andetimu rilucia a neve di e cime.

***

Eserciziu 2 – Cumplitate

① Il neigea des journées entières, des flocons et des paquets de neige.
.... e ghjurnate .... fiocchi è ....

② Nous ne pûmes ouvrir la porte de sortie, nous étions prisonniers.
...., eramu prigiuneri.

③ Heureusement qu'il y avait du bois dans la cheminée, nous fîmes du feu.
.... chì c'eranu ...... indu u caminu, ...

④ Nous eûmes la chance de trouver de la farine de châtaigne.
.... di truvà a ....

Sessantottesima lezzione

Affari di guvernu

1 – Chì serà tuttu 'ssu parapiglia ?
2 Pulizza, giandarmeria, catari in carrughju !
3 – Hà da ghjunghje ¹ qualchissia di spiccu, l'anu da riceve prefettu, merre, è tutte l'auturità.

Prononciation
... gou-ouèrnou **1** ... parabilya **3** ... prèvétou ... ahoudourida

Corrigé de l'exercice 1
❶ Je me souviendrai toujours de cette petite escapade. ❷ Nous fûmes bloqués là-haut jusqu'à ce que la neige fondît. ❸ Nous fîmes du feu dans la cheminée et nous maniâmes les pincettes. ❹ Nous reportâmes le départ parce qu'il y avait du verglas. ❺ Quand nous nous en allâmes la neige des sommets brillait.

***

❺ À la cuisine il y avait des figatelli suspendus, on ne souffrit pas de la faim.
 . . . . c'eranu i figatelli . . . . . . , fame ùn si ne . . . . . **.**

Corrigé de l'exercice 2
❶ Nivò – sane – stracci ❷ Ùn pobbimu apre u purtone – ❸ Ancu assai – e legne – fecimu u focu ❹ Ebbimu a furtuna – farina pisticcina ❺ In cucina – appesi – patì

Deuxième vague : 18ᵉ leçon

Soixante-huitième leçon

Affaires de gouvernement

1 – Pourquoi y a t-il *(que sera)* tout ce branle-bas ?
2 Police, gendarmerie, barrières dans la rue !
3 – Quelqu'un d'éminent va arriver : [le] préfet, [le] maire et toutes les autorités vont le recevoir.

Note
1 **Hà da ghjunghje**, *va arriver* ; **anu da riceve**, *vont recevoir* (phrase 3) ; **ci hà da esse**, *il va y avoir* (phrase 4) : vous reconnaissez le futur immédiat qui se forme avec le verbe **avè + da** + infinitif.

duiecentu quarantadui • 242

68 / Sessantottesima lezione

4 – Ci hà da esse una cerimonia ² à u munumentu à i Morti, cù un dipositu di curona è un minutu ³ di silenziu,

5 discorsi in l'assembleie d'eletti, ricevimentu in Prefettura...

6 visite di travagli, scole, amministrazioni, siti da prutege.

7 – Mì ⁴ quanti giurnalisti cù i so micró è cù e so camerà, pronti ad ⁵ arregistrà l'intervista.

8 – Cosa ⁶ ci annunzierà a persunalità ? Ùn serà micca ghjunta à mani biote !

9 Vantaghji per tale catiguria, misure fiscali per tutti ?

10 – S'ammansa u pubblicu per vede da vicinu l'omu o a donna di tanta impurtanza.

11 U cummissariu risponde à u so telefunu : à mumenti ci simu !

12 Eccu e vitture uffiziali, da a prima esce ⁷ a signora ⁸ ministra. Benvinuta !

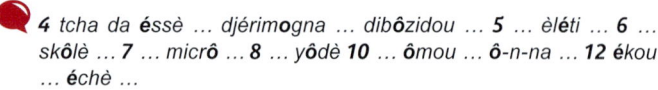

4 tcha da éssè ... djérimogna ... dibôzidou ... 5 ... èléti ... 6 ... skôlè ... 7 ... micrô ... 8 ... yôdè 10 ... ômou ... ô-n-na ... 12 ékou ... échè ...

Notes

2 cerimonia, *cérémonie* : attention à la place de l'accent tonique !

3 un minutu, *une minute* : notez bien que ce mot est masculin en corse.

4 mì, *vois, regarde*, impératif apocopé (2ᵉ pers.sing.) d'un verbe en désuétude, passé à l'état d'interjection. Même cas pour la 2ᵉ pers pl. **mirà**, *voyez, regardez*.

5 ad : un *d* euphonique adjoint à la préposition **à** permet d'éviter un hiatus (ici la rencontre de deux **a**).

Soixante-huitième leçon / 68

4 – Il y aura *(va y avoir)* une cérémonie au monument aux Morts, avec *(un)* dépôt de couronne et *(une)* minute de silence,
5 [des] discours dans les assemblées d'élus, [une] réception à la Préfecture...
6 [des] visites de chantiers, [d']écoles, [d']Administrations, [de] sites à protéger.
7 – Il y a beaucoup *(vois combien)* de journalistes avec leurs micros et leurs caméras, prêts à enregistrer l'interview.
8 – Que va nous annoncer la personnalité ? Elle ne doit *(sera)* pas [être] arrivée les *(à)* mains vides !
9 [Des] avantages pour telle [ou telle] catégorie, [des] mesures fiscales pour tout le monde *(tous)* ?
10 Le public se masse pour voir de près cet *(l')*homme ou cette *(la)* femme de tant d'importance.
11 Le commissaire répond [à un appel] sur son téléphone : le moment est proche *(bientôt nous y sommes)* !
12 Voilà les voitures officielles, de la première sort madame la ministre. Bienvenue !

---

6 **cosa ?**, *que ?*, *quoi ?* est dans une conversation un équivalent du pronom interrogatif **chì ?**

7 **esce**, *sort*. Du verbe **esce**, *sortir*, synonyme de **sorte**, mais d'un emploi moins courant.

8 **signora**, *madame*, et le masculin **sgiò** *[jo]*, *monsieur*, qui ne pouvaient s'accompagner que d'un prénom (**a signora Maria**, **u sgiò Paulu**...) ont disparu de l'usage à cause de leur connotation sociale : on ne les employait qu'à l'égard des notables. Ils ont été remplacés par **madama**, *monsieur* qui s'adressent à tout un chacun et qui peuvent s'appliquer aux patronymes. Toutefois les anciennes dénominations subsistent lorsqu'elles sont suivies d'un titre : **u sgiò presidente**, *monsieur le président*, **a signora ministra**, *madame la ministre*.

duiecentu quarantaquattru • 244

69 / Sessantanovesima lezzione

Eserciziu 1 – Traducite

❶ Hà da ghjunghje qualchissia chì annunzierà vantaghji per tutti. ❷ Ci sò i catari in carrughju è u pubblicu s'ammansa per vede 'ssa persona di spiccu. ❸ U merre ferà un discorsu per riceve 'ssa persunalità. ❹ Dopu a cerimonia ci hà da esse u ricevimentu di u prefettu cù tutti l'eletti. ❺ I giurnalisti arregistreranu l'intervista di a signora ministra.

***

Eserciziu 2 – Cumplitate

❶ Pourquoi tout ce branle-bas de gendarmerie et de police ?
Chì serà . . . . di giandarmeria è di . . . . ?

❷ Il va y avoir un dépôt de couronne et une minute de silence...
. . . . un dipositu di curona è . . . .

❸ des visites d'écoles, de chantiers et de sites à protéger.
visite di . . . . . ., di travagli è di . . . .

❹ La personnalité n'est pas arrivée les mains vides.
A persunalità . . . .

❺ Voilà les voitures officielles, bienvenue madame la ministre !
. . . . e vitture uffiziali, ... signora ministra !

69

Sessantanovesima lezzione

Prima di parte

1 – Hè pronta a valisgia, o Filì, ch'ellu ùn t'abbia da piglià u tardi ?
2 – Ié o Mà, aghju messu in fondu e magliette, i calzunetti, e calze,

Prononciation
prima hi bartè **1** ... *oualija* ...

245 • duiecentu quarantacinque

Corrigé de l'exercice 1
❶ Quelqu'un va arriver qui annoncera des avantages pour tout le monde. ❷ Il y a des barrières dans la rue et le public se masse pour voir cette éminente personne. ❸ Le maire fera un discours pour recevoir cette personnalité. ❹ Après la cérémonie il va y avoir la réception du préfet avec tous les élus. ❺ Les journalistes enregistreront l'interview de madame la ministre.

Corrigé de l'exercice 2
❶ – tuttu 'ssu parapiglia – pulizza ❷ Ci hà da esse – un minutu di silenziu ❸ – scole – siti da prutege ❹ – ùn hè micca ghjunta à mani biote ❺ Eccu – benvinuta –

Deuxième vague : 19e leçon

Soixante-neuvième leçon

Avant de partir

1 – Ta *(la)* valise est prête, Philippe ? [Il ne faudrait pas] que tu te mettes en retard *(qu'il ne t'ait a prendre le tard)*.
2 – Oui Maman, j'ai mis dans le *(en)* fond les tricots de corps, les caleçons, les chaussettes,

3 sopra ci sò [1] e camisge stirate, e maglie è dui pantaloni cù e so cinte.

4 – Ùn ti scurdà di piglià una ghjacchetta in più di quella che tu hai addossu.

5 – A grisgia mi stringhje, ùn la possu mancu abbuttulà [2], a marron mi stà bè, ma hè scusgita a frodara.

6 – Pazienza ! Hè sempre megliu ad avè un caccia è un metti. È à un altru paghju di scarpi ci hai pensatu ?

7 – Quelli senza straglieri ùn li vogliu chì mi mucanu [3] !

8 – Omancu porta e to sandule, è dinù e ciavatte per a sera in camera.

9 Mantellu sciarpa è barretta à st'epica ùn ne averai bisognu.

10 Una cruata [4] è un mandile di stacchinu pigliali sempre... ùn pesanu tantu !

11 – Hai datu capu à tuttu, avà sò prontu è paratu, ti ringraziu !

12 – Ah, ùn diminticà [5] u paracqua, ci piove spessu culandi [6]...

3 ... gamijè ... 4 ... yakèta ... adòssou 5 ... rija ... bôssou skoujida ... frohara 7 ... ouôlyou ... 8 ... pôrta ... 9 mantél-lou charpa ... èbiga ... 12 ... byôhouè ...

Notes

1 **ci sò** = *il y a* (littéralement : "y sont") quand cette forme est suivie par un mot au pluriel. On sait, pour l'avoir déjà maintes fois rencontrée, que la forme **ci hè** (litt. "y est") = *il y a* quand elle est suivie par un mot au singulier.

2 **abbuttulà**, *boutonner*, verbe qui, comme **sbuttulà**, *déboutonner*, dérive de **bottulu**, *bouton de vêtement*. Sous l'influence du français bouton

Soixante-neuvième leçon / 69

3 au-dessus *(il y a)* les chemises repassées, les pull-overs et deux pantalons avec leurs ceintures.
4 – N'oublie pas de prendre une veste en plus de celle que tu as sur toi.
5 – La grise me serre, je ne peux même pas la boutonner, la marron me va bien mais la doublure est décousue.
6 – Tant pis *(Patience)* ! Il vaut *(est)* toujours mieux avoir un vêtement de rechange *(un enlève et un mets)*. Et à une autre paire de souliers y as-tu pensé ?
7 – Ceux qui n'ont pas de *(sans)* lacets je ne les veux pas car ils me font mal !
8 – Emporte *(Porte)* au moins tes sandales, et aussi les pantoufles pour le soir dans ta *(en)* chambre.
9 [De] manteau, [d']écharpe et [de] casquette en cette période de l'année, tu n'en auras pas besoin.
10 Une cravate et une pochette *(mouchoir de petite poche)* prends-les toujours, ça *(ils)* ne pèse*(nt)* pas lourd *(tant)* !
11 – Tu as pensé *(donné tête)* à tout, maintenant je suis fin prêt, je te remercie !
12 – Ah, n'oublie pas ton *(le)* parapluie, il *(y)* pleut souvent par là-bas…

on a aussi le synonyme **buttone** et les verbes dérivés **abbuttunà** et **sbuttunà**.

3 **mucanu**, 3ᵉ pers. plur. du verbe **mucà** qui, lorsqu'il est transitif, comme ici, a le sens de *meurtrir par frottement ou constriction*, c'est le cas des chaussures "qui font mal". Lorsque ce verbe est intransitif il signifie *être assis ou couché inconfortablement / subir une gêne corporelle*.

4 **cruata**, *cravate*. Il existe aussi la forme plus récente **cravata**, moins fidèle à l'origine du mot : *croate*.

5 **diminticà**, *oublier*, synonyme de **scurdassi** (phrase 4). Ces deux verbes sont ici à l'impératif négatif.

6 **culandi**, *par là-bas* vs **quindi**, *par ici*, adverbes de lieu formés respectivement sur **culà**, *là-bas* et **qui**, *ici*.

Eserciziu 1 – Traducite

❶ A so mamma hà datu capu à tuttu per a valisgia di Filippu. **❷** U zitellu hè prontu à parte cù a ghjacchetta ch'ellu hà addossu. **❸** Di una barretta à st'epica ùn ne averà bisognu. **❹** Hè megliu à mette e sandule o puru e ciavatte chè scarpi chì mucanu. **❺** Ùn ti scurdà di u paracqua o Filì chì culandi ci piove spessu !

***

Eserciziu 2 – Cumplitate

❶ Il ne faudrait pas que tu te mettes en retard.
Ch'ellu ùn t'abbia da . . . .

❷ Les chemises repassées je les ai mises au-dessus.
. . . . l'aghju messe . . . . .

❸ La veste grise me serre, l'autre me va bien, mais elle est décousue.
A ghjacchetta grisgia . . . ., l'altra . . . ., ma hè . . . .

❹ Avoir un vêtement de rechange, c'est toujours mieux.
Avè . . . ., hè sempre . . . .

❺ Même sans cravate et sans pochette, je serai fin prêt.
. . . . è senza mandile di stacchinu, seraghju . . . .

70 Settantesima lezzione

Revisione – Révision

1 Le passé simple

Le dialogue de la leçon 67 est en grande partie au passé simple : un temps que vous n'aviez pas rencontré jusque-là, du fait de la relative rareté de son utilisation. C'est donc l'occasion de faire avec lui plus ample connaissance. À commencer par les formes qu'il revêt dans les verbes auxiliaires (cf. leçon 67, phrases 1 et 6) :

Corrigé de l'exercice 1

❶ Sa mère a pensé à tout pour la valise de Philippe. ❷ Le garçon est prêt à partir avec la veste qu'il a sur lui. ❸ D'une casquette en cette période de l'année, il n'en aura pas besoin. ❹ Il vaut mieux mettre des sandales ou même des pantoufles que des souliers qui font mal. ❺ N'oublie pas ton parapluie, Philippe, parce qu'il pleut souvent par là-bas !

Corrigé de l'exercice 2

❶ – piglià u tardi ❷ E camisge stirate – sopra ❸ – mi stringhje – mi stà bè – scusgita ❹ – un caccia è un metti – megliu ❺ Puru senza cruata – prontu è paratu

Deuxième vague : 20ᵉ leçon

Soixante-dixième leçon

Esse, *être*	Avè, *avoir*
fui, *je fus*	ebbi, *j'eus*
fusti, *tu fus*	avesti, *tu eus*
fù, *il/elle fut*	ebbe, *il/elle eut*
fuimu, *nous fûmes*	ebbimu, *nous eûmes*
fuste, *vous fûtes*	aveste, *vous eûtes*
funu, *ils/elles furent*	ebbenu, *ils/elles eurent*

Pour la première conjugaison il existe deux types de passé simple (cf. leçon 67, phrases 1 à 5 et 8 pour le premier type, phrase 11 pour le deuxième type). Ex. avec le verbe **andà**, *aller* :

andai, *j'allai*	**andeti**, *j'allai*
andasti, *tu allas*	**andesti**, *tu allas*
andò, *il/elle alla*	**andete**, *il/elle alla*
andaimu, *nous allâmes*	**andetimu**, *nous allâmes*
andaste, *vous allâtes*	**andeste**, *vous allâtes*
andonu, *ils/elles allèrent*	**andetinu**, *ils/elles allèrent*

Les verbes dont l'infinitif est en **-e** ou en **-ì** /**-isce** présentent au passé simple les désinences **-ìi**, **-isti**, **-ì**, **-ìimu**, **-iste**, **-inu**, cf. leçon 67, phrases 4 et 7 : **aprì** (de **apre**), **patì** (de **pate**).

Quant à **pobbimu**, *nous pûmes* et **fecimu**, *nous fîmes*, **ibidem**, phrases 3 et 7, ce sont des formes de verbes irréguliers, respectivement **pudè**, *pouvoir* et **fà**, *faire*, dont le passé simple se conjugue comme suit : **pobbi**, **pudesti**, **pobbe**, **pobbimu**, **pudeste**, **pobbenu** et **feci**, **facesti**, **fece**, **fecimu**, **faceste**, **fecenu**.

2 La concordance des temps

Il s'agit de la correspondance entre le temps du verbe de la proposition principale et le temps du verbe de la proposition subordonnée. En français ce n'est pas toujours le cas, en corse on observe la concordance des temps. Ainsi lorsque le verbe de la proposition principale est au passé, le verbe de la subordonnée se met aussi au passé. Cf. leçon 67, phrases 8 et 9 :

Ci tuccò à staccine à u focu insinu à ch'ella si sdrughjissi quella neve.
Il nous fallut rester au coin du feu jusqu'à ce que cette neige fondît (fr. *fonde*).

C'era u periculu chì a vittura sculiscessi.
Il y avait danger que la voiture dérapât (fr. *dérape*).

3 Pluriel de certains noms et adjectifs

Les noms et adjectifs dont la terminaison est **-ciu**, **-cia**, **-giu**, **-gia** ne reproduisent pas au pluriel le "i" de leur terminaison. Ainsi :

pesciu, *poisson*, plur. **pesci** (et non **pescii**)
caccia, *chasse*, plur. **cacce** (et non **caccie**)
casgiu, *fromage*, plur. **casgi** (et non **casgii**)
camisgia, *chemise*, plur. **camisge** (et non **camisgie**)

4 Locutions et adverbes usuels

l'altreri, *avant-hier* ; **à l'allera**, *à la légère* ; **à straziera**, *à grand peine* ; **indi i tempi**, *jadis* ; **quassù**, *là-haut* ; **addossu**, *sur soi* ; **omancu**, *au moins / à tout le moins*.

Dialogue de révision

1 – Chì ghjé chì ti face pensà ch'ell' ùn seria un bell'acquistu ?

2 – Ghjé chì u lucale mi pare scomudu è ci si ghjunghje à straziera.

3 – In casa toia a fate a sopraccena a sera di Natale ?

4 – Nò, ma in Capudannu feremu un pranzu !

5 – O madama, site certa di esse para è patta dopu tanti anni di ghjocu ?

6 – Sì, chì sò guvernammi, è cusì ùn aghju persu u mio casale è u mio capitale.

7 – Perché chì attimpaste a partenza da quassù, quandu c'era quella neve ?

8 – C'era ancu u cotru è aspittaimu ch'ellu si sdrughjissi.

9 – Di mantellu sciarpa è barretta tandu ci n'era bisognu, oghje nò.

10 – Ma omancu ùn vi scurdate di u paracqua !

Traduction

1 Qu'est-ce qui te fait penser que ce ne serait pas une belle acquisition ? **2** C'est que le lieu ne me semble pas commode et l'on y arrive à grand peine. **3** Chez toi, vous faites le réveillon le soir de Noël ? **4** Non, mais pour le Jour de l'An nous ferons un copieux repas ! **5** Madame, êtes-vous certaine d'être quitte après tant d'années de jeu ? **6** Oui, car je sais me maîtriser, et ainsi je

Settantunesima lezzione

Ammubulassi

1 – Ùn mi pare mancu vera, o Agata ! E chjavi di st'appartamentu avà l'aghju ind'istacca [1] !
2 – Dumane vineraghju à mette duie etichette cù i nostri nomi è casate [2] :
3 una in fondu di scala nantu à e cascette di e lettere, è l'altra fora, accantu à u tastu di a nostra suneria.
4 A più chì mi piace hè sta sala : hè di forma originale, nè quadrata, nè rettangulare.
5 – Ci hè ancu da dumandassi cumu emu da fà à piazzà i mobuli...

Prononciation
amouboulassi **2** ... *métè* ... *nôstri* ... **3** ... *lét-tèrè* ... *fôra* ... *nôstra* ... **5** ... *môbouli*

Notes
1 **ind'istacca**, *dans la / en poche*, expression usuelle. Dans tout autre contexte *poche* se dit simplement **stacca**, plur. **stacche**.

n'ai pas perdu mon patrimoine et mon capital. **7** Pourquoi avez-vous reporté le départ de là-haut quand il y avait cette neige ? **8** Il y avait aussi du verglas et nous attendîmes qu'il fonde. **9** De manteau écharpe et casquette il y en avait besoin alors, aujourd'hui non. **10** Mais au moins n'oubliez pas le parapluie !

Deuxième vague : 21ᵉ leçon

Soixante et onzième leçon

Se meubler

1 – Je n'en crois pas mes yeux *(ça ne me semble même pas vrai)*, Agathe, j'ai maintenant en poche les clés de cet appartement !
2 – Demain je viendrai mettre deux étiquettes avec nos noms et prénoms *(prénoms et patronymes)* :
3 une au bas de l'escalier, sur les boîtes aux lettres, et l'autre à l'extérieur, à côté du bouton de notre sonnette *(sonnerie)*.
4 Ce que je préfère *(la plus qui me plaît)* [c']est cette salle [de séjour] : elle est d'une forme originale, ni carrée, ni rectangulaire.
5 – On peut *(il y a même à)* se demander comment nous allons faire pour *(à)* placer les meubles…

---

2 **nomi è casate**, *prénoms et patronymes*, au sing. **nome è casata**. Mais il arrive couramment dans l'usage civil que **nome** désigne le nom patronymique (ou "de famille").

71 / Settantunesima lezzione

6 – Indeh [3] perchè, o Ghjà ? Quì ci mitteraghju u canappé in coghju è custì in faccia a televisione…

7 nantu à 'ssa tramizana ci appenderaghju i dui guadri ch'elli ci anu rigalatu i nostri amici pittori,

8 indù u scornu u lampadariu, è arrente à 'ssu muru a bibliuteca, s'ella c'entre…

9 – In curridore ci hè una scanceria abbastanza fonda.

10 – Ma ci vulerà à cumprà un altru armadiu…

11 è un bellu tavulinu, cù sei carreie, è dui futtogli cù i so cuscini.

12 – Stà à sente, se t'accatamalzeghji tutta 'ssa roba, mi parerà di stà in un magazinu di mobuli, mi parerà [4] !

6 … kôdyou … 7 … ouadri … nôstri … 8 … skôrnou … 11 … séi garéyè … voutôlyi … 12 … môbouli …

Notes

3 **indeh**, interjection qui, selon le ton qu'on lui donne, peut exprimer l'étonnement, la surprise, l'interrogation, ou une réprobation assortie parfois d'une légère menace notamment lors d'une réprimande.

***

Eserciziu 1 – Traducite

❶ Ad Agata u più chì li piace hè a sala. ❷ Ma Ghjacumu si dumanda cum'elli anu da fà à piazzà i mobuli. ❸ Ci hè un canappé in coghju è ci sarà un armadiu, un tavulinu è sei carreie. ❹ Arrente à u muru mitteranu a bibliuteca s'ella c'entre. ❺ A scanceria in curridore hè fonda ma ùn basta.

255 • duiecentu cinquantacinque

6 – Et pourquoi donc, Jacques ? Ici je mettrai le canapé en cuir et là en face la télévision…
7 sur cette cloison j'*(y)* accrocherai *(suspendrai)* les deux tableaux que nous ont offerts nos amis peintres,
8 dans le coin le lampadaire, et le long de ce mur la bibliothèque, si elle y entre…
9 – Dans le couloir il y a un placard assez profond.
10 – Mais il faudra acheter une autre armoire…
11 et une belle table avec six chaises, et deux fauteuils avec *(leurs)* les coussins [assortis].
12 – Écoute, si tu entasses toute cette marchandise, j'aurai l'impression d'*(il me semblera)* habiter dans un magasin de meubles, c'est sûr !

4 mi parerà di stà…, mi parerà, littéralement *il me semblera habiter, il me semblera*. Nous rencontrons ici le phénomène de la réitération, par lequel, dans la conversation, un verbe émis au début d'une phrase peut être répété à la fin pour exprimer un sentiment vif, tel qu'une conviction que l'on tient à affirmer.

✦ ✦ ✦

Corrigé de l'exercice 1
❶ Ce que préfère Agathe, c'est la salle de séjour. ❷ Mais Jacques se demande comment ils vont faire pour placer les meubles. ❸ Il y a un canapé en cuir et il y aura une armoire, une table et six chaises. ❹ Le long du mur ils mettront la bibliothèque, si elle y entre. ❺ Le placard dans le couloir est profond mais il ne suffit pas.

Eserciziu 2 – Cumplitate

① Jacques n'en croit pas ses yeux : il a les clés de la maison dans sa poche.
À Ghjacumu .. . . : hà e chjavi di a casa ....

② Agathe viendra mettre leurs noms et prénoms.
Agata vinarà à mette . .. .

③ Sur cette cloison elle accrochera deux tabeaux.
Nantu à 'ssa .... appenderà ... .

④ Dans le coin elle mettra un fauteuil avec un coussin assorti.
.... mitterà un futtogliu cu .. ..

Settantaduiesima lezzione

Induve vi sente [1] ?

1 – Allora, sentimu, chì ci hè chì vi castica ?
2 – O Duttò, sò dulori in corpu dopu manghjatu, è una pena in capu chì ùn ci hè versu à falla passà.
3 – Fumate ?... Quante sigarette u ghjornu ?
4 – Aghju calatu assai, prima ùn bastava u pacchettu, avà una decina sì è nò.
5 – Sempre troppu. È à sciumbra [2] à chì ne simu ?

Prononciation
*inn-d***ou***houè oui … z***è***nt***è* **1** *al-l***ô***ra … **2** … k***ô***rpou d***ô***bou … **5** … dr***ô***pou … ch***ou***mbra …*

Notes

[1] **sente**, *sentir* et aussi *entendre*. De plus, lorsqu'à la 3ᵉ personne il suit un pronom d'attribution (**mi**, **ti**, **li**, **ci**, **vi**, **li**) ce verbe a le sens de *faire / avoir mal* (éprouver une douleur physique). Ex. : **mi sente u spinu**, *le dos me*

Soixante-douzième leçon / 72

❺ Elle entasse toute cette marchandise comme dans un magasin de meubles.

....cume ind'un magazinu di mobuli.

Corrigé de l'exercice 2
❶ – ùn li pare mancu vera – ind'istacca ❷ – e so casate è nomi ❸ – tramizana – dui guadri ❹ Indu u scornu – u so cuscinu ❺ Accatamalzeghja tutta 'ssa roba –

Deuxième vague : 22ᵉ leçon

Soixante-douzième lecon

Où avez-vous mal ?

1 – Alors, voyons *(entendons)*, qu'y a-t-il qui vous tourmente ?
2 – Docteur, [ce] sont des douleurs au *(en)* ventre après les repas *(mangé)*, et un mal de tête qu'il n'y a pas moyen de faire disparaître *(manière à le faire passer)*.
3 – Vous fumez ?... Combien de cigarettes par *(le)* jour ?
4 – J'ai beaucoup réduit *(baissé)*, avant, un *(le)* paquet ne suffisait pas, maintenant environ *(oui et non)* une dizaine.
5 – [C'est] toujours trop. Et quant à la boisson *(à intempérance)* où *(à quoi)* en sommes-nous ?

---

fait mal ou *j'ai mal au dos* ; **li sente un pede**, *un pied lui fait mal* ou *il/elle a mal à un pied*, etc.

2 **sciumbra** désigne familièrement l'habitude à la boisson ou l'excès de celle-ci. De ce nom dérive le verbe **sciumbrà**, *picoler*, dont un synonyme, également familier, est **chjuchjà**.

duiecentu cinquantottu • 258

6 – Un bichjeru di vinu à cullazione è unu à cena, in caffè ùn ci vò più, è apperitivi ùn ne pigliu.
7 – Spugliatevi da vita in sù è stracquatevi quì, v'aghju da sundà...
8 Rispirate forte... U core hè rigulare... A tensione hè nurmale.
9 Pensu ch'ellu pó esse u fegatu è a vuscicula di u fele chì ùn funzionanu bè.
10 Ùn ci hè nunda di grave, ma ogna [3] à fà attenzione.
11 Fate l'analise ch'o scrivu nantu à stu repice, sicondu i risultati videremu chì medicine averete da piglià.
12 Intantu manghjate ligeru, lazzu [4] hè ancu megliu. È ci turneremu à vede da quì appena.
13 – Ma sta pena in capu mi passerà ?
14 – Passerà se vo mi state à sente !

6 ... bityérou ... 7 spoulyadè-oui ... 8 ... vôrtè ... gôrè ... 9 ... bôéssè ... ouchigoula ... vélè ... 12 ... lidjérou ... mélyou ...

Notes

3 ogna, *il convient de*, *il est bon de*, est l'aphérèse de la forme verbale impersonnelle **bisogna**. Ne s'emploie que devant un infinitif précédé de la préposition **à**. Synonyme : **ci vole à**.

***

Eserciziu 1 – Traducite

❶ Prima fumava assai ma aghju calatu bè. ❷ Mi basta un bichjeru à cullazione, è apperitivu ùn ne pigliu più. ❸ Mi casticanu u fegatu è a viscicula chì ùn funzionanu bè. ❹ À pena in capu l'aghju sempre, e medicine ùn la facenu passà. ❺ Vi steraghju à sente, o duttò, è manghjeraghju lazzu.

Soixante-douzième leçon / 72

6 – Un verre de vin au déjeuner et un au dîner, je ne vais plus au café *(en café n'y vais plus)* et je ne prends pas d'apéritifs *(n'en prends)*.
7 – Mettez-vous torse nu *(déshabillez-vous de la taille vers le haut)* et étendez-vous là, je vais vous ausculter…
8 Respirez fort… Le cœur est régulier… La tension est normale.
9 Je pense que ça peut être le foie et la vésicule biliaire qui ne fonctionnent pas bien.
10 Il n'y a rien de grave, mais il convient de faire attention.
11 Faites les analyses que j'inscris sur cette ordonnance, selon les résultats nous verrons quels médicaments vous devrez prendre.
12 En attendant mangez léger, sans sel c'est encore mieux. Et nous nous reverrons *(renouvellerons à voir)* sous *(d'ici à)* peu.
13 – Mais mon *(ce)* mal de tête va-t-il *(me)* passer ?
14 – Il passera si vous m'écoutez !

4 lazzu, littéralement *fade*, *insipide*, mais généralement adjectif usité pour signifier l'absence ou la quantité insuffisante de sel dans un aliment.

***

Corrigé de l'exercice 1
❶ Avant je fumais beaucoup mais j'ai bien réduit. ❷ Un verre au déjeuner me suffit, et je ne prends plus d'apéritif. ❸ Le foie et la vésicule qui ne fonctionnent pas bien me tourmentent. ❹ J'ai toujours mal à la tête, les médicaments ne le font pas passer. ❺ Je vous écouterai, docteur, et je mangerai sans sel.

Eserciziu 2 – Cumplitate

① Après manger, j'ai des douleurs dans le ventre.
...., aghju dulori .. ..

② Déshabillez-vous et étendez-vous, je vais vous ausculter.
Spugliatevi è ...., v'aghju .. ..

③ Combien de cigarettes par jour fumez-vous ?
...... sigarette . ... fumate ?

④ Vous avez une ordonnance pour faire vos analyses ?
Avete .. .. per fà . ... analise ?

⑤ Nous nous reverrons pour les résultats sous peu.
.. .. per i risultati .. ..

Settantatreesima lezzione

Una vita eculogica

1 – (José è Sandrà sò in visita ind'è i genitori d'ella, ritirati in campagna) ;
2 – Sicura chì quand'ell'hè viranu, quì ci si stà bè...
3 st'arietta [1] chì musca, tutti 'ss'arburi fiuriti...
4 Ma ogni tantu, à mè è à José ci accade di purtà penseru per voi...
5 Quì hè duru l'imbernu, face un freddu chì si secca [2] per 'ssi cuntorni...

Prononciation
... ouiida egoulodjiga **1** ... bizida ... **2** ... biranou ... **4** ... accahè ... pensérou ...

Notes
[1] **arietta**, littéralement *petit air*. Diminutif de **aria**, *air*, nom féminin en corse.

Corrigé de l'exercice 2
❶ Dopu manghjatu – in corpu ❷ – stracquatevi – da sundà ❸ Quante – u ghjornu – ❹ – un repice – e vostre ❺ Ci turneremu à vede – da qui appena

Deuxième vague : 23ᵉ leçon

Soixante-treizième leçon

Une vie écologique

1 – (José et Sandra sont en visite chez les parents de celle-ci *(d'elle)*, retirés à la campagne)
2 – C'est sûr : au *(quand c'est le)* printemps, ici on y est bien…
3 cet air léger qui sent bon, tous ces arbres en fleurs *(fleuris)*…
4 Mais de temps en temps il nous arrive, à José et à moi, de nous faire *(porter)* du souci pour vous…
5 L'hiver est dur ici, il fait un froid de loup dans ces parages…

---

2 un freddu chì si secca, *un froid rigoureux* ("tel que l'on pourrait se dessécher", à l'égal d'une plante qui gèle ou d'un arbre qui meurt), "*un froid de loup*".

73 / Settantatreesima lezzione

6 è ùn v'annuiate à stà soli tuttu l'annu in 'ssa casuccia [3] ?

7 – Mancu appena, o figlioli, ùn v'inchitate per quessa, avemu sempre qualcosa à fà.

8 D'estate ci frequentemu di più cù i nostri vicini, ci femu quella spassighjata [4], è s'ella casca mi facciu una piscata.

9 D'auturnu ci hè a vindemia è tante altre faccende...

10 è d'imbernu ùn si face nunda di particulare : ci stemu à u focu à chjachjerà.

11 Maria calzitteghja, eiu facciu i mio cirminelli.

12 Ùn simu micca tagliati da u mondu, chè vo ùn abbiate da crede !

13 Ghjunti à a ritirata emu sceltu di campà... eculogicu, cum'ellu si dice,

14 è ci sintimu in forma quant'è chè no abbiamu trent'anni di menu !

7 ... vilyôli ... 8 ... nôstri ... 10 ... vôgou ... 11 ... éyou ... djirminél-li ... 13 ... égoulodjigou ...

Notes

3 **casuccia**, diminutif de **casa**, *maison*. Introduit souvent (ce n'est pas le cas ici) une nuance favorable : *jolie petite maison*.

***

Eserciziu 1 – Traducite

❶ D'imbernu u babbu di Sandrà face i so cirminelli indu a so casuccia. ❷ Si sente in forma quant'è ch'ellu abbia trent'anni. ❸ Cù i so vicini si face ogni tantu una spassighjata o una piscata. ❹ Ùn s'annoia chì hà sempre qualcosa à fà, è ùn si sente tagliatu da u mondu. ❺ Hà sceltu di campà eculogicu è si stà in campagna tuttu l'annu.

Soixante-treizième leçon / 73

6 et vous ne vous ennuyez pas à rester seuls toute l'année dans cette petite maison ?
7 – Pas du tout, les enfants, ne vous en faites pas pour ça, nous avons toujours quelque chose à faire.
8 En été nous fréquentons davantage nos voisins, on fait parfois une promenade, et si l'occasion se présente *(ça tombe)* je m'en vais à la pêche *(me fais une partie de pêche)*.
9 En automne il y a les *(la)* vendanges et beaucoup d'autres occupations…
10 et l'hiver on ne fait rien de spécial, nous restons au coin du feu, à bavarder.
11 Maria tricote et moi je fais mes menus travaux *(bricolage)*.
12 Nous ne sommes pas coupés du monde, n'allez pas croire ça *(que vous n'ayez à croire)* !
13 Quand nous avons atteint l'âge de *(arrivés à)* la retraite, nous avons choisi de vivre… écologique, comme on dit,
14 et nous nous sentons en forme, comme si nous avions *(autant que nous ayons)* trente ans de moins !

---

4 *quella spassighjata*, *parfois une promenade* : le démonstratif employé renvoie au caractère fortuit et aléatoire de la promenade alléguée.

❊❊❊

Corrigé de l'exercice 1
❶ En hiver le père de Sandra fait ses menus travaux dans sa petite maison. ❷ Il se sent en forme comme s'il avait trente ans. ❸ Avec ses voisins il fait de temps en temps une promenade ou une partie de pêche. ❹ Il ne s'ennuie pas car il a toujours quelque chose à faire et il ne se sent pas coupé du monde. ❺ Il a choisi de "vivre écologique" et il reste à la campagne toute l'année.

Eserciziu 2 – Cumplitate

① De temps en temps il nous arrive de nous faire du souci pour vous.
 .... ci ...... di purtà .... per voi.

② En hiver il fait un froid de loup dans ces parages.
 D'imbernu face .. .. per 'ssi cuntorni.

③ Ne vous en faites pas pour nous, nous restons au coin du feu.
 Ùn .... per noi, ci stemu . ...

④ Mais au printemps ici on est bien, avec tous ces arbres en fleurs
 Ma quandu ell'hè ...... qui .. .. .., cù 'ss' ....

⑤ Même en automne, car nous faisons les vendanges et il y a beaucoup d'autres occupations.
 Ancu ...., chì femu . ... è ci sò .....
 ....

Settantaquattresima lezzione

Di quì è d'altrò

1 – Tutta 'ssa frutta [1] chì vene da fora... Ùn seremu capaci di produce da per noi ?

2 – L'avemu sempre fatta, ma per cunsumu casanu. Oramai e cundizioni ùn sò più quelle...

3 Forse v'arricurdate di l'aranciu purtugallu [2] è di u mandarinu, chì uni pochi avianu sottu à u so purtellu ?

Prononciation
di gouì è d'altro **1** ... vôra ... brouhoudgè ... **3** ... bourtél-lou

Notes
1 **frutta** : sur les particularités de ce nom cf. leçon 45, note 2.

265 • **duiecentu sessantacinque**

Soixante-quatorzième leçon / 74

> QUAND'ELL'HÈ VIRANU, QUÌ CI SI STÀ BÈ.

Corrigé de l'exercice 2
❶ Ogni tantu – accade – penseru – ❷ – un freddu chì si secca – ❸ – v'inchitate – à u focu ❹ – viranu – si stà bè – arburi fiuriti ❺ – d'auturnu – a vindemia – tante altre faccende

Deuxième vague : 24ᵉ leçon

Soixante-quatorzième leçon

74

D'ici et d'ailleurs

1 – Tous ces fruits qui viennent de l'extérieur… Ne sommes-nous *(serons)* pas capables de produire nous-mêmes *(tout seuls)* ?
2 – Nous l'avons toujours fait, mais pour la consommation domestique. Désormais les conditions ne sont plus les mêmes *(celles-là)*…
3 Peut-être avez-vous le souvenir de l'oranger dit "du Portugal" et du mandarinier que d'aucuns avaient sous leur fenêtre ?

2 **aranciu purtugallu** : ce terme désigne *l'oranger doux* et son fruit, par opposition à **aranciu stuppone**, *oranger amer* ou *bigaradier* et son fruit. Dans certains cantons de l'île, *l'orange* est appelée **purtugallu**. La raison (historique) en est que ce sont les Portugais qui ont introduit en Europe l'orange douce, originaire de Chine, au xviiᵉ siècle.

duiecentu sessantasei • 266

4 – Ma c'eranu dinù l'orti, cù u peru, u chjarasgiu, u persicu è u baracuccu, è ùn ci scurdemu di u bombuccò [3] !

5 – Ebbè quelli arbureti cusì simpatichi sò guasi tutti scaticati.

6 Avale a frutta ghjunghje à l'ingrossu da a Spagna è altre cunfine.

7 – Puru à contrastagione : chì truvate à cumprà e chjarasge à Natale è l'uva in cor' [4] d'imbernu ! Roba chì ci vene da mondu indà !

8 – Ma ancu noi spedimu. Ghjé a vicata di a nostra clementina, chì si hè imposta nantu à i mercati cuntinentali.

9 Fù di e prime senza granelle è colta cù a so foglia.

10 Hè menu diviziosa ma di gustu più dilicatu chè e cuncurrenti.

11 – Si pó dì ch'ella hè divintata un prudottu riprisintativu di l'agricultura di u paese...

12 – Cusì fù, è moltu più [5], l'alimea in tempi andati...

13 chì per un pezzu dete travagliu è benistà à e nostre cuntrate.

14 – Ad ogni epica e so culture, sempre a terra ci si cunface.

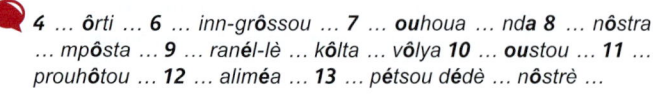

4 ... ôrti ... 6 ... inn-grôssou ... 7 ... ouhoua ... nda 8 ... nôstra ... mpôsta ... 9 ... ranél-lè ... kôlta ... vôlya 10 ... oustou ... 11 ... prouhôtou ... 12 ... aliméa ... 13 ... pétsou dédè ... nôstrè ...

Notes

3 bombuccò, apocope familière de **bombuccone**, littéralement "bonne bouchée", dénomination locale de la *reine-claude*, un fruit très sucré et fort apprécié en Corse.

Soixante-quatorzième leçon / 74

4 – Mais il y avait aussi des jardins, avec *(le)* poirier, *(le)* cerisier, *(le)* pêcher et *(l')* abricotier, et n'oublions pas le prunier reine-claude !
5 – Eh bien ces vergers si sympathiques sont presque tous à l'abandon *(devenus improductifs)*.
6 À présent les fruits proviennent *(arrivent)* en grosses quantités d'Espagne et autres territoires.
7 – Même hors saison : car vous trouvez à acheter des cerises à Noël et du raisin en plein hiver. De la marchandise qui nous vient de l'autre côté du monde !
8 – Mais nous aussi nous exportons *(expédions)*. C'est la bonne passe de notre clémentine qui s'est imposée sur les marchés continentaux.
9 Elle fut des premières "sans pépins" et cueillie avec sa feuille.
10 D'une production moins abondante que ses concurrentes, elle est d'un goût plus délicat.
11 – On peut dire qu'elle est devenue un produit représentatif de l'agriculture du pays…
12 – Comme le fut, et bien plus encore, en des temps révolus le cédrat…
13 qui procura longtemps travail et bien-être à nos contrées.
14 – À chaque époque ses cultures, [et] la terre s'y adapte toujours.

---

4 **in cor di**, *au cours de* (et non "au cœur de") apocope de **in corsu di**. On rencontre le même phénomène dans la locution **ver di**, *en direction de, du côté de* pour **versu di** et de même dans **à bor di mare**, *en bord de mer* pour **à bordu di mare**.

5 **moltu più**, *plus encore* : sur cet usage cf. leçon 52, note 2.

74 / Settantaquattresima lezzione

▶ Eserciziu 1 – Traducite
❶ E cundizioni ùn sò più quelle di l'epica di l'alimea. ❷ A frutta à contrastagione ci ghjunghje in cor d'imbernu da mondu in dà. ❸ Ancu noi simu capaci di pruduce e chjarasge ind'i nostri arbureti. ❹ A cultura di a clementina senza granelle si hè imposta ind'e nostre cuntrate. ❺ Hè un prudottu di gustu dilicatu è u spedimu à l'ingrossu.

***

Eserciziu 2 – Cumplitate
❶ C'est une bonne passe pour la clémentine sur les marchés.
Ghjé una ...... per a clementina ....

❷ Cueillie avec sa feuille, sa consommation domestique n'est pas abondante.
..... cù a so ......, u so .... ùn hè ....

❸ N'oublions pas l'abricotier et le pêcher qui sont sous la fenêtre.
Ùn ci scurdemu di . ...è di . ...chì sò ..... .
. ...

❹ L'orange est le fruit représentatif de l'Espagne.
.... hè u fruttu riprisintativu di . ...

❺ Les jardins sont presque tous à l'abandon, mais la terre s'adapte à toutes les cultures.
...... sò guasi tutti ...., ma a terra .. .. à tutte e culture.

***

*Le **cédrat** (l'alimea) produit d'un arbuste cultivé, est un agrume dont l'apparence est celle d'un gros citron. Sa culture attestée en Corse dès la seconde moitié du XVIIIᵉ siècle connut son apogée dans les dernières décennies du siècle suivant lorsque, partie du Cap corse, pionnier en la matière, elle gagna d'autres régions de l'île.*
Ce fruit, conservé en saumure, était exporté en Italie où il était confit avant expédition dans les pays de l'Europe du Nord qui en faisaient une large consommation en confiserie et pâtisserie.

Soixante-quatorzième leçon / 74

Corrigé de l'exercice 1
❶ Les conditions ne sont plus celles de l'époque du cédrat. ❷ Les fruits hors saison nous arrivent en plein hiver de l'autre côté du monde. ❸ Nous aussi nous sommes capables de produire des cerises dans nos vergers. ❹ La culture de la clémentine sans pépins s'est imposée dans nos contrées. ❺ C'est un produit de goût délicat et nous l'exportons en grosses quantités.

***

Corrigé de l'exercice 2
❶ – vicata – nantu à i mercati ❷ Colta – foglia – cunsumu casanu – duviziosu ❸ – u baracuccu – u persicu – sottu à u purtellu ❹ L'aranciu – a Spagna ❺ L'orti – scaticati – si cunface –

***

Après avoir été longtemps une importante source de revenus pour le pays, la culture du cédrat déclina en Corse pendant les années précédant la seconde guerre mondiale. Elle a depuis presque complètement disparu.

Deuxième vague : 25e leçon

Settantacinquesima lezione

Vutà in paese

1 – A dumenica da mane in merria hè tuttu prontu.
2 S'hà da vutà per eleghje u novu cunsigliu municipale.
3 U scagnu [1] apre à ott'ore. À manca, nantu à un tavulinu, sò sposti i biglietti di i candidati.
4 À diritta ci hè u piattatoghju cù a so tindina scursoghja, dentru ci hè una tavuletta è in pianu un curbellinu da lampacci i biglietti scartati.
5 In fondu di sala, ci hè un altru tavulinu, daretu posa u presidente, cù un sicritariu accantu.
6 Davanti à elli ci hè a cascetta [2], chì una volta era di legnu è avà hè di vetru.
7 Subitu à l'apertura affaccanu l'elettrici è l'elettori più sbunurati, è primurosi, compiu u votu, di vultassine à e so faccende.
8 In ghjurnata sfilanu tutti i paisani : certi chì stanu luntanu, sò vinuti apposta,
9 ch'elli sianu incù u merre o contrappartitu [3].

Prononciation
bouda inn paèzè **1** ... *oumèniga* ... **2** ... *ouda* ... *élédyè* ... *nôhou* ... **3** ... *ôtôrè* ... *spôsti* ... *gandihadi* **5** *darédou* ... **6** ... *ouôlta* ... **8** ... *apôsta*

Notes
1 **scagnu**, *bureau*, voir leçon 22, note 4.

Soixante-quinzième leçon

Voter au village

1 – Le dimanche matin à la mairie, tout est prêt.
2 On va voter pour élire le nouveau conseil municipal.
3 Le bureau ouvre à huit heures. Sur une table, à gauche, sont déposés les bulletins des candidats.
4 À droite, il y a l'isoloir avec son rideau coulissant, à l'intérieur une tablette et à terre une corbeille pour y jeter les bulletins inutilisés.
5 Dans le fond de la salle, il y a une autre table, derrière [laquelle] est assis le président avec, à côté, un secrétaire.
6 Devant eux se trouve l'urne, qui autrefois était en bois et [qui est] maintenant en verre.
7 Dès *(aussitôt à)* l'ouverture, apparaissent les électrices et les électeurs [les] plus matinaux et soucieux, leur *(le)* vote accompli, de s'en retourner à leurs occupations.
8 Au cours de la *(en)* journée défilent tous les villageois : certains qui habitent loin [du pays] ont fait expressément le voyage *(sont venus exprès)*,
9 qu'ils soient du parti du *(avec le)* maire ou de l'opposition.

---

2 **cascetta**, littéralement "caissette", nom attribué à l'*urne* au temps où celle-ci était en bois et souvent confectionnée par le menuisier local. Le terme a survécu au remplacement de cet ancien accessoire par un récipient vitré et transparent.

3 **contrappartitu**, nom : (u ~) *le parti adverse, l'opposition*, et adjectif invariable : *politiquement opposé* : **esse** ~, *être opposant*, ou *fidèle de "l'autre parti"*.

10 Ci sò chì anu e prucure di parenti spatriati è cù tuttu ch'elli stianu altrò, sò i più passiunati.
11 I capilista [4] si sò arricumandati di vutà lista secca : "ùn arriiate à nisunu di i nostri, ùn fate mischiumi".
12 A sera à u spogliu, à chì più ne hà, più ne conta, è i vincitori facenu l'evive [5].
13 Dumenica chì vene feranu u merre è l'agiuntu…
14 in serata ci serà a festa, forse cù a prisenza di qualchì capizzone di u so partitu…

11 … ari-yadè … nôstri … 12 … spôlyou … 14 … fésta …

Notes

4 **capilista**, *chef* ou *tête de liste*. Remarquez que dans les mots composés (ici **capu**, *chef /tête* + **lista**, *liste*) la voyelle finale du premier terme se change en **i**.

5 **l'evive**, *les vivats*, cf. leçon 39, note 1.

***

Eserciziu 1 – Traducite

❶ À l'apertura di u scagnu affaccanu i più sbunurati. ❷ Certi anu e prucure di quelli chì stanu altrò. ❸ I capilista contrappartitu dicenu di vutà lista secca. ❹ Compiu u spogliu, i paisani vincitori facenu l'evive. ❺ Forse serà prisente un capizzone di u partitu à a festa di dumenica chì vene.

Soixante-quinzième leçon / 75

10 Il y en a qui détiennent *(ont)* des procurations de parents expatriés et [qui], bien *(avec tout)* qu'ils résident ailleurs, ne sont pas les moins motivés *(sont les plus passionnés)*.
11 Les chefs de liste ont *(se sont)* recommandé*(s)* de voter leur *(la)* liste telle quelle *(sèche)* ; "ne rayez aucun des nôtres, ne panachez pas"*(ne faites pas de mélanges)*.
12 Le soir, au dépouillement, c'est à qui additionne le plus de votes en sa faveur *(plus en a, plus en compte)*, et les vainqueurs font [éclater] des vivats.
13 Dimanche prochain ils désigneront *(feront)* le maire et l'adjoint…
14 dans la soirée, ce sera la fête, peut-être en *(avec la)* présence de quelque "gros bonnet" de leur *(du)* parti…

Corrigé de l'exercice 1
❶ À l'ouverture du bureau apparaissent les plus matinaux. ❷ Certains ont les procurations de ceux qui résident ailleurs. ❸ Les chefs de liste d'opposition disent de voter la liste telle quelle. ❹ Le dépouillement accompli, les villageois vainqueurs font des vivats. ❺ Peut-être un gros bonnet du parti sera-t-il présent à la fête de dimanche prochain.

duiecentu settantaquattru • 274

Eserciziu 2 – Cumplitate

❶ Les électeurs et les électrices les plus motivés votent dès huit heures.
   ……… . ………… più passiunati votanu …… ………

❷ Les bulletins sont déposés à gauche, l'isoloir est à droite.
   I biglietti sò …… ……, u piattatoghju hè ………

❸ Devant le président et le secrétaire il y a une urne en verre.
   ……… ………… è u sicritariu ci hè … ……….

❹ On vote sans rayer personne et sans panacher.
   Si vota senza …… …… è senza … ………

Settantaseiesima lezione

À i quattru venti

1 – Emu avutu eri una vintizata [1] chì si parava tuttu !
2   E carreie di i caffè nantu a Piazza vulavanu…
3   da i platani i rami secchi strunchizzulati falavanu cum'è grandina…
4   E cime di e palme trinnicavanu è si turcianu…
5   è, da e finestre, pezzi di ghjelusie vechje cascavanu à mezu carrughju.
6   Da tantu chì u mare era in timpesta, battelli ùn ne ghjunghjia più !

Prononciation
… gouatrou ouènti **1** … éri … **2** … garéyè … **5** … vinéstrè pétsi … ouétyè … **6** … timpésta batél-li … youn-dyi-a …

Notes
[1] **vintizata**, *tempête de vent*, comme **vintata** (phrases 7-8), *coup de vent*, *bourrasque* comme **vintacciu** (phrase 8), *mauvais vent*, et **vintulellu**

❺ Les vainqueurs vont désigner le maire et l'adjoint.
..........anu da fà u merre è ....

Corrigé de l'exercice 2
❶ L'elettori è l'elettrici – subitu à ott'ore ❷ – sposti à manca – à diritta
❸ Davanti à u presidente – una cascetta di vetru ❹ – arriià à nisunu
– fà mischiumi ❺ I vincitori – l'agiuntu

Deuxième vague : 26ᵉ leçon

Soixante-seizième leçon

Aux quatre vents

1 – Nous avons eu, hier, une tempête de vent qui emportait tout sur son passage !
2 Les chaises des cafés sur la place volaient...
3 des platanes tombaient comme grêle les branchages morts réduits en brindilles *(les branchages secs et réduits en brindilles descendaient comme grêle)*...
4 Les cimes des palmiers s'agitaient et se tordaient...
5 et, des fenêtres, des morceaux de persiennes vétustes tombaient au milieu de la rue.
6 La mer était à ce point en tempête qu'il n'arrivait plus de bateaux !

(phrases 10-11), *vent léger* sont des dérivés de **ventu**, *vent*. On y remarque, par suite du passage de l'accent tonique sur la terminaison, que s'opère le changement de la voyelle du radical, de **e** en **i**.

duiecentu settantasei • 276

76 / Settantaseiesima lezione

7 – Ùn serà a prima vintata chè vo avete cunnisciutu : hè di regula l'imbernu ch'ellu si scateni u livecciu ².

8 – A prima vintata, nò di sicuru, ma era un pezzu ch'ell'ùn tirava un vintacciu simule.

9 C'eramu abituati à sbuffulate menu micidiali, fussinu puru di maistrale o di tramuntana.

10 – Ùn la dice u pruverbiu : "l'imbernu ùn pó stà in celu" ? Ùn v'aspittate à vintulelli cum'è quelli di l'istatina.

11 – Vi pare un vintulellu u sciloccu, chì infiacchisce la ghjente è secca e piante ?

12 – Eiu vulia dì 'ssi sciori ³ di i nostri paesi : u marinu chì ci colla a matina è u muntese chì ci fala a sera.

13 – Ah quelli po ùn facenu danni, è rincherenu à tutti !

14 Pazienza, chì ne vulterà a stagione, intantu scialatevila ⁴!

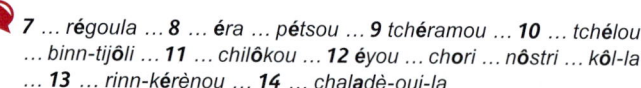

7 ... régoula ... 8 ... éra ... pétsou ... 9 tchéramou ... 10 ... tchélou ... binn-tijôli ... 11 ... chilôkou ... 12 éyou ... chori ... nôstri ... kôl-la ... 13 ... rinn-kérènou ... 14 ... chaladè-oui-la

Notes

2 livecciu, *libeccio* en italien, *vent du sud-ouest* (suroît en marine) qui souffle avec violence sur certaines portions de l'île, notamment à Bastia et le Cap Corse. La tempête de ce vent est appelée **livecciata**.

3 sciori, sing. **scioru**, *douce brise, agréable ventilation*. Par extension ce mot a pris aussi le sens de *"fait de se prélasser, de jouir de ses aises"*.

7 – Ce ne doit pas être le premier coup de vent que vous ayez connu : il est habituel *(de règle)* que le libeccio se déchaîne en hiver.
8 – Le premier coup de vent, sûrement pas, mais il y avait longtemps que ne soufflait *(tirait)* un mauvais vent pareil.
9 Nous nous étions habitués à des rafales moins néfastes, qu'elles soient *(même)* de mistral ou de tramontane.
10 – Rappelez-vous *(ne le dit-il pas)* le proverbe : "l'hiver ne peut pas rester au ciel". Ne vous attendez pas à des vents légers comme ceux de la belle saison.
11 – Il vous semble que le sirocco, qui amollit les gens et dessèche les plantes est "un vent léger" ?
12 – Je voulais parler de *(dire)* ces douces brises de nos villages : la brise de mer qui y monte le matin et la brise de montagne qui y descend le soir.
13 – Certes, celles-là ne font pas de dégâts et sont réconfortantes pour tout le monde !
14 [Ayez un peu de] patience, car leur saison va revenir *(en reviendra la saison)*, en attendant prenez du bon temps !

4 scial**a**tevila (scialate + vi + la), impératif (2ᵉ pers. pl.) du verbe composé scial**a**ssila, *se la couler douce*, *prendre du bon temps*, et par extension *jouir d'une bonne santé*. À l'indicatif : a mi sci**a**lu, a ti sci**a**li, a si sci**a**la, a ci scial**e**mu, a vi scial**a**te, a si scial**a**nu.

77 / Settantasettesima lezzione

Eserciziu 1 – Traducite
❶ E sbuffulate di livecciu si paravanu e carreie di i Caffè...
❷ ... è strunchizzulavanu i rami secchi di i platani di a Piazza. ❸ D'imbernu tira ancu a tramuntana chì ùn hè micca un vintulellu ! ❹ U sciloccu hè un vintacciu chì infiacchisce la ghjente è secca e piante. ❺ Ma u marinu è u muntese rincherenu à tutti...

***

Eserciziu 2 – Cumplitate
❶ Nous avons eu hier une tempête de vent qui faisait tomber comme grêle les branchages morts des platanes.
Avemu avutu eri ... . chì facia .... i rami secchi .. . .

❷ On n'avait pas connu un coup de vent pareil depuis longtemps.
Ùn s'era cunnisciutu ... . da ....

❸ Les cimes des palmiers étaient secouées et se tordaient.
E cime di e palme ....

❹ En hiver, il est habituel que le libeccio se déchaîne.
.... hè di regula chì u livecciu .. ..

Settantasettesima lezzione

Revisione – Révision

1 Le verbe *fà*

Le verbe **fà**, *faire* est l'un de ceux qui revient le plus souvent, soit dans son emploi premier (*réaliser une chose matérielle ou abstraite, produire quelque chose*), soit à l'intérieur de locutions où il peut prendre des acceptions diverses. D'où l'intérêt d'en repasser la conjugaison.
N.B. Les voyelles toniques sont indiquées en rouge.

Corrigé de l'exercice 1

❶ Les rafales de libeccio emportaient sur leur passage les chaises des cafés... ❷ ... et réduisaient en brindilles les branchages morts des platanes de la place. ❸ En hiver souffle aussi la tramontane qui n'est pas un vent léger ! ❹ Le sirocco est un mauvais vent qui amollit les gens et dessèche les plantes. ❺ Mais la brise de mer et la brise de montagne sont bien réconfortantes pour tout le monde...

***

❺ Prenez du bon temps, c'est la saison des douces brises !
. . . . , hè a stagione . . . . !

Corrigé de l'exercice 2

❶ – una vintizata – falà cum'è grandina – di i platani ❷ – una vintata simule – un pezzu ❸ – trinnicavanu è si turcianu ❹ D'imbernu – si scateni ❺ Scialatevila – di i sciori

---

Deuxième vague : 27ᵉ leçon

Soixante-dix-septième leçon

Ind. Présent	Ind. Imparfait	Passé simple	Futur
facciu	facia	feci	feraghju
faci	facii	facesti	ferai
face	facia	fece	ferà
femu	faciamu	fecimu	feremu
fate	faciate	faceste	ferete
facenu	facianu	fecenu	feranu

Cond. 1	Cond. 2	Sub. Pr.	Sub. Imp.
ferebbi	feria	faccia	fessi
fereste	feriste	faccia	fessi

ferebbe	feria	faccia	fessi
ferebbimu	feriamu	facciamu	fessimu
ferestete	feriate	facciate	fessite
ferebbinu	ferianu	faccianu	fessinu

Impératif : **fà, femu, fate**. Gérondif : **fendu**, *(en) faisant*. Participe passé : **fattu**, *fait*.

2 Participe passé de verbes irréguliers

pare, parerà (leçon 71, 1 et 12) du verbe **pare**, *paraître*, p. p. : **parsu**.
mitteraghju (leçon 71, 6) du verbe **mette**, *mettre*, p. p. : **messu**.
appenderaghju (leçon 71, 7) du verbe **appende**, *suspendre*, p. p. : **appesu**.
sentimu (l. 72, titre et phrase 1) du verbe **sente**, *faire mal / entendre*, p. p. : **intesu**.
scrivu (l. 72, 11) du verbe **scrive**, *écrire*, p. p. : **scrittu**.
videremu (l. 72, 11) du verbe **vede**, *voir*, p. p. : **vistu**.
dice (l. 73, 13) du verbe **dì**, *dire*, p. p. : **dettu**.
sceltu (l. 73, 13), p.p. du verbe **sceglie**, *choisir*.
pruduce (l. 74, 1) *produire*, p. p. : **prudottu**.
ghjunghje (l. 74, 6), du verbe **ghjunghje**, *arriver*, p. p. : **ghjuntu**.
imposta (l. 74, 8), p.p. (fém.) du verbe **impone**, *imposer*.
colta (l. 74, 9), p.p. (fém.) du verbe **coglie**, *cueillir*.
eleghje (l. 75, 2) *élire*, p. p. : **elettu**.
apre (l. 75, 3), du verbe **apre**, *ouvrir*, p. p. : **apertu**.
sposti (l. 75, 3), p.p. (masc. plur.) du verbe **spone**, *déposer/ exposer*.
vulia (l. 76, 12) du verbe **vulè**, *vouloir*, p. p. : **vulsutu**.
rincherenu (l. 76, 13) du verbe **rinchere**, *réconforter*, p. p. : **rinchersu**.

3 La prépostion da

3.1 Indique la provenance :

spugliatevi da vita in sù (l. 72, 7) *déshabillez-vous à partir de la taille*.

Soixante-dix-septième leçon / 77

ci turneremu à vede da qui appena (l. 72, 12) *nous nous reverrons d'ici peu.*
ùn simu micca tagliati da u mondu (l. 73, 12) *nous ne sommes pas coupés du monde.*
'ssa frutta chì vene da fora (l. 74, 1) *ces fruits qui viennent de l'extérieur.*
da a Spagna / da mondu indà (l. 74, 6 et 7) *d'Espagne/de l'autre côté du monde.*
i rami falavanu da i platani (l. 76, 3) *les branchages tombaient des platanes.*
pezzi...cascavanu da e finestre (l. 76, 5) *des morceaux... tombaient des fenêtres.*

3.2 Indique l'objectif :

cumu emu da fà à... ? (l. 71, 5) *comment... faire pour... ?*
chì medicine averete da piglià (l. 72, 11) *quels médicaments vous devrez prendre.*
s'hà da vutà... (l. 75, 2) *on va voter.*
Un curbellinu da lampacci... (l. 75, 4) *une corbeille pour y jeter...*

3.3 Autres cas

a) spécification : **a dumenica da mane** (l. 75, 1) *le dimanche (au) matin*.
b) agent :
– **da tantu chì u mare era in timpesta** (l. 76, 6) littéralement : "*par tellement que la mer était en tempête*" (*la mer était à ce point...*).
– **da per noi** (l. 74, 1) *[par] nous-mêmes*.

4 Adverbes et locutions

altrò, *ailleurs* – **arrente à**, *le long de, au ras de* – **oramai**, *désormais* – **moltu più**, *plus encore*.
di sicuru, *sûrement* – **à diritta, à manca**, *à droite, à gauche* – **ogni tantu**, *de temps en temps*.

Dialogue de révision

1 – Cumu averete da fà ad accatamalzà tutti 'ssi mobuli ?
2 – Ùn v'inchitate per quessa, a sala qauadrata hè abbastanza grande.
3 – Mi castica a pena in capu, steraghju à sente u duttore chì m'hà fattu u repice per fammila passà.
4 Intantu facciu i mio cirminelli è ogni tantu una spassighjata cù i mio vicini.
5 – V'arricurdate di l'arbureti di i tempi andati ?
6 Oramai sò scaticati è a frutta ci ghjunghje d'altrò.
7 Ma noi spedimu a clementina chì ghjé di gustu più dilicatu chè e cuncurrenti.
8 – Dumenica chì vene s'hà da vutà in paese : eiu chì sò sbunuratu seraghju à l'apertura di u scagnu.

Settantottesima lezione

Poni tavula, o Ceccè !

1 – Stasera avemu ghjente à cena, stendi ghjà una tuvaglia bianca ...
2 è metti sei piatti sparti cù signi ' tuvaglioli,

Prononciation
*poni daoula ô djètchè **1** ... yèntè ... ya ... yanca **2** ... méti ... tou-houa-lyôli*

9 – Site contrappartitu, ma u merre turnerà ad esse elettu.
 10 – Basta chì a ghjurnata sia bella è ùn si scateni u livecciu !

Traduction

1 Comment allez-vous faire pour entasser tous ces meubles ? **2** Ne vous inquiétez pas pour ça, la salle carrée est assez grande. **3** Le mal de tête me tourmente, j'écouterai le docteur qui m'a fait une ordonnance pour me le faire passer. **4** En attendant je fais mes menus travaux et de temps en temps une promenade avec mes voisins. **5** Vous souvenez-vous des vergers des temps révolus ? **6** Désormais ils sont à l'abandon et les fruits nous viennent d'ailleurs. **7** Mais nous, nous exportons la clémentine qui est d'un goût plus fin que ses concurrentes. **8** Dimanche prochain on va voter au village : moi, qui suis matinal, je serai à l'ouverture du bureau. **9** Vous êtes à l'opposition, mais le maire sera réélu. **10** Il suffit que la journée soit belle et que le libeccio ne se déchaîne pas !

Deuxième vague : 28ᵉ leçon

Soixante-dix-huitième leçon

Mets le couvert, Ceccè !

1 – Ce soir nous avons des gens à dîner, étale *(donc)* une nappe blanche...
2 et mets six assiettes plates avec une serviette pour chacun,

Note

1 **signi**, fém. **signa**, *un(e) pour chaque*, adjectif indéfini qui est une particularité du corse. Le pronom correspondant est **signunu, -a**, *un(e) pour chacun(e)*.

78 / Settantottesima lezzione

3 dui bichjeri à piattu : unu à calice per u vinu è unu qualvogliasia per l'acqua.

4 A furcina và messa [2] à manca, a cuchjara è u cultellu vanu messi à diritta, ùn ti sbaglià !

5 – S'o mittissi ancu i riponicultelli, figurerebbe megliu, nò ?

6 – Allora aghjunghji ancu quelli, eppó per ogni piazza basterà cusì.

7 – Aghju da mette dinù un'uliera per chì vole cundisce à so manera ?

8 – Sì, e misciarole di l'oliu è di l'acetu è u vasettu di a mustarda.

9 È ci vulerà ancu u salinu è a piveraghjola.

10 Ma laca u spaziu per à panera è i sottabuttiglie chì unu ghjuverà per a caraffa di l'acqua.

11 – O Mà, quand'è t'averai da ripone un piattu à purtata, induve u metti ?

12 – Hai ragiò, per quessa avvicineraghju un tavulinettu [3]...

13 s'ellu ci hè bisognu, chì e guantiere [4], biote ch'elle sò, ripartenu in cucina.

3 ... ouityéri ... goualbôlyazia ... 4 ... goultél-lou ... 5 ... ribonigoultél-li ... mélyou ... 6 al-lôra ... èpô ... 7 ... métè ... ouliéra ... bôlè ... manéra 8 ... micharôlè ... ôliou ... 9 ... bi-houè-radyôla 10 ... banéra ... zota-outilyè ... 11 ... méti 13 ... ouantyérè biôdè ...

Notes

2 và messa, *doit être mise* : notez cet emploi du verbe andà, *aller* devant un participe passé avec le sens de *devoir être*. A lege và rispittata, *la loi doit être respectée*, l'arburi secchi vanu tagliati, *les arbres secs doivent être coupés*, etc.

3 tavulinettu, *petite table*, diminutif de tavulinu, *table* (le meuble), mais les autres sens de table attenants au repas (table dressée, nourriture

Soixante-dix-huitième leçon / 78

3 deux verres par *(à)* assiette : un verre à pied *(calice)* pour le vin et un verre ordinaire *(quel qu'il soit)* pour l'eau.
4 La fourchette doit être *(va mise)* à gauche, la cuillère et le couteau doivent être *(vont mis)* à droite, ne te trompe pas !
5 – Si je mettais *(misses)* aussi les porte-couteaux, ça ferait plus bel effet *(figurerait mieux)*, non ?
6 – Alors ajoute-les *(ceux-là aussi)*, et puis pour chaque place [de convive] ça suffira comme ça.
7 – Je dois mettre aussi un huilier pour qui veut assaisonner à sa façon ?
8 – Oui, les burettes d'huile et de vinaigre et le pot de moutarde.
9 Et il faudra aussi la salière et le poivrier.
10 Mais laisse de la place *(l'espace)* pour la corbeille à pain et les dessous-de-bouteilles dont *(car)* un servira pour la carafe d'eau.
11 – [Dis,] Maman, quand tu devras poser un plat de service, où le mettras-tu ?
12 – Tu as raison, pour ça je rapprocherai une petite table...
13 si besoin est, car les grands plats, une fois vidés *(vides qu'ils sont)*, repartent à la cuisine.

servi, personnes attablées, etc.) sont rendus simplement par **tavula**. Ex.: **À tavula !**, *À table !* et cf. phrase 14.

4 **guantiera**, *grand plat*. Curieuse évolution de ce terme qui primitivement désignait une boîte à gants dans l'usage urbain de la péninsule voisine, avant d'y revêtir l'emploi courant (devenu rare de nos jours) de "plateau à pâtisserie", et qui a pris en Corse le sens de "plat de service", généralement oblong et de forme ovale. Nous lui avons conservé sa graphie d'origine, mais on trouve parfois ce mot sous la forme **vanchjera** ou **banchjera**.

14 Per i **no**stri invit**a**ti a t**a**vula hè pr**o**nta, av**à** ci t**o**cca ad appatturilli, è bon appit**i**ttu à **e**lli !

*14 ... nôstri inn-bid**a**di ...*

***

Eserciziu 1 – Traducite

❶ A tuvaglia bianca và messa nantu à stu tavulinu, chì figura di più. ❷ Per l'invitati chì volenu cundisce à so manera, vanu messe in tavula e misciarole di l'oliu è di l'acetu. ❸ U salinu è a piveraghjola ghjovanu anch'elli : aghjunghjili quand'è tù poni tavula. ❹ Laca u spaziu per e buttiglie di u vinu è a caraffa di l'acqua. ❺ Ad appatturì la ghjente stasera à cena, ci sarà bisognu di trè guantiere di roba bona.

***

Eserciziu 2 – Cumplitate

❶ Mets six assiettes plates avec une serviette pour chaque.
Metti sei piatti sparti .. ..

❷ Un verre ordinaire suffira pour l'eau et un [verre] à pied pour le vin.
Un bichjeru .... per l'acqua è
unu . ... per u vinu.

❸ Il n'y a pas besoin d'une petite table pour poser les plats de service.
.. .. di un tavulinettu per ....
....

❹ Les grands plats, une fois vidés, repartent à la cuisine.
E guantiere, ..., ripartenu .. ..

❺ Tu as raison, Ceccè, maintenant il nous reste à bien restaurer nos invités.
... .,. ....., avà ci tocca ad appatturì . ...
....

Soixante-dix-huitième leçon / 78

14 Pour nos invités, la table est prête, maintenant il nous reste *(touche)* à [bien] les restaurer *(nourrir)*, et bon appétit à eux !

***

Corrigé de l'exercice 1
❶ La nappe blanche doit être mise sur cette table, car elle fait plus d'effet. ❷ Pour les invités qui veulent assaisonner à leur façon, les burettes d'huile et de vinaigre doivent être mises en table. ❸ La salière et le poivrier servent aussi : ajoute-les quand tu mets le couvert. ❹ Laisse de la place pour les bouteilles de vin et pour la carafe d'eau. ❺ Pour bien restaurer les gens au dîner, il y aura besoin de trois grands plats de bonnes choses.

Corrigé de l'exercice 2
❶ – cù signi tuvaglioli ❷ – qualvogliasia basterà – à calice – ❸ Ùn ci hè bisognu – ripone i piatti à purtata ❹ – biote ch'elle sò – in cucina ❺ Hai ragiò, o Ceccè – i nostri invitati

Deuxième vague : 29ᵉ leçon

duiecent' ottantottu • 288

Settantanovesima lezzione

A machja

1 – Site mai andatu indù a machja à l'epica ch'ella fiurisce a scopa è spuntanu i muchji bianchi o rossi ?
2 O puru quandu l'albitri si carcanu à bachi è nascenu i fiori di cuccu è i pampasgioli ?
3 – Hè quantu à dumandammi s'o cunnoscu a filetta [1] !
4 Soca ci vulerà ad esse machjaghjolu per distingue da a suvera à a leccia, o da a murza à u talavellu ?
5 – Una volta, quandu u battellu s'avvicinava à e nostre coste i passegeri arrimbati à e paratine sintianu l'odore di a machja.
6 – Ci sò i prufumi cù nomi di a machja, è tanti olii essenziali stratti da e so piante anu a riputazione di curà i malanni.
7 – Eiu pensu à u carbone chì brusgiava indù i vechji furnelli : era di legna di machja è à ringrazià chè no l'aviamu.

Prononciation
1 ... *mou*tyi yanki ... *2* ... pampajoli *3* ... fil*é*ta *4* ... matyady*ô*lou ... dalahou*é*l-lou *5* ... ou*ô*lta ... ouat*é*l-lou ... n*ô*strè g*ô*stè ... passèdj*é*ri ... *6* ... *o*lyi ... *7* ... ou*é*tyi vourn*é*l-li ...

Notes
[1] **cunnosce a filetta**, *reconnaître la fougère* : c'est la pierre de touche de la "corsitude". Selon la légende : de retour en son pays après une longue

Soixante-dix-neuvième leçon

Le maquis

1 – Êtes-vous jamais allé dans le maquis à l'époque où fleurit la bruyère et poussent les cistes blancs ou rouges ?
2 Ou bien quand les arbousiers se chargent de baies et que naissent les cyclamens et les colchiques d'automne ?
3 – Autant me demander si je reconnais la fougère !
4 Faudrait-il donc être homme des bois pour distinguer *(d')*un chêne-liège d'*(à)* un chêne vert, ou *(de)* l'immortelle d'Italie de *(à)* l'asphodèle ?
5 – Autrefois, quand le bateau s'approchait de *(à)* nos côtes, les passagers accoudés au bastingage humaient *(sentaient)* l'odeur du maquis.
6 – Il y a des *(les)* parfums qui ont *(avec)* des noms du maquis, et bien des huiles essentielles extraites de ses plantes ont la réputation de soigner des affections.
7 – Moi, je pense au charbon qui brûlait dans nos vieux fourneaux : il était fait du *(de)* bois de maquis, et heureusement *(à remercier)* que nous l'avions.

---

absence, un Corse se blessa aux doigts en tirant sur un plant de fougère, oubliant – ce que savent les gens du pays – que les feuilles de celle-ci sont coupantes. Un témoin de l'incident lui adressa ces mots : "Je vois que tu ne reconnais plus la fougère." L'expression est passée à l'état d'adage, appliqué aux oublieux de leurs origines insulaires.

79 / Settantanovesima lezzione

8 – Brusgià po brusgia a machja, sia in tempu di dibbiera [2], quand'ellu scappa u focu...
9 – O ch'omu u zinga [3] à bell'apposta, tandu hè à discapitu di u paese...
10 chì a machja prutege a terra da e piene è risana l'aria.
11 – D'infatti ci hè u dettu "passà per una machja brusgiata" per mintuvà una situazione assai periculosa ch'omu s'hà francatu.
12 – Ma u più chì si hè intesu ghjé "piglià a machja", volesi dì ricusà di mettesi in manu, dopu un attu cundannatu da a lege.
13 Cusì facianu i banditi indù i tempi, a machja fù tandu chjamata "u palazzu verde".
14 – Palazzu ùn hè, ma verde ch'ella fermi per u prò [4] di tutti !

8 brouja ... rouja ... ibiéra ... vôgou 9 ... ômou ... dzinn-ga ... apôsta ... 10 ... broudédjè ... 11 ... roujada ... 12 ... dyé ... bôlèzi hi ... métèzi ... dôbou ...

Notes

2 dibbiera, *écobuage* : opération consistant à brûler la végétation afin que les cendres ainsi obtenues fertilisent le sol, amenant, après les

***

Eserciziu 1 – Traducite

❶ Per curà certi malanni, à ringrazià chì ci sò l'olii essenziali stratti da e piante di a machja. ❷ Zingà focu à a machja hè cundannatu da a lege. ❸ In tempu di dibbiera pò scappà u focu. ❹ Di a legna di machja indù i tempi si facia carbone. ❺ Piglià a machja per ùn mettesi in manu hè una situazione assai periculosa.

Soixante-dix-neuvième leçon / 79

8 – [Pour ce qui est de] brûler, il brûle, le maquis : soit au moment de l'écobuage, quand le feu échappe [à tout contrôle]...

9 – Ou qu'on le met à dessein, c'est alors au détriment du pays...

10 car le maquis protège la terre [de la violence] du ruissellement, et assainit l'atmosphère *(l'air)*.

11 – Il existe *(y a)* en effet l'adage : "passer par un maquis brûlé" pour évoquer une situation très dangereuse qu'on a [finalement] surmontée.

12 – Mais ce qu'on a entendu le plus [souvent] c'est "prendre le maquis", ce qui veut dire refuser de se rendre *(mettre en mains)*, après [avoir commis] une action condamnée par la loi.

13 Ainsi faisaient les bandits du temps passé *(dans les temps)*, le maquis fut alors appelé "le palais vert".

14 – Palais, ce ne l'est point mais "vert" qu'il le demeure pour le bien de tous !

pluies de l'automne et de l'hiver, la naissance d'une herbe grasse dont profiteront les troupeaux.

3 zingà focu, *mettre le feu, incendier*, expression "toute faite". Le verbe **zingà** a par ailleurs le sens de *piquer, aiguillonner*.

4 prò, *profit, utilité, bien*. **À chì prò ?** *À quoi bon ?* **A prò soiu**, *À son profit*. **Face prò**, *Ça fait du bien*.

✳✳✳

Corrigé de l'exercice 1

❶ Pour soigner certaines affections heureusement qu'il y a des huiles essentielles extraites des plantes du maquis. ❷ Mettre le feu au maquis est condamné par la loi. ❸ Au moment de l'écobuage le feu peut échapper au contrôle. ❹ Du bois de maquis autrefois on faisait du charbon. ❺ Prendre le maquis pour ne pas se rendre est une situation très dangereuse.

Eserciziu 2 – Cumplitate

❶ À l'époque où fleurit la bruyère, poussent aussi les cistes.
À l'epica ch'ella ...., ... ancu ....

❷ Savez-vous distinguer un chêne-liège d'un chêne vert ?
Sapete distingue .. .. ?

❸ Les cyclamens naissent quand les arbousiers se chargent de baies.
I fiori di cuccu .... quandu ....

❹ Les passagers sentaient l'odeur du maquis quand le bateau s'approchait des côtes.
I passegeri .... l'odore di a machja quandu u battellu ....

❺ Le maquis protège la terre des ruisselllements et assainit l'air.
A machja .... a terra .. . . è ....

Ottantesima lezzione

Vai è chjinati ! [1]

1 – Sempre nantu à 'ssi ghjochi elettronichi, o Eric !
2   Ùn ti pare anc'ora d'andattine à dorme ?
3 – Per avà ùn aghju sonnu, eppó ci vole ch'o finisca sta partita.
4 – È chì hà [2] ? Ùn si pó piantà è ripiglià dumane ?

Prononciation
bahi è tyinadi **1** ... yôgui ... **2** ... ôra ... dôrmè **3** ... èpô ... ouôlè ...

Notes

1 **Vai è chjinati !**, *Va te coucher !*, littéralement : "va et couche-toi". Après les verbes de mouvement (**andà, vene, cullà, falà, passà**...) la construction "en double impératif" au moyen de la conjonction **è** permet d'éviter un infinitif. Autres exemples : **veni è piglia a to roba**, *viens prendre*

Corrigé de l'exercice 2
❶ – fiurisce a scopa, spuntanu – i muchji ❷ – da una suvera à una leccia ❸ – nascenu – l'albitri si carcanu à bachi ❹ – sintianu – s'avvicinava à e coste ❺ – prutege – da e piene – risana l'aria

Deuxième vague : 30ᵉ leçon

Quatre-vingtième leçon

Va te coucher !

1 – Toujours dans *(sur)* ces jeux vidéo *(électroniques)*, Éric !
2 Tu ne crois pas qu'il est temps *(ne te semble pas encore l'heure)* d'aller dormir ?
3 – Pour l'instant *(maintenant)* je n'ai pas sommeil, et puis il faut que je finisse cette partie.
4 – Pourquoi donc ? On ne peut pas s'arrêter et reprendre demain ?

tes affaires (litt. "viens et prends…"), **fala è chjodi a porta**, *descends fermer la porte*, (litt. "descends et ferme…"), etc.

2 **chì hà ?**, *pourquoi donc ?*, anciennement : *qu'y a-t-il ?*. On voit donc qu'a été conservé dans cette interrogation le verbe **avè** là où on a aujourd'hui le verbe **esse** : **chì ci hè ?**, *qu'y a-t-il ?* quand **chì hà ?** a pris un sens différent, exprimant la perplexité à l'égard de l'assertion d'un interlocuteur.

80 / Ottantesima lezione

5 – Innò poi, mi guasterebbe u piacè di u ghjocu...
6 – Quand'è tù serai dispostu, sappii chì eiu è mammata t'avemu rifattu a camera.
7 A strapunta l'emu messa nova, e lenzole [3] sò state cambiate...
8 Cuprime [4] n'averai abbastanza incù duie cuverte di lana ?
9 Ci hè cuscinu è capizzale, sciglierai tù ciò chì ti garba.
10 È prima di metteti in lettu, ùn ti scurdà di caccià a coltra. *U lindumane* :
11 – À chì ora ti sì chjinatu eri sera, o figlió [5] ?
12 – Seranu state dui'ore di mane, mi sò addurmintatu à l'istante.
13 – È a ti dicu eiu quand'è tù ti sì arrizzatu : à meziornu !
14 – M'hà discitatu u rimore in piazza, quandu sunniava una corsa di vitture...
15 – O vai ! I mutori chè tù sintivi, eri tù chì surnacavi...

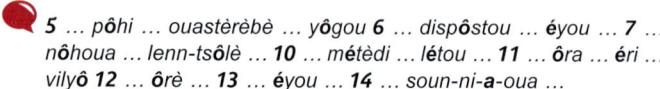

5 ... pôhi ... ouastèrèbè ... yôgou 6 ... dispôstou ... éyou ... 7 ... nôhoua ... lenn-tsôlè ... 10 ... métèdi ... létou ... 11 ... ôra ... éri ... vilyô 12 ... ôrè ... 13 ... éyou ... 14 ... soun-ni-a-oua ...

Notes

3 e lonzole, *les draps (de lit)* Ce nom est féminin au pluriel et masculin au singulier : **u lenzolu**, *le drap (de lit)*.

4 u cuprime est un singulier collectif, non traduisble mot à mot, désignant *les draps et couvertures d'un lit*.

Quatre-vingtième leçon / 80

5 – Sûrement pas, ça *(me)* gâcherait le plaisir du jeu...
6 – Quand tu [te] seras décidé *(disposé)*, sache que ta mère et moi nous *(t')*avons retapé *(refait)* ta *(la)* chambre.
7 Nous avons mis un matelas neuf *(le matelas nous l'avons mis neuf)*, les draps ont été changés...
8 Pour [te] couvrir tu *(en)* auras assez avec deux couvertures de laine ?
9 Il y a [un] oreiller et [un] traversin, tu choisiras toi[-même] ce qui te convient.
10 Et avant de te mettre au lit, n'oublie pas de retirer le couvre-lit. *Le lendemain* :
11 – À quelle heure t'es-tu couché hier soir, [mon] fils ?
12 – Il devait être *(seront été)* deux heures du matin, je me suis endormi immédiatement.
13 – Et moi je vais te dire *(le te dis moi)* quand tu t'es levé : à midi !
14 – C'est le bruit du dehors qui m'a réveillé *(m'a réveillé le bruit sur la place)* alors que je rêvais [d']une course automobile *(de voitures)*...
15 – Penses-tu ! *(Oh va!)* Les moteurs que tu entendais, c'était *(tu étais)* toi qui ronflais...

5 o figlió ! C'est le nom **figliolu**, *fils*, tourné au vocatif selon le procédé qui consiste à arrêter le nom sur la voyelle tonique. Vous l'avez maintes fois rencontré, appliqué à des prénoms (**o Catalì** pour **Catalina**, etc.).

Eserciziu 1 – Traducite

❶ Sì dispostu ad andà à chjinatti à st'ora ? ❷ Mettiti in lettu chì dumane ti disciterà u rimore di e vitture. ❸ Indù a to camera rifatta durmerai bè, nantu a strapunta nova. ❹ Ma ùn m'addurminteraghju prima di mezanotte chì ùn aghju sonnu abbastanza. ❺ M'arrizzeraghju per ripiglià u mio ghjocu è finisce a partita piantata stasera.

***

Eserciziu 2 – Cumplitate

❶ Tu ne crois pas qu'il est temps de t'en aller dormir ?
.. .. di andattine à dorme ?

❷ Sache que ta mère et moi nous avons retapé ta chambre.
Sappii chì ... . t'avemu rifattu a camera.

❸ Il y a de quoi te couvrir : deux couvertures de laine.
Ci hè . ... : duie .... di .....

❹ Tu choisiras ce qui te convient : le traversin ou l'oreiller.
.... ciò chì .. .. : u capizzale o . ...

Ottantunesima lezione

L'amicu di a stampa

1 – Omancu voi, o Petru Francè, u vostru giurnale u lighjite da cima à fondu.
2 Articuli, interviste è capatoghji [1], ùn vi lasciate sfughje nunda !

Prononciation
... amicu ... stampa **1** ... bédrou ... ouôstrou ...

Corrigé de l'exercice 1

❶ Es-tu décidé à aller te coucher à cette heure-ci ? ❷ Mets-toi au lit car demain te réveillera le bruit des voitures. ❸ Dans ta chambre retapée tu dormiras bien, sur le matelas neuf. ❹ Mais je ne m'endormirai pas avant minuit car je n'ai pas assez sommeil. ❺ Je me lèverai pour reprendre mon jeu et finir la partie arrêtée ce soir.

***

❺ N'oublie pas de retirer le couvre-lit, et tu pourras rêver... et même ronfler !
Ùn ti scurdà di . . . ., è puderai . . . .
. . . . !

Corrigé de l'exercice 2

❶ Ùn ti pare anc'ora – ❷ – eiu è mammata – ❸ – u cuprime – cuverte – lana ❹ Sciglierai – ti garba – u cuscinu ❺ – caccià a coltra – sunnià – è ancu surnacà

Deuxième vague : 31ᵉ leçon

Quatre-vingt-unième leçon

L'ami de la presse

1 – Vous au moins, Pierre-François, votre journal vous le lisez de bout en bout.
2   Articles, interviews, échos, vous ne laissez rien vous échapper !

Note

1 **capatoghju** formé sur **capu**, *tête*, est d'abord un *appuie-tête* (quelle qu'en soit la nature), mais désigne aussi ce qui "prend la tête", à savoir un *souci constant*, une *préoccupation*. Peut-être par le détour de **dà / fà capu à**, *s'occuper de*, *se mêler de*, ce terme a également pris le sens de *ragot*, *racontar*, et d'*écho* en journalisme.

3 – Hè vera, m'interessanu ancu e riclame... ma soprattuttu cercu e nutizie lucali, vogliu sapè à chì campa è à chì more.

4 – Ci sò di quelli chì si cuntentanu di una fidighjata à i tituli, è giranu 'sse pagine à la lesta...

5 ma voi e sbuchjate filare per filare, ch'ellu si tratti di pulitica, di sport o puru di cronica minuta...

6 è dopu ci ne fate u resucontu di littura, cù i vostri cumintarii, chì sò un piacè à senteli.

7 – Ùn vi pare ghjusta ch'omu s'interessi à l'attualità, incù un suppulu [2] di spiritu criticu...

8 Ùn si pó stà à l'oscuru di ciò chì stalva [3] intornu à noi è indù u mondu sanu ?

9 – Quessa nò, ma ci hè a televisione è Internet chì ci tenenu à currente.

10 – Per mè ùn ci hè paragone : a carta hè un testimone più sodu, è si ne pó ancu ricaccià ritagliuli s'ellu ci hè primura.

11 À chì ghjoca à e corse di cavalli, pó studià a so scummessa d'appressu à l'avisi di spizialisti...

12 Ci sò i picculi annunzii di vita pratica, affitti, vendite, è svariate occasioni.

13 Per finisce a ghjurnata eiu mi rinfrescu a memoria circhendu d'induvinà l'incrucittimi è l'altri prublemi pruposti.

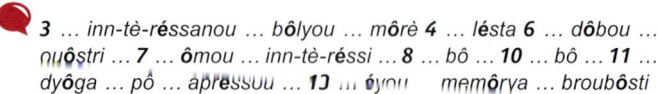

*3 ... inn-tè-réssanou ... bôlyou ... môrè **4** ... lésta **6** ... dôbou ... nuôstri ... **7** ... ômou ... inn-tè-réssi ... **8** ... bô ... **10** ... bô ... **11** ... dyôga ... pô ... apressou ... **13** ... óyou ... memôrya ... broubôsti*

Notes

2 un suppulu, *un brin, un petit peu*, cf. leçon 51, note 5.

Quatre-vingt et unième leçon / 81

3 – C'est vrai, même les réclames m'intéressent... mais je recherche surtout les nouvelles locales, je veux savoir *(à)* qui vit et *(à)* qui meurt.
4 – Il y a des gens *(de ceux)* qui se contentent d'un coup d'œil aux titres et [qui] tournent les *(ces)* pages à la va-vite...
5 mais vous, vous les épluchez ligne par ligne, qu'il s'agisse de politique, de sport ou même de faits divers *(menues chroniques)*...
6 et après vous nous en faites le compte rendu de lecture, avec vos commentaires qui sont un plaisir à *(les)* écouter.
7 – Vous ne trouvez *(ça ne vous paraît)* pas normal *(juste)* qu'on s'intéresse à l'actualité, avec un brin d'esprit critique...
8 On ne peut pas rester dans l'ignorance *(à l'obscur)* de tout ce qui se produit autour de *(à)* nous et dans le monde entier ?
9 – Cela, certes pas *(non)*, mais il y a la télévision et Internet qui nous tiennent au *(à)* courant.
10 – Pour moi, il n'y a pas de comparaison : le papier est un témoin plus consistant, et l'on peut même en extraire des coupures [de presse] si l'on a *(y a)* une motivation [particulière].
11 *(À)* qui joue aux courses *(de chevaux)* peut établir *(étudier)* son pari d'après les avis des spécialistes...
12 Il y a *(y sont)* les petites annonces de [la] vie pratique, locations, ventes, et occasions diverses.
13 Pour finir la journée je me rafraîchis la mémoire en cherchant à résoudre *(deviner)* les mots croisés et *(les)* autres problèmes proposés.

---

3 **stalva**, du verbe **stalvà** (souvent prononcé et parfois écrit **stalbà**), *se produire, arriver, survenir*. Un nom en dérive : **stalvatoghju**, *anecdote, récit d'un fait étrange ou amusant survenu à quelqu'un*.

81 / Ottantunesima lezzione

14 Chì tante pubblicazioni "in linia"! À mè, a matina, mi ci vole u cotidianu, frescu frescu [4], cù l'odore di l'inchjostru!

15 – Ùn abbiate penseru, o Petru Francè, chì surterà u giurnale finch'ellu surterà u sole...

14 ... ouôlè ... inn-tyôstrou 15 ... benn-sérou ...

Note

4 *frescu frescu*, *tout /très frais*. Exemple de superlatif par répétition, que l'on peut aussi produire avec un adverbe ou une locution adverbiale, ex. **pianu pianu**, *tout doucement*, **in furia in furia**, *à toute vitesse*, etc.

***

Eserciziu 1 – Traducite

❶ Petru Francescu ci face u resucontu di l'attualità è si rinfresca a memoria à induvinà l'incrucittimi. ❷ Ancu voi sbuchjate l'articuli è i capatoghji? ❸ Nò, eiu cercu un affittu chì m'interessa ind'i picculi annunzii. ❹ Mi cuntentu di una fidighjata à e nutizie lucali. ❺ À mè u cotidianu mi tene à currente di ciò chì stalva ind'u mondu sanu.

***

Eserciziu 2 – Cumplitate

❶ Vous lisez votre journal de bout en bout, rien ne vous échappe.
  Lighjite u vostru giurnale .. .., ùn vi ....

❷ Il y a des gens qui tournent les pages à la va-vite.
  .. .. chì giranu e pagine .. ..

❸ Il n'y a pas de comparaison, le papier est plus consistant.
  .. .., a carta hè più .....

❹ On peut établir son pari d'après l'avis des spécialistes.
  Si pó studià .. .. di i spizialisti.

301 • trecent' è unu

Quatre-vingt et unième leçon / 81

14 Fi des *(que tant)* publications "en ligne"! *(À)* Moi, le matin, il me faut le quotidien, tout frais, avec l'odeur de l'encre !
15 – N'ayez crainte, Pierre-François, *(car)* le journal paraîtra tant que paraîtra le soleil...

M'INTERESSANU ANCU E RICLAME...

Corrigé de l'exercice 1
❶ Pierre-François nous fait le compte rendu de l'actualité et se rafraîchit la mémoire à résoudre les mots croisés. ❷ Vous aussi, vous épluchez les articles et les échos ? ❸ Non, moi je cherche une location qui m'intéresse dans les petites annonces. ❹ Je me contente d'un coup d'œil aux nouvelles locales. ❺ Moi, le quotidien me tient au courant de ce qui se produit dans le monde entier.

***

❺ Fi des publications "en ligne", il me faut un journal avec l'odeur de l'encre !

... . "In llnia", ...l'odore di ....!

Corrigé de l'exercice 2
❶ – da cima à fondu – sfughje nunda ❷ Ci sò di quelli – à la lesta ❸ Ùn ci hè paragone – soda ❹ – a so scummessa d'appressu à l'avisi – ❺ Chì tante pubblicazioni – mi ci vole – l'inchjostru

Deuxième vague : 32e leçon

Ottantaduiesima lezzione

Ind'è u ligumaghju [1]

1 – Fate u piacè, pisatemi dui chilò [2] di pomi è unu di carotte.
2 – Vulete qualcos'altru, o vi basterà cusì ?
3 – Mettitemi dinù un bellu carbusgiu à chjocca è un cestu d'insalata.
4 – Vi cunsigliu i fasgiulini, prufittate, mirà, sò teneri teneri, colti di stamane !
5 – Allora ne piglieraghju una libbra, ma à mè mi servenu i fasgioli granati, di i rossi, per a suppa.
6 – Altru ? Artichjocchi, biete, pisi ?
7 – Nò, ma duie [3] ravanette e mi pigliu vulinteri.
8 Di frutta ùn avete chè 'sse baracucche, sò maciarbe ceche.
9 – Ci sò ancu i miloni, ùn l'ate visti, cù u locu ch'elli piglianu !
10 – Ùn ne sò sceglie, è s'ellu ùn hè bonu u milone pare zucca.

Prononciation
... llgoumadyou **1** ... garôtè **3** ... tyôka ... **4** ... fajoulini ... kôlti ... **5** al-lôra ... vajôli ... **6** ... artidyôki ... **7** ... oulinn-téri **8** ... djéguè **9** ... lôgou ... **10** ... chélyè ... bônou ...

Notes
1 ligumaghju, *marchand de légumes*, terme d'usage récent dérivé de le- / ligumi, (sing. le- / ligume), apport du français *légume*, désignant outre les légumineuses (telles que fèves ou petits pois), génériquement toutes les plantes potagères. Le suffixe -aghju est l'un de ceux que l'on applique pour former les noms de métier, ex. **lattaghju**, *laitier*, **pignulaghju**, *potier*.

Quatre-vingt-deuxième leçon

Chez le marchand de légumes

1 – S'il vous plaît *(faites le plaisir)*, pesez-moi deux kilos de pommes [de terre] et un [kilo] de carottes.
2 – Désirez-vous *(voulez-vous)* autre chose, ou ce sera tout *(vous suffira comme ça)* ?
3 – Mettez-moi aussi un beau chou pommé *(à crâne)* et un pied *(plant)* de salade.
4 – Je vous conseille les haricots verts, profitez*(-en)*, voyez-vous, ils sont très tendres, cueillis de ce matin !
5 – Dans ce cas *(alors)* j'en prendrai une livre, mais *(à)* moi, il me faut *(me servent)* des haricots à écosser *(grenés)*, les rouges, pour la soupe.
6 – [Quoi d']autre ? Artichauts, bettes, petits pois ?
7 – Non, mais quelques *(deux)* radis, je les *(me)* prends volontiers.
8 Comme *(de)* fruits, vous n'avez que ces abricots, ils ne sont vraiment pas mûrs *(ils sont verts aveugles)*.
9 – Il y a aussi des melons, vous ne les avez pas vus, avec toute la place qu'ils prennent !
10 – Je ne sais pas les *(n'en sais)* choisir, et si le melon *(s'il)* n'est pas bon, on dirait *(semble)* [de la] courge.

---

2 *chilò, kilo* : nom invariable. La voyelle finale doit être prononcée ouverte (comme le o de *port*) à la différence du français où elle est fermée (comme le o de *pot*).

3 *duie, deux* (au féminin, comme déjà signalé **dui** est le seul numéral cardinal variable en genre). Employé souvent dans le sens de *quelques*. Ex. : **fà dui passi**, *faire quelques pas*.

11 – Pigliatevi una patecca, chì site sicura di cum'ella ghjé dentru !

12 – Ahù, a patecca spartuta hè bella da vedesi, ma ùn hè chè acqua fresca inzuccherata.

13 – Mi ferma una barchetta [4] di fraule, sò di quì, sò squisite.

14 – Alé, lampatela cù u restu, è fatemi u contu. Vulete i solli o accittate a carta di creditu ?

15 – Cum'ella vi pare, eccu a vostra nota, è purtatevi appena di basilgu è di petrusellu, u vi rigalu...

11 ... yé ... 14 alé ... réstou ... zôl-li ... grèhidou 15 ... ékou ... ouôstra nôda ... bédrouzél-lou ...

Note

4 **barchetta**, transposition du français *barquette* au sens récent de petit récipient léger et rigide utilisé comme emballage de produits alimen-

***

Eserciziu 1 – Traducite

❶ Vulete ancu l'artichjocchi o vi bastanu i pisi ? ❷ Mi ci volenu i fasgiulini per fanne una 'nsalata. ❸ Una suppa di carbusgiu è biete mi basterà per fà cena. ❹ U milone maciarbu pare zucca. ❺ Di frutta mi piglieraghju duie baracucche è una barchetta di fraule.

***

Eserciziu 2 – Cumplitate

❶ S'il vous plaît, choisissez-moi un beau melon.
 ...., ... un bellu milone.

❷ Je prendrai volontiers des radis et des haricots rouges.
 .... vulinteri .... è .... rossi.

❸ Pesez-moi deux kilos de pommes de terre.
 .... dui ....

❹ Je vous offre un peu de basilic et de persil.
 .. .. appena di .... è di ....

Quatre-vingt-deuxième leçon / 82

11 – Prenez [donc] une pastèque, comme ça *(car)* vous êtes sûre de ce qu'il y a *(de comme elle est)* à l'intérieur !
12 – Bof ! La pastèque ouverte *(entamée)* est belle à *(se)* voir, mais ce n'est [jamais] que de l'eau fraîche sucrée.
13 – Il me reste une barquette de fraises, elles sont d'ici, elles sont exquises.
14 – Allez ! Fourrez-la *(balancez-la)* avec [tout] le reste, et faites-moi mon *(le)* compte. Vous voulez du liquide *(des sous)* ou vous acceptez la carte de crédit ?
15 – Comme vous voulez *(cela vous semble)*, voilà votre note, et emportez*(-vous)* un peu de basilic et de persil, je vous l'offre...

taires. L'adoption en est très aisée puisque le mot existe en corse : *barchetta*, *petite barque*, et même anciennement *bac*.

***

Corrigé de l'exercice 1
❶ Voulez-vous aussi les artichauts ou les petits pois vous suffisent ? ❷ Il me faut des haricots verts pour en faire une salade. ❸ Une soupe de chou et de bettes me suffira pour dîner. ❹ Le melon qui n'est pas mûr on dirait de la courge. ❺ Comme fruits je prendrai quelques abricots et une barquette de fraises.

***

❺ Acceptez-vous la carte de crédit ou voulez-vous de l'argent liquide ?
.... a carta .. .. o vulete . ..... ?

Corrigé de l'exercice 2
❶ Fate u piacè, sciglitemi – ❷ Piglieraghju – e ravanette – i fasgioli – ❸ Pisatemi – chilò di pomi ❹ Vi rigalu – basilgu – petrusellu ❺ Accittate – di creditu – i solli

Deuxième vague : 33ᵉ leçon

Ottantatreesima lezione

Nota sumerina

1 – 'Ssi turisti cherenu [1] a salciccia di sumere è si maravigllianu di ùn truvanne in tutti i cummerci.
2 – L'anu fattu crede chì ghjé una spezialità corsa, a si volenu purtà in casa soia [2] è rigalalla à i parenti o à l'amici.
3 – Hè vera chì di 'ssa roba ci hè stata una pruduzzione, ma a carne vinia d'altrò, pare da Merica suttana [3].
4 Perchè à ghjente di quì, ancu sì à i sumeri anu sempre datu più bastunate chè carezze, ùn l'anu mai tombi [4] per manghjalli.
5 – Ma ci fù un'epica, spartasi [5] a muturizazione, chì i patroni di l'animali divintati inutuli, i si vindinu per una bazzica...
6 è i cumpradori chì l'imbarconu 'ce chì [6] ne fecenu mortadella !

Prononciation

nôda zoumérina **1** ... *guérènou* ... *zoumérè* ... **2** ... *dié* ... *kôrsa* ... *ouôlènou* ... *zôya* ... **3** ... *mériga* ... **4** ... *zouméri* ... **6** ... *védjènou mortadél-la*

Notes

1 **cherenu**, cf. leçon 65, note 3.
2 **in casa soia**, *chez eux*, mais aussi *chez lui / elle*, *chez elles*, *chez soi*. On a de même : **in casa meia**, *chez moi*, **in casa toia**, *chez toi*, **in casa nostra**, *chez nous*, **in casa vostra**, *chez vous*.

307 • trecent' è sette

Quatre-vingt-troisième leçon

Note asinienne

1 – [Voilà des] *(Ces)* touristes [qui] demandent [du] saucisson d'âne et [qui] s'étonnent de ne pas en trouver dans tous les commerces.
2 – On leur a fait croire que c'est une spécialité corse, ils *(la se)* veulent l'emporter chez eux et l'offrir à leurs parents et amis.
3 – Il est vrai qu'il y a eu une production de cette marchandise, mais la viande venait d'ailleurs, d'Amérique du Sud, semble-t-il.
4 Parce que les gens d'ici, alors même qu'*(même s')*ils ont toujours gratifié les *(donné aux)* ânes [de] davantage *(plus)* [de] coups de bâton que [de] caresses, ils ne les ont jamais tués pour les manger.
5 – Mais il y eut un temps, la motorisation [s'étant] généralisée *(répandue)*, où les maîtres de ces animaux devenus inutiles *(se)* les vendirent pour une misère…
6 et les acheteurs, qui les embarquèrent, en firent, dit-on, de la mortadelle !

---

3 **Merica**, cf. leçon 16, note 9 ; **suttana**, masc. **suttanu**, *d'en bas vs* **supranu**, *d'en haut*. Ces adjectifs font référence aux positions sur une carte et non aux points cardinaux. Ils servent à la dénomination des départements corses : **Corsica suttana**, *Corse-du-Sud*, **Corsica suprana**, *Haute-Corse*. Même cas en français : *Hauts de France*, parce que situés plus haut sur la carte.

4 **tombi**, sing. **tombu**, participe passé du verbe **tumbà**, *tuer*.

5 **sp**a**rtasi**, participe passé (fém.) du verbe **sp**a**rghjesi**, *se répandre*.

6 **'ce chì**, forme familière pour **si dice chì…**, *on dit que…*, *dit-on*.

83 / Ottantatreesima lezione

7 – Sia cum'ella sia, l'omu hè statu ingratu assai incù u so servu arichjutu [7].

8   Spanettu (o Moru...) era un mezu di trasportu per mercanzie è persone, è da mantene custava pocu.

9   Pudia batte e straducule petricose è appese senza inciuppicà nè mai sbaglià u locu più adattu da poneci u pede.

10 – Li piacia a cumpagnia : s'ell'era cappiatu per 'ssi stradoni circava l'altri sumeri è si ne stavanu in banda.

11   S'ell'era solu ind'un chjosu rispundia runchendu [8] à e runcate ch'ellu sintia in luntananza, ma ancu à a chjama di u patrone.

12   Li si rimpruverava d'esse inchjuccutu, à le volte d'impuntassi, i so mutivi l'avia, puru ch'elli ùn fussinu i nostri.

13 – Oramai d'i sumeri n'hè firmatu belli pochi, è quessi si francanu a cavezza è l'imbastu.

14   I furesteri i piglianu in fotografia, cume curiusità. Ne sò fatte tante carte pustali spedite per 'ssu mondu...

15   L'asinu [9] avà hè paragone di natura da prutege... è ancu di puesia !

🗨 *7 ... ômou ... 8 ... éra ... médzou ... draspôrtou ... 9 ... lôgou ... péhè 10 éra ... zouméri ... 12 ... éssè ... ouôltè ... nôstri 14 ... vouréstéri ... 15 ... broudédjè ...*

Notes

7 **arichjutu**, *qui a de grandes oreilles*, adjectif formé sur **arechja**, *oreille* à l'aide du suffixe **-utu** (fém. **-uta**) indiquant l'abondance d'un attribut physique. Ex. **capillutu**, *fort chevelu*. **arichjutu** peut être remplacé par **orichjutu**, les deux formes **arechja** et **orechja** coexistent.

8 **runchendu**, gérondif du verbe **runcà**, *braire*.

Quatre-vingt-troisième leçon / 83

7 – Quoi qu'il en soit, l'homme a été fort ingrat envers son serviteur aux grandes oreilles.
8 Spanettu (ou Moru...) était un moyen de transport pour les marchandises et les personnes, et son entretien *(à l'entretenir)* ne coûtait guère.
9 Il pouvait parcourir les sentiers pierreux et pentus sans trébucher ni jamais se tromper sur l'endroit le plus adéquat pour y poser le pied.
10 – Il aimait *(lui plaisait)* la compagnie : s'il était laissé en liberté *(lâché)* le long des *(par ces)* routes, il recherchait des semblables *(d'autres ânes)* et [tous] demeuraient en bande.
11 S'il était seul dans un enclos, il répondait en brayant aux braiments qu'il entendait dans le lointain, et pareillement *(mais aussi)* à l'appel de son maître.
12 On lui reprochait d'être têtu, de se buter parfois, il avait [à cela] ses raisons, bien que ce ne fussent point les nôtres.
13 – Des ânes, il en est resté bien peu, désormais, et ceux-là sont dispensés du *(évitent le)* licol et du bât.
14 Les étrangers les photographient, comme des curiosités. On *(en)* fait d'eux maintes cartes postales envoyées de par le monde...
15 Le baudet est maintenant un parangon de la nature à protéger... et même de poésie !

9 asinu, *âne, baudet,* synonyme moins commun de **sumere**.

trecent' è dece • 310

Eserciziu 1 – Traducite

① U sumere cappiatu cerca a cumpagnia per i stradoni. ② Senza cavezza l'animale ùn batte più e straducule. ❸ Risponde à a chjama di u patrone, e so runcate si sentenu in luntananza. ❹ Pone u pede senza inciuppicà, puru indù i lochi petricosi. ❺ À le volte s'ellu s'impunta, serà ch'ell'hà i so mutivi.

***

Eserciziu 2 – Cumplitate

① L'animal aux grandes oreilles était un moyen de transport pour les personnes et les marchandises.

L'animale .... era .. .. per e persone è per . ...

② La motorisation s'étant répandue, les ânes sont devenus inutiles.

.... , i sumeri sò .... inutuli.

❸ Leurs maîtres les vendirent pour une misère, on dit que les acheteurs en firent du saucisson.

. ... per una bazzica,'ce chì i cumpradori .. ..

Ottantaquattresima lezzione

Revisione – Révision

1 Les verbes réfléchis

Ce sont des verbes pronominaux marquant une action réfléchie sur le complément qui représente le sujet. Exemple : **lavassi**, *se laver*. Comme les autres verbes pronominaux ils sont suivis à l'indicatif, au gérondif, au participe passé, du pronom accolé : **lavendusi**, *se lavant* et **lavatuci**, *s'étant lavé*. De même à l'impératif : **lavati**, *lave-toi*, **lavemuci**, *lavons-nous*, **lavatevi**, *lavez-vous*. Dans les autres cas le pronom complément précède la forme verbale : **mi lavu**, *je me lave*, etc. Ci-dessous à l'indicatif présent les quatre verbes réfléchis

Corrigé de l'exercice 1

❶ L'âne laissé en liberté cherche de la compagnie le long des routes. ❷ Sans licol, l'animal ne parcourt plus les sentiers. ❸ Il répond à l'appel de son maître, ses braiments s'entendent dans le lointain. ❹ Il pose le pied sans trébucher, même dans les endroits pierreux. ❺ S'il se bute parfois, ce doit être qu'il a ses raisons.

***

❹ Les étrangers demandent du saucisson d'âne pour l'emporter chez eux.

. . . . .a salciccia di sumere per purtalla . . . .

❺ Ils s'étonnent de ne pas en trouver, mais cette production vient d'ailleurs.

. . . . , ma 'ssa pruduzzione vene . . . .

Corrigé de l'exercice 2

❶ – arichjutu – un mezu di trasportu – e mercanzie ❷ Spartasi a muturizazione – divintati – ❸ I patroni i vindinu – ne feceru salciccia ❹ I furesteri cherenu – in casa soia ❺ Si maravigianu di ùn truvanne – d'altrò

Deuxième vague : 34ᵉ leçon

Quatre-vingt-quatrième leçon

très usuels rencontrés à la leçon 80 : **chjinassi**, *se coucher*, **addurmintassi**, *s'endormir*, **discitassi**, *se réveiller*, **arrizzassi**, *se lever* :

mi chjingu, *je me couche*	**m'addurmentu**, *je m'endors*	**mi discetu**, *je me réveille*	**m'arrizzu**, *je me lève*
ti chjini, *tu te couches*	**t'addurmenti**, *tu t'endors*	**ti disceti**, *tu te réveilles*	**t'arrizzi**, *tu te lèves*
si chjina, *il/elle se couche*	**s'addurmenta**, *il/elle s'endort*	**si disceta**, *il/elle se réveille*	**s'arrizza**, *il/elle se lève*
ci chjinemu, *nous nous couchons*	**ci addurmintemu**, *nous nous endormons*	**ci discitemu**, *nous nous réveillons*	**ci arrizzemu**, *nous nous levons*

trecent'è dodeci • 312

vi chjinate, vous vous couchez	v'addurmintate, vous vous endormez	vi discitate, vous vous réveillez	v'arrizzate, vous vous levez
si chjinanu, ils/elles se couchent	s'addurmentanu, ils/elles s'endorment	si discetanu, ils/elles se réveillent	s'arrizzanu, ils/elles se lèvent

2 Participes passés irréguliers (suite)

poni (leçon 78, titre) du verbe **pone**, *poser*, p.p. **postu**.
stendi (leçon 78, 1) du verbe **stende**, *étendre*, p.p. **stesu**.
aghjunghji (leçon 78, 6) du verbe **aghjunghje**, *ajouter*, p.p. **aghjuntu**.
nascenu (leçon 79, 2) du verbe **nasce**, *naître*, p.p. **natu**.
distingue (l. 79, 4), *distinguer*, p.p. **distintu**.
stratti, sing. **strattu** (l. 79, 6) du verbe **strae**, *extraire*.
prutege (l. 79, 10) du verbe **prutege**, *protéger*, p.p. **prutettu**.
dispostu (l. 80, 6) du verbe **dispone**, *disposer*
prupostí, sing. **prupostu** (l. 81, 13) du verbe **prupone**, *proposer*.

3 Le verbe *andassine*, s'en aller (cf. leçon 80, phrase 2)

Indicatif présent	mi ne vò, ti ne vai, si ne và, ci n'andemu, vi n'andate, si ne vanu.
imparfait	mi n'andava, ti n'andavi, si n'andava, ci n'andavamu, vi n'andavate, si n'andavanu.
futur	mi n'anderaghju, ti n'anderai, si n'anderà, ci n'anderemu, vi n'anderete, si n'anderanu.
passé simple I	mi n'andai, ti n'andasti, si n'andò, ci n'andaimu, vi n'andaste, si n'andonu.
passé simple II	mi n'andeti, ti n'andesti, si n'andete, ci n'andetimu, vi n'andeste, si n'andetinu.
subjonctif présent	(chè) mi ne vachi, ti ne vachi, si ne vachi, ci ne vachimu, vi ne vachite, si ne vachinu.
subjonctif imparfait	(chè) mi n'andessi, ti n'andessi, si n'andessi, ci n'andessimu, vi n'andessite, si n'andessinu.
conditionnel I	mi n'anderebbi, ti n'andereste, si n'anderebbe, ci n'anderebbimu, vi n'anderestete, si n'anderebbinu.

conditionnel II	mi n'anderia, ti n'anderiste, si n'anderia, ci n'anderiamu, vi n'anderiate / -iete, si n'anderianu.
impératif	vaitine, andemucine, andatevine.
gérondif	andendusine.
participe passé	andatusine.

4 Locutions

Innò poi !, (leçon 80, 5) *pas du tout !, absolument pas !*
O vai ! (leçon 80, 15) *penses-tu ! tu es dans l'erreur !*
Chi tanti .... ! / tante .... ! (l. 81, 14) *fi de ...!, foin de tous ces .... / de toutes ces .... !*
mirà (l. 82, 4) *voyez-vous...*
Ahù ! (l. 82, 12) *bof ! pas vraiment ...*
Sia cum'ella sia, (l. 83, 7), *quoi qu'il en soit...*

Dialogue de révision

1 – Poni sei piatti sparti è signi tuvaglioli, a furcina và messa a manca.
2 Avemu ghjente à cena, ci tocca ad appatturillia, ci seranu parechje purtate.
3 In cucina ci hè un vechju furnellu à carbone di legna d'albitru è di leccia.
4 Fattu cena, mi n'anderaghju in camera meia, chì a sera aghju u sonnu.
5 Fà u piacè, dumatina portami u giurnale, deraghju una fidighjata ad a cronica lucale.
6 Dopu sbuchjeraghju l'avisi di i spizialisti è feraghju a mio scummessa per e corse.
7 – I turisti chì cherenu a salciccia sumerina credenu chì 'ssa carne sia di u paese.
8 Megliu i miloni ! Quand'elli sò boni. È e baracucche, s'elle ùn sò macerbe...

9 I furesteri dumandanu à i patroni di l'animali s'elli ponu fà e fotó.
10 L'asinu hè divintatu u paragone di a natura da prutege.

Traduction

1 Mets six assiettes plates avec chacune une serviette, la fourchette doit être mise à gauche. **2** Nous avons des gens à dîner, nous devons bien les restaurer, il y aura plusieurs services. **3** À la cuisine il y a un vieux fourneau à charbon de bois d'arbousier et de

85

Ottantacinquesima lezzione

Parolle pasturecce [1]

1 – State à sente à mè, ùn ci avete dettu mancu una parolla di a più antica atttività di stu paese : quella di i pastori.
2 Eppuru, capraghji o picuraghji ch'elli fussinu, patroni di un battarecciu o di una semplice greghja,
3 l'omi di i pasculi anu in ogni tempu mantenutu una presenza fattia nantu à u terrenu.
4 – Cuntrasti cù i prupietarii ùn ne mancò, seculi fà, quandu e bande di capre o di pecure travirsavanu e loche [2] cultivate.

Prononciation
2 ... rédya 3 ... ômi ... 4 ... lôguè ...

Notes

1 **pasturecce**, masc. sing. **pasturecciu**, *de berger(s)*, adjectif formé sur **pastore**, *berger*, *pâtre*. Autres dérivés du même nom : **à la pasturesca**, *à la*

chêne vert. **4** Après dîner, je m'en irai dans ma chambre, car le soir j'ai sommeil. **5** S'il te plaît, demain matin apporte-moi le journal, je jetterai un coup d'œil à la chronique locale. **6** Après, j'éplucherai les avis des spécialistes et je ferai mon pari pour les courses. **7** Les touristes qui demandent du saucisson d'âne croient que cette viande est du pays. **8** Il vaut mieux des melons ! Quand ils sont bons. Et les abricots, s'ils ne sont pas verts… **9** Les étrangers demandent aux maîtres des animaux s'ils peuvent faire des photos. **10** L'âne est devenu le parangon de la nature à protéger.

Deuxième vague : 35e leçon

Quatre-vingt-cinquième leçon

Les mots des bergers

1 – Écoutez-moi, vous ne nous avez pas dit un seul mot de la plus ancienne activité de ce pays : celle des bergers.
2   Et pourtant, qu'ils fussent chevriers ou éleveurs de moutons, maîtres d'un grand nombre de bêtes ou d'un troupeau moyen,
3   les hommes des pâturages ont de tout temps entretenu une présence active sur le terrain.
4 – Des conflits avec les propriétaires [du sol], il n'en manqua point, aux siècles passés, quand les troupeaux de chèvres ou de brebis traversaient les zones cultivées.

---

façon des bergers, **cane pasturaghju**, *chien de berger*, et le plus général **pasturinu**, *qui est propre aux bergers, pastoral.*

2 **e loche**, ce pluriel féminin de **locu**, *lieu* désigne une *zone*, une *région*. Le pluriel masculin du même mot, **i lochi** désigne des *endroits*, et aussi des *terrains en propriété*.

5 – Era per via di l'impiaghjere [3] chì, si sà, a pascura, da sittembre ad aprile si trova in le terre basse.

6 Ma parlemu di u tempu d'oghje, chì e "bittagliere" [4] coprenu 'ssu tramutu è dinù a ricullata in paese...

7 è l'elicotteri pruvedenu à e pruviste di i piazzili più in altu è più scantati.

8 – E norme nuvelle vulerianu sparghje ancu e "mascine à munghje", ma fà chì [5] usanu pocu, vene più comuda a munghjera à l'antica.

9 Intantu, e fattoghje chì eranu di ghjuncu sò turnate di plastica, listessa per e scaffe chì prima eranu di legnu.

10 Pensate chì avà per caghjà s'adopra l'impresu chimicu,

11 è furmagliu, caprunu o pecurinu, ùn si ne pò vende senza l'indicazioni di cumpusizione, di data è d'origine...

12 – Sì parechje cose sò cambiate, ci sò ancu l'usi chì duranu :

5 éra ... impyadyérè ... drôhoua ... 6 ... ôdyè ... ouitalyérè gôbrènou ... 8 ... nouhouél-lè ... moundyéra ... 9 ... éranou ... younkou ... 11 ... bô ...

Notes

3 l'impiaghjera, *migration hivernale des troupeaux dans la plaine* (antonyme **muntagnera**, *retour à la montagne*) est l'inverse de la transhumance qui est, dans d'autres contrées, la migration estivale du bétail de la plaine vers les pacages montagneux.

Quatre-vingt-cinquième leçon / 85

5 – C'était à cause du transfert en plaine, car, on le sait, la pâture, de septembre à avril, se trouve dans les terres basses.
6 Mais parlons du temps présent, où les bétaillères assurent ce déplacement et aussi la remontée au village...
7 et [où] les hélicoptères pourvoient au ravitaillement des bergeries d'altitude et des plus isolées.
8 – Les nouvelles normes voudraient aussi généraliser *(répandre)* **les trayeuses** *(machines à traire)***,** mais il semble que celles-ci ne soient guère en usage, la traite à l'ancienne étant jugée plus commode.
9 En revanche, les cagerottes qui étaient en jonc sont désormais en plastique, de même pour les égouttoirs qui auparavant étaient en bois.
10 Songez qu'à présent pour cailler on utilise de la présure chimique,
11 et que du fromage, de chèvre ou de brebis, on ne saurait en vendre sans les indications de composition, de date et d'origine...
12 – Si bien des choses ont changé, il y a aussi des usages qui perdurent :

4 e bittagliere, est une adaptation populaire, ici au pluriel, du français *bétaillère*.

5 fà chì..., *il semble que..., peut-être que..., on dirait que...*

85 / Ottantacinquesima lezzione

13 ghjé u casu di i tavulacci [6] in occasione di e tundere : sò sempre frequentati è bundanziosi.

14 – Puesie è canzone chì parlinu di vita pasturina, ci n'hè statu à buzeffu [7] à tutte l'epuche è in tutti i paesi.

15 Ùn ci hè un altru mistieru chi abbia ricoltu loda altrettantu !

13 dyé … doundérè … 15 … mistyérou … rigôltou …

Notes

6 tavulacci (sing. tavulacciu), au sens propre : ensemble de planches placées sur des tréteaux pour constituer de longues tables en raison de

***

Eserciziu 1 – Traducite

❶ I pastori facenu l'impiaghjera di sittembre è a muntagnera d'aprile. ❷ Parechji usi di vita pasturina sò cambiati, indù i piazzili ùn hè più cum'è seculi fà. ❸ Oramai e fattoghje sò di plastica è si caghja cù l'impresu chimicu. ❹ Ancu s'elli stanu à sente e norme nuvelle, i capraghji fà chì usanu sempre a munghjera à l'antica. ❺ E tundere sò l'occasione di tavulacci bundanziosi chì finiscenu in canzone.

***

Eserciziu 2 – Cumplitate

❶ Les troupeaux de chèvres et de brebis franchissaient des zones cultivées.

  . . . . .travirsavanu e loche cultivate.

❷ Il faut des indications de composition, de date et d'origine pour vendre du fromage.

  . . . . , di cumposizione, di data è d'origine . . . .

❸ Les hélicoptères pourvoient au ravitaillement des bergeries isolées.

  L'elicotteri pruvedenu à . . . . di i piazzili . . . .

Quatre-vingt-cinquième leçon / 85

13 c'est le cas des festins à l'occasion de la (des) tonte(s) : ils sont toujours fréquentés et plantureux.
14 – Des poésies et des chansons qui parlent de la vie pastorale, il y en a eu en grand nombre à toutes les époques et dans tous les pays.
15 Il n'y a point d'autre métier qui ait recueilli pareille louange !

---

l'affluence de convives, lors de mariages ou autres festivités. Par métonymie le mot a pris le sens de *banquet*, *agapes*. Le suffixe **-acciu** n'y est pas péjoratif.

7 à buzeffu, *en abondance*, *à gogo* (fam.), de l'italien ***à bizzeffe*** venu de l'arabe ***bezzâf***, *beaucoup*.

***

Corrigé de l'exercice 1
❶ Les bergers descendent dans la plaine en septembre et regagnent la montagne en avril. ❷ Plusieurs usages de la vie pastorale ont changé, dans les bergeries ce n'est plus comme aux siècles passés. ❸ Désormais les cagerottes sont en plastique et on caille avec de la présure chimique. ❹ Même s'ils écoutent les normes nouvelles, il semble que les chevriers font toujours la traite à l'ancienne. ❺ La tonte est l'occasion de plantureux festins qui finissent en chansons.

***

❹ Dans tous les pays des poésies en grand nombre parlent des bergers.
In tutti i paesi . . . . parlanu di . . . .

❺ C'est un métier qui a recueilli beaucoup de louange.
. . . . chì hà ricoltu assai . . . . .

Corrigé de l'exercice 2
❶ E bande di capre è di pecure – ❷ Ci volenu l'indicazioni – per vende u furmagliu ❸ – e pruviste – scantati ❹ – puesie à buzeffu – i pastori ❺ Hè un mistieru – loda

Deuxième vague : 36e leçon

Ottantaseiesima lezzione

A cantina di Tottò [1]

1 – Hè un piacè, o Tottò, vi si trova sempre tramezu à botti, caratelli, damisgiane...
2 – È buttiglie ! Ne aghju una bella cullezzione, di vini di sottuscala.
3 – Ditemi appena, di e qualità d'uva, qualesse sò e più chì entrenu ind'i nostri vini ?
4 – Per ùn cità chè e principali, avemu u sciaccarellu [2], vitignu neru di a Corsica suttana...
5 Dopu, ci hè u niellucciu [3], soprattuttu in Corsica suprana...
6 è u vermentinu, malvasia d'uva bianca, chì ci dà un vinu biancu prelebatu.
7 – Si cunservanu bè 'ssi vini di prupietarii è vignaghjoli ?
8 – U vinu sì vo ùn lu curate si guasta, diventa acitosu...

Prononciation
... tot-to **1** ... drôhoua ... tramédzou ... karadél-li ... **2** ... ouini ... **3** ... ouhoua ... **4** ... chakarél-lou ... gôrsiga ... **5** dôbou ... **6** ... yanka ... yankou ... **7** ... bignadyôli **8** ... ouasta ...

Notes
1 **Tottò**, diminutif familier de **Antone**, *Antoine*.
2 **sciaccarellu**, nom signifiant littéralement *craquant, facile à écraser*.
3 **niellucciu**, *aux petits grains noirs*, nom dérivé de l'adjectif **niellu**, *sombre*.

Quatre-vingt-sixième leçon

La cave de Tottò

1 – C'est un plaisir, Tottò, on vous trouve toujours au milieu de tonneaux, tonnelets, bonbonnes *(dames-jeannes)*...
2 – Et bouteilles ! J'en ai une belle collection de vins de derrière les fagots *(de sous l'escalier)*.
3 – Dites-moi donc *(un peu)*, parmi les *(des)* variétés *(qualités)* de raisin, quelles sont celles qui entrent davantage dans [la composition de] nos vins ?
4 – À ne citer que les principales, nous avons le sciaccarellu, cépage noir de la Corse-du-Sud...
5 Ensuite, il y a le niellucciu, surtout en Haute-Corse...
6 et le vermentinu, malvoisie de Corse, de raisin blanc, qui nous donne un vin blanc particulièrement apprécié.
7 – Se conservent-ils bien, ces vins de propriétaires et de vignerons ?
8 – Si vous ne veillez pas sur le vin, il se pique *(devient vinaigré)*...

9 ma imbuttigliatu, tappatu di cozzu è incappucciatu, lasciatelu puru invichjà quant'ella vi pare.
10 – Certi vini in cummerciu mintuveghjanu in l'etichetta "vindemia fatta di manu"...
11 – Hè una garanzia di naturale, 'ssu particulare.
12 – Vecu chì ci avete ancu i vini d'altrò, Burgogna, Bordeaux...
13 – è u Sciampagnu, assai chersu per feste, matrimonii...
14 – Nantu à 'ssu parastasgiu ci sò e buttiglie di vinu chinatu [4] è di l'altri apperitivi, ma quelle in cima quassù, chì serebbinu ?
15 – Acquavita, licori di morta, d'alimea, limuncellu [5] chì n'hè ghjunta a moda, è caraffoni di rattafia.
16 Alé, per marcà a visita, tuccheremu un bichjerinu !

9 ... gôtsou ... 13 ... féstè ... 15 ... aliméa ... limountchél-lou ... môhoua ... ratavia 16 alé ...

Notes

4 **vinu chinatu**, *apéritif au quinquina* produit en Corse, où en français on le dit "vin du Cap".

***

Eserciziu 1 – Traducite

❶ A vindemia fatta di manu hè una garanzia di naturale.
❷ I vignaghjoli curanu u vinu per ch'ellu ùn diventi acitosu.
❸ I vini di malvasia incappucciati sò vini prelebati.
❹ Caraffoni di ratafia è buttiglie di vinu chinatu sò in cima à u parastasgiu.
❺ Tottò è l'amicu toccanu un bichjerinu per marcà a visita.

Quatre-vingt-sixième leçon / 86

9 mais embouteillé, bouché de liège et cacheté, vous pouvez le laisser vieillir autant qu'il vous plaira *(semble)*.
10 – Certains vins du commerce mentionnent sur l'étiquette "vendange manuelle"...
11 – C'est une garantie d'authenticité *(naturel)*, ce détail-là.
12 – Je vois que vous *(y)* avez aussi des vins d'ailleurs, Bourgogne, Bordeaux...
13 – et Champagne, très demandé pour les fêtes, les mariages...
14 – Sur cette étagère il y a des bouteilles de vin au quinquina, et d'autres apéritifs, mais celles tout là-haut, qu'est-ce donc *(que seraient-elles)* ?
15 – De l'eau-de-vie, des liqueurs de myrte, de cédrat, du limoncello puisque la mode en est venue, et des bocaux de ratafia.
16 Allez, pour marquer la visite, un petit verre et on trinque ! *(nous toucherons un petit verre)*.

---

5 **limuncellu**, adaptation de l'original *limoncello*, liqueur à base de citron, spécialité italienne.

***

Corrigé de l'exercice 1

❶ La vendange manuelle est une garantie d'authenticité. ❷ Les vignerons veillent sur le vin pour qu'il ne se pique pas. ❸ Les vins de *malvoisie* cachetés sont des vins très appréciés. ❹ Des bocaux de ratafia et des bouteilles d'apéritif au quinquina sont en haut de l'étagère. ❺ Tottò et son ami trinquent avec un petit verre pour marquer la visite.

Eserciziu 2 – Cumplitate

❶ Les cépages corses, de raisin noir, donnent de bons vins de table.
. . . . corsi, ... , . . . vini boni . . . .

❷ Le vin embouteillé et bien bouché peut vieillir en cave.
. . . . è ben . . . .

❸ Tottò a aussi un tonnelet de vin blanc, de derrière les fagots.
Tottò hà . . . . di vinu biancu, ...

❹ Le Champagne est très demandé pour les fêtes et les mariages.
U Sciampagnu . . . . per e feste è . . . .

Ottantasettesima lezzione

Castagni è castagne

1 – Ballotte è fasgiole [1] hè rara ch'ellu si ne tasti è fassi una pulindata [2] hè guasi divintatu un lussu !

2 – Ssi poveri castagni chì tante volte ci anu cacciatu a fame, li sò cascate addossu parechje disgrazie.

3 Prima ci fù a tinta [3] : antichi castagneti, è pullunicce, [4] per anni è anni stirpati da i sigoni.

Prononciation
1 bal-lôtè … fajôlè … *2* … adôssou …

Notes

1 **ballotte è fasgiole**, le premier de ces termes n'est pas l'adjectif *bouil lies* (ce serait **bullite**) mais le nom des châtaignes après cuisson avec leur écorce dans une eau souvent additionnée de fenouil sauvage. Le second terme, qui a pour synonyme **arrustite**, *rôties*, désigne ce qu'en

❺ Voulez-vous de l'eau-de-vie ou une liqueur de myrte ?

.... o un ...... di morta ?

Corrigé de l'exercice 2
❶ I vitigni – d'uva nera, danu – da tavula ❷ U vinu imbuttigliatu – tappatu pó invechjà in cantina ❸ – ancu un caratellu – di sottuscala ❹ – hè assai chersu – i matrimonii ❺ Vulete l'acquavita – licore –

Deuxième vague : 37ᵉ leçon

Quatre-vingt-septième leçon

Châtaigniers et châtaignes

1 – [Aux châtaignes] bouillies et [aux] grillées, il est rare que l'on y goûte, et *(se)* faire une belle polenta est quasiment devenu un luxe !
2 – Ces infortunés châtaigniers qui tant de fois ont apaisé notre *(nous ont ôté la)* faim, ont été accablés par *(leur sont tombés dessus)* différents malheurs.
3 Il y eut d'abord le [l'extraction du] tanin : d'anciennes châtaigneraies, des bois de jeunes arbres au long des années détruits *(exterminés)* par la scie *(les scies à bras)*.

français on appelle *les marrons* (châtaignes grillées). Ne pas confondre avec fasgioli, *haricots*.
2 **pulindata**, *repas copieux de* **pulenda**, *polenta de farine de châtaignes*.
3 **tinta**, *tanin extrait du bois de châtaignier d'où est tiré l'acide gallique utilisé en teinture*.
4 **pullunicce** (sing. **-ccia**), *nom dérivé de* **pullone**, *jeune châtaignier*. Le suffixe **-iccia** désigne une vaste étendue d'un végétal : la **Castagniccia** est une région de l'île où prédomine le châtaignier, on a pareillement **alziccia**, **olmiccia**, etc., *vastes étendues respectivement d'aulnes, d'ormes*, etc.

trecentu vintisei • 326

87 / Ottantasettesima lezione

4 Dopu, per quelli chì firmavanu, vistu chì ùn si dirrascavanu più, ci sò stati i fochi...
5 e infine a malatia chì si ne rode d'aldinentru a più bella parte.
6 – Di quant'hè ch'ellu hè compiu u tempu di u furestu, [5] e cugliere, a ruspula (o ruspaghjola), i grataghji...
7 è la ghjente chì si n'arricorda n'hà poca frizione !
8 – Si capisce, a vita di tandu era dura, ed hè megliu u pane biancu chè a pisticcina. [6]
9 – Ma ci hè puru sempre qualchì giovanu curagiosu chì coglie, trascina, secca, pesta è macina.
10 Chì sì a roba castagnina ùn hè più cibu ubbligatu, piacenu à tutti ogni tantu i nicci o e frittelle...
11 – Vi diceraghju ancu chì di rammintà a castagna indù i prudotti corsi pare ch'ella sia un vantu.
12 Dulciumi, licori, biere ne pretendenu u nome o u continutu.

4 dôbou ... vôgui 6 ... vouréstou ... goulyérè ... rouspadyôla ... radadyi 7 ... arigôrda ... 8 ... éra ... mélyou ... yankou ... 9 ... kôlyè ... 10 ... vrit-tél-lè 11 ... prouhôti gôrsi ... bantou 12 ... biérè ...

Notes

5 furestu, *défens*, interdiction dans les châtaigneraies de toute présence du bétail, notamment des porcs en vaine pâture, pendant la période de la récolte.

Quatre-vingt-septième leçon / 87

4 Puis, pour les rescapés *(ceux qui restaient)*, vu qu'on ne les débroussaillait plus, il y a eu les incendies...
5 et enfin la maladie qui *(en)* ronge, de l'intérieur, la plus grande partie [d'entre eux].
6 – Il y a belle lurette qu'est passé le temps du défens, de la récolte, du trident de ramassage, des séchoirs à châtaignes...
7 et les gens qui les ont connus *(s'en souviennent)* n'en ont pas un bon souvenir *(en ont peu de pitié)* !
8 – C'est compréhensible *(ça se comprend)*, la vie en ce temps-là était dure, et il vaut mieux [avoir] du pain blanc que de la galette de châtaigne.
9 – Pourtant, il se trouve encore des jeunes gens courageux qui cueillent, transportent, battent [les châtaignes] et [les] réduisent en farine.
10 Car si les produits castanéicoles ne sont plus des aliments contraints, tout le monde en aime, de temps en temps, les crêpes ou les beignets...
11 – Je vous dirai même que [de] mentionner la châtaigne à propos de *(dans les)* produits corses semble être [un moyen de] les valoriser *(vanter)*.
12 Des sucreries, des liqueurs, des bières s'en réclament dans leur dénomination *(en prétendent le nom)* ou [l'énoncé] de leurs ingrédients *(le contenu)*.

6 *pisticcina*, *galette de farine de châtaignes*. Le mot désigne parfois la farine elle-même, et sous forme d'adjectif qualifie ce qui en est issu.

trecentu vintottu • 328

13 – U castagnu era ligatu à l'ecunumia di stu paese da tantu tempu...
14 E piantazioni più stese sò di l'anni seicentu,
15 cù certi pedali sempre arritti, chì sò munumenti !
16 – Sì vo vulete vene à cena, stasera femu i brilluli...[7]

15 ... péhali ... 16 ... ril-louli

Note

[7] **i brilluli**, ce mot au pluriel (il s'agit de grumeaux que, pendant la cuisson, on ne cesse de remuer, d'où leur nom dérivé de l'italien ancien

***

Eserciziu 1 – Traducite

❶ Certi pedali di castagnu sò di l'anni seicentu è danu sempre u so fruttu. ❷ Ci vole à dirrascà per francà i castagneti da u focu. ❸ Hè una disgrazia, a malatia si rode d'aldinentru ancu i pulloni. ❹ Hè compiu u tempu di e ruspule è di i grataghji. ❺ Ci sò i giovani chì sanu pistà è macinà e castagne.

***

Eserciziu 2 – Cumplitate

❶ Tout le monde aime plus le pain blanc que la galette de farine de châtaignes.
. . . . u pane biancu chè . . . .

❷ Il est rare que l'on goûte aux châtaignes bouillies ou aux grillées.
. . . . . . ch'ellu si tasti . . . .

❸ Les crêpes et les beignets on en mange de temps en temps.
I nicci è . . . . si ne mangna . . . .

❹ Faire un repas de polenta est presque devenu un luxe.
Fà . . . . hè guasi . . . .

13 – Le châtaignier était présent dans *(lié à)* l'économie de ce pays depuis si longtemps…
14 Les plantations les plus étendues sont du dix-septième siècle *(des années six-cents)*,
15 dont certains pieds, toujours debout, sont de véritables *(des)* monuments !
16 – Si vous voulez venir dîner, ce soir nous faisons de la soupe à la châtaigne et au lait…

ou régional **brillare** signifiant "tourner") est une préparation que l'on consomme arrosée de lait froid.

***

Corrigé de l'exercice 1
❶ Certains pieds de châtaignier sont du dix-septième siècle et donnent toujours leur fruit. ❷ Il faut débroussailler pour protéger les châtaigneraies de l'incendie. ❸ C'est un malheur, la maladie ronge de l'intérieur même les jeunes châtaigniers. ❹ Il est fini le temps des tridents de ramassage et des séchoirs à châtaignes. ❺ Il y a des jeunes gens qui savent battre et moudre les châtaignes.

***

❺ Il y a des liqueurs et des sucreries qui rappellent la châtaigne.
… … … …… è i dulciumi chì ………… a castagna.

Corrigé de l'exercice 2
❶ À tutti piace più – a pisticcina ❷ Hè rara – e ballotte o e fasgiole ❸ – e frittelle – ogni tantu ❹ – una pulindata – divintatu un lussu ❺ Ci sò i licori – rammentanu –

Deuxième vague : 38ᵉ leçon

Ottantottesima lezzione

Roba di mare

1 – Vi piacenu l'ostrici à voi ? In casa meia, ùn ne manghja nimu.
2 – Eiu, cù tuttu ciò chì vene da u mare mi campu [1] ! Aligostie, lupacanti, granci, alzelle, è tutte e razze di i pesci.
3 – S'ella hè roba fresca, à quale ùn piace una bella palmata o puru una ragnola, cotta in fornu..., o una frittura di triglie ?
4 – Simu à mezu Mediterraniu, è a ghjente di l'internu indù i tempi mittia à mogliu u baccalà [2]...
5 – Ma piscavanu in fiume e truite è l'anguille chì per gustu è qualità ùn sò indietru à u pesciu di mare.
6 Accadia ancu ch'ellu cullessi [3] qualchì piscadore da e marine, a so chjama era "À chì ne compra pesci !" è si sintia da luntanu.

Prononciation
1 ... ôstridji ... méya ... 2 éyou ... aligôstyè ... altsél-lè ... 3 ... ragnôla kôta ... 4 ... médzou ... môlyou ... 5 ... inn-dyédrou ... 6 ... goul-léssi ...

Notes
1 **mi campu**, du verbe pronominal **campassi** qui, outre le sens, comme ici, de *se régaler*, a aussi ceux de *éprouver du bien-être, prendre du bon temps, rire de bon cœur, jubiler*. À distinguer du simple **campà**, *vivre, survivre*.

Quatre-vingt-huitième leçon

Produits de la mer

1 – Vous aimez les huîtres, vous ? Chez moi, personne n'en mange.
2 – Moi, avec tout ce qui vient de la mer je me régale ! Langoustes, homards, crabes, clovisses, et toutes les espèces de poissons.
3 – Si c'est du frais, qui [donc] n'aime[rait] pas une belle daurade ou même un bar, cuit au four… ou une friture de rougets ?
4 – Nous sommes au milieu de la Méditerranée, et les habitants de l'intérieur [de l'île] mettaient autrefois la morue à tremper…
5 – Mais ils pêchaient en rivière la *(les)* truite*(s)* et l'*(les)* anguille*(s)* qui, quant au goût et à la qualité ne sont pas inférieurs *(en arrière)* au poisson de mer.
6 Il arrivait aussi que des pêcheurs montent *(montassent)* des rivages, leur appel était "Qui veut acheter *(achète)* des poissons ?" et on l'entendait de loin.

---

2 **baccalà**, *morue salée et desséchée*, de longue conservation qu'il faut faire longtemps dessaler avant consommation.
3 **cullessi**, *montât*, imparfait du subjonctif de la subordonnée, justifié par la concordance des temps, le verbe de la principale (**accadia**) étant à un temps du passé.

7 – In li nostri porti è purticcioli [4], e tradizioni è abitudini di cunsumu anu u marcu di u mare.
8 Cume e manghjate di zinzì, [5] o l'assaghju raru di a buttaraga. [6]
9 L'anchjuve in salamoghja, e sardelle [7] da arrustisce custavanu pocu è per i più poveri eranu una cuccagna.
10 À u restaurant servenu ancu i mazzerdi, i dentici è i paraghi, i nostri pesci più cumuni,
11 sia fritti, sia ind'u so brodu è arrangiati sicondu parechje sosule,
12 è ci hè sempre a suppa di pesciu, cù furmagliu grattatu, cantucci di pane seccu è u sprichju d'agliu da strufinacci.
13 – Oh ma tandu, s'omu ghjé daveru amatore, u megliu hè l'aziminu,
14 chì ci sò dentru cinque o sei qualità di pesci è ghjé un piattu sustanziosu è appuntatu.
15 – Ié, ma induve u truvate oghje l'aziminu ?
16 Ci vuleria à fassilu in casa, è ùn simu micca tutti cucinari...

7 ... nòstri bôrti ... pourtitchôli ... 9 ... salamôdya ... zardél-lè ... éranou ... 11 ... rôhou ... zôzoulè 13 ... mélyou ... 14 ... zéhi ... dyé ... 15 ... ïé ... ôdyè ...

Notes

4 **purticciolu**, diminutif de **portu** *port*, comme aussi **purtichju** ; des localités portent ces noms.

5 **zinzì**, *oursin*, forme familière et invariable du nom **zinzinu**, dit aussi plus brièvement **zinu**.

Quatre-vingt-huitième leçon / 88

7 – Dans nos ports, grands et petits *(et petits ports)*, les traditions et les habitudes de consommation portent *(ont)* la marque de la mer.

8 Comme les ripailles d'oursins, ou la rare dégustation de boutargue.

9 Les anchois en saumure, et les sardines à griller [ne] coûtaient pas cher *(peu)*, et pour les plus pauvres c'était une aubaine.

10 Au restaurant on sert aussi du mulet, du denti et du pageot, [qui sont] nos poissons les plus communs,

11 *(soit)* frits ou au court-bouillon *(soit dans leur bouillon)* et accommodés selon différentes recettes,

12 et il y a toujours la soupe de poisson, avec du fromage râpé, des croûtons et la gousse d'ail pour les *(y)* frotter.

13 – Oh mais alors, si l'on est vraiment connaisseur *(amateur)*, le mieux c'est la bouillabaisse,

14 car elle comprend *(il y a dedans)* cinq ou six espèces de poissons, et c'est un plat substantiel et relevé.

15 – Certes, mais où la trouvez-vous, aujourd'hui, la bouillabaisse ?

16 Il faudrait *(se)* la faire chez soi, et nous ne sommes pas tous cuisiniers...

6 buttaraga, *boutargue*, œufs de mulet salés et séchés dont la production corse, peu abondante, est une spécialité très recherchée.

7 sardelle, sing. **sardella**, est le nom de la sardine fraîche, le mot **sardina** ne désignant que la sardine en boîte de conserves.

Eserciziu 1 – Traducite

❶ Ci piacenu e sardelle è l'anchjuve ma ostrici ùn ne manghjemu. ❷ Per i poveri : pesci fritti è baccalà, buttaraga è aziminu per chì pó pagà. ❸ Indù i purticcioli ci si và à fassi una manghjata di zinzì o à cumprà u pesciu frescu. ❹ U più ch'elli vendenu i piscadori sò i mazzerdi è i dentici. ❺ I pesci si ponu arrangià cù parechje sosule, o falli in frittura, sopratuttu s'elli sò triglie.

***

Eserciziu 2 – Cumplitate

❶ Aimez-vous les huîtres ? Moi je me régale quand j'en trouve.
. . . . l'ostrici ? Eiu . . . . quandu . . . .

❷ J'aime aussi la soupe de poisson avec du fromage râpé et une gousse d'ail.
. . . . a suppa di pesciu cù u . . . . è un . . . .

❸ La bouillabaisse est un plat substantiel et relevé, mais rare aujourd'hui au restaurant.
L'aziminu hè . . . . ma . . . . à u restaurant.

❹ Ce soir nous nous ferons quelques sardines grillées au feu de bois.
Stasera . . . . arrustite à . . . .

Ottantanovesima lezzione

Arburatura [1]

1 – A sapiate chì a Corsica hè l'isula più arburata di u Mediterraniu ?
2 Avemu più di duiecentumila ettari di boscu !

🗨 Prononciation
arbouradoura **1** ... *gôrsiga* ... *méhidèranyou*

Corrigé de l'exercice 1

❶ Nous aimons les sardines fraiches et les anchois, mais des huîtres nous n'en mangeons pas. ❷ Pour les pauvres : poissons frits et morue, boutargue et bouillabaisse pour qui peut payer. ❸ Dans les petits ports on y va faire ripaille d'oursins, ou pour acheter du poisson frais. ❹ Ce que les pêcheurs vendent le plus ce sont les mulets et les dentis. ❺ On peut accommoder les poissons selon différentes recettes ou les faire en friture, surtout si ce sont des rougets.

***

❺ La truite et l'anguille ne sont pas inférieures au poisson de la Méditerranée.

A truita è l'anguilla .. .. à u pesciu di . ...

Corrigé de l'exercice 2

❶ Vi piacenu – mi campu – ne trovu ❷ Mi piace ancu – furmagliu grattatu – sprichju d'agliu ❸ – un piattu sustanziosu è appuntatu – raru oghje – ❹ – ci feremu duie sardelle – focu di legna ❺ – ùn sò indietru – u Mediterraniu

Deuxième vague : 39ᵉ leçon

Quatre-vingt-neuvième leçon

Boisement

1 – Le *(la)* saviez[-vous] que la Corse est l'île [la] plus boisée de la Méditerranée ?

2 Nous avons plus de deux cent mille hectares de bois !

Note

1 arburatura, *boisement*, c.à.d. les arbres (sauf fruitiers) sur une étendue.

3 – **A**ghju int**e**su **u**na tur**i**sta chì telefun**a**va in c**a**sa s**o**ia è dic**i**a :

4   "**A** C**o**rsica hè c**u**me a Sgu**i**zzera, hè t**u**tta cup**e**rta à fur**e**ste", in qu**a**ntu à mè l'av**i**a gir**a**ta in f**u**ria...

5 – O f**o**rse s'**e**ra maravigli**a**ta di sc**o**pre i p**i**ni lar**i**ci [2] induv'**e**lla pins**a**va ch'**e**llu ùn ci f**u**ssi chè p**a**lme !

6   D'inf**a**tti, pi**ù** si c**o**lla è più c**a**mbia u pais**a**giu : av**e**mu l'**a**lzi, i bi**o**li, i f**a**i è i pi**o**pi ind'e bass**u**re è l'alt**u**re miz**a**ne,

7   ma più in sù i rasgin**o**si pigli**a**nu a supr**a**na, s**i**mu ind**ù** i s**i**ti assignal**a**ti per a st**e**sa è a bill**e**zza.

8   Gr**a**zie à a riputazi**o**ne di qu**e**ssi, acqu**i**sta ass**a**i a fig**u**ra di u pa**e**se, è arricch**i**sce l'**o**fferta tur**i**stica.

9 – Ci hè **a**ncu l'inter**e**ssu econ**o**micu : ci**ò** ch'**e**lli chj**a**manu "a traf**i**la di u l**e**gnu" di custruzzi**o**ne è **a**ltri **u**si.

10 – Mi p**a**re à mè chì u mai**ò** [3] ghjuv**o**re di a fur**e**sta s**i**a à pr**ò** di u n**o**stru circ**o**ndu natur**a**le.

11   A prutezzi**o**ne da e pi**e**ne d'**a**cqua piuv**a**na è da e trafal**a**te di terr**e**nu, l'ammatr**a**ssi [4] di e surg**e**nti, a pur**e**zza di l'**a**ria...

12   ... sò t**a**nti benef**i**zii di 'ssu mant**e**llu di virdura.

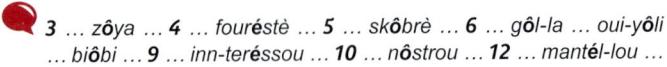

3 ... zôya ... 4 ... fouréstè ... 5 ... skôbrè ... 6 ... gôl-la ... oui-yôli ... biôbi ... 9 ... inn-teréssou ... 10 ... nôstrou ... 12 ... mantél-lou ...

Notes

2 **larici** (sing. **larice** ou **large**), *pin laricio*, essence des grandes forêts d'altitude en Corse.

Quatre-vingt-neuvième leçon / 89

3 – J'ai entendu une touriste qui téléphonait chez elle et [qui] disait :

4 " La Corse [c'] est comme la Suisse, elle est toute couverte de forêts ", à mon avis *(en quant à moi)*, elle l'avait parcourue [bien] rapidement...

5 – Ou peut-être s'était-elle étonnée de découvrir des pins laricio là où elle croyait n'y avoir *(pensait qu'il n'y avait)* que des palmiers !

6 En fait, plus l'on monte et plus le paysage change : nous avons les aulnes, les bouleaux, les hêtres et les peupliers dans les zones basses et en moyenne altitude,

7 mais plus haut les résineux prennent le dessus, nous nous trouvons *(sommes)* dans des sites remarquables par *(pour)* l'étendue et la beauté.

8 Grâce à la réputation de ces derniers *(ceux-là)*, l'image du pays y trouve grand avantage *(acquiert beaucoup)* et enrichit l'offre touristique.

9 – Il y a aussi l'intérêt économique : ce qu'on appelle "la filière bois" de construction et autres utilisations.

10 – Pour *(il me semble à)* moi, *(que)* la principale *(majeure)* utilité des forêts est *(soit)* au bénéfice de notre environnement naturel.

11 La protection contre les crues des eaux pluviales et les éboulements, le grossissement des sources, la pureté de l'air...

12 ... sont autant de bienfaits de ce manteau de verdure.

---

3 maiò, adjectif invariable, *majeur(e)/s / grand(e)s / plus grand(e)/s*.

4 l'ammatrassi, infinitif pronominal (**ammatrà + si**) substantivé, formé sur **matre**, terme spécifique qui désigne un barrage dans une voie d'irrigation ou dans un cours d'eau actionnant un moulin.

13 – Chì piacè à girandulà mezu à i fusti tamanti, quand'ellu tira u trettulellu, [5] trà i pignotti chì cascanu è cincinanu...
14 – Ma attenti à ùn sculiscià nantu à e pinacule !
15 – Uni pochi chì cunnoscenu i scorni, ne prufittanu per circà funghi,
16 è empienu a sacchetta di sprignoli, buletri è ghjallisturzi...

13 ... médzou ... drètulél-lou ... bignôti ... 15 ... skôrni ... 16 ... sprignôli ...

Note

5 **trettulellu**, diminutif de **trettu**, *brise, souffle de vent*.

***

Eserciziu 1 – Traducite

❶ Quella donna si maravigliava ch'elle ci fussenu e fureste di larici. ❷ Sò siti assignalati, à prò di u circondu. ❸ Hè un piacè à girandulà in 'ssu mantellu di virdura. ❹ Attenti ! Nantu à e pinacule si pó sculiscià. ❺ Per empie a sacchetta di funghi ci vole à cunnosce i scorni.

***

Eserciziu 2 – Cumplitate

❶ Les crues d'eau pluviales peuvent être la cause d'éboulements.
 . . . . ponu fà . . . .

❷ En moyenne altitude il y a des hêtres et des peupliers.
In l'alture mizane . . . .

❸ Plus l'on monte et plus les résineux prennent le dessus.
. . . . è più i rasginosi . . . .

❹ La plus grande utilité de la forêt, c'est la pureté de l'air.
. . . . di a furesta hè . . . .

Quatre-vingt-neuvième leçon / 89

13 – Quel plaisir d'errer entre ces troncs immenses, quand souffle une brise légère, parmi les pommes de pin qui tombent et roulent...
14 – Mais attention à ne pas glisser sur les aiguilles de pin !
15 – Certains, qui connaissent les [bons] coins, en profitent pour chercher des champignons,
16 et remplissent leur *(la)* musette de cèpes, oronges et girolles...

Corrigé de l'exercice 1
❶ Cette femme s'étonnait qu'il y eût des forêts de pins laricio. ❷ Ce sont des sites remarquables, au bénéfice de l'environnement. ❸ C'est un plaisir d'errer dans ce manteau de verdure. ❹ Attention ! Sur les aiguilles de pin on peut glisser. ❺ Pour remplir sa musette de champignons il faut connaître les bons coins.

***

❺ Quand souffle une légère brise les pommes de pin tombent et roulent.
Quand'ellu .... u trettulellu, ...

Corrigé de l'exercice 2
❶ E piene piuvane – e trafalate di terrenu ❷ – ci sò i fai è i piopi ❸ Più si colla – piglianu a suprana ❹ U maiò ghjuvore – a purezza di l'aria ❺ – tira – i pignotti cascanu è cincinanu

Deuxième vague : 40ᵉ leçon

trecentu quaranta • 340

Novantesima lezione

Tonu è saietta

1 – Eramu di lugliu, dopu un mese di sicchina, di muffura è di tempu angusciosu,
2 ci vulia ad aspittassela ch'ellu si scatinessi un timpurale !
3 Da parechji ghjorni si sintianu [1] e tunizate luntane...
4 è à manu à manu [2] u celu si era affuscatu, i nuli eranu bassi, scappavanu l'acelli...
5 Sopra à noi hè schiattatu nottetempu, è c'era viramente da spavintassi !
6 L'accendite paria ch'elle straccessinu u celu, è u tonu ch'elle fussinu tante cannunate,
7 – cume sì a casa si n'avessi da falà à u sprufondu [3]...
8 tantu chì e criature [4] pienghjianu è si piattavanu sottu à e lenzole !
9 Prima ci hè stata una forte grandinata, è dopu un'acqua pettinata chì hè durata guasi finu à ghjornu.

Prononciation
tonou sayèta 1 éramou ... dôbou ... 2 ... skadinéssi ... 4 ... djélou ... éra ... éranou ... adjél-li 6 ... stratchéssinou ... 7 ... ahouéssi ... 8 ... lèntsôlè 9 ... vôrtè randinada ... ouazi ...

Notes

1 **si sintianu**, *on entendait*, remarquer que le verbe à sujet impersonnel s'accorde avec son complément (**e tunizate**) qui est au pluriel. On aurait avec un complément singulier : **si sintia**.

Quatre-vingt-dixième leçon

Tonnerre et foudre

1 – Nous étions en juillet, après un mois de sécheresse, de grisaille et de temps lourd,
2 il fallait s'*(se l')* attendre [à ce] que se déchaîne *(déchaînât)* un orage !
3 Depuis plusieurs jours on entendait *(s'entendaient)* de lointains roulements de tonnerre...
4 et [puis] soudain le ciel s'était assombri, les nuages étaient bas, les oiseaux s'enfuyaient...
5 Au-dessus de nous ça a *(est)* éclaté pendant la nuit *(nuitamment)*, et il y avait vraiment de quoi s'effrayer !
6 On eût dit *(il semblait)* que les éclairs déchiraient *(déchirassent)* le ciel et [que] les coups de tonnerre étaient *(fussent)* autant de coups de canon,
7 – comme si la maison devait s'écrouler et complètement disparaître...
8 au point que les jeunes enfants pleuraient et se cachaient sous les draps !
9 Il y eut d'abord une violente chute de grêle, suivie d'*(et après)* une pluie drue et verticale *(peignée)* qui a duré quasiment jusqu'au [lever du] jour.

---

2 à manu à manu, *soudain, tout à coup*. C'est une curieuse différence avec l'italien, langue où **a mano a mano** signifie *au fur et à mesure*.

3 u sprufondu, littéralement *le déluge, la fin du monde*. Le mot comporte une idée de totale disparition. Le verbe **sprufundà** équivaut à *sombrer, tomber au tréfonds*.

4 criature (sing. criatura), *enfant en bas âge,* quel que soit le sexe. On a aussi le masculin **criaturu** si l'on tient à spécifier qu'il s'agit d'un garçon.

trecentu quarantadui • 342

10 A matina, cù a prima spannata, ognunu si
hè primuratu di sapè sì a grandina o l'acqua
avianu fattu u dannu...

11 masimu à a vigna, ma ci pudia ancu esse
qualchì arburu o qualchì tettu fulminatu.

12 Intantu a terra era croscia intinta è a piena
curria per i chjassi è i fussetti.

13 Ma, segnu chì l'aria s'era assirinata, un
bell'arcu s'era pisatu à l'orizonte.

14 In ghjurnata vultò u callu, è a sera, sopra à u
mare, allusinava. [5]

15 Tandu disse un criampulu : " Dinù l'accendite,
hà da turnà à piove ! "

16 Innò, o quellu zitellu, chì e lusine ùn portanu
nè candelle [6] nè tonu !

10 … spa-n-nada … randina … a-n-nou … 11 … bouhi-a …
12 … grôcha … 13 … oridzontè 15 … piôhouè 16 … dzidél-lou …
pôrtanou … kandèl-lè …

Notes

5 **allusinava**, *il se produisait des* **lusine** (ou **losine**), c.à.d. *des éclairs de chaleur* (cf. phrase 14). Ce verbe est surtout employé au présent de l'indicatif : **allusineghja**, *il y a des éclairs de chaleur*.

***

Eserciziu 1 – Traducite

❶ Da un mese c'era a sicchina è u tempu era anguscioso.
❷ U timpurale avia da schiattà, s'affuscava u celu e c'eranu l'accendite. ❸ Cascava qualchì candella è si sintianu e tunizate. ❹ À manu à manu hè falata a grandina è ha fattu u dannu à a vigna. ❺ A sera allusinava sopra u mare, ma ùn avia micca da piove.

Quatre-vingt-dixième leçon / 90

10 Le matin, à la première éclaircie, chacun s'est soucié de savoir si la grêle ou la pluie ont provoqué des dégâts *(fait du dommage)*...
11 surtout à la vigne, mais il pouvait aussi y avoir un *(quelque)* arbre ou un toit frappé par la foudre.
12 Toujours est-il que le sol était détrempé *(mouillé trempé)* et que l'eau de ruissellement courait dans les chemins creux et les fossés.
13 Mais, comme un signal que l'air était redevenu serein, un bel arc-en-ciel s'était levé sur l'horizon.
14 Dans la journée le temps chaud revint, et le soir, au-dessus de la mer, on voyait *(il y avait)* des éclairs de chaleur.
15 Un gamin dit alors : " Encore des éclairs, il va recommencer à pleuvoir ! ".
16 Non, mon garçon, car ces éclairs-là n'apportent ni gouttes ni tonnerre.

6 candelle (sing. **candella**), *goutte*. Généralement préféré au synonyme **goccia**. Attention ! Bien articuler les deux "l", car **candela** c'est une *chandelle* !

Corrigé de l'exercice 1
❶ Depuis un mois il y avait de la sécheresse et le temps était lourd.
❷ L'orage allait éclater, le ciel s'assombrissait et il y avait des éclairs.
❸ Il tombait quelques gouttes et on entendait des roulements de tonnerre. ❹ Soudain la grêle est tombée et a provoqué des dégâts à la vigne. ❺ Le soir, il y avait des éclairs de chaleur au-dessus de la mer, mais il n'allait pas pleuvoir.

Eserciziu 2 – Cumplitate

❶ Ça a éclaté pendant la nuit et il y avait vraiment de quoi s'effrayer.
Hè schiattata .... è c'era viramente .. ..

❷ Quand ils entendaient le tonnerre, les jeunes enfants se cachaient sous les draps.
Quand'elle .... u tonu, ... si piattavanu ....

❸ À la première éclaircie chacun s'est soucié des dommages de la grêle.
.. .. ognunu si hè primuratu .. ..

91

Novantunesima lezzione

Revisione – Révision

1 Le verbe *vede*, voir

Indicatif présent	Indicatif imparfait	Indicatif Futur	Subj. Présent	Subj. imparfait
vecu	vidia	videraghju	(ch'o) vechi	(ch'o) vidissi
vedi	vidii	viderai	(chì tù) vechi	(chì tù) vidissi
vede	vidia	viderà	(ch'ellu) vechi	(ch'ella) vidissi
vidimu	vidiamu	videremu	(chì no) vechimu	(chì no) vidissimu
vidite	vidiate	viderete	(chì vo) vechite	(chì vo) vidissite
vedenu	vidianu	videranu	(ch'elle) vechinu	(ch'elli) vidissinu

❹ Le sol était détrempé et l'eau courait dans les fossés.
A terra era .... è l'acqua ....

❺ Un arc-en-ciel s'est levé sur l'horizon, l'air est devenu serein.
.. .. sopra l'orizonte, l'aria .. ..

Corrigé de l'exercice 2
❶ – nottetempu – da spavintassi ❷ – sintianu – e criature – sottu à e lenzole ❸ À a prima spannata – di u dannu di a grandina ❹ – croscia intinta – curria per i fussetti ❺ Un arcu si hè pisatu – si hè assirinata

Deuxième vague : 41ᵉ leçon

Quatre-vingt-onzième leçon

Conditionnel : **viderebbi** et **videria**
Gérondif : **videndu**
Participe passé : **vistu**
Remarques :
Le **d** intervocalique de ces formes verbales se prononce à peine ou s'amuït.
Les composés **avvedesi**, *s'apercevoir* (**m'avvecu**), **intravede**, *entrevoir* ; **prevede**, *prévoir* ; **rivede**, *revoir* ; **stravede**, *avoir la berlue* et fig. *être ébahi*, se conjuguent sur ce modèle.

2 L'adverbe de lieu *ci, y*

Ci hè a ghjente, *il y a du monde* ; **Ùn ci hè nimu**, *il n'y a personne* ; **Ci vole a pazienza**, *il (y) faut de la patience* ; **Ci sò è ci stò**, *j'y suis, j'y reste* ; **Ci andemu**, *nous y allons*, etc.
Avec un infinitif **ci** s'accole à celui-ci : **metteci a manu**, *y mettre la main* ; **perdeci u so tempu**, *y perdre son temps*, et si l'infinitif se termine par une voyelle accentuée, l'adverbe redouble sa consonne initiale : **facci attenzione (fà+ci)**, *y faire attention* ; **andacci spessu (andà+ci)**, *y aller souvent* ; **ùn capicci nunda (capì+ci)**, *n'y rien comprendre*, etc. Bref, l'adverbe **ci** suit en cela la règle des pronoms enclitiques **ne, mi, ti, si, ci, vi, lu, la, li, le**...

Remarques :

ci hè se prononce *[tchè]*, **ci vole** se prononce *[tchôlè]*, et d'une manière générale quand **ci** précède une voyelle il se fond avec celle-ci (**ci andemu** se dit *[tchandèmou]*) et, si cette voyelle est **e** ou **i**, il se réduit dans l'écriture à **c'**, exemples : **c'era**, *il y avait* ; **c'incollu una franchizia**, *j'y colle un timbre-poste*.

On ne confondra pas **ci** adverbe de lieu avec **ci**, *nous*, pronom personnel complément : **ci vedenu da luntanu**, *ils nous voient de loin* ; **sò vinuti à vedeci**, *ils sont venus nous voir* ; **ci lavemu è ci vestimu**, *nous nous lavons et nous nous habillons* ; **ci campemu**, *nous prenons du bon temps / nous nous régalons*.

3 *Ci hè, ci sò*, il y a

Ci hè u sole, *il y a du soleil* ; **Ci sò i nuli**, *il y a des nuages*. Le verbe s'accorde en nombre avec ce qui semble être son complément, mais qui est en réalité son sujet : *le soleil est là, les nuages sont là*.

4 *Vi si trova...* on vous trouve...

Le pronom complément (**vi**, *vous*) se place avant le pronom sujet de l'impersonnel (**si**, *on*). Cf. aussi leçon 49, 6.

5 Ici et là

Quì, *ici* ; **Veni quì**, *viens ici* ; **Custì**, *là* ; **Custì induv'è vo site**, *là où vous êtes*.
Quassù, *là-haut* ; **Quassù à l'ultimu pianu**, *là-haut au dernier étage*.
Quaghjó / Quaió, *en bas* ; **Quaghjó in piaghja**, *en bas dans la plaine*.
Quallà / Culà, *là-bas* ; **Quallà in cuntinente**, *là-bas sur le continent*.

6 Participes passés irréguliers

cercu du verbe **circà** (leçon 89, phrase 15), *chercher*.
cheisu (00,12) de **chere**, *demander pour obtenir*.
cottu (88,3) de **coce**, *cuire, faire cuire*.

Quatre-vingt-onzième leçon / 91

cupertu (89,4) de **copre**, *couvrir*.
fattu (86,10) de **fà**, *faire*.
frittu (88,11) de **frighje**, *frire*.
intintu (90,12) de **intinghje**, *tremper*.
muntu de **munghje** (85,8), *traire*.
pientu de **pienghje** (90,8), *pleurer*.
pretesu de **pretende** (87,12), *prétendre*.
rosu de **rode** (87,5), *ronger*.
scupertu de **scopre** (89,5), *découvrir*.
spartu de **sparghje** (85,8), *répandre*.

Dialogue de révision

1 – Dopu l'impiaghjera i pastori ùn facianu più tramutu finu ad aprile.
2 – Indù i tempi facianu e so fattoghje di ghjuncu, avà e compranu fatte.
3 – Totttò, ellu, cura u vinu è u mette in buttiglia per ch'ellu ùn diventi acitosu.
4   In quantu à i castagni, vanu dirrascati per francalli da u focu.
5 – Vi piacenu di più e ballotte o e fasgiole ? I nicci o e frittelle ?
6 – Noi, cù una bella ragnola cotta in fornu o duie triglie fritte ci campemu.
7 – Girandulà in furesta hè un piacè, ma sculiscià nantu à e pinacule hè un periculu.
8   Quelli chì cunnoscenu i funghi è i scorni boni empienu a sacchetta.
9 – Dopu à tamanta sicchina, ci vulia ad aspittassila ch'ellu schiattessi un timpurale.
10   Di notte l'accendite è u tonu spavintavanu e criature, chì paria chì a casa si n'avessi da falà.

Traduction

1 Après le transfert en plaine les bergers ne faisaient plus de déplacements jusqu'en avril. **2** Autrefois ils faisaient leurs cagerottes en jonc, maintenant il les achètent toutes faites. **3** Tottò, lui, veille sur le vin et le met en bouteille pour qu'il ne se pique pas. **4** Quant aux châtaigniers, ils doivent être débroussaillés pour les protéger du feu. **5** Préférez-vous les châtaignes bouillies ou rôties ? Les crêpes ou les beignets ? **6** Nous, avec une belle daurade au four et quelques rougets frits, nous nous régalons.

Novantaduiesima lezzione

Un girettu ind'a natura

1 – Dumenica scorsa, per ùn sapè chì fà, simu andati sinu à a prupietà di Donsimone Quilichini.
2 Ci hà insignatu a strada Saveriu u mio cuginu :
3 " À ottu chilometri da quì, trincate à diritta, cullate per un stradunettu...
4 ùn vi pudete sbaglià, si vedenu e bugne chì sò in cima ".
5 Ghjunti à u callarecciu, è scampanillatu, hè vinuta à apreci Luisa, a moglia, chì Donsimone ùn c'era.
6 Megliu cusì... ellu hè appena scortu, a donna hè più cumpiacente.
7 – " Bongiornu, o Madama, cù stu bellu tempu emu pensatu à venecine ind'è voi ".
8 – Ate fattu bè, entrite ch'o vi faccia visità u lucale !

Prononciation
2 ... sahouériou ... 3 ... ôtou ... 5 ... tchéra 6 mélyou ... ô-n-na ...

7 Errer en forêt est un plaisir, mais glisser sur les aiguilles de pin est un danger. **8** Ceux qui connaissent les champignons et les bons endroits remplissent leur musette. **9** Après une si grande sécheresse, il fallait s'attendre à ce qu'éclate un orage. **10** Pendant la nuit, les éclairs et le tonnerre effrayaient les jeunes enfants, car il semblait que la maison dût s'écrouler.

Deuxième vague : 42e leçon

Quatre-vingt-douzième leçon

Un petit tour dans la nature

1 – Dimanche dernier, ne sachant que faire, nous sommes allés jusqu'à la propriété de Donsimone Quilichini.
2 C'est mon cousin Saveriu qui nous a indiqué le chemin :
3 " À huit kilomètres d'ici, vous virez à droite, vous montez par une petite route …
4 vous ne pouvez pas vous tromper, on voit les ruches qui sont dans les hauteurs ".
5 Arrivés à la barrière, et après que nous ayons agité la sonnette, c'est Luisa, l'épouse, qui est venue nous ouvrir, car Donsimone n'était pas là.
6 Tant mieux… il est un peu bourru, sa femme est plus aimable.
7 – " Bonjour, Madame, par ce beau temps nous avons pensé venir jusqu'à *(nous en venir)* chez vous ".
8 – Vous avez bien fait, entrez, je vais vous faire *(que je vous fasse)* visiter la place.

9 – È ci hà fattu vede u pullinaghju, cioccia è piulelli, ghjallu pullezze è ghjalline...
10 e gabbie di i cunigliuli, u purcile induv'ellu c'era una lofia chì dava sughje [1] à quattru purchetti...
11 À l'ernaghju ùn ci simu cullati, ma u mele l'emu compru [2]... è l'ove [3], è un pullastru arrostu è lestu...
12 è poi dui chilò di frappe [4] : quelle di Luisa sò rinumate.
13 In fatta fine, dopu una longa chjachjerata, simu partuti carchi è cuntenti.
14 Quand'è no pigliavamu a falata per u stradunettu, ghjunghjia Donsimone.
15 Noi l'emu fattu mottu [5], cridite ch'ellu abbia rispostu ? Ahù !

9 ... tchôtcha ... pioulél-li ... 10 ... tchéra ... lôvia ... 11 ... mélè ... ôhouè ... léstou 12 ... pôhi ... 13 ... dôbou ... 15 ... rispôstou ...

Notes

1 **dà sughje**, *donner à téter*, comme **dà manghjà**, *donner à manger*, et **dà beie**, *donner à boire* sont des locutions verbales. Noter l'absence de préposition.

2 **compru** est le participe passé "court" du verbe **cumprà**, *acheter*, la forme "longue", moins usitée, étant **cumpratu**.

***

Eserciziu 1 – Traducite

❶ Dopu trincatu à diritta è cullatu per u stradunettu si ghjunghje à u callarecciu di Donsimone. ❷ L'omu hè scortu, ùn hà mancu rispostu quandu l'emu fattu mottu. ❸ A moglia face e frappe, e l'avemu compre chì sò bone. ❹ Era un girettu per un sapè chì fà, ma in fatta fine ci simu carchi di roba. ❺ À ringrazià à Saveriu chì ci avia insignatu a strada !

Quatre-vingt-douzième leçon / 92

9 – Et elle nous a montré le poulailler, mère poule et poussins, coq, poulettes et poules...
10 les cages des lapins, la porcherie où il y avait une truie que tétaient *(qui donnait téter à)* quatre porcelets.
11 Au rucher nous ne sommes point montés, mais nous avons acheté du miel... et des œufs, et un poulet [tout] rôti *(et prompt)*....
12 et puis deux kilos de *frappe*, celles de Luisa sont renommées.
13 Au bout du compte *(en faite fin)*, après une longue causette, nous sommes partis chargés et contents.
14 Quand nous entamions la descente par la petite route, Donsimone arrivait.
15 Nous lui avons adressé un salut, croyez-vous qu'il ait répondu ? Pas du tout !

3 **ove**, *œufs*, le pluriel de **ovu**, *œuf*, nom masculin, est féminin.

4 **frappe** (sing. **frappa**), gâteaux traditionnels de pâte brisée, de diverses formes (nodale, angulaire, etc.) et divers parfums (anis, citron...), frits et saupoudrés de sucre.

5 **fà mottu** c'est *dire bonjour*, soit expressément, soit en adressant à la personne rencontrée et connue un bref propos anodin, tel que "**hè ora ?**", *c'est l'heure ?* si cette personne est en train de regagner son domicile, ou "**à u frescu ?**", *on prend le frais ?* si elle est assise en un lieu ombragé, ou encore "**piuverà ?**", *va-t-il pleuvoir ?* lorsque le ciel est incertain, ou toute autre interpellation, l'essentiel étant de manifester qu'on s'aperçoit de la présence de l'autre et qu'on ne lui est point hostile.

***

Corrigé de l'exercice 1
❶ Après avoir viré à droite et être monté par une petite route on arrive à la barrière de Donsimone. ❷ L'homme est bourru, il n'a même pas répondu quand nous lui avons dit bonjour. ❸ Sa femme fait des *frappe*, nous les lui avons achetées car elles sont bonnes. ❹ C'était un petit tour pour ne savoir que faire, mais au bout du compte nous nous sommes chargés de marchandises. ❺ Merci à Saveriu qui nous avait indiqué le chemin !

trecentu cinquantadui • 352

Eserciziu 2 – Cumplitate

❶ Nous avons agité la sonnette et une femme est venue nous ouvrir.
Avemu .... è una donna .. ..

❷ Elle nous a dit : "Vous avez bien fait de venir par ce beau temps".
Ci hà dettu : " .... à vene .. .. ".

❸ Nous avons vu des lapins et une truie qui donnait à téter à quatre porcelets.
Emu vistu . ... è una lofia chì .... à quattru ....

❹ Donsimone est arrivé quand nous partions par la petite route.
Donsimone hè ghjuntu .... per u stradunettu.

❺ Ce soir nous mangerons le poulet que nous avons acheté dans sa propriété.
Stasera .... chè n'avemu ...... ind' .. ..

Novantatreesima lezzione

Scola di prima è d'avà

1 – "À chì ùn sapia a so lezziò u maestru li minava di riga nantu à e dite [1]" s'arricorda u vechju.
2 – "Altri tempi, avà li tuccherebbe una lagnanza di i genitori, una cundanna in tribunale, è serebbe suspesu da e so funzioni" risponde u giovanu.

Prononciation
skôla ... ahoua 1 ... arrigôrda ... ouétyou

Corrigé de l'exercice 2

❶ – scampanillatu – hè vinuta à apreci ❷ – Ate fattu bè – cù 'ssu bellu tempu ❸ – i cunigliuli – dava sughje – purchetti ❹ – quand'è no partiamu – ❺ – manghjeremu u pullastru – compru – a so prupietà

Deuxième vague : 43ᵉ leçon

Quatre-vingt-treizième leçon

École d'avant et de maintenant

1 – "(À) celui qui ne savait pas sa leçon, le maître le frappait sur les doigts avec une règle" se souvient le vieil homme.
2 – "[C'était une] autre époque, aujourd'hui il aurait droit à une plainte des parents, une condamnation en justice *(tribunal)*, et il serait suspendu de ses fonctions" répond le jeune homme.

Note

1 **e dite**, *les doigts*, sing. **u ditu**, *le doigt*. Ce mot est féminin au pluriel et masculin au singulier.

93 / Novantatreesima lezzione

3 – Tandu aviamu penna pinnucce è calamaru, cù u'nchjostru [2] chì facia e tacche è c'impiastrava e mani...

4 – Hè un pezzu ch'elli ci sò i criò [3] à palliola, neri è culuriti, è sò spariti l'asciuvatacche.

5 – Noi cumpravamu da per noi i nostri libri è caterni è tutte e furniture...

6 – Oramai ci pensanu e cumune, è in parechji lochi mettenu un urdinatore à disposizione di ogni sculari !

7 – Ci vulia u scurzale neru per i chjuchi...

8 – Oghje i zitelli vanu vistuti cum'ella li pare.

9 – A scola apria u primu luni d'ottobre, scapulata l'istatina.

10 – Avà a rientrata, vistu u nostru clima, si face cù i calori.

11 – I cullighjenti è i liceani eranu scumpartuti trà maschji è femmine [4], i so stabilimenti eranu staccati.

12 – Quessa ùn serebbe più in cunsunenza incù i sintimi attuali.

13 – Avianu duveri è prublemi da fà in casa senza nisunu aiutu.

3 ... ou'ntyôstrou ... 4 ... pétsou ... pal-liôla ... 5 ... nôstri ... 6 ... lôgui ... métènou ... 8 ôdyè ... dzidél-li ... 11 ... éranou ... mastyi ...

Notes

2 u 'nchjostru, *l'encre*. Le terme exact est **inchjostru**, mais l'usage a imposé pour ce mot l'emploi de l'article **u** en lieu et place de l'article **l'**, ce qui a entraîné l'aphérèse.

3 **criò** issu du français *crayon*, est invariable : **un criò**, *un crayon*, **dui criò**, *deux crayons*.

355 • trecentu cinquantacinque

3 – À l'époque, nous avions le porte-plume, les plumes, et l'encrier, avec l'encre qui faisait des taches et nous barbouillait les mains...

4 – Il y a longtemps qu'il y a des crayons à bille, noirs et de couleur *(colorés)*, et les buvards ont disparu.

5 – Nous, nous achetions nous-mêmes nos livres et cahiers, et toutes les fournitures...

6 – Désormais ce sont les communes qui s'en chargent *(y pensent)*, et dans plusieurs localités elles mettent un ordinateur à la disposition de chaque écolier !

7 – Il fallait [que] *(pour)* les petits [portent] une blouse *(un tablier)* **noire**...

8 – Aujourd'hui les enfants vont [à l'école] habillés comme bon leur semble.

9 – L'école ouvrait le premier lundi d'octobre, la période d'été révolue.

10 – À présent la rentrée, vu notre climat, se fait dans la *(avec les)* **chaleur***(s)*.

11 – Les collégiens et les lycéens étaient répartis entre garçons et filles, et leurs établissements étaient séparés.

12 – Cela ne serait plus en accord avec la sensibilité actuelle.

13 – Ils avaient des devoirs et des problèmes à traiter à la maison, sans aucune aide.

4 maschji è femmine, *garçons et filles*, s'agissant d'enfants et d'adolescents c'est ainsi qu'on désigne habituellement les individus des deux sexes. Cf. leçon 61, note 2.

93 / Novantatreesima lezzione

14 – Quelli d'oghje disciublicheghjanu l'imbrogli à rombu di calculichjule [5] è d'Internet.
15 – Femula finita cù 'ssi paragoni : mutate e cundizioni di u studià [6], avà cum'è prima contanu i risultati.
16 Ùn si ne scordi [7] a giuventù !

16 … skôrdi …

Notes
5 calculichjule, sing. -a, *calculette*. Le suffixe diminutif -ichjula en même temps que les dimensions réduites souligne la complexité de l'instrument.

***

Eserciziu 1 – Traducite
❶ Tandu u maestru minava i sculari, incù i sintimi d'avà un la puderebbe fà. ❷ I zitelli ùn mettenu più scurzale è si vestenu cum'ella li pare. ❸ Ci vulianu l'asciuvatacche chì u 'nchjostru impiastrava i caterni. ❹ Oramai avemu i criò à palliola è sò spariti i calamari. ❺ I prublemi da fà in casa si disciublicheghjanu incù a calculichjula.

***

Eserciziu 2 – Cumplitate
❶ Nous n'achetons ni livres ni cahiers, ce sont les communes qui s'en chargent.
  .. .. nè libri nè caterni, ...

❷ Les collégiens et les lycéens étaient répartis entre garçons et filles, leurs établissements étaient séparés.
  I cullighjenti è i liceani eranu ....
  ...., i so stabilimenti eranu ....

❸ La rentrée des écoliers se faisait le premier lundi d'octobre, passé la période d'été.
  A rientrata .. .. u primu luni d'ottobre,
  ....

14 – Ceux d'aujourd'hui résolvent les difficultés à coups de calculettes et d'Internet.
15 – Arrêtons ces comparaisons : les conditions dans lesquelles on étudie ne sont plus les mêmes, [mais] maintenant comme avant, ce sont les résultats qui comptent.
16 [Que] ne l'oublie [pas] la jeunesse !

6 u studià, *le fait d'étudier*. L'infinitf substantivé indique une action en train de s'accomplir.

7 scordi, subjonctif de **scurdà**, *oublier*. C'est le subjonctif, présent ou imparfait, qui exprime le souhait. Ainsi la formule très usuelle **Fuss'ella puru !**, *cela puisse-t-il arriver !* et son contraire, non moins usuel **Mai ch'ella sia !**, *que cela n'arrive jamais !*

***

Corrigé de l'exercice 1
❶ En ce temps-là le maître frappait les écoliers, avec la sensibilité de maintenant il ne pourrait pas le faire. ❷ Les enfants ne mettent plus de blouse et s'habillent comme bon leur semble. ❸ Il fallait des buvards car l'encre barbouillait les cahiers. ❹ Désormais nous avons des crayons à bille et les encriers ont disparu. ❺ Les problèmes à faire à la maison se résolvent avec la calculette.

***

❹ Oublions ces comparaisons entre hier et aujourd'hui !
   Scurdemuci di 'ssi ....!

❺ Maintenant comme avant, ce sont les résultats qui comptent.
   Avà cum'è prima, ...**.**

Corrigé de l'exercice 2
❶ Ùn cumpremu – ci pensanu e cumune ❷ – scumpartuti trà maschji è femmine – staccati ❸ – di i sculari si facia – scapulata l'istatina ❹ – paragoni trà eri è oghje ❺ – contanu i risultati

Deuxième vague : 44ᵉ leçon

Novantaquattresima lezione

Ragiunendu d'acillame [1]

1 – " Da zitellu, cunniscia i versi di tutti l'acelli, è i sapia rifà " dice Ziu Ghjuvan Santu.
2 A matina, di veranu, facianu una musica chì ghjera un piacè à stalla à sente.
3 Oghje m'avvecu chì parechje spezie sò smarrite... [2]
4 Ùn ghjunghjenu mancu più e rondine casane.
5 – Hè vera, avà sò i sbirri chì passanu è venenu davanti à e nostre finestre...
6 Ma di maghju u cuccu si face sempre sente, puru ch'ella sia da più luntanu.
7 – Per fassi sente sò boni ancu u ciocciu è a malacella, ma u so versu ùn hè tantu quentu [3], è altrettantu a ghjandaghja ;
8 invece i migliò [4] canterini, cume u rusignolu, a capinera è u pinciglione, quessi sò più rare è sò scelte e so cantate.

Prononciation
radjounèndou ... adjil-lamè **1** ... *dzidél-lou ... adjél-li* ... **2** ... *dyéra* ... **3** *ôdiè ... spédziè* ... **5** ... *nôstrè vinéstrè* **7** ... *bôni ... djôtchou ... maladjél-la* ... **8** ... *rouzignôlou ... chéltè* ...

Notes
1 **acillame** dérivé de **acellu**, désigne l'ensemble des oiseaux et, pour les chasseurs ; le gibier à plumes. Le suffixe **-ame** permet d'englober un nombre de choses ou d'individus parfois avec une nuance légèrement péjorative, ainsi **u criaturame**, *la marmaille*.

Quatre-vingt-quatorzième leçon

En devisant de gent ailée

1 – "Enfant, je reconnaissais le chant de tous les oiseaux, et je savais les imiter" dit Ziu Ghjuvan Santu.
2 Le matin, à la belle saison *(printemps)*, ils composaient *(faisaient)* une musique qui, à l'écouter, était un [véritable] plaisir.
3 Je m'aperçois aujourd'hui que plusieurs espèces ont disparu...
4 Même les hirondelles des maisons n'arrivent plus [chez nous].
5 – C'est vrai, maintenant ce sont les martinets qui vont et viennent devant nos fenêtres...
6 Mais en mai le coucou se fait toujours entendre, même si c'est de plus loin.
7 – Pour [ce qui est de] se faire entendre, le hibou et la chouette en sont aussi capables *(sont bons)*, mais leur cri est loin d'être agréable, de même pour le geai ;
8 tandis que les bons *(meilleurs)* chanteurs, comme le rossignol, la fauvette et le pinson, ceux-là leurs chants sont plus rares et sont harmonieux *(choisis)*.

---

2 **smarrite**, participe passé fém. pl. du verbe **smarrisce**, *disparaître à la vue, de la circulation, du paysage...* À distinguer de **sparisce**, *disparaître absolument, être anéanti*.

3 **quentu**, *parfait, comme il faut, agréable, chic...* Cet adjectif est employé en bonne part, et parfois par antiphrase : **simu quenti !** *nous voilà beaux !, dans de beaux draps...!*

4 **migliò** est la forme que prend l'adjectif **migliore**, *meilleur*, quand il précède un nom commençant par une consonne. Quand il précède une voyelle il prend la forme **miglior**, ex. **a miglior ora**, *la meilleure heure*. Dans ces deux cas il est invariable.

9 E fischjulate di e merle è di i torduli finisceranu per azzittalle i cacciadori cù e so millaie di fucili spianati.

10 – Coditremule, scrizzule è cardelline si ne vede quachì volta, ma pettirossi ùn ci n'hè più tanti à saltichjà per ssi lochi.

11 – I sforzi per a cunservazione di l'altore barbutu sò di sicuru una bona [5], ma ci sò altre spezie chì vanu à sparì è ùn ci pensa nimu.

12 – S'elli calanu l'acelli, crescenu l'insetti aluti.

13 Ùn s'hè mai vistu tanti muschini [6] è tante zinzale, tante vespe è tanti calafroni ...

14 quandu l'ape, puru prutette, pare ch'elle si ne morghinu [7].

15 – Salvemu a natura, ma chì fà, chì si puderà fà ?

9 ... mérlè ... 10 ... bôlta ... 11 ... sfôrtsi ... ouôna ... 12 ... inn-séti ... 13 ... ouéspè ... 14 ... broudétè ... môrguinou

Notes

[5] **una bona**, *une bonne chose*, dans cette locution le mot **cosa**, *chose*, est sous-entendu.

[6] **muschini**, sing. **-u**, *moucheron*, est un diminutif de **mosca**, *mouche*.

[7] **morghinu**, 3ᵉ personne du pluriel au subjonctif présent de **more**, *mourir*, qui est un verbe à consonne d'appui, cf. leçon 42, 1.

***

Eserciziu 1 – Traducite

❶ Hè un piacè à stà à sente l'acelli canterini, a mane hè a miglior ora. ❷ U versu di u cuccu u sapemu tutti rifà, ma quellu di a capinera ùn ci hè chè Ziu Ghjuvan Santu. ❸ Di notte si facenu sente u ciocciu è a malacella, certi i vulerebbinu azzittà ! ❹ E spezie chì vanu à sparisce averianu da esse tutte prutette ma ùn hè cusì. ❺ E vespe è i calafroni crescenu, l'ape calanu, chì ci si pó fà ?

Quatre-vingt-quatorzième leçon / 94

9 [Quant aux] trilles des merles et des grives, les chasseurs finiront par les réduire au silence *(faire taire)* avec leurs milliers de fusils en action *(braqués)*.
10 – Des bergeronnettes, des roitelets et des chardonnerets on en voit parfois, mais des rouges-gorges il n'y en a plus beaucoup qui sautillent dans la campagne *(à sautiller par ces lieux)*.
11 – Les efforts pour la conservation du gypaète barbu sont certes une bonne [chose], mais il y a d'autres espèces qui sont en voie de disparition *(vont à disparaître)* et personne ne s'en soucie *(y pense)*.
12 – Si [le nombre des] *(les)* oiseaux est en baisse *(diminuent)*, celui des *(les)* insectes volants *(ailés)* est en hausse *(croissent)*.
13 On n'a jamais vu autant de moucherons et autant de moustiques, autant de guêpes et autant de frelons...
14 alors que les abeilles, pourtant protégées, semblent devoir mourir *(il semble qu'elles se meurent)*.
15 – Sauvons la nature, mais que faire, que pourra-t-on faire ?

Corrigé de l'exercice 1
❶ C'est un plaisir d'écouter les oiseaux chanteurs, le matin c'est la meilleure heure. ❷ Le chant du coucou, nous savons tous l'imiter, mais celui de la fauvette, il n'y a que Ziu Ghjuvan Santu. ❸ La nuit, le hibou et la chouette se font entendre, certains voudraient les faire taire ! ❹ Les espèces en voie de disparition devraient être toutes protégées, mais il n'en va pas ainsi. ❺ Le nombre de guêpes et de frelons augmente, celui des abeilles diminue, que peut-on y faire ?

trecentu sessantadui • 362

Eserciziu 2 – Cumplitate

❶ Même les hirondelles des maisons n'arrivent plus.
..... e rondine casane ....

❷ Les martinets vont et viennent devant nos fenêtres.
I sbirri ....davanti à ....

❸ Les chasseurs finiront par faire taire les trilles des merles.
I cacciadori finisceranu per ....

❹ On voit des roitelets mais les rouges-gorges sont rares.
.. .., ma . ... sò rari.

Novantacinquesima lezzione

Chincaglieria [1]

1 – Cercu à cumprà un saragattu, sai induv'ellu si ne pó truvà ?
2 – Vicinu à casa meia ci hè una buttea chì vende ancu i ferri è i stuvigli di una volta.
3 Ci aghju compru una caffittera per a mio cullezzione, ma anu dinù i testi per fà e fasgiole, i speti per arruste u figatellu.
4 Sì tù vedi certi articuli sposti in fondu di u magazinu : stateghje, cazzarole di ramu, pignatte...

Prononciation
kinn-kalyériha 1 ... bô ... 2 ... outéa ... 3 ... gafitéra ... désti ... vigadél-lou 4 ... espôsti ... katsarôlè ...

Notes
1 **chincaglieria** : il est aisé de reconnaître l'apport du français *quincaillerie*, parfaitement assimilé. Il s'agit en fait d'un type de commerce qui

❺ Sauvons le gypaète barbu mais pensons aussi aux abeilles.
……… ……… ………, ma pensemu ancu . …….

Corrigé de l'exercice 2
❶ Mancu – ghjunghjenu più ❷ – passanu è venenu – e nostre finestre ❸ – azzittà e fischjulate di e merle ❹ Si vedenu e scrizzule – i pettirossi – ❺ Salvemu l'altore barbutu – à l'ape

Deuxième vague : 45ᵉ leçon

Quatre-vingt-quinzième leçon

Quincaillerie

1 – Je cherche à acheter une scie égoïne, sais-tu où on peut en trouver ?
2 – À côté de chez moi il y a une boutique qui vend entre autres *(aussi)* des outils et des ustensiles d'autrefois *(des temps passés)*.
3 J'y ai acheté une cafetière pour ma collection, mais ils ont aussi des *(les)* poêles à griller les marrons *(pour faire des châtaignes rôties)*, des *(les)* broches pour griller le figatellu.
4 Si tu voyais *(vois)* certains articles exposés au fond du magasin : des balances romaines, des casseroles en cuivre, des marmites…

n'existait pas sous la forme que nous lui connaissons et pour lequel le corse n'avait pas de nom : ce qui justifie l'adoption de ce terme et son adaptation.

5 – S'elli avessinu una catena cum'è quella ch'omu appindia sopra à u fucone [2], a mi cumprerebbi vulinteri.

6 – Ùn mi pare d'avenne vistu, ma i treppedi è a paletta da arricoglie a cennera, quessi mi n'arricordu.

7 – Eh, ma ùn vinderanu micca chè roba antica, chì ùn ferebbinu tanti affaroni. [3]

8 – Innò, ci sò uni pochi d'arnesi chì ghjovanu anc'oghje : serrature, lucchetti, falgioni, rustaghje, furlane...

9 – Ma a dirraschera oramai hè tutta miccanizata, avemu e dirrascatrici, è puru per fà legne ci sò e seghe eletriche.

10 Eiu per apparinà l'erbetta in giru à a casa m'aghju pigliatu una tunditrice à mutore.

11 – Ùn ne manca pó ordigni novi, ancu i suffietti per spazzà e cuscogliule anu invintatu !

12 Basta à vede cume i cantuneri puliscenu i ripali di i stradoni.

13 Ùn ci ferma un filu d'erba nè un avanzu di pattume [4] !

🗨 *5 ... ahouéssinou ... ômou ... oulinn-téri **6** ... dreppéhi ... arigôlyè ... arigôrdou **8** ... ôdyè ... **9** ... iraskéra ... **10** éyou ... **11** ... bô ... nôhoui ... **12** ... gantounéri ...*

Notes

2 Le **fucone** était un *âtre* mobile, carré, qui en plus des usages ménagers servait aussi au séchage des châtaignes.

3 un **affarone**, le nom masculin **affare**, *affaire*, assorti du suffixe augmentatif **-one** désigne une affaire d'importance, *une grosse affaire*, et parfois aussi, selon le contexte, *une bonne affaire*.

5 – S'ils avaient une crémaillère comme celle qu'on accrochait au dessus du fucone *(l'âtre)*, je *(me)* l'achèterais volontiers.

6 – Il ne me semble pas en avoir vu, mais des trépieds, des petites pelles pour ramasser la cendre, ça *(celles-là)* je m'en souviens.

7 – Dis donc *(eh)*, ils ne doivent pas vendre *(vendront)* [tout de même pas] que des antiquités, car ils ne feraient pas *(tellement)* de grosses affaires.

8 – Pas du tout ! Il y a beaucoup d'instruments qui servent encore de nos jours *(aujourd'hui)* : des serrures, des cadenas, des faucilles, des serpes, des faux...

9 – Mais le débroussaillage désormais est entièrement mécanisé, nous avons des débroussailleuses, et même pour faire du bois il y a des tronçonneuses *(scies électriques)*.

10 Moi, pour égaliser le gazon autour de la maison, j'ai acheté *(me suis pris)* une tondeuse à moteur.

11 – Ce ne sont pas les engins nouveaux qui manquent *(il n'en manque puis)*, on a même inventé des soufflets pour balayer les feuilles mortes !

12 Il suffit de voir comment les cantonniers nettoient les rebords des routes.

13 Il n'y reste pas un brin d'herbe ni une trace de végétaux fauchés !

4 Le **pattume** est l'ensemble des différents *tas d'herbes coupées* après débroussaillage. Il est d'usage de ne les brûler, par précaution anti-incendie, qu'après les premières pluies de la fin de l'été.

14 L'attracci muderni sterpanu ancu l'erbgliule, è ci tocca à suppurtà u so bufunime.

15 – Lasciami andà [5] à buscammi 'ss'affare, chì aghju prumessu à Babbu di ghjunghjelilu [6] stasera. □

Notes

[5] **lasciami andà**, *laisse-moi aller*, mais en réalité il s'agit d'un propos que le locuteur adresse à lui-même et non à son interlocuteur. Le sens en est : *faut que j'aille…*

[6] **ghjunghjelilu**, *le lui rapporter*. En plus de l'emploi transitif du verbe **ghjunghje**, *arriver*, avec le sens de *rapporter de quelque part*, on notera

***

Eserciziu 1 – Traducite

❶ I cantuneri anu certi suffietti ch spazzanu e cuscogliule. ❷ Prima a dirraschera si facia cù u falgione è a rustaghja, oramai ci sò e dirrascatrici chì puliscenu meglu. ❸ Senza una tunditrice meccanica l'erbetta ùn si pó apparinà. ❹ Per fà legne u saragattu ùn pó ghjuvà, ci vole una sega à mutore. ❺ Cù l'attracci muderni ùn ferma mancu un filu d'erba, ma sterpanu ancu l'erbigliule.

***

Eserciziu 2 – Cumplitate

❶ Je fais collection de cafetières anciennes, sais-tu où je peux en trouver ?
Facciu a cullezzione di ………. …….. sai …… .. ….. ……?

❷ Des outils et des ustensiles du temps passé, on en trouve dans un magasin près de chez moi.
…… ……….. di una volta .. . …….. ind'un magazinu …… . ….. …….

❸ Au fucone il y avait les trépieds et la marmite, et au-dessus il y avait la crémaillère.
À u fucone ……. . ……….. . ………. è sopra ….. . …….

❹ Les serrures et les cadenas servent toujours, même aujourd'hui.
. ………… . ………… ………. sempre, anc'oghje.

14 Les équipements modernes extirpent jusqu'aux *(même les)* fines herbes et il nous faut supporter leur bourdonnement.
15 – Il faut que j'aille *(laisse-moi aller à)* me procurer ce machin-là, *(cette affaire)* car j'ai promis à mon père de le lui rapporter ce soir.

l'ordre des pronoms atones accolés : le datif (ou complément d'attribution) **li** précédant l'accusatif (ou complément d'objet) **lu**, c'est l'ordre inverse du français. Enfin, dans le vocable ainsi composé, l'accent tonique se trouve sur la syllabe précédant l'antépénultième : **ghjunghjelilu**, voilà un bon test de prononciation !

***

Corrigé de l'exercice 1
❶ Les cantonniers ont certains soufflets qui balaient les feuilles mortes. ❷ Auparavant le débroussaillage se faisait avec la faucille et la serpe, désormais il y a des débroussailleuses qui nettoient mieux. ❸ Sans une tondeuse mécanique on ne peut pas égaliser le gazon. ❹ Pour faire du bois la scie égoïne ne peut pas servir, il faut une tronçonneuse. ❺ Avec les équipements modernes il ne reste pas un brin d'herbe, mais ils extirpent aussi les fines herbes.

***

❺ S'ils en vendent je m'achèterai une belle broche pour griller le figatellu.

. . . . , ... **un bellu** . . . . . **per arruste u figatellu.**

Corrigé de l'exercice 2
❶ – caffittere antiche – induve ne possu truvà ❷ Fermi è stuvigli – si ne trova – vicinu à casa meia ❸ – c'eranu i treppedi è a pignatta – c'era a catena ❹ E serrature è i lucchetti ghjovanu – ❺ S'elli ne vendenu, mi cimpreraghju – spetu –

Deuxième vague : 46ᵉ leçon

Novantaseiesima lezione

Pruverbii è detti

1 – O Minnà, [1] qualvogliasia u discorsu, ci cacciate sempre un pruverbiu...
2 – Figliola, i pruverbii sò santi è ghjusti, ci vole cent'anni per fanne unu...
3 ma, fattu ch'ellu ghjé, hè verità è và tenutu contu.
4 – Dicenu chì i pruverbii serebbinu a saviezza di e nazioni, è difatti uni pochi anu listessu sensu in tante lingue.
5 – Quessi, noialtri l'accuncemu à modu nostru...
6 per esempiu : "Babbu incagna, figliolu magna" [2] per quellu, internaziunale, di u babbu avaru è u figliolu spendaccione.
7 Ma n'avemu certi sputichi nostri, cum'è questu qui : "À chì in duie case stà, ind'una ci piove"...
8 o quist'altru [3] : "Dimmi quant'è tù mi teni è micca ciò chè tù mi veni".

Prononciation
1 ... koualbôlyaziha ... 2 filyôla ... tchôlè ... 3 ... yé ... 5 ... môhou nôstrou 6 ... vilyôlou ... 7 ... nôstri ... byôhouè

Notes
1 **O Minnà**, vocatif de **minnanna** (bien prononcer le redoublement de la consonne), *grand-mère*. Usuel dans une partie de la Corse, casuel dans celle où se déroule le dialogue. Synonyme de **mammone** et de **caccara** (diminutif enfantin et/ou familier de **mamma cara**, *bonne-maman*).

Quatre-vingt-seizième leçon

Proverbes et dictons

1 – Grand-mère, quel que soit le propos, vous nous sortez toujours un proverbe...
2 – Ma fille, les proverbes sont de saintes et justes paroles *(saints et justes)*, pour en créer *(faire)* un il faut cent ans...
3 mais une fois établi *(fait qu'il est)*, il exprime une *(est)* vérité et on doit en tenir *(va tenu)* compte.
4 – On dit que les proverbes sont *(seraient)* la sagesse des nations, et en effet beaucoup ont le même sens dans un grand nombre *(tant)* de langues.
5 – Ceux-là, nous autres nous les accommodons à notre guise :
6 par exemple : " [Le] père engrange, [le] fils mange" pour celui, international, du père avare et du fils prodigue.
7 Mais nous en avons certains qui ne sont qu'à nous *(d'exclusifs nôtres)* comme celui-ci : " Pour qui habite dans deux maisons [à la fois], dans l'une [de celles-ci] la pluie entre par le toit *(il y pleut)*"...
8 ou cet autre ; " Dis-moi quel est pour moi ton attachement *(combien tu me tiens)* et non à quel degré tu m'es parent *(ce que tu me viens)*".

---

2 **magna**, du verbe **magnà**, *manger*, forme géographiquement connotée correspondant à **manghjà**.

3 **quist'altru**, vous remarquerez que l'accent tonique étant passé sur la deuxième partie de ce terme (**a**ltru), la première partie, désormais atone, est passée de **quest'** à **quist'**. Phénomène bien connu.

9 – Di una persona chì si hè cumpurtata di manera strana o ridicula [4], si dice "hà lacatu u so pruverbiu"...

10 – Tandu ùn sò pruverbii, sò detti, à le volte cunnisciuti ind'un solu paese o ind'un solu rughjone [5]

11 cume di quell'omu chì annacquava u so ortu quand'ellu piuvia, è tanti detti lucali chì à mintuvalli tutti ùn basterebbe un librone.

12 Ti vogliu cità u conte pazzu, chì stava l'imbernu in muntagna è l'estate in piaghja induv'ellu c'era tandu u periculu di e frebbe di stagione...

13 è 'ssa Maria Brenna chì ùn sapia fà conti chè à discapitu soiu.

14 – À infilà detti è pruverbii, hè vera chì si schjarisce è si culurisce u discorsu.

15 À vede, o Minnà, s'elli a saperanu fà i vostri figliulini ?...

9 ... manéra ... rihigoula ... 10 ... ouôltè ... 11 ... ômou ... ôrtou ... biou-houi-ha ... 12 ... ouôlyou ... éra ... 13 ... ren-na ... zôyou 15 ... ouôstri ...

***

Eserciziu 1 – Traducite

❶ Minnanna crede chì i pruverbii sò ghjusti è ne caccia quant'ellu ne vene. ❷ Ogni paese hà i so detti, ma i figliulini di 'ssa minnanna ùn li saperanu più mintuvà. ❸ Avà chì e frebbe di stagione ùn ci sò più, u conte pazzu si starebbe in piaghja d'aostu ? ❹ À fà sempre conti di Maria Brenna si perde fruttu è capitale. ❺ E nazioni acconcianu i pruverbii internaziunali à so manera.

Quatre-vingt-seizième leçon / 96

9 – D'une personne qui s'est comportée d'une façon étrange ou risible on dit : "elle a laissé son proverbe"...
10 – Dans ce cas *(alors)* ce ne sont pas des proverbes, ce sont des dictons, [qui ne sont] parfois connus que dans un seul village ou un seul territoire
11 comme [celui] de ce personnage *(cet homme)* qui arrosait son jardin sous la pluie *(quand il pleuvait)*, et tous les dictons locaux, pour mentionner lesquels un gros livre ne suffirait pas.
12 Je peux *(veux te)* citer le comte fou qui demeurait l'hiver à la montagne et l'été dans la plaine où sévissait *(il y avait)* alors le danger des fièvres paludéennes *(de saison)*...
13 ou cette Maria Brenna qui ne savait faire de comptes qu'à son détriment.
14 – En enfilant *(à enfiler)* proverbes et dictons, il est vrai qu'on clarifie et qu'on colore son *(le)* propos.
15 [Il reste] à voir, Grand-mère, si vos petits-enfants sauront [aussi] le faire ?...

Notes

4 ridicula (masc. -u) a tout à la fois les sens de *risible* et de *ridicule*. Un omu ridiculu est quelqu'un qui sait faire rire autrui, qui raconte des histoires drôles ou a des reparties plaisantes.

5 rughjone, *territoire, espace, zone*. Dans l'économie pastorale désigne la zone de pacage d'un éleveur déterminé ou des droits de pâture d'une communauté

***

Corrigé de l'exercice 1

❶ Grand-mère croit que les proverbes sont justes et elle en sort autant qu'il en vient. ❷ Chaque village a ses dictons, mais les petits-enfants de cette grand-mère ne sauront plus les mentionner. ❸ Maintenant que les fièvres paludéennes ont disparu, le comte fou resterait-il dans la plaine au mois d'août ? ❹ À toujours faire des comptes de Maria Brenna on perd intérêts et capital. ❺ Les nations accommodent les proverbes internationaux à leur manière.

Eserciziu 2 – Cumplitate

❶ Vous nous sortez toujours des proverbes, quel que soit le propos.
.. .. sempre un pruverbiu ....

❷ Le proverbe une fois créé, il doit en être tenu compte.
U pruverbiu, ..., ...

❸ Certains ne sont qu'à nous, mais il y en a beaucoup d'autres.
Certi sò ...., ma ci ne sò .. .. d'altri.

❹ Le père avare et le fils prodigue sont de toutes les nations.
U babbu avaru è . ... sò di tutte . ...

❺ Qui habite dans deux maisons, dans l'une il y pleut : c'est un proverbe de chez nous.
. ... ind'una ci piove : hè un pruverbiu
.. ..

Novantasettesima lezione

Solli allucati [1]

1 Paulu Felice tene tutti i so solli in casa, i biglietti sò allibrati è piatti [2] ind'un cascione.
2 – " O Paulu Felì, ùn seria megliu chè tù u mittissi ind'una banca, 'ssu denaru ?" dice a moglia.
3 – Innò, chì ùn vogliu ch'ellu a sappii nimu ciò ch'o incasciu o ciò ch'o scasciu ! Eppó e banche si facenu pagà.

Prononciation
1 ... zôl-li ... 2 ... mélyou ... 3 ... bôlyou ... èpô ...

Notes
1 Le verbe **allucà**, dont nous avons ici le participe passé adjectif, a principalement le sens de *mettre de côté pour un emploi ultérieur.*

Corrigé de l'exercice 2
❶ Ci cacciate – qualvogliasia u discorsu ❷ – fattu ch'ellu ghjé, và tenutu contu ❸ – sputichi nostri – uni pochi – ❹ – u figliolu spendaccione – e nazioni ❺ À chì in duie case stà – di casa nostra

Deuxième vague : 47ᵉ leçon

Quatre-vingt-dix-septième leçon

De l'argent en lieu sûr

1 Paulu Felice garde tout son argent à la maison, les billets sont en liasses *(bien pliés)* et cachés dans un coffre.
2 – "Paulu Felice, ne serait-ce pas mieux que tu le mettes *(misses)* dans une banque, cet argent ? " dit sa femme.
3 – Non, car je ne veux pas que l'on *(personne)* sache ce que j'encaisse ou *(ce que je)* décaisse. Et puis les banques se font payer.

---

2 **piatti** (sing. **-u**), adjectif issu du verbe **piattà**, *cacher*, *dissimuler*, dont le participe passé est **piattatu**.

97 / Novantasettesima lezzione

4 – Ié, ma omu hè più tranquilli, ùn emu più da manighjà 'ssi sghei ³...
5 Cù i scecchi ⁴ è a carta di creditu pudemu pagà tutte e nostre spese...
6 – Pagà, pagu ⁵ anc'avà, per quessa, o Laurì, ùn abbii penseru ...
7 – Ci hè dinù a cascia di risparmiu, induv'è tù poi apre un librettu.
8 – Chì tanti ⁶ libretti è libroni ! A sò ch'ella ci hè, 'ssa cascia, è l'assicurenza, è a borsa, l'ubbligazioni, l'azzioni...
9 ma eiu ùn sò cusì riccu da scumpete cù i finanzieri.
10 Mi basta u percettore : à quandu u rivenutu, à quandu a mubiglia è a fundiaria chì crescenu tutti l'anni, ci vole à smiscià è stassi zitti.
11 – Appuntu : s'è t'hai un contu currente poi incaricà a to banca di pagà i to impositi...
12 o puru permette à u percettore di pagassi, un tantu u mese, nantu à u to contu.
13 – Ancu quessa ! È s'o ùn li devu, quellu i si piglia listessu !
14 – Aghju capitu, ùn voli cambià pratica...

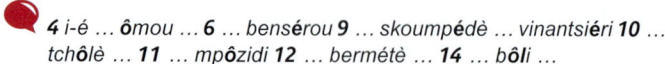

4 i-é ... ômou ... 6 ... bensérou 9 ... skoumpédè ... vinantsiéri 10 ... tchôlè ... 11 ... mpôzidi 12 ... bermétè ... 14 ... bôli ...

Notes

3 sghei, mention familière et/ou plaisante de l'argent (des "sous") à partir d'un mot populaire vénitien.

4 **scecchi** (sing. **sceccu**), *chèques*, on reconnaît le français (et anglais) dûment intégré.

Quatre-vingt-dix-septième leçon / 97

4 – C'est vrai, mais on est plus tranquilles, nous n'aurons *(avons)* plus à manipuler *(manier)* ces picaillons...
5 Avec les chèques et la carte bleue *(de crédit)* nous pouvons régler *(payer)* toutes nos dépenses...
6 – [Pour ce qui est de] payer, je paie même maintenant, pour ça, Laurina, ne te fais pas *(n'aies)* [de] souci...
7 – Il y a encore la caisse d'épargne, où tu peux ouvrir un livret.
8 – Qu'ai-je à faire de *(que tant)* livrets et de gros livres ! Je le sais qu'elle existe *(y est)*, cette caisse, et l'assurance[-vie], et la bourse, les obligations, les actions...
9 mais moi je ne suis pas riche au point de me mesurer *(avoir affaire)* à des financiers.
10 J'en ai assez avec le percepteur : tantôt [l'impôt sur] le revenu, tantôt la taxe d'habitation et la foncière qui augmentent tous les ans, il faut cracher au bassinet et [on n'a que le droit de] se taire.
11 – Justement : si tu possèdes un compte courant tu peux charger ta banque de payer tes impôts...
12 ou même permettre au percepteur de se payer, tant par mois, sur ton compte.
13 – Et puis quoi encore ! Et si je ne *(les)* dois pas [ces sous-là] ce type *(se)* les prend quand même !
14 – [Bon,] j'ai compris, tu ne veux pas changer [de] pratique...

---

5 pagà, pagu, tour syntaxique par lequel on fait précéder de son infinitif le verbe que l'on met en œuvre pour renforcer une assertion. Ex.: **manghjà, manghju pocu**, *quant à manger, je mange peu*.

6 Chì tanti /-e... ! suivi d'un nom, exprime un rejet catégorique de l'objet – chose ou personne – avancé ou proposé par un interlocuteur. **Chì tante medicine !** *Fi des médicaments !* (sous-entendu : que vous me conseillez).

15 – È chì aghju da cambià, o Laurì ? Ci vulerà propiu tuttu 'ssu trambulamentu per i mio quattru solli ? [7]

15 ... tchoulèra prôbiou ...

Note

[7] **quattru solli**, *quelques sous*, *"quat'sous"*. Le numéral **quattru** sert à marquer le peu d'importance d'un nombre de choses ou d'êtres. Ex. **quattru scurnachjoni**, *trois pelés et un tondu*.

***

Eserciziu 1 – Traducite

❶ Pagà paga, Paulu Felice, ma ùn vole sente nunda di banche o altre casce. ❷ Ùn vole scumpete mancu cù u percettore, smiscia è si stà zittu. ❸ A moglia vulerebbe ch'ellu s'aprisse un librettu di risparmiu o ch'ellu pigliessi un'assicurenza. ❹ Ma chì tante assicurenze ! risponde u maritu, eiu ùn cambiu pratica, ancu quessa ! ❺ Face chì i biglietti di Paulu Felice fermanu allibrati è piatti ind'un cascione.

***

Eserciziu 2 – Cumplitate

❶ Il vaudrait mieux mettre cet argent dans une banque, dit Laurina.
.... à mette 'ssu ...., dice Laurina.

❷ Ainsi nous n'aurons plus à manipuler ces sous.
.... ùn averemu più .. ..

❸ Je veux que personne ne sache ce que j'encaisse, dit Paulu Felice.
...... ch'ellu ùn la .... ciò ch'o ...., dice Paulu Felice.

❹ La taxe d'habitation augmente tous les ans, il faut la payer avec un chèque...
A mubiglia ...... tutti l'anni, ... cù un sceccu...

15 – Et qu'est-ce que tu veux que je change *(qu'ai-je à changer)*, **Laurina** ? **Faut-il** *(faudra-t-il)* **vraiment tout ce bouleversement pour mes quelques** *(quatre)* **sous ?**

Corrigé de l'exercice 1
❶ Pour ce qui est de payer, il paie, Paulu Felice, mais il ne veut rien entendre des banques ou d'autres caisses. ❷ Il ne veut même pas avoir affaire au percepteur, il crache au bassinet et se tait. ❸ Sa femme voudrait qu'il ouvre un livret d'épargne ou qu'il prenne une assurance-vie. ❹ Fi des assurances ! répond son mari, moi je ne change pas de pratique, et puis quoi encore ! ❺ Si bien que les billets de Paulu Felice restent bien pliés et cachés dans un coffre.

***

❺ ... ou charger la banque de payer les impôts sur un compte courant.

...o .... a banca di pagà ....
....

Corrigé de l'exercice 2
❶ Seria megliu – denaru ind'una banca – ❷ Cusì – da manighjà 'ssi solli ❸ Vogliu – sappia nimu – incasciu – ❹ – cresce – ci vole à pagalla – ❺ – incaricà – l'impositi nantu un contu currente

Deuxième vague : 48ᵉ leçon

Novantottesima lezzione

Revisione – Révision

1 Le verbe *vulè*, vouloir

Indicatif présent	Indicatif imparfait	Indicatif Futur	Subj. Présent	Subj. Imparfait
vogliu	vulia	vuleraghju	(ch'o) voglia	(ch'o) vulessi
voli	vulii	vulerai	(chè tù) voglia	(chè tù) vulessi
vole	vulia	vulerà	(ch'ellu) voglia)	(ch'ella) vulessi
vulemu	vuliamu	vuleremu	(chè no) vogliamu	(chè no) vulessimu
vulete	vuliate	vulerete	(chè vo) vogliate	(chè vo) vulessite
volenu	vulianu	vuleranu	(ch'elle) voglianu	(ch'elli) vulessinu

Conditionnel : **vulerebbi** et **vuleria** Gérondif : **vulendu** Participe passé : **vugliutu** et **vulsutu**

2 Le participe passé absolu

Ghjunti è scampanillatu (92, 5), *une fois arrivés et après avoir agité la sonnette*
scapulata l'istatina (93, 9), *la période d'été étant révolue*
mutate e cundizioni (93, 15), *les conditions ayant changé*

3 Le sujet anticipé

En cas d'inversion du verbe et du sujet, lorsque la proposition est gouvernée par une conjonction ou un adverbe, le sujet est anticipé sous la forme du pronom personnel qui lui correspond :

Quatre-vingt-dix-huitième leçon

s'elli calanu l'acelli (94,12), *si les oiseaux diminuent* (littéralement : "s'ils diminuent les oiseaux").
s'elli a saperanu fà i vostri figliulini (96, 15), *si vos petits-enfants sauront le faire* (littéralement : "s'ils sauront le faire vos petits-enfants").
Autres exemples : **cum'ellu dice u duttore**, *comme (il) dit le docteur* ; **quant'elli stridanu 'ssi zitelli**, *combien (ils) crient ces enfants* ; **quand'ellu ghjunghje u freddu**, *quand (il) arrive le froid*.

4 Verbes *eghjinchi* (rappel)

disciublicheghjanu (93, 14), *résolvent*, du verbe **disciublicà** qui est un verbe "**eghjincu**".
Voir à ce sujet la leçon 56, 1. Rappelons que ces verbes appartiennent tous à la première conjugaison (celle en **-à**) et que la présence de l'infixe **-eghj-** permet l'accentuation sur la désinence (**participeghju**, **feliciteghju**, etc.) là où une accentuation sur le radical ("**participu**", "**felicitu**") heurterait le confort du langage.

5 Aphérèses et apocopes

u 'nchjostru, (93, 3), *l'encre* (**l'inchjostru**); **emu** (92, 7, 11 et 15), *nous avons* (**avemu**) ; **ate** (92, 8), *vous avez* (**avete**) ; **lezziò** (93, 1), *leçon* (**lezzione**) ; **i migliò** (94, 8) *les meilleurs* (**i migliori**).

6 Participes passés irréguliers

sughje (92, 10), *téter*, participe passé : **suttu**.
rispostu (92, 15) est le p.p. de **risponde**, *répondre*.
suspesu (93, 2) est le p.p. de **suspende**, *suspendre*.
prumessu (95, 15) est le p.p. de **prumette**, *promettre*.
piove (96, 7), pleuvoir, p.p. : **piossu** ou **piuvitu**.

trecent'ottanta

7 Retenir aussi :

a) le pluriel féminin de noms masculins : **l'ove** (92, 11) *les œufs*, pluriel de **l'ovu**, *l'œuf* ; **e dite** (93, 1), *les doigts*, pluriel de **u ditu**, *le doigt*.
b) la construction particulière **da per noi** (93, 5), *par nous-mêmes* (*par nos propres moyens*), comme **da per mè**, *"tout seul"* (*sans le*

***

Dialogue de révision

1 – Chì site andati à fà ind'è Donsimone u scortu ?
2 – À facci un girettu in campagna è à cumprà l'ove è u mele...
3 E strade di u rughjone sò state dirrascate, i ripali sò puliti.
4 – Averete ancu intesu i versi di tanti acelli, chì in cità ùn si ne sente più.
5 – Per quessa, ùn abbiite penseru, rusignoli è capinere a si cantavanu.
6 – Una volta, quand'è no andavamu à a scola, ci vulia à purtà a so legna.
7 – Oramai ci pensa a cumuna, ci sò ancu l'urdinatori in iscola !
8 – Incù ciò ch'ellu si paga d'impositi, a ponu fà....
9 – À pensà chì u conte pazzu si stava in piaghja quand''elle c'eranu e frebbe di stagione !
10 – L'omu hà lacatu 'ssu pruverbiu, ma serà stata vera ?

Quatre-vingt-dix-huitième leçon / 98

secours de personne). De même on a **da per tè**, **da per ellu/ella**, **da per voi**, **da per elli/elle** avec le même sens d'exclusivité dans une action.

c) l'équivalent de *tantôt…tantôt…* : **à quandu… à quandu…** (97, 10).

***

Traduction

1 Qu'êtes-vous allés faire chez ce bourru de Donsimone ? **2** Faire un petit tour dans la campagne et acheter des œufs et du miel… **3** Les routes de la région ont été débroussaillées, leurs rebords ont été nettoyés. **4** Vous avez même dû entendre le chant de tant d'oiseaux qu'on n'entend plus en ville. **5** Pour ça, n'ayez crainte, les rossignols et les fauvettes chantaient à plaisir. **6** Autrefois, quand nous allions à l'école, il fallait apporter sa bûche. **7** Désormais c'est la commune qui s'en occupe, il y a même des ordinateurs à l'école ! **8** Avec ce qu'on paie d'impôts, ils peuvent le faire… **9** Et dire que le comte fou restait dans la plaine quand il y avait les fièvres paludéennes ! **10** L'individu a laissé ce dicton, mais était-ce vrai ?

Deuxième vague : 49e leçon

Novantanovesima lezzione

Fole è canzone

1 – Mi piacìanu e fole ch'ella cuntava Mamma, è mi rincresce ch'ellu ùn ci sia più nimu à tramandalle.
2 – Sparite e veghje, sò finite ancu e fole : avale a ghjente guardanu [1] a televisione.
3   Ma 'sse storie di mazzeri è lacramanti [2], chì spavintavanu i zitelli, vi pare propiu un peccatu ch'elle ùn si continu più ?
4 – C'eranu quesse è ci n'era chì finianu megliu, cum'è quella di l'aratu è i boii di u diavule, fatti petre da san Martinu. [3]
5   O quella di a spusata [4] arricchita, quella giuvanotta chì ùn lasciò à a mamma mancu una conzula, è maladetta da a povera donna, si firmò in sempiternu per 'ssa muntagna.
6   È ùn ci scurdemu di e tante fate chì sparghjianu i miraculi è l'incantesimi !

Prononciation
3 ... stôryè ... matséri ... dzidél-li ... brôbyou ... 4 tchéranou ... éra ... bédrè ... 5 ... djouhouanôta ... hô-n-na ...

Notes

1 **à ghjente guardanu**, les gens regardent. Observez que le sujet : **a** (et parfois **la**) **ghjente** étant un singulier collectif, le verbe est au pluriel.
2 Selon d'anciennes croyances les **mazzeri** (sing. **-u**) sont des figures malfaisantes, capables de sortilèges, ou des sorciers détenant le pouvoir

Quatre-vingt-dix-neuvième leçon

Histoires et chansons

1 – J'aimais les histoires que racontait ma mère, et je regrette qu'il n'y ait plus personne pour les transmettre.
2 – La fin des *(Disparues les)* veillées fut *(sont finies)* aussi [celle de ces] *(les)* histoires : à présent les gens regardent la télévision.
3 Mais ces histoires de sorciers et d'esprits, qui effrayaient les enfants, [cela] vous semble vraiment dommage *(un péché)* qu'on *(qu'elles)* ne les *(se)* raconte*(nt)* plus ?
4 – Il y avait celles-là, et il y en avait qui finissaient mieux, comme celle de la charrue et des bœufs du diable, changés en *(faits)* pierres par saint Martin.
5 Ou celle de la fiancée devenue richissime *(enrichie)*, cette jeune fille qui ne laissa à sa mère pas même un racle-pâte et qui, maudite par la pauvre femme, s'immobilisa à jamais dans la montagne.
6 Et n'oublions pas toutes ces fées qui répandaient les miracles et les enchantements !

---

de nuire gravement à autrui, et les **lacramanti** (sing. **-e**) des esprits maléfiques de la montagne que l'on entend crier dans le vent.

3 **san Martinu**, *saint Martin* est en Corse le patron des champs et des vignes. D'où l'aspect "agricole" prêté par la légende à son intervention contre le diable.

4 **a spusata**, *la fiancée*, à ne pas confondre avec **a sposa**, *la mariée*, et **a moglia**, *l'épouse*.

99 / Novantanovesima lezzione

7 – **A**cqua passata ! Qual'h**è** ch**ì** tr**o**va pi**ù** piac**è** à s**e**nte 'sse fughj**i**chje ?

8 Fidighjate **a**nu 'sse canz**o**ne n**o**ve : vi p**a**renu di list**e**ssu st**a**mpu ch**è** qu**e**lle di pr**i**ma ?

9 Mut**a**tu u sp**i**ritu, mut**a**ti i v**e**rsi, [5] mut**a**ta **a**ncu a l**i**ngua, h**à** pigli**a**tu fi**a**tu un g**e**neru music**a**le tr**à** mudernit**à** è tradizi**o**ne.

10 – Sicc**u**me n'av**e**mu ass**a**i, cantad**o**ri è cumpagn**i**e, **o**mi è d**o**nne, a so **a**rte h**è** v**i**va è prusper**o**sa.

11 Int**a**ntu **a**nu salv**a**tu u f**o**ndu ant**i**cu, pr**i**ma di t**u**ttu a pagh**j**ella. [6]

12 – **È** **a**nu f**a**ttu cunn**o**sce e apprezz**à** u c**a**ntu c**o**rsu per 'ssu m**o**ndu.

13 – M**ì**, ch**ì** s**i**mu pass**a**ti da un disc**o**rsu à l'**a**ltru s**e**nza avv**e**decine !

14 Ma **ù**n h**è** st**a**ta per purt**à** à n**i**mu "di f**o**le in canz**o**ne". [7]

15 – Ci mancher**e**bbe **a**ltru !!

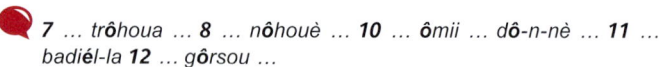

7 ... trôhoua ... 8 ... nôhouè ... 10 ... ômii ... dô-n-nè ... 11 ... badiél-la 12 ... gôrsou ...

Notes

5 **i versi**, pluriel de **u versu**, *l'air d'une chanson*.

6 **a paghjella**, chant polyphonique populaire et traditionnel, à trois voix d'hommes.

7 **purtà (à qualchidunu) di fole in canzone**, *c'est mener (quelqu'un) en bateau*.

Quatre-vingt-dix-neuvième leçon / 99

7 – Vieilles lunes ! *(eau passée !)* Qui se plaît encore *(trouve plus plaisir)* à l'écoute de *(à entendre)* ces sornettes ?
8 Voyez aussi ces chansons nouvelles, vous semblent-elles de la même composition *(empreinte)* que celles d'avant *(auparavant)* ?
9 *(Changé)* L'esprit, *(changées)* les mélodies et *(changée)* même la langue s'étant renouvelées, [voici qu'] a pris de la vigueur *(du souffle)* un genre musical à mi-chemin de *(entre)* la modernité et [de] la tradition.
10 – Vu que nous *(en)* avons beaucoup de chanteurs et de groupes, hommes et femmes, leur art est [bien] vivant et prospère.
11 D'abord ils ont sauvé le fonds ancien, et en premier lieu la paghjella.
12 – Et ils ont fait connaître et apprécier le chant corse de par le monde.
13 – Tiens, [voilà] que nous sommes passés d'un sujet *(discours)* à l'autre sans nous en apercevoir.
14 Mais cela n'a pas été pour mener qui que ce soit *(porter à personne)* "d'histoires en chansons" !
15 – Manquerait plus que ça !!

Eserciziu 1 – Traducite

❶ Indù e veghje di una volta si cuntavanu e fole chí spavintavanu i zitelli. ❷ Ma c'eranu ancu quelle di e fate è di i so incantesimi, chí finianu bè. ❸ A ghjente d'oghje ùn trovanu più piacè à stalle à sente, è ùn si tramandanu più. ❹ Pensanu ch'elle sianu fughjichje è ch'ell'ùn sia tantu peccatu s'elle spariscenu. ❺ Hè mutatu u spiritu di e canzone è mancu a lingua hè listessa.

***

Eserciziu 2 – Cumplitate

❶ La fiancée de cette histoire, maudite par sa mère, s'immobilisa à jamais dans la montagne.
A spusata .. .., maladetta .. .., ... in sempiternu ... .

❷ Les bœufs et la charrue du diable ont été changés en pierres par saint Martin.
. .... è l'aratu di .... sò stati fatti ....

❸ Ce sont des histoires que l'on racontait autrefois.
Sò fole ... .

❹ Les airs des chansons d'aujourd'hui ne sont plus les mêmes, mais le fonds ancien a été sauvé.
. ..... di e canzone d'oghje .. .., ma u fondu anticu .. ..

Corrigé de l'exercice 1

❶ Dans les veillées d'autrefois on racontait des histoires qui effrayaient les enfants. ❷ Mais il y avait aussi celles des fées et de leurs enchantements, qui finissaient bien. ❸ Les gens d'aujourd'hui ne trouvent plus de plaisir à les écouter, et elles ne se transmettent plus. ❹ Ils pensent que ce sont des sornettes et qu'il n'y a pas grand dommage si elles disparaissent. ❺ L'esprit des chansons a changé et la langue non plus n'est la même.

***

❺ Nous n'aimons pas mener les gens en bateau : manquerait plus que ça !

.. .. di fole in canzone, ..
....!

Corrigé de l'exercice 2

❶ – di 'ssa fola – da a mamma, si firmò – per 'ssa muntagna ❷ I boii – u diavule – petre da san Martinu ❸ – chì si cuntavanu una volta ❹ I versi – ùn sò più listessi – hè statu salvatu ❺ Ùn ci piace à purtà a ghjente – ci mancherebbe altru

Deuxième vague : 50ᵉ leçon

Centesima lezione

Per licenziassi

1 – *Et voilà !* [1] Hè compia 'ssa girandulata per i chjassi di a lingua corsa.
2 Fate contu d'avè intesu, à buleghju à la ghjente, i so ragiunamenti è i so cuntrasti.
3 Ne site statu testimone è avete tenutu à mente tante parolle è tante spressioni chè vo puderete aduprà ancu voi in l'avvene.
4 À u tirà di e rete, quale sia statu u mutivu di a vostra amparera...
5 ...sì vo site un furesteru, purtatu da a simpatia per u paese è a so ghjente, o sì vo site un Corsu à quale [2] a lingua ùn hè stata trasmessa...
6 hè ghjusta chè vo siate cumplimintati per a vostra primura.
7 – Perchì, [3] aldilà di a vostra lighjittima suddisfazione, c'entre ancu u penseru d'assicurà una lingua in periculu di sparisce.

Prononciation
... lidgenn-tsyassi **4** ... ou**ô**sta ampar**é**ra **5** ... fourest**é**rou ... k**ô**rsou ... **7** ... benn-s**é**rou ...

Notes
1 *Et voilà !* Ne vous étonnez pas de cet "en français dans le texte". Cette locution qui constate l'accomplissement d'une action, ou qui clôt une énumération, est couramment utilisée dans un contexte corse.

Centième leçon

Pour prendre congé

1 – Voilà que s'achèvent vos pérégrinations sur les chemins de la langue corse.
2 C'est comme si, mêlé aux gens, vous aviez entendu leurs raisonnements et leurs discussions.
3 Vous en avez été le témoin et vous avez gardé en mémoire tous ces mots et toutes ces expressions que vous pourrez utiliser vous-même à l'avenir.
4 Au bout du compte *(à la levée / le tirer des filets)*, quelle qu'ait été la motivation *(motif)* de votre apprentissage…
5 … si vous êtes un étranger, mû par la sympathie envers le pays et ses habitants, ou si vous êtes un Corse à qui sa langue n'a pas été transmise…
6 il n'est que juste de vous faire compliment de votre sollicitude.
7 – Car, au-delà de votre légitime satisfaction, entre aussi en ligne de compte le souci d'affirmer une langue en danger d'extinction.

---

2 **un Corsu à quale**, *un Corse à qui* ou *auquel*… Les pronoms composés français comportant une préposition articulée (*auquel*, *duquel*, et leurs féminins et pluriels) se rendent simplement par **quale** sans l'article : on ne doit donc pas dire "**di u quale**", "**à a quale**" pour *duquel*, *à laquelle*, etc. mais **di quale**, **à quale**, etc. Même traitement pour la traduction de *lequel* (et fém. et plur.) précédé d'une préposition : **per quale**, *pour lequel*, et non "**per u quale**".

3 **perchì**, ou parfois plus brièvement **chì**, amenant une explication, est plus précis que ne le serait **perchè**, *parce que*.

trecentu novanta • 390

8 Or chì serebbimu senza più 'ssu puntellu d'identità, 'ssu liame cù e generazioni passate, 'ssa cunfidenza cù i tanti nomi di a nostra terra ?

9 U corsu hè bellu quant'è u paese induv'ellu hè natu, sia ringraziata ogni mossa chì l'allonga a vita !

10 Amicu lettore, amica lettrice, avete fattu un bellu passu ver'di [4] a pratica di u parlatu nustrale...

11 Sì, tramezu à i Corsi, qualchissia vi ripigliessi, ridoni [5], a pronunzia o l'accentu, lasciatelu dì !

12 Avendu l'arregistramenti, ùn abbiate timore à passalli è turnalli à passà.

13 Attundulate u vostru sapè cù e letture è altre utuli occasioni...

14 è dite puru chè vo avete amparatu cù Assimil : hè un nome da ricumandà !

15 Amica lettrice, amicu lettore, avvedeci !

8 ... bountél-lou ... 9 ... môssa ... 11 ... tramédzou ... ribilyéssi ... rihoni ... 15 ... abèhèdji

Notes

4 **ver'di**, sur cette forme revoyez leçon 74, note 4.

***

Eserciziu 1 – Traducite

❶ Fate contu d'esse statu testimone di i cuntrasti di a ghjente. ❷ À buleghju à elli a vostra amparera hà fattu un bellu passu ver'di a cunfidenza cù u parlatu nustrale. ❸ Hè llghjljillima a vostra suddisfazione, chè vo siate un Corsu o un furesteru. ❹ A lingua hè un puntellu d'identità, hè ghjusta di ringrazià à chì l'assicura. ❺ À u tirà di e rete, dite puru chì a vostra mossa l'allonga a vita.

Centième leçon / 100

8 Or qui serions-nous, privés de ce pilier de notre identité, de ce lien avec les générations qui nous ont précédé *(passées)*, de notre familiarité avec tous les noms que porte *(de)* notre terre ?

9 Le corse est aussi beau que le pays où il est né, grâces soient rendues à toute initiative *(démarche)* qui en prolonge la vie !

10 Ami lecteur, amie lectrice, vous avez fait un grand pas vers la pratique du parler de chez nous…

11 Si, parmi les Corses [de votre entourage] quelqu'un s'avisait de relever, en riant *(amusé)*, votre prononciation ou votre accent, laissez-le dire !

12 Au cas où vous disposeriez des enregistrements, n'hésitez pas à *(n'ayez crainte de)* les passer et les repasser.

13 Enrichissez *(arrondissez)* votre savoir avec des lectures et autres opportunités *(occasions utiles)*…

14 dites que vous avez appris [le corse] avec Assimil : c'est un nom à recommander !

15 Amie lectrice, ami lecteur, au revoir !

5 **ridoni** est une locution adverbiale dont le sens général est *en riant*, *"à la rigolade"*.

***

Corrigé de l'exercice 1

❶ C'est comme si vous aviez été témoin des discussions des gens. ❷ Vous étant mêlé à eux, votre apprentissage a fait un grand pas vers la familiarité avec le parler de chez nous. ❸ Votre satisfaction est légitime, que vous soyez un Corse ou un étranger. ❹ La langue est un pilier de l'identité, il est juste de remercier ceux qui l'affermissent. ❺ Au bout du compte, vous pouvez dire que votre initiative prolonge sa vie.

100 / Centesima lezzione

Eserciziu 2 – Cumplitate

❶ Vos pérégrinations sur les chemins de la langue corse sont achevées.
A vostra .... per .... di a lingua corsa ....

❷ Vous avez gardé en mémoire beaucoup de mots que vous pourrez utiliser à l'avenir.
Avete .... tante .... chè vo puderete ....

❸ Vous serez complimenté pour votre sollicitude.
Serete .... per a vostra ....

❹ Si quelqu'un, en riant, reprenait votre prononciation, laissez-le dire !
.. .. , ... , ripigliessi a vostra pronunzia .... !

❺ Enrichissez votre savoir avec des lectures et des enregistrements !
.... u vostru sapè cù . ... !

Centième leçon / 100

Corrigé de l'exercice 2
❶ – girandulata – i chjassi – hè compia ❷ – tenutu à mente – parolle – aduprà in l'avvene ❸ – cumplimintatu – primura ❹ Sì qualchissia, ridoni – lasciatelu dì ❺ Attundulate – e letture è l'arregistramenti

N'oubliez pas de continuer votre *phase d'activation* en poursuivant votre "deuxième vague" tous les jours, jusqu'à la dernière leçon. Nous vous souhaitons un bon apprentissage du corse grâce à notre méthode !

Deuxième vague : 51e leçon

Appendice grammatical

1 ESSE, être

| Gérondif : **essendu**, en étant | Participe passé : **statu**, été |

INDICATIF PRÉSENT	PASSÉ SIMPLE
sò, je suis	fui, je fus
sì	fusti
hè (forme renforcée : ghjé)	fù
simu	fumu
site	fuste
sò	funu

INDICATIF IMPARFAIT	INDICATIF FUTUR
era, j'étais	seraghju, je serai
eri	serai
era (forme renforcée : ghjera)	serà
eramu	seremu
erate	serete
eranu	seranu

CONDITIONNEL I	CONDITIONNEL II
serebbi, je serais	seria, je serais
seresti	seristi
serebbe	seria
serebbimu	seriamu
sereste (-te)	seriate
serebbinu	serianu

SUBJONCTIF PRÉSENT	SUBJONCTIF IMPARFAIT
sia, *(que je) sois*	fussi, *fusse*
sia	fussi
sia	fussi
siamu	fussimu
siate	fussite
sianu	fussinu

IMPÉRATIF, *sois*
sia (forme négative : ùn sia / ùn esse)
siamu
siate

2 *AVÈ*, avoir

Gérondif : avendu, *en ayant*	Participe passé : avutu, *eu*

INDICATIF PRÉSENT	PASSÉ SIMPLE
aghju, *j'ai*	ebbi, *j'eus*
hai	avesti
hà	ebbe
avemu (*aphérèse* : emu)	ebbimu
avete (*aphérèse* : ate /ete)	aveste
anu	ebbenu

INDICATIF IMPARFAIT	INDICATIF FUTUR
avia, *j'avais*	averaghju, *j'aurai*
avii	averai
avia	averà
aviamu	averemu
aviate	averete
avianu	averanu

CONDITIONNEL I	CONDITIONNEL II
averebbi, j'aurais	averia, j'aurais
averesti	averii
averebbe	averia
averebbimu	averiamu
avereste	averiate
averebbinu	averianu

SUBJONCTIF PRÉSENT	SUBJONCTIF IMPARFAIT
abbia, que j'aie	avessi, j'eusse
abbia	avessi
abbia	avessi
abbiamu	avessimu
abbiate	avessite
abbianu	avessinu

IMPÉRATIF, aie
abbia (forme négative : ùn abbia ou ùn avè)
abbiamu
abbiate

3 CANTÀ, chanter

Gérondif : cantendu, en chantant	Participe passé : cantatu, chanté

INDICATIF PRÉSENT	PASSÉ SIMPLE I	PASSÉ SIMPLE II
cantu, je chante	cantai, je chantai	canteti, je chantai
canti	cantasti	cantesti
canta	cantò	cantete
cantemu	cantaimu	cantetimu

trecentu novantottu • 398

cantate	cantaste	canteste
cantanu	cantonu	cantetinu

INDICATIF IMPARFAIT	INDICATIF FUTUR
cantava, *je chantais*	**canteraghju**, *je chanterai*
cantavi	canterai
cantava	canterà
cantavamu	canteremu
cantavate	canterete
cantavanu	canteranu

CONDITIONNEL I	CONDITIONNEL II
canterebbi, *je chanterais*	**canteria**, *je chanterais*
canteresti	canterii
canterebbe	canteria
canterebbimu	canteriamu
cantereste	canteriate
canterebbinu	canterianu

SUBJONCTIF PRÉSENT	SUBJONCTIF IMPARFAIT
canti, *que je chante*	**cantessi**, *que je chantasse*
canti	cantesse
canti	cantessi
cantimu	cantessimu
cantite	cantessite
cantinu	cantessinu

IMPÉRATIF
canta (*forme négative* : **ùn cantà**)
cantemu
cantate

4 *PARTE*, partir

| *Gérondif* : **partendu**, *en partant* | *Participe passé* : **partutu**, *parti* |

INDICATIF PRÉSENT	PASSÉ SIMPLE
partu, *je pars*	**partii**, *je partis*
parti	partisti
parte	partì
partimu	partiimu
partite	partiste
partenu	partinu

INDICATIF IMPARFAIT	INDICATIF FUTUR
partia, *je partais*	**parteraghju**, *je partirai*
partii	parterai
partia	parterà
partiamu	parteremu
partiate	parterete
partianu	parteranu

CONDITIONNEL I	CONDITIONNEL II
parterebbi, *je partirais*	**parteria**, *je partirais*
parteresti	parterii
parterebbe	parteria
parterebbimu	parteriamu
partereste	parteriate
parterebbinu	parterianu

SUBJONCTIF PRÉSENT	SUBJONCTIF IMPARFAIT
parti, *que je parte*	**partissi**, *que je partisse*
parti	partissi

parti	partissi
partimu	partissimu
partite	partissite
partinu	partissinu

IMPÉRATIF
parti (*forme négative* : **ùn p**a**rte**)
partimu
partite

Index grammatical

Le premier chiffre renvoie au numéro de la leçon, il est suivi du numéro de la note ou du paragraphe de révision. Les chiffres en gras indiquent une leçon de révision. La mention AG renvoie à l'Appendice grammatical.

Adjectif verbal, 10,2 ; 10,4 ; 57,3
Adjectifs possessifs **28,4**
Adverbes de lieu **63,5** ; **91,2** ; **91,5**
Adverbes de temps **28,5** ; **42,5**
Alternance vocalique **14,1** ; 45,1
altri 47,4
andà 28,2
andassine 84,3
Aphérèse 72,3 ; 93,2 ; **98,5**
Apocope 36,7 ; **42,4** ; 74,4 ; **98,5**
Apophonie **14,1** ; 45,1
appena 56,5
Articles **7,5**
capisce 28,1
ci hè – ci sò 69,1 ; **91,2**
Concordance des temps **70,2**
Conditionnel 30,6 ; **35,1**
Conjonctions **sì** et **sé** 5,3
Conjugaisons **7,4**
da 77,3 ; 8,4
da per 98,7
Démonstratifs 8,2 ; 8,5 ; **14,6** ; **21,5** ; **42,3**
dì 25,8 ; **28,2**
Diminutifs voir *Suffixes diminutifs*
Enclise **21,3** ; **42,6** ; 46,3 ; **56,4**

fà 77,1 ; **28,2**
fidghjà 25,2
Futur **14,3**
Futur hypothétique **21,2**
Futur proche 11,1 ; 68,1
Gérondif **35,3**
Imparfait de l'indicatif **49,1**
Impératif 26,9 ; **28,3** ; **63,4** ; 80,1
Indicatif présent **14,2**
Locutions **35,5** ; **63,2** ; **77,4** ; **84,4**
Négation **7,6**
Noms composés 75,4
On **21,4**
Participes passés absolus **98,2**
Participes passés irréguliers **56,2** ; **77,2** ; **84,2** ; **91,6** ; **98,6**
Passé simple 67,7 ; **77,1**
Place des pronoms **49,6** ; **91,4** ; 95,6
Pluriel des noms **14,5** ; 34,7
Pluriels irréguliers **98,7**
Pronoms interrogatifs **49,3**
Pronoms personnels 1,4 ; 22,9 ; **35,2**
Pronoms relatifs **49,2**
pudè 28,2
qualchì 31,5
quale 100,2
Réitération 71,4
sapè 42,2
Se taire **63,2**
Singulier collectif 32,2 ; 99,1
Subjonctif **21,1**
Suffixes diminutifs **49,4**

Sujet anticipé **98,3**
Superlatif 38,3
Superlatif par répétition 81,4
vede 91,1
vene 28,2
Verbes auxiliaires **7,3**
Verbes **eghjinchi 56,1** ; **98,4**
Verbes de mouvement + inf 3,4
Verbes en **–ca** et **–ga 63,1**
Verbes pronominaux **14,4**
Verbes réfléchis **84,1**
Verbes à consonnes d'appui **42,1** ; 94,7
vulè 98,1 ; **28,2**

Bibliographie

Ouvrages généraux :
MARCHETTI Pascal, *La Corsophonie, un idiome à la mer*, Paris, Albatros, 1989
DALBERA-STEFANAGGI Marie-Josée, *La Langue Corse*, Paris, PUF 2002.

Grammaires :

FUSINA Jacques, *Parlons corse*, Paris, L'Harmattan, 1999.
DURAND Olivier, *La Lingua Còrsa*, Brescia, Paideia Editrice, 2003.

Dictionnaires :

Corse-Italien-Français :
MARCHETTI Pascal, *L'Usu Córsu* (2nd édition), Ajaccio, Éditions Alain Piazzola, 2008
Français-Corse :
i CULIOLI, *Dictionnaire Français-Corse*, Ajaccio, Éditions DCL, 1997.

Lexiques

Lexique corse-français

A

a	la *(art.)* 3
à	à 3
à buleghju	mêlé à 100
à mente	en mémoire 100
à rombu di	à coup de 93
à straccia mercatu	bon marché (bradé) 64
à straziera	à grand-peine 64
abbastanza	suffisamment 59 ; assez 59, 71
abbunamentu	abonnement 54
abbuttulà	boutonner 69
abituassi	s'habituer 76
abitudine	habitude 41
abusu	abus 37
accade	arriver (se produire) 54, 73, 88
accantu	à côté 15, 71, 75
accasassi	avoir une maison 59
accatamalzà	entasser 71
accende	allumer 32
accendita	éclair 90
accentu	accent 100
accittà	accepter 54, 82
accollu	sur le/à dos, dans les bras 44 ; à l'épaule, au cou 60
acconciu	arrangement 50
accordu	accord 62
accorta (à l'~)	court / au plus court 48
accumpagnà	accompagner 19
accumudassi	prendre ses aises 57
accuncià	réparer (arranger) 26 ; accommoder 96
accunsente	être agréable 4, 19
accurtà	raccourcir 20, 51
accurtatu	raccourci *(adj.)* 44
acellu	oiseau 34
acetu	vinaigre 78
acillame	oiseaux (espèce) 94
acitosu	vin piqué 86
acqua	eau 5, 32
acquavita	eau-de-vie 60, 86

acquistà	acquérir 89
acquistu	acquisition 64
adattu	adéquat / adapté 40 ; adéquat 83
addio	adieu 32
addossu	à dos, sur le dos *(fig.)* 58 ; sur soi 69 ; dessus (sur soi) 87
addurmintà	endormir 25
addurmintassi	s'endormir 80, 84
aduprà	utiliser 85, 100
affaccà	donner sur, regarder dehors 34 ; apparaître 75
affare *(masc.)*	affaire 17, 20, 64, 95
affare *(masc.)*	affaire *(fém.)* 26
affare/i	affaire 22
affittu	location 81
affuscà	assombrir 90
agenza	agence 40
aghjunghje	ajouter 78
agiuntu	adjoint 75
agliu	ail 88
agricultura	agriculture 74
agru	âcreté 55
ahù	bof 12, 82
aiò !	allons-y ! 29
aiutà	aider 33
aiutante	adjudant 22
aiutu	aide 93
alba	aube 3
albitru	arbousier 79
aldilà	au-delà 100
aldinentru	l'intérieur de 87
alé !	allez ! 29
alegru	joyeux 54
aligostia	langouste 88
aligria	gaîté 11, 47
alimea	cédrat, cédratier 74
allargà	élargir 29
allera	légère 64
allibrà	plier 97
allocc'à	d'ici à (temporel) 54, 64
alloghju	logement 40
allora	alors 6, 8, 20
allucà	mettre de côté 97
allughjà	loger 59
allungà	allonger 51 ; prolonger 100
allungassila	s'attarder 43

alluntanà	éloigner 29, 58
allusinà	éclairs de chaleur 90
almanaccu	almanach 48
altore	gypaète 94
altreri (l' ~)	l'autre jour, avant-hier 64
altrettantu	pareille 85 ; aussi (tout autant) 94
altrò	ailleurs 40, 74
altru	autre 30
altru/altra	autre 6
altu	haut 41 ; haut/e 59
altura	hauteur *(géogr.)* 89
alutu	ailé 94
alzà	hausser 67
alzella	clovisse 88
alzu	aulne 89
amatore	amateur 88
americanu	américain 44
amica	amie 16
amicu	ami 9, 71
ammansassi	se masser, s'amasser 68
ammatrà	grossir (sources) 89
amministrazione	administration 68
ammubulà	se meubler 71
amparà	apprendre 38, 100
amparera	apprentissage 100
analisa	analyse 72
anchjuva	anchois 88
ancu	encore 3, 36 ; aussi 11, 15 ; même (aussi) 24
ancu assai !	heureusement ! 67
ancu di grazia	heureusement 39
andà	aller *(v.)* 1, 3, 6 ; aller 13, 17, 36, 40, 41, 67, 80
andassine	s'en aller 47
andatura	allure (façon de se déplacer) 44
anguilla	anguille 88
angusciosu (tempu ~)	temps lourd 90
anice	anis 46
animale	animal 60, 83
animu !	courage ! 41
annacquà	arroser 96
annu	année 8, 16, 30
annu (adv.)	l'année dernière 41
annuià	ennuyer 73
annunzià	annoncer 68
annunziu	annonce 81

anscià	haleter *(fig.)* 58
anticu	ancêtre (ancien) 32 ; ancien 59, 85
antru	autre 26, 50
anzianottu	assez agé 44
anzianu	âgé (ancien) 44
aostu	août 41
apa	abeille 94
apertura	ouverture 75
apparagunà	comparer 56
apparechju	appareil 44
apparinà	égaliser 95
appartamentu	appartement 40, 71
appatturà	restaurer (nourrir) 78
appatturisce	rassasier 10
appellassi	faire appel (judiciaire) 50
appena	un peu 15, 16, 26, 53 ; donc 16
appende	suspendre 24, 67, 71, 77 ; accrocher 95
apperitivu	apéritif 72, 86
appesu	pentu 83
appiccià	joindre (adjoindre) 31
appiccicaticciu	allié (parenté) 9
appiccollu	en bandoulière 44
appinuccia	un tout petit peu 51
appittitu	appétit 39
apposta	exprès 25 ; exprès *(adv.)* 75 ; exprès (à dessein) 79
appressu	après 56
apprezzà	apprécier 99
appuntamentu	rendez-vous 33
appuntatu	relevé (cuisine) 88
appuntu	justement 97
apre	ouvrir 29, 57, 67, 77, 92
aprile	avril 85
aranciu	orange, oranger 74
aratu	charrue 99
arbitru	arbitre 54
arburatu	boisé 89
arburatura	boisement 89
arburetu	verger 74
arburu	arbre 73, 90
architettu	architecte 59
arcu	arc-en-ciel 90
argentu	argent (métal) 65
aria	air 73
aria *(fém.)*	air 8

arichjutu	pourvu de grandes oreilles 83
armadiu	armoire 71
arnese	ustensile 45 ; équipement (instrument) 65 ; instrument 95
arregistrà	enregistrer 68
arregistramentu	enregistrement 100
arrente à	le long de 71
arriatu	rayé 52
arricà	apporter (qqch à qqun) 11
arricchì	enrichir 89
arrichisce	enrichir 99
arricumandassi	recommander 75
arricurdassi	se souvenir 24, 67, 74, 93
arricurdassine	s'en souvenir 48
arriià	rayer (biffer) 75
arrimbassi	accouder (s'appuyer) 79
arripiccassi	escalader 41
arrittu	debout 3
arrizzà(-ssi)	se lever (le matin) 3
arrizzassi	se lever 80, 84
arroste	rôtir 60
arrostu	rôti 92
arruste	griller 95
arrustitu	rôti *(adj.)* 65
arte	art 99
arte *(fém.)*	art *(masc.)* 26 ; art, métier 38
artichjoccu	artichaut 82
articulu	article (écrit) 81 ; article 95
ascensore	ascenseur 34
asciuttu	sec 13
asciuvassi	se sécher (s'essuyer) 43
asciuvatacche	buvard 93
asinu	âne 83
aspiratore	aspirateur 32
aspittà	attendre 27, 30, 43, 56, 90
assaghju	dégustation 88
assai	beaucoup 72, 89 ; très 79
assaltà	agresser (assaillir) 60
assembleia	assemblée 68
assicuenza	assurance 53
assicurà	assurer 36 ; assurer (affermir) 100
assicurenza	assurance (contrat) 32 ; assurance 97
assignalatu	remarquable 89
assirinà	devenir serein 90
astutu	sage (doué de sagesse) 66
attaccalita	procédurier 50

attaquer	attaquer 59
attempu	en même temps (simultanément) 26
attenti !	attention ! 18 ; attention 89
attentu	vigilant (attentif) 64
attenzione	attention (vigilance) 72
attimpà	ajourner 39 ; renvoyer (ajourner) 67
attimpatu *(adj.)*	d'âge mûr 44
attippassi	gravir une côte 47
attività	activité 85
attore	acteur/actrice 66
attracciu	instrument 32 ; équipement 95
attu	action (acte) 79
attuale	actuel 93
attualità	actualité 81
attundulà	arrondir (enrichir) 100
auturità	autorité(s) 68
auturnu	automne 73
avà/avale	maintenant 11
aval'avà	immédiatement, à l'instant, maintenant 53
avanzà	doubler (dépasser) 27
avanzatu	avancé 65
avanzatura	reste / relief (de repas) 45
avanzu	reste 95
avaru	avare 96
avè	avoir *(v.)* 3, 5, 6, 7 ; avoir 19, 27, 51, 57, 67
aversari	adversaire 54
avion	avion 23
avisu	avis 81
avucatu	avocat (métier) 50
avvedeci	au revoir 6
avvedesi	s'apercevoir 91, 94
avvedesine	s'apercevoir de 18
avvene	avenir 38, 100
avvezzu	habitué 31, 41
avvicinà	rapprocher 78
avvintà	découvrir (trouver) 40
azezu	grincheux 58
aziminu	bouillabaisse 88
azziccatu	accroché / accro 66
azzione	action 97
azzittà	réduire au silence 94
azzizzà	provoquer (attiser) 58
azzuffu	bagarre 54

B

babbitu	ton père / papa 38
babbone	grand-père 61
babbu	mon père / papa 38
baccalà	morue 88
bacile	bassine 45
bacu	baie de l'arbousier (arbouse) 79
bagnarola	baignoire 34
bagnu	bain 43
ballotta	châtaigne bouillie 87
banca	banque 97
banda	troupeau 85
banda (in ~)	en bande 83
bandera	drapeau 30, 59
banditu	bandit 79
baracucca	abricot 82
baracuccu	abricotier 74
barbutu	barbu 94
barchetta	barquette 82
barretta	casquette 44, 69
basgià	embrasser 61
basilgu	basilic (plante) 82
bassu	bas *(adj.)* 85
bassura	basse terre 89
bastà	suffire 8, 22, 32, 39
bastone	canne (bâton d'appui) 39
bastunata	coup de bâton 83
battarecciu	grand troupeau 85
batte	parcourir 83
battellu	bateau 23, 76
batticcia	grève (bord de mer) 43
bazzica	misère (somme dérisoire) 83
bè	bien *(adv.)* 1 ; bien 10
beatu	heureux 16
beie	boire 57
bella/u	beau/belle 10
benefiziu	bienfait 89
benintesu	bien entendu 53
benistà	bien-être 74
benvinutu	bienvenu 68
bestia	bête (animal) 60
biancu	blanc 19, 78, 87
bibliuteca	bibliothèque 71
biccazza	bécasse 60
biccicletta	vélo (bicyclette) 47

quattrucent' è dodeci • 412

bichjerinu	petit verre 86
bichjeru	verre (à boire) 72, 78
bienda	boisson 47
biera	bière (boisson) 87
bieta	blette 56
bigliettu	billet 36, 54, 97 ; bulletin 75
billezza	beauté 89
biolu	bouleau 89
biotu	vide 10, 68, 78
bisognu	besoin 53, 69, 78
bluccà	bloquer 67
bocca	bouche 10, 41
boie	bœufs 99
bolle	bouillir 55
bombuccone	prune (variété), prunier 74
bon prò	bon profit (grand bien) 19
bon'ora (à ~)	de bonne heure 3
bona (una ~)	une bonne chose 94
bonghjornu	bonjour 1
bongiornu	bonjour 46
bonu/bona	bon/bonne 3
borsa	bourse 97
boscu	bois (forêt) 67, 89
botte	tonneau 86
bottulu	bouton (vêtement) 69
bracanatu	bariolé 44
bracciu	bras 29
bravu	brave (honnête et bon) 45 ; gentil 58
bravu !	bravo ! 11
brilluli	soupe de farine de châtaigne et lait 87
brocciu	fromage frais du pays 56
brodu	bouillon 88
brusgià	brûler 79
buatta	boîte aux lettres 31
buchja	épluchure 45
bufunà	ronronner, bourdonner 57
bufunime	bourdonnement 95
bughju	obscurité 32
bugna	ruche 92
buleghju (à ~)	pêle-mêle 45
buletru	oronge 89
bundanziosu	plantureux 85
burlà	tromper qqun 12
burrasca	bourrasque (tempête) 48
buscà	se procurer 10, 95
buttaraga	boutargue 88

buttea	épicerie 13 ; boutique 95
buttiglia	bouteille 11, 45, 86
buzeffu (à)	grand nombre 85

C

cabina	cabine 23
caccara	grand-mère 61
caccari	grand-parent 61
caccaru	grand-père 61
caccia	chasse 60
caccià	sortir *(transitif)* (ôter) 29 ; ôter (enlever) 47 ; s'ôter 50 ; enlever (ôter) 69 ; retirer (ôter) 80 ; ôter 87 ; sortir *(transitif)* 96
cacciadore	chasseur 60 ; chasseurs 94
caccighjà	aller à la chasse 60
caccighjata	partie de chasse 60
caffè	café 4 ; café *(lieu)* 12, 72
caffellatte	café au lait 65
caffittera	cafetière 32, 95
caghjà	cailler 85
calà	abaisser 27 ; baisser 72 ; diminuer 94
calafrone	frelon 94
calamaru	encrier 93
calculà	calculer 56
calculichjula	calculette 93
calendariu	calendrier 48
calice (à ~)	verre à pied 78
callarecciu	barrière 92
calma	calme *(n.)* 30
calore	chaleur 93
calza	chaussette 69
calzittà	tricoter 73
calzunettu	caleçon 69
cambià	changer 40, 65, 80
camera	chambre 34, 69, 80
camerà	caméra 44, 68
caminu	cheminée 67
camisgia	chemise 52, 69
camisgiola	tee-shirt 44
campà	subsister 8 ; vivre 8, 39 ; faire du bien (à qqun) 39 ; vivre / survivre 81
campagna	campagne 73
campanile	clocher 30 ; clocher *(sens pr.)*, brioche pascale *(sens fig.)* 46
canappé	canapé 71
candela	chandelle 32

candella	goutte 90
candidatu	candidat 75
canistrellu	variété de biscuit 46
cannunata	coup de canon 90
cantà	chanter 14
cantadore	chanteur 99
cantadori	chanteur 6
cantata	chant 94
canterinu	chanteur 94
cantiere	chantier 68
cantina	cave 86
cantu	chant 99
cantucciu	croûton (pain) 88
cantuneru	cantonnier 95
canzona	chanson 13, 99
capace	capable 74
capatoghju	appuie-tête, écho (de presse), préoccupation, ragot (racontar) 81
capellu	cheveu 20
capì	comprendre 50
capì/capisce	comprendre 12
capilista	chef/tête de liste 75
capimonte	faîte (toit) 59
capinera	fauvette 94
capisce	comprendre 26
capitale	capital *(n.)* 66
capizzale	traversin 80
capizzone	gros bonnet (haut dirigeant) 75
cappià	lâcher (abandonner) 41 ; lâché 83
capra	chèvre 85
capraghju	chevrier 85
caprettu	cabri 19, 65
caprunu	de chèvre 85
capu	tête 18, 72 ; bout (extrémité) 30
Capudannu	Jour de l'An 30 ; Nouvel An 61
capulà	jeter au loin 67
caracutu	houx 65
caraffa	carafe 78
caraffone	bocal 86
caratellu	tonnelet 86
carbone	charbon 79
carbusgiu	chou 82
carcà	charger 79
carcu	chargé 10, 44
cardellina	chardonneret 94
carezza	caresse 83

carica	chargeur 32
carnale	cousin germain 9
carne	viande 60
carne ghjallinina	chair de poule 43
carotta	carotte 82
carrea longa	chaise longue 23
carreia / carrea	chaise 71
carrughju	rue 12
carruzzeria	carrosserie 27
carta	papier 45, 81 ; carte (papier) 62 ; carte (à jouer) 66 ; carte 82, 97
carta pustale	carte postale 31
cartina	petit papier 66
cartone	carton 45
caru	cher 23, 31, 54 ; cher (coûteux) 40
casa	maison 6, 11
casa (in ~ di)	chez 36
casale	patrimoine 66
casamentu	grande bâtisse 59
casana	de la maison 94
casanu	domestique *(adj.)* 74
casata	patronyme 9, 71 ; nom 71
cascà	tomber 54, 63, 73, 87, 89
cascatoghja	mauvaise chute 39
cascetta	boîte 71 ; caissette, urne (électorale) 75
cascia	caisse 97
cascione	coffre 97
casgiu	fromage corse 19
castagna	châtaigne 87
castagnetu	châtaigneraie 87
castagninu	castanéicole (de châtaigne) 87
castagnu	châtaignier 87
casticà	tourmenter (châtier) 72
casu	cas 39, 48, 58, 85
casuccia	petite maison 59
casumai	s'il faut 40
cataru	barrière 68
catarzu	extravagant 48
catena	crémaillère 95
caternu	cahier 93
catiguria	catégorie 68
causa	cause, procès 50
cavallu	cheval 81
cavezza	licol 83
cazzarola	casserole 95
cecu	aveugle 82

quattrucent'è sedeci • 416

celu	ciel 76, 90
cena	dîner *(n.)* 11 ; dîner (le repas) 39
cennera	cendre 95
centimetru	centimètre 51
centrale	central (au centre) 40
centru	centre 64
ceppu	souche 9 ; grosse bûche 65
cerimonia	cérémonie 52, 68
certi	certains (d'aucuns) 75
certu	certain 29, 67
cestu	plant 82
chere	demander (solliciter) 65 ; demander (pour obtenir) 83 ; demander 86
chì	que/qui 3, 4
chilò	kilo 82
chimicu	chimique 37, 85
china	loto (jeu) 66
chincaglieria	quincaillerie 95
chità	quitter 53
chjachjerà	bavarder 73
chjachjerata	causette (bavardage) 10
chjama	appel 83, 88
chjamà (-ssi)	s'appeler 2
chjappà	attraper 18 ; attraper (aller) 41
chjarasgia	cerise 74
chjarasgiu	cerisier 74
chjaroppula	coquille (d'œuf) 45
chjaru	clair 51
chjassu	chemin creux 90 ; chemin 100
chjave	clé 34
chjesa	église 30
chjinassi	se coucher, s'allonger 34 ; se coucher 80, 84
chjocca	crâne 82
chjosu	enclos *(n.)* 83
chjuccutu	cabochard 50
chjucu	petit 34, 93
chjuvellu	pièce minuscule/exiguë 40
ci	y *(adv.)* 1
ci hè	il y a 1
ciavatta	pantoufle 69
cibu	aliment 87
cignale	sanglier 60
cima	sommet 67 ; cime (sommet) 76
cima (in ~)	en haut 30, 92 ; tout là-haut 86
cincinà	rouler 89

cinta	ceinture 29, 69
cioccia	mère poule 92
siocciu	hibou 39, 94
cioncu	sourd 27
circà	chercher 26, 40, 59, 81 ; rechercher 40
circondu	environnement 45, 89
circulà	circuler 29, 56
circulu	cercle (de jeux) 66
cirminellu	bricolage 73
cità	ville 8 ; assigner en justice 50 ; citer 86
ciucciu	bébé, nouveau-né 61
ciuttà	plonger 55
ciuttata	trempette (immersion) 43
clementina	clémentine 74
cliente	client 29
clima	climat 93
coce	cuire 88
coditremula	bergeronnette 94
coghju	cuir 27, 71
coglie	cueillir 74, 77, 82, 87
cogliesi	se hisser, monter (sur qq.chose) 29
colpa	faute (morale) 54
coltra	couvre-lit 80
compagnie	compagnie 25
compie	accomplir (achever) 75 ; achever 87
compra	achat 51
comudu	commode *(adj.)* 22 ; commode / commodément 52 ; commode 85
conte	comte 96
contrappartitu	d'opposition 75
contrastagone	hors saison 74
contu	compte 58, 65, 82, 96
conzula	racle-pâte 99
coppa	coppa (faux-filet de porc fumé) 19
coppia	couple (de choses) 13
coppiu	couple (de personnes) 13
copre	couvrir 25, 89 ; assurer (couvrir) 85
coprupietà	copropriété 33
core	cœur 72
corpu	ventre 37, 72
corre	courir 18, 27, 42, 50, 60, 66, 90
corsa	course (compétition) 38, 80 ; course (de chevaux) 66
Corsica	Corse 44
cortu	court 51, 64
cosa	chose 24, 25, 33 ; ce que 36

quattrucentu diciottu • 418

costa	côte 79
cotidianu	quotidien 81
cotru	verglas (glace) 67
cottu	cuit 55
cozzu	liège 86
crede	croire 23, 30, 45, 60, 83
creditu	crédit 59, 82, 97
cresce	croître 60, 94 ; augmenter 60, 97
cria (una ~)	un tantinet 51
criampuli	gamin 65
criatura	enfant (en bas âge) 38 ; jeunes enfants 90
criaturame	marmaille 94
criò	crayon 93
criticà	critiquer 58
criticu	critique *(adj.)* 81
cronica	chronique 81
crosciu	mouillé 90
cruata	cravate 69
cruscià	croiser 60
crucivia (inv.)	carrefour, croisée (des chemins) 29
cù	avec 4
cuccagna	cocagne (bon temps) 47 ; aubaine 88
cuccu	coucou (oiseau) 94
cuchjara	cuillère 78
cucina	cuisine 32, 67, 78
cucinaru	cuisinier 55
cuginu	cousin 9
cugliera	récolte 87
cugnata	belle-sœur 33
culà	là-bas 17, 91
culandi	par là-bas 69
cullà	monter (élever) 18 ; monter 40, 59, 66, 67, 92
cullazione	déjeuner *(n.)* 4
cullega *(invariable au sing.)*	collègue 22
culleghi/e	collègues 22
cullezzione	collection 95
cullighjente	collégien 93
culore	couleur 30
culore (masc.)	couleur *(fém.)* 27, 51
cultellu	couteau (de table) 70
cultivà	cultiver 85
cultura	culture *(agr.)* 60 ; culture 74
culurente	colorant 37
culurisce	colorer 96

culuritu	coloré 93
cum'è	comme 19
cumandà	commander 66
cumare	marraine 52
cumbattente	combattant 44
cumintariu	commentaire 81
cummerciu	commerce 8, 83
cummissariu	commissaire 68
cumpagnia	compagnie 41, 59, 83 ; compagnie (groupe) 99
cumpagnu (adj.)	même (identique) 51
cumpagnu (n.)	compagnon, compagne 51
cumpagnu/a	camarade 36
cumpare	compère, parrain 52
cumpetente	compétent 26
cumpiacente	aimable 92
cumplimentu	compliment 46
cumplimintà	complimenter 100
cumprà	acheter 10, 13, 71, 92
cumpradore	acheteur 64, 83
cumprumettest	se compromettre 48
cumpurtassi	se comporter 96
cumpusizione	composition 85
cumu	comment 1, 20 ; comme 3, 9
cumunu	commun 30, 65
cuncurrente	concurrent 74
cundanna	condamnation 93
cundannà	condamner 79
cundisce	assaisonner 55, 78
cundizione	condition 40, 74
cunfà / cunfassi	s'adapter, convenir 74
cunfacente	convenable (qui convient) 40
cunfidenza	familiarité (confiance) 100
cunfina	vastes territoires 74
cunigliulu	lapin 92
cunnessione	connexion 26
cunnosce	connaître 37, 76 ; connaître, reconnaître 44
cunserva	une conserve 45
cunservatore	conservateur 37
cunsiglià	conseiller (v.) 82
cunsigliu	conseil 75
cunsirvà	conserver 86
cunsumu	consommation 74
cunsunenza (in ~)	en accord 93
cuntà	compter 9, 27, 38, 64 ; raconter 20

cuntene	contenir 37, 87
cuntentu	content 46
cuntinentale	continental 14
cuntinente	continent 23
cuntintà	contenter 65, 81
cuntintassi	se contenter 23
cuntinuà	continuer 56
cuntorni	parages (environs) 73
cuntornu	parages (alentours) 31
cuntrariu	contraire 54
cuntrastà	disputer 58
cuntrastu	conflit 85 ; discussion 100
cuntrata	contrée 74
cuntrattu	contrat 64
cuppetta	bol 4, 13
cuppietta	couple de pains 13
cuprime	drap(s) et couverture(s) 80
curà	soigner 79 ; veiller sur 86
curagiosu	courageux 87
curbella	corbeille 75
curiusità	curiosité 83
curona	couronne 68
currente	courant 32, 97 ; courant *(adj.)*, courant d'air *(n.)* 47
currente (à ~)	au courant 22, 81
curridore	couloir 22, 71
cuscinu	coussin 57, 71 ; oreiller (coussin) 80
cusciottu	cuissot 60
cuscogliula	feuille morte 95
cusì	ainsi 11
custà	coûter 23, 54, 59, 83, 88
custì	là 22, 71
custruzzione	construction 89
cutrura	gelée (nom) 67
cuverta	couverture (de lit) 80

D

d'appressu	d'après (selon) 81
da	à 5
dà	donner 13, 18, 20, 45, 57, 92
dafà (inv.)	tâche 33
damisgiana	bonbonne 06
dannu	dommage (dégât) 26 ; dégât 76, 90
dapertuttu	partout 63
daretu	derrière 20, 75
data	date 48

davanti	devant 75
daveru	vraiment 88
decide	décider 54
decina	dizaine 72
denaru	argent 97
dente *(masc.)*	dent 11
dentice	denti 88
dentru	dedans 27, 82
dettu	adage (dicton) 79 ; dicton 96
dettu *(n.)*	dicton (propos) 11, 48
deve	devoir 97
deve / duvè	devoir 54, 97
di	de 3
dì	dire 3, 5, 20, 36, 59, 77
diavule	diable 99
dibbiera	écobuage 79
difatti	en effet 96
differenza	différence 48
digià	déjà 3
dilicatu	délicat 74
diminticà	oublier 69
dintistu	dentiste 33
dinù	aussi 10, 45, 53 ; aussi (encore) 26 ; encore 90
dipositu	dépôt 68
diritta	droite 30
diritta (à ~)	à droite 75, 78
dirrascà	débroussailler 87
dirrascatrice	débroussailleuse 95
dirraschera	débroussaillage 95
discapitu	détriment 79
discapitu (à~)	au détriment 96
discità	réveiller 34, 80
discitassi	se réveiller 84
disciublicà	résoudre 93
discorre	discourir, s'exprimer 58
discorsu	discours (propos) 61 ; discours 68 ; propos 96
disegnu	dessin 26
disfatta	défaite 54
disgrazia	malheur 87
disgraziatu	malheureux 32
dispiace	regretter *(intransitif)* 53 ; déplaire 61
dispone	disposer 80
distingue	distinguer 79
ditu	doigt 93

diventà	devenir 16
divertesi	se distraire 36
divertimentu	distraction (amusement) 47
divertissi	se divertir 25
divintà	devenir 74, 83
diviziosu	abondant 74
divurzià	divorcer 61
donna	dame / femme 40 ; femme 44, 61, 68
dopu	après, ensuite 13
dopu meziornu	après-midi 33
dorme	dormir 3, 23, 27, 39, 80
dubità	douter 56
ducumintariu	documentaire 25
dulciume	sucrerie 87
dulore	douleur 72
dumanassera	demain soir 22
dumandà	demander (interroger) 64 ; se demander 71
dumane	demain 71
dumatina	demain matin 36
dumatina *(adv.)*	demain matin 22
dumenica	dimanche 31, 54, 75, 92
durà	durer 33, 47 ; perdurer 85
duru	dur 73
duscia	douche 34
duttore	docteur 9, 38
duvere	devoir 33, 93
duzina	douzaine 9

E

è	et 1
ebbè !	eh bien… ! 24
eccetera	et cetera 37
eccu	voilà 22, 53 ; voilà / voici 68
eculogicu	écologique 73
eiu	je, moi 2
eleghje	élire 75, 77
eletricità	électricité 32
eletricu	électrique 32
elettore	électeur 75
elettrice	électrice 75
elettronicu	électronique 63, 80
elettu	élu 68
elicotteru	hélicoptère 85
ellu	il/lui 3, 4
empie	remplir 89

entre	entrer 43, 61, 71, 92
epica	époque 23 ; période (époque) 47, 69 ; époque (période) 74
eppó	et puis 25, 58
eppuru	pourtant 85
erba	herbe 95
erbetta	gazon 95
erbigliula	fine herbe 95
erdiavule	diable 40
eri	hier 40, 76
ernaghju	rucher 92
esce	sortir 68
esempiu	exemple 96
espresso	expresso 4
esse	être *(v.)* 1, 2, 6, 7 ; être 12, 22, 23, 41, 67
essenziale	essentiel 79
estate	été 46, 67
etichetta	étiquette 71, 86
etima	semaine 62
ettare	hectare 89
eviva... !	vive... ! 39
evive	vivats 75

F

fà	faire 2, 4, 10, 13, 19, 22, 23, 25, 36, 45, 67, 92
fà attenzione	faire attention 91
fà cena	dîner *(v.)* 15
fà cullazione	déjeuner *(v.)* 15
fabbricà	fabriquer 37
faccenda	occupation (activité) 23 ; occupation (tâche) 33
faccia (in =)	en face 71
faciule	facile 56
falà	descendre 5, 42, 63, 67, 76
falata	descente 92
falgione	faucille 95
fame	faim 15
famiglia	famille 10
fanaticu	fan(atique) 54
farina pisticcina	farine de châtaigne 67
farmacia	pharmacie 18
farmacistu *(mod.)*	pharmacien 18
fasgiola	châtaigne grillée 87 ; marron grillé 95
fasgiolu	haricot 82

fasgiulinu	haricot vert 19, 82
fassi	se faire 25
fastidiu	peine (ennui, souci) 45
fata	fée 99
fatica	fatigue 23
fattoghja	cagerotte 85
fattura	facture 32
fau	hêtre 89
fegatu	foie 72
fele	bile 72
felicità	féliciter 56
femmina	femme (femelle), fille 61 ; fille (sexe) 93
ferraghju	février 48
ferru	outil 95
ferru da stirà	fer à repasser 32
festa	fête 36, 75
festicciola	petite fête 59
festighjà	fêter 39
festival	festival 36
fetta	tranche 13
fiadone	gâteau au brocciu 19
fiatu	souffle 41 ; souffle (vigueur) 99
fica	figuier 65
ficcà	ficher (planter) 59
ficu	figue 65
fidassi	se fier 37
fidighjà	regarder 17, 25, 30, 99
fidighjata	coup d'œil 81
figatellu	saucisse de foie de porc 67 ; figatellu 95
figliola	fille (de quelqu'un) 96
figliolu	fils (enfant) 16 ; enfant (fils) 73 ; fils (de quelqu'un) 96
figliulini	petits-enfants 96
figliulinu	petit-fils 96
figura	image 25
figurà	faire de l'effet 78
fila (à ~)	de suite 67
filare	ligne 31 ; ligne (d'écriture) 81
filetta	fougère 79
filmu	film 25, 36
finanziere	financier 97
finchè	tant que / jusqu'à ce que 54
fine	fin 39
fine *(n.)*	fin *(n.)* 92
finestra	fenêtre 76, 94
finì	finir 50

finisce	finir 19, 33, 44
finu *(adj.)*	fin *(adj.)* 52
finu à	jusqu'à 37, 66
fioccu	flocon 67
fior di cuccu	cyclamen 79
fiore *(masc.)*	fleur 11
firmà	rester 34 ; rester (subsister) 65, 82 ; demeurer, arrêter 79 ; demeurer (rester) 87
firmassi	s'arrêter 17, 44
fiscale	fiscal 68
fischjulata	trille 94
fiucchettu	nœud papillon 52
fiume	rivière 47, 88
fiura	image 25
fiurisce	fleurir 79
fiuritu	fleuri 30, 73
flacchina	jaquette 52
foglia	feuille (végétale) 74
fole	histoire (racontée) 99
fondu	fond 67, 95 ; bas *(n.)* (fond) 71
fondu (in ~)	au fond 22, 46
fondu *(adj.)*	profond 71
for di	à part 39
fora	dehors 29, 54 ; hors (de) 31 ; extérieur (dehors) 62
forma	forme 16, 71
fornu	four 10, 88
forse	peut-être 74
forte	fort/-e, violent 18 ; fort 72
forza	force 41
foscu	sombre 51
fotó	photo 31
fotografia	photo(graphie) 26 ; photographie 83
fraià	se ruer (attaquer) 60
framante	flambant 27
franca	franchement 9
francà	franchir 23 ; surmonter (éviter) 79
franchizia	timbre-poste 31
francu	franc *(adj.)* 36
franghju	pressoir 37
fratellu	frère 16
fraula	fraise 82
frebba	fièvre 18, 96
freddu	froid 15, 60, 73
frequentà	fréquenter 66, 73, 85

frescu	frais 19, 43 ; frais *(nom et adj.)* 47
friddura	froidure 48
frisgià	orner (décorer) 65
frittella	beignet 19
frittura	friture 88
frizione	pitié 87
frodera	doublure (de vêtement) 69
fronda	feuille *(pl.* : feuillage) 47
frutta	fruits (comestibles) 45
fruttu	fruit *(propre et figuré)* 45
fucheria	grand feu 65
fucile	fusil 60, 94
fucone	âtre 95
fughjichja	sornette 99
fulminà	frappé par la foudre 90
fumà	fumer (du tabac) 72
fundiaria	taxe foncière 97
fungu	champignon 89
funtana	fontaine 30
funzione	fonction 93
funziunà	fonctionner 72
funziunale	fonctionnel 64
furcina	fourchette 78
furesta	forêt 67, 89
furesteru	étranger 41, 100
furestu	défens 87
furia (di/in ~)	vite 29, 31
furia (in ~)	vite 13, 17
furlana	faux (outil) 95
furmagliu	fromage 13, 19
furnellu	fourneau 79
furnitura	fourniture 93
furtuna	chance 67
furzutu	vigoureux 41
fussettu	fossé 90
fustu	tronc 89
futtogliu	fauteuil 27
futuru	futur 38

G

gabbia	cage 92
gallu (à ~)	à la surface 55
garanzia	garantie 86
garbà	convenir (plaire) 80
garbatu	aimable (poli) 58
gattive	vilain/e 64

gattivu	mauvais 39, 50
gattiva	mauvais/e 5
gattu	chat 57
gendarme	gendarme 29
generazione	génération 65, 100
generu	genre 99
genitore	parent (père ou mère) 73
genitori	parents (père et mère) 93
ghjà	déjà 18
ghjacchetta	veste d'homme 52
ghjallicu	sapin 65
ghjallina	poule 92
ghjallisturzu	girolle 89
ghjallu	coq 92
ghjandaghja	geai 94
ghjattu	chat 12, 57
ghjelusia	persienne 30, 76
ghjennaghju	janvier 65, 67
ghjente	gens 8, 32, 41 ; monde (gens) 12
ghjittà	jeter 45
ghjocu	jeu 65
ghjornu	jour 3
ghjovi	jeudi 48, 62
ghjucà	jouer 17, 66
ghjucadore	joueur 38, 66
ghjudice	juge 50
ghjudiziu	jugement (procès) 50
ghjuncu	jonc 85
ghjunghje	arriver 11, 17, 30, 57, 77, 92 ; arriver (se rendre qqpart 40 ; arriver (parvenir) 64 ; rapporter 95
ghjurnata	journée 33, 67
ghjustappuntu	justement (à propos) 48
ghjustu	juste 51, 81
ghjuvà	servir (être utile) 52, 78 ; servir 95
ghjuvassi	se servir de, utiliser 24
ghjuvore	utilité 89
giallu	jaune 44
giandarmeria	gendarmerie 68
giardinu	jardin 37
gigliu	lys 17
giovanu	jeune 24, 44, 87, 93
girà	parcourir 31, 44 ; tourner 81 ; parcourir (explorer) 89
girandulà	errer 89
girandulata	pérégrinations 100

giratoghju	rond-point 29
giru	tour 92
giurnale	journal 48, 81
giurnalistu/-ta	journaliste 2
giuvanotta	jeune fille 99
giuventù	jeunesse (les jeunes) 93
gode	jouir de... 11
gola	gorge 15
grammatica	grammaire 26, 38
granatu	grené 82
granciu	crabe 88
grande	grand 36
grandina	grêle *(n. fém.)* 76, 90
grandinata	chute de grêle 90
granella	pépin (grain) 74
grataghju	séchoir à châtaignes 87
grattà	râper (gratter) 55 ; râper (fromage) 88
grattatoghju	à gratter 66
grave	grave 72
grazie	merci 1
grazie à	grâce à 89
greghja	troupeau moyen 85
grisgiu	gris 51, 69
guadagnà	gagner 50, 54
guadrera	pierre d'angle, coin d'un bâtiment 59
guadru	tableau 71
guaiu	malheur 57
guantiera	grand plat 78
guardà	regarder 25, 54, 99 ; regarder (observer) 59
guasi	presque 74 ; quasiment 87
guastà	gâcher 80
guastassi	se gâter, piquer (se gâter) (vin) 86
guastu	gâté (pourri) 45
gustu	goût 74, 88
guvernà	gouverner, maîtriser 66
guvernu	gouvernement 68

I

i	les *(m.)* 6
idea	idée 38
identità	identité 100
ie	série 25
ïé	oui 8
imbarcà	embarquer 23, 83
imbastu	bât 83

imbernu	hiver 67, 73, 96
imbrogliu	difficulté 93
imbrustulisce	griller 88
imbulighjà	mélanger 55
imbuttiglià	embouteillé (mettre en bouteille) 86
impiaghjera	transfert en plaine 85
impiastrà	barbouiller 93
impicciassi	se heurter (se battre) 54
impiegu	emploi 22
impiigatu/a	employé *(n.)* 22
impone	attribuer (donner) 61 ; imposer 74, 77
impositu	impôt 97
impresu	présure 85
imprisariu	entrepreneur 59
impuntassi	se buter 83
impurtanza	importance 68
impustà	poster (mettre à la poste) 31
impustassi	se poster (en faction) 29
in cor'/ in corsu	en cours 74
in giru	alentour 18
in/ind'/indu	dans 4
inalpellassi	se percher 57
incagnà	engranger 96
incantesimu	enchantement 99
incanti (d' d'~)	à ravir 51
incappuccià	cacheté (vin) 86
incaricà	charger 97
incascià	encaisser 97
incetta	emplette 51
inchitassi	s'en faire (s'inquiéter) 73
inchjostru	encre 81, 93
inchjuccutu	têtu 83
incippà	activer/nourrir un feu 67
inciuppicà	trébucher 83
incrochju	machin (bidule) 24 ; machin (joujou) 65
incrucittimi	mots croisés 81
incruscià	attendre, mouiller 5
incrusciassi	se mouiller 43
incù	avec 17
incullà	coller 91
indà	loin 15 ; au-delà 15, 33 ; au-delà (*vs* en deçà) 74
indè	chez 13, 20
indicazione	indication 85
indietru	en arrière 88
indocu	nulle part 38, 44, 57

quattrucentu trenta • 430

indu	dans 23
induve	où 10, 24, 57
induvinà	deviner 81
infarinà	enfariner / fariner 55
infatti (d'~)	en fait 89
infatti (d'~)	en effet 79
infiacchisce	amollir 76
infilà	enfiler 96
influenza	grippe (maladie) 18
inforse	hasard 66
infrugnassi	se fourrer, pénétrer 44 ; se faufiler 57
infurmatica	informatique 26, 31
ingannà	tromper qqun 12
ingarassi	se garer 17
ingorgu	embouteillage (circulation) 12
ingratu	ingrat 83
ingrossu (à l'~)	en gros 74
innò	non (renforcé) 5
insalata	salade 13, 19
inseme	ensemble 40 ; ensemble *(adv.)* 59
insettu	insecte 94
insignà	indiquer 30, 55, 92
insinu à	jusqu'à 67
intantu	en attendant *(loc.)* 29 ; en même temps (cependant) 43
intende	avoir l'intention 59
intende / sente	entendre 39
intercuntinentale	intercontinental 38
interessà	intéresser 81
interessassi	s'intéresser 25
interessu	intérêt 89
internu	intérieur 88
intervista	interview 68, 81
intintu	trempé 90
intornu	autour 81
intravede	entrevoir 91
inutule	inutile 83
invece	en revanche 16 ; tandis que (en revanche) 44 ; tandis que 94
inventà	inventer 95
invenzione	invention 25
invichjà	vieillir 86
invisticciassi	s'attifer 52
invità	inviter 11
inzuccheratu	sucré 82
ispensata (à l'~)	à l'improviste 29

istante	instant 80
istatina	saison d'été 76 ; été (période) 93
istrada (per ~)	en chemin 17
istretta (à l'~)	à l'étouffée 19
isula	île 23, 44

L

l'	le/la/les 3
lacà	laisser 53, 66
lacramante	esprits 99
lagnanza	plainte 93
lagnassi	se plaindre 61
lampà	jeter 75
lampadariu	lampadaire 71
lampassi	plonger (se lancer) 43
largu	large 51
lascià	laisser 20, 27, 60, 99
latte	lait 4
lavà	laver 91
lavapanni	lave-linge 32
lavapiatti	lave-vaisselle 32
lavassi	se laver 84
lavata	lavage, shampoing 20
laziu	envie (disposition) 40
lazzu	fade (non salé), insipide 72
leccia	chêne vert (yeuse) 79
lege	loi 54, 79
leghje	lire 48, 81
legna	bûche 67 ; bois (de chauffage) 79
legne	bois de chauffage 67
legnu	bois (matière) 67
lenzolu	drap (de lit) 80
lesta (à la ~)	va-vite (à la ~) 81
lestu (è ~)	tout prêt 92
letica	dispute 58
lettera	lettre 71
lettore	lecteur 100
lettrice	lectrice 100
lettu	lit 34, 80
lettura	lecture 100
lezzione	leçon 93
liame	lien 100
libbra	livre *(fém.)* 46 ; livre (poids) 56
liberu	libre 17
libru	livre (volume imprimé) 93 ; livre 96, 97
liceanu	lycéen 93

licenziassi	prendre congé 100
licore *(n. masc.)*	liqueur 86
ligà	lier 87
ligeru	léger 72
lighjittimu	légitime 100
ligumaghju	marchand de légumes 82
limone	citron 46
lindumane	lendemain 65, 80
lingua	langue 44
linia	ligne 81
lisca	arête (de poisson) 15
lisciu	lisse (étale) 43
lista	liste 75
listessa	de même 85
listessu	même 9, 30 ; même (pareil) 44 ; même *(adj.)* 96 ; quand même 97
lita	litige 50
littura	lecture 81
livante	est (orient) 41
livecciu	libeccio 76
locu	lieu / endroit 24 ; lieu (endroit) 40 ; zone 85
loda	louange 85
lofia	truie 92
longu	long 39
lonzu	filet de porc fumé 19
lucale	local 81
lucale *(n.)*	lieu (emplacement) 64
lucale *(n.)*	place (lieu) 92
lucchettu	cadenas 95
luce	lumière (naturelle) 32
lugiziale	logiciel 26
lugliu	juillet 47, 67
lume	lumière (artificielle) 32
lumera	lampe à huile 32
luminaria	illumination 65
luni	lundi 93
luntananza	le lointain 83
luntanu	loin 8, 27, 91 ; lointain 40
lupacante	homard 88
lusina	éclair de chaleur 90
lussu	luxe 07
lutteria	loterie 66

M

ma — mais 13, 20
macciu — match 25
machja — maquis 60, 79
machjaghjolu — homme des bois (bûcheron) 79
maciarbu — vert (fruit) 82
macinà — réduire en farine 87
madama — madame 22, 46
maestru — maître 93
magazinu — magasin 12
maghju — mai 94
maglia — pull-over 69
maglietta — tricot de corps 69
magnà — manger 96
magnificu — magnifique 67
mai — jamais 33, 40, 83
mail — mail 31
maiò — adulte, plus grand 24 ; majeur 89
maistrale — mistral 76
malacella — chouette (oiseau) 94
maladettu — maudit 99
malafede — mauvaise foi 54
malannu — affection (maladie) 79
malatia — maladie 18
male — mal *(adv.)* 1 ; mal 12, 58
Malvasia — Malvoisie 86
mamma — mère 9, 44 ; ma mère 38
mammata — ta mère 38
mammone — grand-mère 55
mancà — manquer 41, 85, 99
manca (à ~) — à gauche 75, 78
mancu — même pas 24, 67, 71 ; pas même 94
mancu/a — gauche *(adj.)* 22
mandà — envoyer 26, 31
mandarinu — mandarinier, mandarine 74
mandataghju — message, messager 53
mandile — mouchoir 45, 69
mane — matin 3
manera — façon (manière) 48, 78 ; façon 58, 96
manghjà — manger 13, 57
manghjata — ripaille 88
manghjatoghja — comestible 66
manghjatoghju — mangeable 37
manghjerecciu — comestible 37
manghjusca — nourriture 10

manica	manche (*fém.*) 51
manighjà	manier 67 ; manipuler 97
mansu	animal inoffensif 60
mantellu	manteau 69
mantene	entretenir (maintenir) 45 ; entretenir 83, 85
manu	main 22, 31, 68, 91, 93
manu (à manu à ~)	soudain 90
manuvale	manœuvre (*masc.*) 59
maravigliassi	s'étonner 83, 89
marcà	marquer 86
marchjà	marcher 12, 39
marcu	marque (empreinte, trace) 88
mare (*masc.*)	mer 23, 43
marina	rivage 43 ; rivages 88
marinu	brise de mer 76
maritassi	se marier 16, 61
marosulu	grosse vague, onde 43
marron	marron (couleur) 69
marti	mardi 33, 48
marzu	mars 48, 67
mascherà	déguiser (masquer) 60
maschju	garçon, homme (mâle) 61 ; garçon (sexe) 93
masimu	surtout 90
matarusciata	rouleau de mer (lame) 43
matematica	mathématique(s) 38
matina	matin 4
matrimoniu	mariage 52
maturà	mûrir 40
mazzacarò	goujon de mer 15
mazzerdu	mulet (poisson) 88
mazzeru	sorcier 99
mazzulu	bouquet 11, 65
medicina	médicament 18
megliu	mieux 11, 36, 44, 62
mela	pomme (fruit) 65
mele	miel 92
melu	pommier 65
memoria	mémoire (*fém.*) 48, 81
mendu	comportement (travers) 61
menu	moins 9, 10, 60, 73
mercanzia	marchandise 37
mercatu	marché 10
mercuri	mercredi 33, 48
meritá	mériter 54

meritu	mérite 46
merla	merle 60, 94
merre	maire 30, 44
merria	mairie 30
merzana	aubergine 37
mese	mois 36, 48
messa	messe 65
meteò	météo 5
metru	mètre 30
mette	mettre 11, 14, 26, 77
mezanotte	minuit 12, 65
meziornu	midi 80
mezu	demie 15
mezu (à ~)	au milieu 12
mi	me *(pr. pers. compl.)* 2, 3
miaulà	miauler 57
micca	pas *(négation)* 11 ; pas *(adv.)* 23
miccanizà	mécanisé 95
micidiale	néfaste 76
micró	micro 68
migliore	meilleur 94
militare	militaire 60
millaia	millier 94
milone	melon 82
minà	frapper 42, 93
ministru	ministre 68
minnanna	grand-mère 96
minore	moindre 23
mintuvà	citer (mentionner) 48 ; évoquer (mentionner) 79 ; mentionner 86, 96
minutu	minute 8 ; menu *(adj.)* 81
minutu (masc.)	minute 68
mio (u ~)	mon 13
mirà	observer 16 ; regarder 51 ; voir 82
miraculu	miracle 24, 44, 58, 99
mischju	assortiment 19 ; mélange 19, 55
misciarola	burette 78
miscugliu	mélange (panachage) 75
misginu	relatif au chat 57
misgiu	chat 57
missiavu	grand-père 61
mistieru	métier 38, 46, 85
mistu	assortiment (mélange) 46
misura	mesure 51, 68
mizanu	moyen *(adj.)* 89
mobule	meuble *(n.)* 57 ; meuble 71

moda	mode 61
modu	façon 96
moglia	femme (épouse) 58, 97
mogliu (à -)	tremper (à -) 88
moltu più	d'autant plus 52
mondu	monde (univers) 31 ; monde 73
monsieur	monsieur 20
more	mourir 81, 94
morta	myrte 86
mortu	mort 68
mossa	initiative (démarche) 100
motò	moto 44
mottu (fà ~)	dire bonjour 92
move	mouvoir, s'élancer 60
mozzu	tronqué (coupé) 62
mubiglia	taxe d'habitation 97
mucà	faire mal 69
muchju	ciste 79
muderà	modérer 29
mudernita	modernité 99
mudernu	moderne 31
muffura	grisaille 90
mullette	pincettes 67
mullizzu	saletés (immondices) 45
multiplicà	multiplier 60
mulu	mulet (quadrupède) 44
mumentu	moment 68
munghje	traire 85
munghjera	traite (mulsion) 85
municipale	municipal (communal) 75
muntagna	montagne 41
muntese	brise de montagne 76
munumentu	monument 68, 87
muradore	maçon 59
muru	mur 71
murza	immortelle (plante) 79
muschinu	moucheron 94
muscu	bonne odeur, parfum 46
musica	musique 36, 94
mustarda	moutarde 78
mutà	changer 99
mutivu	raison (motif) 40, 83 ; motif, raison 58 ; motif 100
mutore	moteur 12, 27, 38
muturizazione	motorisation 83

N

nantu	sur 85
nantu à	sur 18
nasce	naître 44, 54
Natale	Noël 30
natalecciu	de Noël 65
natura	nature 60, 92
naturale	naturel 24 ; naturel, "nature" 46
nazione	nation 96
ne	en 5
nè	ni 83
nè... nè...	ni... ni... 71
nerbosu	nervosité 50
neru	noir/-e 4 ; noir 52, 93
nespula	nèfle 40
nevvè	n'est-ce pas 26
nicciu	crêpe (de farine de châtaigne) 87
niellucciu	nom d'un cépage 86
niguzià	négocier 64
nimu	personne 37 ; personne *(pronom indéf.)* 91
niscentre	naïf 64
nisunu *(adj.)*	aucun 75, 93
nivà	neiger 67
nivaghja	enneigement 67
nivaghjone	tempête de neige 67
nò	non 2
noi	nous *(pr. pers. sujet)* 6
noialtri	nous autres 96
nome	prénom 61, 71
norma	norme 85
nostru/a/i/e	notre/nos 22
nota	note 82
notte	nuit 6
nottetempu	nuitamment 90
novu	nouveau 26
novu/a	neuf/nouveau/nouvelle 22 ; neuf, neuve 40
nulla	rien 36
nulu	nuage 90
numeru	nombre / numéro 66
nunda	rien 36, 58
nurmale	normal 72
nustrale	de chez nous, du pays 19 ; du pays (de chez nous) 100

nutà	nager 43
nutizia	nouvelle (information) 16, 25 ; nouvelle *(n.)* 81
nuttata	dans la nuit 67
nuvellu/a	neuf/nouveau/nouvelle 22

O

o	ô (devant un nom pour saluer) 1 ; ou 8
occasione	occasion 52, 81, 100
odore	odeur 81
offerta	offre 89
oghje	aujourd'hui 13
ogna	il faut 72
ogni	moindre (chaque) 44
ogni tantu	de temps en temps 26
ognunu	chacun 38
Ohò !	Tiens ! *(interj.)* 3
oliu	huile 37, 78
oliva	olivier, olive 65
omancu	au moins 27, 69
omu	on *(pronom)* 15, 17 ; homme 17, 44, 61, 68
onore	honneur 52
ora	heure 3, 53
oramai	désormais 57, 74
ordignu	engin 95
orechja	oreille 24
originale	original 71
origine	origine 85
orizonte	horizon 90
ortu	potager 37
oscià / oschjà	flamber (brûler) 60
oscuru	obscur 81
osinnò	sinon 19, 32
ospidale	hôpital 39
osteria	auberge 34, 62
ostrice	huître 88
ottobre	octobre 93
ovu	œuf 56

P

pacchettu	paquet 72
pace	paix 65
paese	village 8, 20 ; pays 25
pagà	payer 13, 63, 97
paghjella	paghjella 99
pagina	page (livre, journal) 81

paglia	paille 40
paisaggiu	paysage 17
paisagiu	paysage 89
paisanu	villageois 30
pala	pelle 95
palazzu	immeuble (bâtiment) 64 ; palais 79
palla	boule (bille) 25
palliola	bille 93
pallò	ballon 38
pallone	ballon 25
palma	palmier (palme) 76 ; palmier 89
palmata	daurade 88
palmu	empan (paume) 67
pampasgiolu	colchique 79
panatteru	boulanger 13
pane	pain 87, 88
panera	corbeille à pain 78
pantalone	pantalon 44, 51
panzerottu	beignet corse 46
parà	arrêter (empêcher) 31
parà + la	l'éviter 18
paracqua	parapluie 5
paragone	comparaison (exemple) 61 ; comparaison 81, 93 ; parangon 83
paragu	pageot 88
parapiglia	branle-bas (remue-ménage) 68
parasole	parasol 43
parassi	emporter sur son passage 76
parastasgiu	étagère 86
paratina	bastingage (garde-fou) 79
paratu	paré 27, 69
parditerra	rez-de-chaussée 59
pare	sembler 11, 17, 42 ; paraître 36, 77
parè	sembler 22
parechji	plusieurs 9, 19
parente	parent 9
parintia	parenté 9
parlà	parler 64, 85
parlatu	parler *(n.)* 100
parolla	mot 85
parte	partir 14, 17, 29, 58
parte (per ~)	du côté 9
partenza	départ 67
parti	parti *(n.)* 75
particulare	particulier 73
particulare *(n.)*	détail 27, 48, 86

partita	partie (jeu) 80
paru	paire 51 ; égal 66
paruchjanu	paroissien 65
pasculu	pâturage 85
pascura	pâture 85
pass'è vene	va-et-vient 40
passà	passer 13, 36, 65, 99
passassila	bien se porter 16, 39
passegeru	passager (voyageur) 79
passeghju	passage (quantité de passants) 46
passione	passion 25
passiunatu	passionné 75
passu	pas *(n.)* 12 ; fané 45 ; pas 100
pastizzeria	pâtisserie 46
pastizzu	gâteau de semoule 19
pastore	berger 85
pastu	repas 19
pasturecciu	de berger, pastoral 85
pasturinu	vie pastorale 85
pate	souffrir 67
patecca	pastèque 82
patrona di casa	maîtresse de maison 11
patrone	maître 12 ; patron 15 ; propriétaire 57 ; maître (d'un animal) 83
patrunanza	maîtrise 100
pattu	quitte 66
pattume	végétaux fauchés 95
paura	peur 43, 51
pazienza	patience 22, 58, 69, 91
pazzu	fou 96
peccatu	dommage 99
pecura	brebis 85
pecurinu	de brebis 85
pedale	pied (plant) 87
pede	pied 44, 83
pena	peine 18 ; mal (douleur) 37 ; mal (physique) 72
pena in capu	mal à la tête 18
penna	porte-plume 93
pensà	penser 26, 32, 36, 62, 72
penseru	souci 17, 27, 62
per	pour 3, 12
per istrada	chemin faisant, en route 29
per via	à cause de 85
percettore	percepteur 97
perchì	car (parce que) 100

percosa	parce que, pourquoi 60
perde	perdre 50, 54, 66
perdesi	se perdre 46
perdita	perte 66
periculosu	dangereux 29, 78
periculu	danger 37, 67, 100
permette	permettre 59, 97
pernice	perdrix 60
persicu	pêcher (arbre) 74
persona	personne 18 ; personne (quelqu'un) 24
persunalità	personnalité 68
peru	poirier 74
pesci	poisson 3
pesciu	poisson 15, 88
petra	pierre 59, 99
petricosu	pierreux 83
petrusellu	persil 82
pettinà	coiffer 33
pettirossu	rouge-gorge 94
peveru	poivre 55
pezzu	bout 5 ; morceau 76
pezzu (un ~)	longtemps 76, 93
piace	plaire 23, 27, 30, 43, 83 ; aimer 25, 66
piacè	plaisir 2, 8, 26, 66, 94
piaghja	plaine 67, 96
pianta	plante 76
piantà	s'arrêter 80
piantazione	plantation 87
pianu	étage 22, 34, 40 ; rez-de-chaussée 34
pianu (in ~)	par terre 75
piattà	cacher 90
piattatoghju	isoloir (cachette) 75
piattu	plat (assiette) 19 ; assiette 78 ; caché 97
piattu à purtata	plat de service 55
piazza	place 17, 65, 78
piazzà	placer 62, 71
piazzile	bergerie 85
piccia	couple 34
picculu	petit 81
picuraghju	éleveur de moutons 85
piena	ruissellement 79
pienghje	pleurer 90
pienu	plein/e 12, 16
pigiò	loyer 32
pigione	loyer 59
piglià	prendre 3, 4, 13, 18, 22, 36 ; attraper 18

quattrucentu quarantadui • 442

pignatta	marmite 95
pignottu	pomme de pin 89
pillula	comprimé, pilule 18
pilotu	pilote 38
piluccheru	coiffeur 20
pinacula	aiguille de pin 89
pinciglione	pinçon 94
pinnuccia	plume (métallique) 93
pinu	pin 89
piopu	peuplier 89
piove	pleuvoir 5
pisà	soulever 23 ; peser 46, 69 ; lever 90
piscà	pêcher 73, 88
piscadore	pêcheur 15
pistà	battre (châtaignes) 87
pisticcina	galette de farine de châtaigne 87
pisu	petit pois 82
pittore	peintre 71
piú	plus 8
più	davantage 11
piulu	poussin 92
piuvana (acqua ~)	eau de pluie 89
piveraghjola	poivrier 78
pizza	pizza 15
plastica	matière plastique 45 ; plastique 85
platanu	platane 76
pocu	peu 20
pompa	solennité 52
pomu	pomme de terre 82
pone	poser 40 ; planter (agr.) 59 ; mettre (poser) 78
porghje	tendre (offrir) 65
portu	port (maritime) 44 ; port (de mer) 88
posa	marc (de café) 45
postu	poste TV 25
postu chì	puisque 31
poveru	pauvre 66, 88, 99
pozzu *(fam.)*	mare 23
pranzu	repas copieux 65
pratica	expérience, pratique 26 ; client (habitué) 46
praticu	pratique *(adj.)* 81
precauzione	précaution 37
precipiziu	précipice 67
prefettu	préfet 68
prefettura	préfecture 68

prelebatu	apprécié 86
preme	importer (être d'importance) 37 ; importer (avoir de l'importance) 66
presenza	allure (aspect) 44 ; présence 85
presepiu	crèche 65
presidente	président 68, 75
prestu	vite 29, 40
pretesa	défense (parti de qqun) 58
prevede	prévoir 36, 91
prezzu	prix (montant) 40 ; prix (à payer) 64
pricantula	compliment, formule (boniment) 65
prigiuneru	prisonnier 67
prima	d'abord 3, 20, 55 ; avant 39 ; à l'avance 62 ; auparavant 99
primu	premier 58
primura	cure (souci, intérêt) 43 ; souci (intérêt) 50 ; motivation 81 ; sollicitude (empressement) 100
primurassi	se soucier 40
primurosu	soucieux (de ...) 75
principale	principal/e 8 ; principal 19
principià	commencer 19
prisenza	présence 75
prisuttu	jambon 13
prò	profit, utilité 79
prontu	prêt 27, 68
pronunzia	prononciation 100
propiu	vraiment 60, 97
prova	essai 38 ; preuve 66
prublema	problème 81
prublemu	problème 93
prucessu	procès 50
prucura	procuration 75
prudottu	produit 37, 74
pruduce	produire 74, 77
pruduttore	producteur 37
pruduzzione	production 37
prufessiunale	professionnel 38, 40
prufittà	profiter 8, 82
prufume	parfum 79
prugettu	projet 64
prugressu	progrès 31
prumette	promettre 95
prupietà	propriété 92
prupietariu	propriétaire 85
prupone	proposer 40, 81

prusperosu	prospère 99
prutege	protéger 60, 68, 79, 83, 94
prutezzione	protection 89
pruvà	essayer 15, 18, 41, 51, 67 ; tenter 41
pruvede	pourvoir 85
pruverbiu	proverbe 3, 76, 96
pruvista	provision 8, 67 ; ravitaillement 85
pubbella	poubelle 45
pubblicazione	publication 81
pubblicu	public 64, 68
pudè	pouvoir *(v.)* 4, 10, 22 ; pouvoir 15, 17, 23, 36, 67
puesia	poésie 83
pulenda	polenta 67
pulindata	repas de polenta 87
pulisce	nettoyer 95
pulitica	politique 20, 81
puliticaccia	politique *(péjoratif)* 20
pulitu	propre 30
pulizia	propreté 45
pulizza	police 68
pulizzeru	policier 25, 38
pullastru	poulet 92
pullezza	poulette 92
pullinaghju	poulailler 92
pulluniccia	bois de jeunes châtaigniers 87
pulpetta	croquette 55
pumata	tomate 37
punente	ouest (occident) 41
puntellu	pilier (soutien) 100
puntu	point 50, 64
purchettu	porcelet 92
purcile	porcherie 92
purezza	pureté 89
purtà	apporter (porter) 11 ; emporter 23 ; emmener, porter 33
purtabile	portable (téléphone) 24
purtata (piattu à ~)	service (plat de ~) 78
purtellu	fenêtre 74
purticciolu	petit port 88
purtone	porte d'entrée 57
puru	tout de même 17, 20, 23 ; même 20
pusà	s'asseoir 20 ; s'asseoir / être assis 75
pusitivu	positif 64
pussibule	possible 40, 62

putente	puissant 38
putenza	puissance 27

Q
quadratu	carré *(adj.)* 71
quaghjó	en bas 91
quaió	en bas 91
qualchì	quelque(s) 25
qualchissia	quelqu'un 68, 100
qualcosa	quelque chose 11
quale	qui *(pr. interrog.)* 2
qualessu	lequel 86
qualessu	lequel ? 46
qualità	qualité 46 ; variété 86
quallà	là-bas 43, 91
qualsiasi	quelque... que ce soit 24
qualvogliasia	ordinaire, quel(le) qu'il (elle) soit 78 ; quel que soit 96
quandu/quand'	quand 11
quantu	combien 34
quantu à	quant à 16
quartieru	quartier 12
quartu	quart 15
quassù	là-haut 91
quellu/a/i/e	ce/cette/ces, celui /celle/ ceux/celles 22
quentu	adéquat (irréprochable) 61 ; agréable 94
quessu	celui-là 8, 15, 57
qui	ici 20
quì	ici 74
quindi	par ici 69
quistannu	cette année 41

R
radiatore	radiator 32
ragiò	raison 3, 31
ragiò /ragione	raison 78
ragiunà	causer (discuter, deviser) 48 ; deviser 94
ragiunamentu	raisonnement 100
ragiunata	conversation 25
ragnola	bar (poisson) 88
rambella	rameau 65
rammintà	rappeler (remémorer) 48 ; mentionner (évoquer) 87
ramu	branchage 76 ; cuivre 95
raru	rare 54

rasginosu	résineux 89
rasoghju	rasoir 32
ravanetta	radis 82
razza	espèce 88
regula	règle 76
rena	sable 43
repice	ordonnance (médicale) 18
restaurant	restaurant 15
restu	reste 59, 82
resucontu	compte rendu 81
reta	filet (de pêche) 100
rettangulare	rectangulaire 71
ricaccià	extraire 81
ricciata	chemin pavé, montée 30
ricciu	hérisson 30
riccone	richard / richissime 66
riccu	riche 97
riceve	recevoir 68
ricevimentu	réception 68
richjamà	rappeler 53
riclama	réclame 81
ricoglie	recueillir 85
ricullà	remonter 55
ricullata	remontée 85
ricumandà	recommander 100
ricusà	refuser 79
ride	se moquer, rire 61
ridiculu	ridicule 96
ridoni	amusé, en riant 100
rieducazione	rééducation 39
rientrata	rentrée 93
riesce	réussir 26
rifà	imiter 94
riflette	réfléchir 64
riga	règle (instrument) 93
rigalà	offrir (faire cadeau de) 37, 71 ; offrir 82
rigalu	cadeau 11, 65
rigiru	bon sens, initiative 48
rigulà	régler 26
rigulare	régulier 72
riluce	briller 67
rimbiccà	reprocher 61
rimette	remettre 33
rimettesi	se remettre 39
rimore	bruit 8
rimpiazzà	remplacer 59, 65

rimpruverà	reprocher 56, 83
rinchere	être agréable 30 ; réconforter 76, 77
rincresce	regretter 99
rinfriscà	rafraîchir 20, 81
ringrazià	remercier 1, 22
rinumatu	renommé 92
rinvivisce	revivre 47
ripale	rebord (de route) 95
riparte	repartir 34
ripete	répéter 64
ripiglià	reprendre 39, 80 ; reprendre (relever) 100
ripone	poser (déposer) 78
riponicultellu	porte-couteau 78
riposu	repos 47
ripriprisintativu	représentatif 74
ripusatu	détendu (reposé) 17
riputazione	réputation 79, 89
risanà	assainir 79
risanamentu	guérison 39
riservà	réserver 62
risicà	risquer 62
risicu	risque 66, 67
risparmiu	épargne 97
rispirà	respirer 72
rispittà	respecter 45
risponde	répondre 68, 83, 92
ristà	rester 15
risultatu	résultat 72, 93
risulutu	hardi (déterminé) 41
ritagliulu	coupure de presse 81
ritene	retenir 62
ritirata	retraite 73
ritiratu	retiré 73
rituccà	retoucher 51
riunione	réunion 22, 33
rivede	revoir 91
rivenutu	revenu 97
rivoccu	déversement 5
roba	chose, marchandise 10 ; affaires, biens, produit(s) 37 ; ingrédient 56
rode	ronger 87
rombu	vrombissement 12
rondina	hirondelle 94
rossu	rouge 19, 44, 82
rubustu	robuste 41

rughjone	territoire 96
rumenzula	déchets 45
runcà	braire 83
runcata	braiment 83
rusignolu	rossignol 94
ruspaghjola	trident (râteau) 87
ruspula	trident (râteau) 87
rustaghja	serpe 95
rusulinu	rosé 19
ruvinà	ruiner, saccager 60

S

sabatu	samedi 36
sacchetta	musette (sac) 89
saccu	sac 10
saietta	foudre 90
sala	salle 22, 71 ; salle (à manger) 57
salamoghja	saumure 88
salciccia	saucisson 19, 83
sale	sel 55
salinu	salière 78
salitu	salé 55
salsa	sauce 55
saltà	sauter 11
saltichjà	sautiller 94
salute	salut 1, 36 ; santé 39
salutivaru	salutaire 43
salvà	sauver 94, 99
salviata	gâteau à la sauge 46
salvune	sauf (à l'exception de) 65
sandula	sandale 69
sangue	sang 43
Santi (i ~)	la Toussaint 46
sanu	entier 37, 67 ; entier, intact, sain, intact, sain 44
sapè	savoir 18, 20, 24, 36, 42, 57, 64, 81, 85, 93 ; savoir *(n.)* 100
saragattu	scie égoïne 95
sardella	sardine (fraîche) 88
saviezza	sagesse 96
sbacca	épate (esbroufe), frime 27
sbaccone	frâneur, fanfaron 27
sbagliassi	se tromper 14, 12, 62, 78, 83
sbarcà	débarquer 44
sbasgichjassi	se bécoter 61
sbirru	martinet (oiseau) 94

sbreiu	creusement (des fondations) 59
sbuccà	déboucher (aboutir) 38
sbuchjà	éplucher 81
sbuffulata	rafale 76
sbunuratu	matinal 75
sbuttulà	déboutonner 69
scaffa	égouttoir à fromages 85
scaglià	venir à manquer 32
scagnu	bureau (local) 22 ; bureau (lieu) 75
scala	escalier 71
scalà	arriver (fortuitement), débarquer 34
scallà	chauffer 10
scallabagnu	chauffe-bain 32
scamisgiulatu	en manches de chemise 52
scampagnata	excursion 29
scampanellà	agiter la sonnette 92
scanceria	placard 71
scantatu	isolé 85
scappà	s'échapper 58 ; échapper 79 ; s'enfuir 90
scappata	escapade 67
scapulatu	révolu 93
scarpu	chaussure 33 ; soulier 52, 69
scartà	écarter, éliminer 75
scartafacciu	paperasse 59
scartu	rebut 45
scascià	décaisser 97
scaticatu	à l'abandon (vignes, cultures), improductif 74
scatinà	déchaîner 90
scatinassi	se déchaîner 76
scatula	boîte (de conserve) 31 ; boîte 45
scatulisce	provenir 61
sceccu	chèque 97
sceffu	chef 22
sceglie	trier 45 ; choisir 45, 59, 77, 94
schiattà	éclater 90
schidulariu	fichier 26
schjaffà	flanquer 50
schjarisce	clarifier 96
schjavu	esclave 32
schjumarola	écumoire 55
sciaccarellu	nom d'un cépage 86
scialassila	bien vivre / prendre du bon temps 76
scialbu	crépi (n.) 30
sciambottu	remous (mer) 43
sciampagnu	champagne 11

quattrucentu cinquanta • 450

scianchittà	boitiller 39
sciancu	boiteux 39
sciappittana (a ~)	fortes chaleurs 47
sciarpa	écharpe 69
sciloccu	sirocco 76
scimesca (à a ~)	follement 29
scioru	brise légère 76
sciroppu	sirop 18
sciumbra	boisson (excès) 72
sciumbrà	picoler 72
scogliu	rocher 43
scola	école 33, 68
scomudu	incommode 64
scontru	rencontre 16
scopa	bruyère 79
scopre	découvrir 25, 89
scornu	recoin 44 ; coin 44, 71
scorre	dernier / écoulé, s'écouler (passer) 36
scorsu	dernier (passé, écoulé) 92
scortu	bourru 92
scrive	écrire 31, 72, 77
scrizzula	roitelet 94
scucinà	cuisiner 13
scularu	écolier 93
sculiscià	déraper (glisser) 67
scummessa	pari 81
scummette	parier 51
scumparte	répartir 93
scumpete	se mesurer avec 97
scuntrà	rencontrer 61
scurdassi	oublier 13, 29, 31, 69, 74, 80, 93
scursoghju	coulissant 75
scurzale	tablier 93
scusà	excuser 24
scusgitu	décousu 69
sdrughje	fondre 67
sdrughjinu	suppositoire 18
sè/sì	si *(conj.)* 5 ; si (condition) 13
sebiatu	bienheureux 26
seccu	sèchement / sec 50 ; sec 76
seculu	siècle 85
sega	scie 95
segnu	signe 46 ; signe (marque) 66 ; signal 90
seguità	suivre 25, 54, 61
selvaticume	gibier 60
sempiternu (in~)	à jamais 99

sempre	toujours 2
senatu	sénat 50
sente	écouter 6, 19 ; sentir 15, 19, 72 ; entendre 16, 19, 72, 77 ; sentir (à l'odorat) 46
senza	sans 4, 8, 38
sera	soir 6, 23, 36
serata	soirée 6, 36
serrà	fermer 31
serratura	serrure 95
serve	servir 57, 82
serviziu	service (travail) 22
servu	serviteur 83
sesta (in ~)	en ordre/état 33 ; en ordre 51
seta	soie 51
sete	soif 15, 47
settimana	semaine 10, 48
sfaticatu	reposant 33
sfilà	défiler 75
sforzu	effort 45, 94
sfughje	échapper (au savoir) 81
sfurzà	forcer 67
sghei	picaillons 97
sgiò	monsieur 68
sgrignassi	s'entrebâiller 67
sgrinfià	griffer 57
sguadra	équipe 54
si	on (homme) 15
siccà	sécher, dessécher 73
sicchina	sécheresse 90
siccume	vu que 99
sicondu	selon 11, 72
sicondu/a	second/e 22
sicritariatu	secrétariat 22
sicritariu	secrétaire 75
sicura	bien sûr, sûrement 4
sicuru	sûr 62, 73, 82
sicuru (di ~)	c'est sûr 76
sigaretta	cigarette 72
signà	cocher (marquer) 66
signatu	marqué 18
signi	chacun 78
signora	dame 68
sigone	scie à bras 87
silenziu	silence 30, 68
simpatia	sympathie 100

quattrucentu cinquantadui • 452

simpaticu	sympathique 74
simule	pareil (semblable) 76
sintenza	décision, sentence 50
sintimu	sensibilité (sentiment) 93
sinu à	jusqu'à 43, 92
sittembre	septembre 48
situ	terrain à bâtir (emplacement) 59 ; site 68
situazione	situation 79
smarrisce	disparaître 94
smiscià	cracher au bassinet 97
soca	peut-être que 41
socera	belle-mère 58
sodu	consistant *(adj.)* 81
sole	soleil 47, 67
sollu	sou 13
solu	seul 34
sonnu	sommeil 6
sopra	dessus 20 ; au-dessus 30, 69
sopraccena	réveillon, souper 65
soprattuttu	surtout 81
sorte	sortir 12, 14, 53, 61 ; quitter 58
sosula	recette (de cuisine) 55
sottabuttiglia	dessous-de-bouteille 78
sottu	sous / en dessous 51
sottumette	soumettre 54
spachjà	écouler (débiter) 46
spallera	dossier (de siège) 27
spampillulà	resplendir 27
spannata	éclaircie 90
sparghje	saupoudrer (répandre) 55 ; répandre 85, 99
sparghjesi	se répandre 83
sparisce	disparaître 93, 99
spartimentu	partage 60
spartu	plat, étalé 78
spartutu	entamé 82
spassighjata	promenade 73
spatriatu	expatrié 75
spavintà	effrayer 90, 99
spaziu	espace 78
spazzà	balayer 95
specificà	spécifier 64
spedisce	expédier, exporter 74
spegne (si)	s'éteindre 26
spendaccione	prodigue 96

spende	dépenser 23 ; dépenser (coûter) 50
sperà	espérer 15
spesa	commission 13 ; dépense 13, 97
spessu	souvent 23, 69
spettaculu	spectacle 36
spetu	broche à rôtir 95
spezia	espèce 94
speziale	spécial 36
spezialistu	spécialiste 38
spezialità	spécialité 83
spianà	braquer 94
spicciassi	se dépêcher 13
spiccu	éminent (important) 68
spiigà	expliquer 26
spiritu	esprit 81, 99
spisciulime	gargouillement 30
spiziale *(anc.)*	pharmacien 18
spizialistu	spécialiste 81
spogliu	dépouillement 75
sponda	rivage 23
spone	déposer (exposer) 75 ; exposer 95
sport	sport 39
sposa	épouse 99
sposu	époux 40 ; marié *(n.)* 52
spreme	presser (comprimer) 55
spressione	expression 100
sprichju	gousse (ail) 88
sprignolu	cèpe 89
sprupositu	baliverne 58
spuglià	déshabiller 72
spuntà	pousser (botanique) 79
spurtellu	panier 37
spurtivu	sportif 54
spusata	fiancée 99
spussatu	harassé (très fatigué) 41
sputicu	intrinsèque, d'origine, exclusif, authentique 60 ; exclusif 96
squisitu	exquis 82
'ssu	ce 8, 12
sta	cette 5
stà	se porter 1 ; rester 1, 6, 8 ; vivre *(v.)* 4 ; habiter 44
stà zittu	se taire 58
stabilimentu	établissement 19, 93
stacca	poche 69, 71
staccà	séparer 93

stadiu	stade 54
stagione	saison 47, 96
stagnone	seau (métallique) 45
stalvà	se produire, survenir 81
stalvatoghju	anecdote 81
stampa	presse 81
stampaghjola	imprimante 26
stampu	composition (empreinte) 99
stanciata	accalmie 5
stancu/ca	fatigué/e 6
stanza	pièce (d'habitation) 22, 40
stassine	rester (demeurer qqpart) 41
stateghja	balance romaine 95
statinante	estivant 47
statu (in ~)	en bon état 40
stazzu	bergerie 37
stende	étaler (étendre) 78 ; étendre 87
stesa	étendue *(n. fém.)* 89
stirà	repasser (défriper) 69
stirpà	exterminer 60, 87
stonda	moment 53
storia	histoire 99
straccià	déchirer 90
stracciu	chiffon, gros flocon 67
stracquassi	s'allonger 43 ; s'étendre / allonger (s'étendre) 72
stracquàssi	se coucher, s'allonger, s'étendre 27
strada	chemin 41
stradone	route 17, 67, 83, 92, 95
straducula	sentier 83
strae	extraire 79
stragliere	lacet (de chaussure) 69
stranu	étrange 96
strapunta	matelas 80
strasordinariu	extraordinaire 12
stravede	avoir la berlue 91
strazià (intransitif)	peiner 64
strazià (transitif)	maltraiter (malmener) 64
stretta	ruelle 12
stringhje	serrer 51, 69
strufinà	frictionner 43 ; frotter 43, 88
strumbittime	concert d'avertisseurs 12
strunchizzulà	brésiller, réduire en brindilles 76
stu	ce / cet 18
studià	étudier 81, 93
studiente	étudiant/-e 2

stufatu	daube 19
stuppone	bigaradier (oranger amer) 74
sturzapreti	spécialité culinaire 55
stuvigliu	ustensile 95
stuzzicagustu	exhausteur de goût 37
subitu	tout de suite 43 ; aussitôt 57, 75
successu	succès 36
suddisfazione	satisfaction 54, 100
suffiettu	soufflet 95
sughje	téter 92
sullatu	soldat 60
sulleoni (i --)	la canicule 47
sumere	âne 83
sumerinu	asinien 83
suminà	semer, ensemencer (emblaver) 58
sunà	sonner 24
sundà	ausculter 72
suneria	sonnerie 71
sunnià	rêver 80
suppa	soupe 82
suppulu (un ~)	un brin 81
suppurtà	supporter 95
suprana	prendre le dessus 89
supranu	d'en haut 83
surella	sœur 16
surgente	source 47
surnacà	ronfler (en dormant) 80
surpresa	surprise 64
survighjà	surveiller 38
suspende	suspendre 93
sussinà	frissonner 18
sustanziosu	substantiel 88
sustene	soutenir 54
sustenitore	supporter 54
suttanu	d'en bas 83
suvera	chêne-liège 79
svarià	varier 36
svariatu	varié 81

T

t'	tu/toi 5
tacca	tache 93
tace	se taire 63
taglia	taille (mesure) 5
taglià	couper 20, 73
talavellu	asphodèle 79

tamantu	si grand 31, 40
tandu	alors 12 ; alors (temporel) 23 ; alors (dans ce cas) 38
tangu	ronce (piquant) 60
tantu	tellement (tant) 15 ; tant 20 ; de toute façon 31
tappà	bouché (vin) 86
tappu	bouchon 11
tappu (à~)	bondé 12
tardi	tard 25, 62
tastà	goûter (tester) 46 ; goûter (v.) 55 ; goûter (v.) 87
tastu	bouton (de sonnette) 71
tavacchinu	débitant de tabac 66
tavula	table (nourriture) 19 ; table (sauf le meuble) 78
tavulacciu	festin 85
tavuletta	tablette 75
tavulinu	table 39, 62, 71 ; table (meuble) 78
tazza	tasse 4
tazzà	hacher 55
tazzina	petite tasse 4
teatru	théâtre 36
tecnulugia	technologie 65
teghja	lauze (tuile) 30
telefunà	téléphoner 89
telefunata	coup de téléphone 24
telefunu	téléphone 24, 68
televisione	télévision 25, 32
tempu	temps 5, 13, 23
tendesi	s'exposer 47
tene	tenir 15, 42, 48
tene contu	tenir compte 96
teneru	tendre 82
tensione	tension 72
tenuta	tenue 52
termalisimu	thermalisme 44
terra	terre 74, 85
terrazza	terrasse 62
terrenu	terrain 85
terzu	troisième 9
testa	tête 17
testimone	témoin 52, 81, 100
testu	poêle à griller 95
tettu	toit 30
ti	te (pr. pers. compl.) 5

tianu	fricot / ragoût, poêlon 37
timore	crainte 100
timpesta	tempête 76
timpurale	orage 90
tindina	rideau 75
tinta	tanin 87
tirà	tirer 66, 100 ; souffler (vent) 76
titulu	titre 81
tocchisi (in ~)	en grande tenue 52
tonu	ton 58 ; tonnerre 90
torcesi	se tordre 76
tordulu	grive 94
torna	encore (en plus) 45 ; encore 53
torra	tour 62
trà	entre 9
traccolle	bretelles 52
tradizione	tradition 46, 99
trafalata	éboulement 89
trafancà	franchir (à pied) 41
trafficu	circulation, trafic 12
trafila	filière 89
tramandà	transmettre 99
trambulamentu	bouleversement 97
trambustu	animation (remue-ménage) 47
tramezu	au milieu 86
tramezu à	au milieu de 100
tramindui	tous les deux 16
tramizana	cloison 71
tramuntana	tramontane 76
tramutu	déplacement 85
trappula	piège 64
trascinà	transporter 87
trasmette	transmettre 100
trasportu	transport 64
trattassi	s'agir 37, 81
travaglià	travailler 3
traversata	traversée 23
travirsà	traverser 85
trè	trois 3
trentina	trentaine 30
trenu	train 17
treppede	trépied 95
trettu	brise 89
tribunal	tribunal 50
tribunale	tribunal 93
tricà	tarder 47

triglia	rouget 88
trincà	tourner (virer) 30 ; virer (tourner) 92
trinnicà	secouer 17 ; agiter (secouer) 76
tromba	klaxon 27
troppu	trop 36
truita	truite 88
truvà	trouver 17, 30, 40, 67, 83, 99 ; fraîcheur 47 ; trouvé *(adj. verbal)* 57
truvassi	se trouver 22, 85
truvata	trouvaille 24
tù	tu/toi 11
tuccà	toucher 32, 63, 67 ; toucher (trinquer) 86
tuccà (à qualchidunu)	revenir de droit (à quelqu'un) 93
tuccà à	être le tour de 20
tumbà	tuer 60, 83
tundera	tonte 85
tunditrice	tondeuse 95
tunizata	roulement de tonnerre 90
turchinu	bleu 44
turisimu	tourisme 44
turisticu	touristique 89
turistu	touriste 44
turnà	renouveler (recommencer) 72
turnà à	recommencer 100
tuttu	tout/e 8 ; tout 12, 19, 30
tuvaglia	nappe (linge de table) 78
tuvagliolu	serviette de table 78

U

u	le 3
u to	ton 11
ubbligà	contraints 87
ubbligazione	obligation 97
ubligà	obliger 53
uffiziale	officiel 68
uliera	huilier 78
ultimu	dernier 54
ultimu (l' ~)	le bout (la fin) 64
umbria	ubac (lieux ombragés) 47
ùn	ne... pas 1
un pezzu	longtemps 27
un/una	un/une 4
unà	premièrement 45
una volta	autrefois 24, 61, 95
unepocu	beaucoup *(adj.)* 47
uni pochi	certains 24 ; beaucoup 24, 96

urdinatore	ordinateur 26
urgente	urgent 53
usà	être d'usage 61 ; être en usage 85
usu	usage 31, 45, 57, 65
utule	utile 100
uva	raisin 74, 86

V

vacanza	vacance 47
valdu	forêt 67
valisgia	valise 69
vantaghju	avantage 25
vantu	valorisation 87
vasu	pot 78
vechju	vieux / vieille 19, 32
vechju *(n.)*	vieil homme 93
vede	voir 8, 16, 36, 39, 57, 77
veghja	la veillée 39 ; veiller 99
vende	vendre 66, 85
vendita	vente 81
vene	venir 6, 8
venneri	vendredi 48
venticellu	petit vent (brise) 43
ventu	vent 43, 54, 76
ver'di	vers (en direction de) 100
veranu	printemps 94
verde	vert 45, 79
vermentinu	nom d'un cépage 86
versu	moyen (possibilité) 25 ; vers (environ) 53 ; moyen (manière, procédé) 72 ; chant d'oiseau 94
veru	véritable 12 ; vrai 17, 60, 61, 71
veru/a	vrai 24 ; véritable 27
vespa	guêpe 94
vesta	veste 51
veste	habiller 91
vestesi	s'habiller / se rhabiller 43
vetru	vitre 29 ; verre (matière) 45, 75
vezzu	habitude (mauvaise) 29
vi	vous *(pr. pers. compl.)* 1, 4
via *(adv.)*	bref *(adv.)* 33
via *(interj.)*	bref *(adv.)* 52
viaghjà	voyager 17
vïaghjà	marcher (se déplacer), voyager 12 ; rouler 29
viaghju	voyage 31, 54

vicata	bonne passe / phase favorable 74
vicinante	voisin *(n.)* 50
vicinu	voisin 9, 73 ; près 68
video	vidéo 65
vigilia	veille 39
vigna	vigne 59, 90
vignaghjolu	vigneron 86
vince	vaincre 26, 54 ; gagner 54
vincita	gain 66
vincitore	vainqueur 75
vindemia	vendange 73, 86
vintata	bourrasque, coup de vent 76
vinti	vingt 17
vintizata	tempête de vent 76
vinu	vin 19
vinu chinatu	vin au quinquina 86
viramente	vraiment 90
viranu	printemps 73
virdura	verdure 89
vischju	gui 65
visita	visite 68, 73
visità	visiter 29, 40
vista	vue 52
vistitoghja	vêtement 33 ; habillement 33, 51
vita	vie 61, 73, 81 ; taille (corps : partie resserrée du tronc) 72
vitezza	vitesse 29
vitignu	cépage 86
vittura	voiture 8, 12, 17
vivu	vivace (vivant) 99
voce	voix 58
voi	vous *(pr. pers. sujet)* 1
voialtri	vous autres 38, 60
vole	vouloir 48
volta	fois 6, 17, 33
volu	vol (aérien) 38
vostru/a/i/e	votre/vos 22
vulà	voler (s'envoler) 23 ; voler (en l'air) 76
vulè	vouloir 5, 6, 12, 24, 41, 77, 81, 98
vulenteri	volontiers 30
vulinteri	volontiers 82
vultà	revenir 29, 53 ; retourner (revenir) 75
vuscicula	vésicule 72
vutà	voter 75

Z

zia	tante 23, 61
zigliare	seuil 57
zingà	piquer (aiguillonner) 79
zingà (focu)	incendier, mettre le feu 79
zinzala	moustique 94
zinzì	oursin 88
zitella	fille (*vs* garçon) 38
zitellu	garçon 13 ; enfant 24 ; enfant *(masc.)* 33
ziu	oncle 23, 37
zucca	courge 82
zuccà	tailler (dans le dur) 59
zuccheru	sucre 4
zucchinu	courgette 37

Lexique français-corse

A

à	à 3 ; da 5
à grand-peine	à straziera 64
à part	for di 39
abaisser	calà 27
abandon (à l'~) (vignes, cultures)	scaticatu 74
abeille	apa 94
abondant	diviziosu 74
abonnement	abbunamentu 54
abord (d'~)	prima 3
abricot	baracucca 82
abricotier	baracuccu 74
abus	abusu 37
accalmie	stanciata 5
accent	accentu 100
accepter	accittà 54, 82
accommoder	accuncià 96
accompagner	accumpagnà 19
accomplir (achever)	compie 75
accord	accordu 62
accord (en ~)	in cunsunenza 93
accouder (s'appuyer)	arrimbassi 79
accroché / accro	azziccatu 66
accrocher	appende 95
achat	compra 51
acheter	cumprà 10, 13, 71, 92
acheteur	cumpradore 64, 83
achever	compie 87
acquérir	acquistà 89
acquisition	acquistu 64
âcreté	agru 55
acteur/actrice	attore 66
action	azzione 97
action (acte)	attu 79
activer/nourrir un feu	incippà 67
activité	attività 85
actualité	attualità 81
actuel	attuale 93
adage (dicton)	dettu 79
adapter (s'~, convenir)	cunfà / cunfassi 74
adéquat	adattu 83
adéquat (irréprochable)	quentu 61

adéquat / adapté	adattu 40
adieu	addio 32
adjoint	agiuntu 75
adjudant	aiutante 22
administration	amministrazione 68
adulte	maiò 24
adversaire	aversari 54
affaire	affare *(masc.)* 20 ; affare/i 22 ; affare *(masc.)* 64 ; affare 95
affaire *(fém.)*	affare *(masc.)* 26
affaires	roba 37
affare *(masc.)*	affare 17
affection (maladie)	malannu 79
âgé (ancien)	anzianu 44
agé (assez ~)	anzianottu 44
âge mûr (d'~)	attimpatu *(adj.)* 44
agence	agenza 40
agir (s'~)	trattassi 37, 81
agiter (secouer)	trinnicà 76
agréable	quentu 94
agréable (être ~)	accunsente 4, 19 ; rinchere 30
agresser (assaillir)	assaltà 60
agriculture	agricultura 74
aide	aiutu 93
aider	aiutà 33
aiguille de pin	pinacula 89
ail	agliu 88
ailé	alutu 94
ailleurs	altrò 40, 74
aimable	cumpiacente 92
aimable (poli)	garbatu 58
aimer	piace 25, 66
ainsi	cusì 11
air	aria *(fém.)* 8 ; aria 73
ajourner	attimpà 39
ajouter	aghjunghje 78
alentour	in giru 18
aliment	cibu 87
aller	andà 13, 17, 36, 40, 41, 67, 80
aller (s'en ~)	andassine 47
aller *(masc.)*	andà 1, 3, 6
allez !	alé ! 29
allié (parenté)	appiccicaticciu 9
allonger	allungà 51
allonger (s'~)	stracquassi 43
allons-y !	aiò ! 29

quattrucentu sessantaquattru

allumer	accende 32
allure (aspect)	presenza 44
allure (façon de se déplacer)	andatura 44
almanach	almanaccu 48
alors	allora 6, 8, 20 ; tandu 12
alors (dans ce cas)	tandu 38
alors (temporel)	tandu 23
amateur	amatore 88
américain	americanu 44
ami	amicu 9, 71
amie	amica 16
amollir	infiacchisce 76
amusé	ridoni 100
analyse	analisa 72
ancêtre (ancien)	anticu 32
anchois	anchjuva 88
ancien	anticu 59, 85
âne	asinu, sumere 83
anecdote	stalvatoghju 81
anguille	anguilla 88
animal	animale 60, 83
animation (remue-ménage)	trambustu 47
anis	anice 46
année	annu 8, 16, 30
année (cette ~)	quistannu 41
année dernière (l'~)	annu (adv.) 41
annonce	annunziu 81
annoncer	annunzià 68
août	aostu 41
apercevoir (s'~ de)	avvedesine 18
apercevoir (s'~)	avvedesi 91, 94
apéritif	apperitivu 72, 86
apparaître	affaccà 75
appareil	apparechju 44
appartement	appartamentu 40, 71
appel	chjama 83, 88
appeler (s'~)	chjamà (-ssi) 2
appétit	appittitu 39
apporter (porter)	purtà 11
apporter (qqch à qqun)	arricà 11
apprécié	prelebatu 86
apprécier	apprezzà 99
apprendre	amparà 38, 100
apprentissage	amparera 100
appuie-tête	capatoghju 81
après	dopu 13 ; appressu 56

après (d~) (selon)	d'appressu 81
après-midi	dopu meziornu 33
arbitre	arbitru 54
arbousier	albitru 79
arbre	arburu 73, 90
arc-en-ciel	arcu 90
architecte	architettu 59
arête (de poisson)	lisca 15
argent	denaru 97
argent (métal)	argentu 65
armoire	armadiu 71
arrangement	acconciu 50
arrêter (empêcher)	parà 31
arrêter (s'~)	piantà 80
arrêter (s'~)	firmassi 17, 44
arrière (en ~)	indietru 88
arriver	ghjunghje 11, 17, 30, 57, 77, 92
arriver (fortuitement)	scalà 34
arriver (parvenir)	ghjunghje 64
arriver (se produire)	accade 54, 73, 88
arriver (se rendre qq part)	ghjunghje 40
arrondir (enrichir)	attundulà 100
arroser	annacquà 96
art	arte *(fém.)* 38 ; arte 99
art *(masc.)*	arte *(fém.)* 26
artichaut	artichjoccu 82
article	articulu 95
article (écrit)	articulu 81
ascenseur	ascensore 34
asinien	sumerinu 83
asphodèle	talavellu 79
aspirateur	aspiratore 32
assainir	risanà 79
assaisonner	cundisce 55, 78
assemblée	assembleia 68
asseoir (s'~)	pusà 20
asseoir (s'~) / être assis	pusà 75
assez	abbastanza 59, 71
assiette	piattu 78
assigner en justice	cità 50
assombrir	affuscà 90
assortiment	mischju 19
assortiment (mélange)	mistu 46
assurance	assicuenza 53
assurance	assicurenza 97
assurance (contrat)	assicurenza 32

assurer	assicurà 36
assurer (affermir)	assicurà 100
assurer (couvrir)	copre 85
âtre	fucone 95
attaquer	attaquer 59
attarder (s'~)	allungassila 43
attendant (en ~) *(loc.)*	intantu 29
attendre	incruscià 5 ; aspittà 27, 30, 43, 56, 90
attention	attenti 89
attention !	attenti ! 18
attention (vigilance)	attenzione 72
attifer (s'~)	invisticciassi 52
attraper	chjappà, piglià 18
attraper (aller)	chjappà 41
attribuer (donner)	impone 61
au milieu	tramezu 86
au milieu de	tramezu à 100
au moins	omancu 27, 69
au revoir	avvedeci 6
aubaine	cuccagna 88
aube	alba 3
auberge	osteria 34, 62
aubergine	merzana 37
aucun	nisunu 75 ; nisunu *(adj.)* 93
au-delà	indà 15, 33 ; aldilà 100
au-delà (*vs* en deçà)	indà 74
au-dessus	sopra 30, 69
augmenter	cresce 60, 97
aujourd'hui	oghje 13
aulne	alzu 89
auparavant	prima 99
ausculter	sundà 72
aussi	dinù 10, 45, 53 ; ancu 11, 15
aussi (encore)	dinù 26
aussi (tout autant)	altrettantu 94
aussitôt	subitu 57, 75
autant plus (d'~)	moltu più 52
automne	auturnu 73
autorité(s)	auturità 68
autour	intornu 81
autre	altru/altra 6 ; antru 26, 50 ; altru 30
autre jour (l'~, avant-hier)	l'altrieri 84
autrefois	una volta 24, 61, 95
avancé	avanzatu 65
avance (à l'~)	prima 62
avant	prima 39

avantage	vantaghju 25
avare	avaru 96
avec	cù 4 ; incù 17
avenir	avvene 38, 100
avertisseurs (concert d'~)	strumbittime 12
aveugle	cecu 82
avion	avion 23
avis	avisu 81
avocat (métier)	avucatu 50
avoir	avè 19, 27, 51, 57, 67
avoir *(v.)*	avè 36
avoir *(v.)*	avè 3, 5, 6, 7
avoir l'intention	intende 59
avoir une maison	accasassi 59
avril	aprile 85

B

bagarre	azzuffu 54
baie de l'arbousier (arbouse)	bacu 79
baignoire	bagnarola 34
bain	bagnu 43
baisser	calà 72
balance romaine	stateghja 95
balayer	spazzà 95
baliverne	sprupositu 58
ballon	pallone 25 ; pallò 38
bande (en ~)	in banda 83
bandit	banditu 79
bandoulière (en ~)	appiccollu 44
banque	banca 97
bar (poisson)	ragnola 88
barbouiller	impiastrà 93
barbu	barbutu 94
bariolé	bracanatu 44
barquette	barchetta 82
barrière	cataru 68 ; callarecciu 92
bas (d'en ~)	suttanu 83
bas (en ~)	quaghjó, quaió 91
bas *(adj.)*	bassu 85
bas *(n.)* (fond)	fondu 71
basilic (plante)	basilgu 82
basse terre	bassura 89
bassine	bacile 45
bastingage (garde-fou)	paratina 79
bât	imbastu 83
bateau	battellu 23, 76

quattrucentu sessantottu • 468

bâtisse (grande ~)	casamentu 59
battre (châtaignes)	pistà 87
bavarder	chjachjerà 73
beau/belle	bella/u 10
beaucoup	uni pochi 24, 96 ; assai 72, 89
beaucoup *(adj.)*	unepocu 47
beauté	billezza 89
bébé	ciucciu 61
bécasse	biccazza 60
bécoter (se ~)	sbasgichjassi 61
beignet	frittella 19
belle-mère	socera 58
belle-sœur	cugnata 33
berger	pastore 85
berger (de ~), pastoral	pasturecciu 85
bergerie	stazzu 37 ; piazzile 85
bergeronnette	coditremula 94
berlue (avoir la ~)	stravede 91
besoin	bisognu 53, 69, 78
bête (animal)	bestia 60
bibliothèque	bibliuteca 71
bien	bè 10
bien *(adv.)*	bè 1
bien entendu	benintesu 53
bien sûr	sicura 4
bien vivre / prendre du bon temps	scialassila 76
bien-être	benistà 74
bienfait	benefiziu 89
bienheureux	sebiatu 26
biens	roba 37
bienvenu	benvinutu 68
bière (boisson)	biera 87
bigaradier (oranger amer)	stuppone 74
bile	fele 72
bille	palliola 93
billet	bigliettu 36, 54, 97
blanc	biancu 19, 78, 87
blette	bieta 56
bleu	turchinu 44
bloquer	bluccà 67
bocal	caraffone 86
bœufs	boie 99
bof	ahù 12, 82
boire	beie 57
bois (de chauffage)	legna 79
bois (forêt)	boscu 67, 89

bois (matière)	legnu 67
bois de chauffage	legne 67
bois de jeunes châtaigniers	pulluniccia 87
boisé	arburatu 89
boisement	arburatura 89
boisson	bienda 47
boisson (excès)	sciumbra 72
boîte	scatula 45 ; cascetta 71
boîte (de conserve)	scatula 31
boîte aux lettres	buatta 31
boiteux	sciancu 39
boitiller	scianchittà 39
bol	cuppetta 4, 13
bon marché (bradé)	à straccia mercatu 64
bon sens	rigiru 48
bon/bonne	bonu/bona 3
bonbonne	damisgiana 86
bondé	àtappu 12
bonjour	bonghjornu 1 ; bongiornu 46
bonjour (dire ~)	fà mottu 92
bonne heure (de ~)	à bon'ora 3
bonne passe / phase favorable	vicata 74
bouche	bocca 10, 41
bouché (vin)	tappà 86
bouchon	tappu 11
bouillabaisse	aziminu 88
bouillir	bolle 55
bouillon	brodu 88
boulanger	panatteru 13
boule (bille)	palla 25
bouleau	biolu 89
bouleversement	trambulamentu 97
bouquet	mazzulu 11, 65
bourdonnement	bufunime 95
bourrasque	vintata 76
bourrasque (tempête)	burrasca 48
bourru	scortu 92
bourse	borsa 97
bout	pezzu 5
bout (extrémité)	capu 30
boutargue	buttaraga 88
bouteille	buttiglia 11, 45, 86
boutique	buttea 95
bouton (de sonnette)	tastu 71
bouton (vêtement)	bottulu 69
boutonner	abbuttulà 69

braiment	runcata 83
braire	runcà 83
branchage	ramu 76
branle-bas (remue-ménage)	parapiglia 68
braquer	spianà 94
bras	bracciu 29
brave (honnête et bon)	bravu 45
bravo !	bravu ! 11
brebis	pecura 85
brebis (de ~)	pecurinu 85
bref *(adv.)*	via *(interj.)* 52
bref *(adv.)*	via *(adv.)* 33
brésiller, réduire en brindilles	strunchizzulà 76
bretelles	traccolle 52
bricolage	cirminellu 73
briller	riluce 67
brin (un ~)	un suppulu 81
brise	trettu 89
brise de mer	marinu 76
brise de montagne	muntese 76
brise légère	scioru 76
broche à rôtir	spetu 95
bruit	rimore 8
brûler	brusgià 79
bruyère	scopa 79
bûche	legna 67
bûche (grosse ~)	ceppu 65
bulletin	bigliettu 75
bureau (lieu)	scagnu 75
bureau (local)	scagnu 22
burette	misciarola 78
buter (se ~)	impuntassi 83
buvard	asciuvatacche 93

C

cabine	cabina 23
cabochard	chjuccutu 50
cabri	caprettu 19, 65
caché	piattu 97
cacher	piattà 90
cacheté (vin)	incappuccià 86
cadeau	rigalu 11, 65
cadenas	lucchettu 95
café	caffè 4
café (lieu)	caffè 12, 72
café au lait	caffellatte 65

cafetière	caffittera 32, 95
cage	gabbia 92
cagerotte	fattoghja 85
cahier	caternu 93
cailler	caghjà 85
caisse	cascia 97
caissette	cascetta 75
calculer	calculà 56
calculette	calculichjula 93
caleçon	calzunettu 69
calendrier	calendariu 48
calme *(n.)*	calma 30
camarade	cumpagnu/a 36
caméra	camerà 44, 68
campagne	campagna 73
canapé	canappé 71
candidat	candidatu 75
canicule (la ~)	sulleoni (i ~) 47
canne (bâton d'appui)	bastone 39
cantonnier	cantuneru 95
capable	capace 74
capital *(n.)*	capitale 66
car (parce que)	perchì 100
carafe	caraffa 78
caresse	carezza 83
carotte	carotta 82
carré *(adj.)*	quadratu 71
carrefour	crucivia *(inv.)* 29
carrosserie	carruzzeria 27
carte	carta 82, 97
carte (à jouer)	carta 66
carte (papier)	carta 62
carte postale	carta pustale 31
carton	cartone 45
cas	casu 39, 48, 58, 85
casquette	barretta 44, 69
casserole	cazzarola 95
castanéicole (de châtaigne)	castagninu 87
catégorie	catiguria 68
cause	causa 50
cause (à ~ de)	per via 85
causer (discuter, deviser)	ragiunà 48
causette (bavardage)	chjachjerata 10
cave	cantina 86
ce	'ssu 8, 12
ce / cet	stu 18

ce que	cosa 36
ce/cette/ces	quellu/a/i/e 22
cédrat, cédratier	alimea 74
ceinture	cinta 29, 69
celui /celle/ ceux/celles	quellu/a/i/e 22
celui-là	quessu 8, 15, 57
cendre	cennera 95
centimètre	centimetru 51
central (au centre)	centrale 40
centre	centru 64
cépage	vitignu 86
cèpe	sprignolu 89
cercle (de jeux)	circulu 66
cérémonie	cerimonia 52, 68
cerise	chjarasgia 74
cerisier	chjarasgiu 74
certain	certu 29, 67
certains	uni pochi 24
certains (d'aucuns)	certi 75
cette	sta 5
chacun	ognunu 38 ; signi 78
chair de poule	carne ghjallinina 43
chaise	carreia / carrea 71
chaise longue	carrea longa 23
chaleur	calore 93
chambre	camera 34, 69
chambre (à coucher)	camera 80
champagne	sciampagnu 11
champignon	fungu 89
chance	furtuna 67
chandelle	candela 32
changer	cambià 40, 65, 80 ; mutà 99
chanson	canzona 13, 99
chant	cantata 94 ; cantu 99
chant d'oiseau	versu 94
chanter	cantà 14
chanteur	cantadori 6 ; canterinu 94 ; cantadore 99
chantier	cantiere 68
charbon	carbone 79
chardonneret	cardellina 94
chargé	carcu 10, 44
charger	carcà 79 ; incaricà 97
chargeur	carica 32
charrue	aratu 99
chasse	caccia 60

chasse (aller à la ~)	caccighjà 60
chasse (partie de ~)	caccighjata 60
chasseur	cacciadore 60
chasseurs	cacciadore 94
chat	ghjattu 12, 57 ; gattu, misgiu 57
chat (relatif au ~)	misginu 57
châtaigne	castagna 87
châtaigne bouillie	ballotta 87
châtaigne grillée	fasgiola 87
châtaigneraie	castagnetu 87
châtaignier	castagnu 87
chauffe-bain	scallabagnu 32
chauffer	scallà 10
chaussette	calza 69
chaussure	scarpu 33
chef	sceffu 22
chef/tête de liste	capilista 75
chemin	strada 41 ; chjassu 100
chemin (en ~)	per istrada 17
chemin creux	chjassu 90
chemin faisant	per istrada 29
chemin pavé	ricciata 30
cheminée	caminu 67
chemise	camisgia 52, 69
chêne vert (yeuse)	leccia 79
chêne-liège	suvera 79
chèque	scecccu 97
cher	caru 23, 31, 54
cher (coûteux)	caru 40
chercher	circà 26, 40, 59, 81
cheval	cavallu 81
cheveu	capellu 20
chèvre	capra 85
chèvre (de ~)	caprunu 85
chevrier	capraghju 85
chez	indè 13, 20 ; in casa di 36
chiffon	stracciu 67
chimique	chimicu 37, 85
choisir	sceglie 45, 59, 77, 94
chose	roba 10 ; cosa 24, 25, 33
chose (une bonne ~)	una bona 94
chou	carbusgiu 82
chouette (oiseau)	malacella 94
chronique	cronica 81
chute (mauvaise ~)	cascatoghja 39
chute de grêle	grandinata 90

quattrucentu settantaquattru • 474

ciel	celu 76, 90
cigarette	sigaretta 72
cime (sommet)	cima 76
circulation	trafficu 12
circuler	circulà 29, 56
ciste	muchju 79
citer	cità 86
citer (mentionner)	mintuvà 48
citron	limone 46
clair	chjaru 51
clarifier	schjarisce 96
clé	chjave 34
clémentine	clementina 74
client	cliente 29
client (habitué)	pratica 46
climat	clima 93
clocher	campanile 30
cloison	tramizana 71
clovisse	alzella 88
cocagne (bon temps)	cuccagna 47
cocher (marquer)	signà 66
cœur	core 72
coffre	cascione 97
coiffer	pettinà 33
coiffeur	piluccheru 20
coin	scornu 44, 71
colchique	pampasgiolu 79
collection	cullezzione 95
collégien	cullighjente 93
collègue	cullega *(invariable au sing.)* 22
collègues	culleghi/e 22
coller	incullà 91
colorant	culurente 37
coloré	culuritu 93
colorer	culurisce 96
combattant	cumbattente 44
combien	quantu 34
comestible	manghjerecciu 37 ; manghjatoghja 66
commander	cumandà 66
comme	cumu 3, 9 ; cum'è 19
commencer	principià 19
comment	cumu 1, 20
commentaire	cumintariu 81
commerce	cummerciu 8, 83
commissaire	cummissariu 68
commission	spesa 13

commode	comudu 85
commode / commodément	comudu 52
commode *(adj.)*	comudu 22
commun	cumunu 30, 65
compagnie	compagnie 25 ; cumpagnia 41, 59, 83
compagnie (groupe)	cumpagnia 99
compagnon, compagne	cumpagnu *(n.)* 51
comparaison	paragone 81, 93
comparaison (exemple)	paragone 61
comparer	apparagunà 56
compère	cumpare 52
compétent	cumpetente 26
compliment	cumplimentu 46 ; pricantula 65
complimenter	cumplimintà 100
comportement (travers)	mendu 61
comporter (se ~)	cumpurtassi 96
composition	cumpusizione 85
composition (empreinte)	stampu 99
comprendre	capì/capisce 12 ; capisce 26 ; capì 50
comprimé	pillula 18
compromettre (se ~)	cumprumettest 48
compte	contu 58, 65, 82, 96
compte rendu	resucontu 81
compter	cuntà 9, 27, 38, 64
comte	conte 96
concurrent	cuncurrente 74
condamnation	cundanna 93
condamner	cundannà 79
condition	cundizione 40, 74
conflit	cuntrastu 85
connaître	cunnosce 37, 76
connaître, reconnaître	cunnosce 44
connexion	cunnessione 26
conseil	cunsigliu 75
conseiller *(v.)*	cunsiglià 82
conservateur	cunservatore 37
conserve (une ~)	cunserva 45
conserver	cunsirvà 86
consistant *(adj.)*	sodu 81
consommation	cunsumu 74
construction	custruzzione 89
contenir	cuntene 37, 87
content	cuntentu 46
contenter	cuntintà 65, 81
contenter (se ~)	cuntintassi 23
continent	cuntinente 23

continental	cuntinentale 14
continuer	cuntinuà 56
contraints	ubbligà 87
contraire	cuntrariu 54
contrat	cuntrattu 64
contrée	cuntrata 74
convenable (qui convient)	cunfacente 40
convenir (plaire)	garbà 80
conversation	ragiunata 25
coppa (faux-filet de porc fumé)	coppa 19
copropriété	coprupietà 33
coq	ghjallu 92
coquille (d'œuf)	chjaroppula 45
corbeille	curbella 75
corbeille à pain	panera 78
Corse	Corsica 44
côte	costa 79
côté (à ~)	accantu 15, 71, 75
côté (du ~)	per parte 9
coucher (se ~)	chjinassi 80, 84
coucher (se ~, s'allonger)	stracquàssi 27 ; chjinassi 34
coucou (oiseau)	cuccu 94
couleur	culore 30
couleur (*fém.*)	culore (*masc.*) 27 ; culore (*masc.*) 51
coulissant	scursoghju 75
couloir	curridore 22, 71
coup (à ~ de)	à rombu di 93
coup d'œil	fidighjata 81
coup de bâton	bastunata 83
coup de canon	cannunata 90
coup de téléphone	telefunata 24
coup de vent	vintata 76
couper	taglià 20, 73
couple	piccia 34
couple (de choses)	coppia 13
couple (de personnes)	coppiu 13
coupure de presse	ritagliulu 81
courage !	animu ! 41
courageux	curagiosu 87
courant	currente 32, 97
courant (au ~)	à currente 22, 81
courant (*adj.*)	currente 47
courant d'air (*n.*)	currente 47
courge	zucca 82
courgette	zucchinu 37
courir	corre 18, 27, 42, 50, 60, 66, 90

couronne	curona 68
cours (en ~)	in cor'/ in corsu 74
course (compétition)	corsa 38, 80
course (de chevaux)	corsa 66
court	cortu 51, 64
court / au plus court	à l'accorta 48
cousin	cuginu 9
coussin	cuscinu 57, 71
couteau (de table)	cultellu 78
coûter	custà 23, 54, 59, 83, 88
couverture (de lit)	cuverta 80
couvre-lit	coltra 80
couvrir	copre 25, 89
crabe	granciu 88
cracher au bassinet	smiscià 97
crainte	timore 100
crâne	chjocca 82
crâneur	sbaccone 27
cravate	cruata 69
crayon	criò 93
crèche	presepiu 65
crédit	creditu 59, 82, 97
crémaillère	catena 95
crêpe (de farine de châtaigne)	nicciu 87
crépi *(n.)*	scialbu 30
creusement (des fondations)	sbreiu 59
critique *(adj.)*	criticu 81
critiquer	criticà 58
croire	crede 23, 30, 45, 60, 83
croisée (des chemins)	crucivia *(inv.)* 29
croiser	crucià 60
croître	cresce 60, 94
croquette	pulpetta 55
croûton (pain)	cantucciu 88
cueillir	coglie 74, 77, 82, 87
cuillère	cuchjara 78
cuir	coghju 27, 71
cuire	coce 88
cuisine	cucina 32, 67, 78
cuisiner	scucinà 13
cuisinier	cucinaru 55
cuissot	cusciottu 60
cuit	cottu 55
cuivre	ramu 95
cultiver	cultivà 85
culture	cultura 74

culture (agr.)	cultura 60
cure (souci, intérêt)	primura 43
curiosité	curiosità 83
cyclamen	fior di cuccu 79

D

d'abord	prima 20, 55
d'ici à (temporel)	allocc'à 54, 64
dame	signora 68
dame / femme	donna 40
danger	periculu 37, 67, 100
dangereux	periculosu 29, 78
dans	in/ind'/indu 4 ; indu 23
date	data 48
daube	stufatu 19
daurade	palmata 88
davantage	più 11
de	di 3
de chez nous, du pays	nustrale 19
de toute façon	tantu 31
débarquer	scalà 34 ; sbarcà 44
débitant de tabac	tavacchinu 66
déboucher (aboutir)	sbuccà 38
debout	arrittu 3
déboutonner	sbuttulà 69
débroussaillage	dirraschera 95
débroussailler	dirrascà 87
débroussailleuse	dirrascatrice 95
décaisser	scascià 97
déchaîner	scatinà 90
déchaîner (se ~)	scatinassi 76
déchets	rumenzula 45
déchirer	straccià 90
décider	decide 54
décision	sintenza 50
décousu	scusgitu 69
découvrir	scopre 25, 89
découvrir (trouver)	avvintà 40
dedans	dentru 27, 82
défaite	disfatta 54
défens	furestu 87
défense (parti de qqun)	pretesa 38
défiler	sfilà 75
dégât	dannu 76, 90
déguiser (masquer)	mascherà 60
dégustation	assaghju 88

dehors	fora 29, 54
déjà	digià 3 ; ghjà 18
déjeuner *(n.)*	cullazione 4
déjeuner *(v.)*	fà cullazione 15
délicat	dilicatu 74
demain	dumane 71
demain matin	dumatina *(adv.)* 22 ; dumatina 36
demain soir	dumanassera 22
demander	chere 86
demander (interroger)	dumandà 64
demander (pour obtenir)	chere 83
demander (se ~)	dumandà 71
demander (solliciter)	chere 65
demeurer (rester)	firmà 87
demeurer, arrêter	firmà 79
demie	mezu 15
dent	dente *(masc.)* 11
denti	dentice 88
dentiste	dintistu 33
départ	partenza 67
dépêcher (se ~)	spicciassi 13
dépense	spesa 13, 97
dépenser	spende 23
dépenser (coûter)	spende 50
déplacement	tramutu 85
déplaire	dispiace 61
déposer (exposer)	spone 75
dépôt	dipositu 68
dépouillement	spogliu 75
déraper (glisser)	sculiscià 67
dernier	ultimu 54
dernier (passé, écoulé)	scorsu 92
dernier / écoulé	scorre 36
derrière	daretu 20, 75
descendre	falà 5, 42, 63, 67, 76
descente	falata 92
déshabiller	spuglià 72
désormais	oramai 57, 74
dessin	disegnu 26
dessous-de-bouteille	sottabuttiglia 78
dessus	sopra 20
dessus (sur soi)	addossu 87
détail	particulare *(n.)* 27, 48, 86
détendu (reposé)	ripusatu 17
détriment	discapitu 79
détriment (au ~)	àdiscapitu 96

quattrucentu ottanta • 480

devant	davanti 75
devenir	diventà 16 ; divintà 74, 83
déversement	rivoccu 5
deviner	induvinà 81
deviser	ragiunà 94
devoir	duvere 33, 93 ; deve / duvè 54 ; deve 97
diable	erdiavule 40 ; diavule 99
dicton	dettu *(n.)* 11 ; dettu 96
dicton (propos)	dettu *(n.)* 48
différence	differenza 48
difficulté	imbrogliu 93
dimanche	dumenica 31, 54, 75, 92
diminuer	calà 94
dîner (le repas)	cena 39
dîner *(n.)*	cena 11
dîner *(v.)*	fà cena 15
dire	dì 3, 5, 20, 36, 59, 77
discourir	discorre 58
discours	discorsu 68
discours (propos)	discorsu 61
discussion	cuntrastu 100
disparaître	sparisce 93, 99 ; smarrisce 94
disposer	dispone 80
dispute	letica 58
disputer	cuntrastà 58
distinguer	distingue 79
distraction (amusement)	divertimentu 47
distraire (se ~)	divertesi 36
divorcer	divurzià 61
dizaine	decina 72
docteur	duttore 9, 38
documentaire	ducumintariu 25
doigt	ditu 93
domestique *(adj.)*	casanu 74
dommage	peccatu 99
dommage (dégât)	dannu 26
donc	appena 16
donner	dà 13, 18, 20, 45, 57, 92
donner sur	affaccà 34
dormir	dorme 3, 23, 27, 39, 80
dos (à ~, sur le dos) *(fig.)*	addossu 58
dossier (de siège)	spallera 27
doubler (dépasser)	avanzà 27
doublure (de vêtement)	frodera 69
douche	duscia 34
douleur	dulore 72

douter	dubità 56
douzaine	duzina 9
drap (de lit)	lenzolu 80
drap(s) et couverture(s)	cuprime 80
drapeau	bandera 30, 59
droite	diritta 30
droite (à ~)	à diritta 75, 78
du pays (de chez nous)	nustrale 100
dur	duru 73
durer	durà 33, 47

E

eau	acqua 5, 32
eau-de-vie	acquavita 60, 86
éboulement	trafalata 89
écarter, éliminer	scartà 75
échapper	scappà 79
échapper (au savoir)	sfughje 81
échapper (s'~)	scappà 58
écharpe	sciarpa 69
écho (de presse)	capatoghju 81
éclair	accendita 90
éclair de chaleur	lusina 90
éclaircie	spannata 90
éclairs de chaleur	allusinà 90
éclater	schiattà 90
écobuage	dibbiera 79
école	scola 33, 68
écolier	scularu 93
écologique	eculogicu 73
écouler (débiter)	spachjà 46
écouter	sente 6, 19
écrire	scrive 31, 72, 77
écumoire	schjumarola 55
effet (en ~)	infatti (d'~) 79 ; difatti 96
effort	sforzu 45, 94
effrayer	spavintà 90, 99
égal	paru 66
égaliser	apparinà 95
église	chjesa 30
égouttoir à fromages	scaffa 85
eh bien !	ebbè ! 24
élancer (mouvoir, s'~)	move 60
élargir	allargà 29
électeur	elettore 75
électrice	elettrice 75

quattrucentu ottantadui • 482

électricité	eletricità 32
électrique	eletricu 32
électronique	elettronicu 65, 80
éleveur de moutons	picuraghju 85
élir	eleghje 77
élire	eleghje 75
éloigner	alluntanà 29, 58
élu	elettu 68
embarquer	imbarcà 23, 83
embouteillage (circulation)	ingorgu 12
embouteillé (mettre en bouteille)	imbuttiglià 86
embrasser	basgià 61
éminent (important)	spiccu 68
emmener	purtà 33
empan (paume)	palmu 67
emplette	incetta 51
emploi	impiegu 22
employé *(n)*	impiigatu/a 22
emporter	purtà 23
emporter sur son passage	parassi 76
en	ne 5
en faire (s'~) (s'inquiéter)	inchitassi 73
en même temps (cependant)	intantu 43
en même temps (simultanément)	attempu 26
encaisser	incascià 97
enchantement	incantesimu 99
enclos *(n.)*	chjosu 83
encore	ancu 3, 36 ; torna 53 ; dinù 90
encore (en plus)	torna 45
encre	inchjostru 81, 93
encrier	calamaru 93
endormir	addurmintà 25
endormir (s'~)	addurmintassi 80, 84
enfant	zitellu 24
enfant (en bas âge)	criatura 38
enfant (fils)	figliolu 73
enfant *(masc.)*	zitellu 33
enfants (jeunes ~)	criatura 90
enfariner / fariner	infarinà 55
enfiler	infilà 96
enfuir (s'~)	scappà 90
engin	ordignu 95
engranger	incagnà 96
enlever (ôter)	caccià 69
enneigement	nivaghja 67
ennuyer	annuià 73

enregistrement	arregistramentu 100
enregistrer	arregistrà 68
enrichir	arricchì 89 ; arrichisce 99
ensemble	inseme 40
ensemble *(adv.)*	inseme 59
ensuite	dopu 13
entamé	spartutu 82
entasser	accatamalzà 71
entendre	sente 16, 19, 72, 77 ; intende / sente 39
entier	sanu 37, 67
entier, intact, sain	sanu 44
entre	trà 9
entrebâiller (s'~)	sgrignassi 67
entrepreneur	imprisariu 59
entrer	entre 43, 61, 71, 92
entretenir	mantene 83, 85
entretenir (maintenir)	mantene 45
entrevoir	intravede 91
envie (disposition)	laziu 40
environnement	circondu 45, 89
envoyer	mandà 26, 31
épargne	risparmiu 97
épate (esbroufe)	sbacca 27
épaule (à l'~, au cou)	accollu 60
épicerie	buttea 13
éplucher	sbuchjà 81
épluchure	buchja 45
époque	epica 23
époque (période)	epica 74
épouse	sposa 99
époux	sposu 40
équipe	sguadra 54
équipement	attracciu 95
équipement (instrument)	arnese 65
errer	girandulà 89
escalader	arripiccassi 41
escalier	scala 71
escapade	scappata 67
esclave	schjavu 32
espace	spaziu 78
espèce	razza 88 ; spezia 94
espérer	sperà 15
esprit	spiritu 81, 99
esprits	lacramante 99
essai	prova 38
essayer	pruvà 15, 18, 41, 51, 67

quattrucentu ottantaquattru • 484

essentiel	essenziale 79
est (orient)	livante 41
estivant	statinante 47
et	è 1
et cetera	eccetera 37
et puis	eppó 25, 58
établissement	stabilimentu 19, 93
étage	pianu 22, 34, 40
étagère	parastasgiu 86
étaler (étendre)	stende 78
état (en bon ~)	in statu 40
été	estate 46, 67
été (période)	istatina 93
été (saison d'~)	istatina 76
éteindre (s'~)	spegne (si) 26
étendre	stende 87
étendre (s'~)	stracquàssi 27
étendre (s'~) / allonger (s'~)	stracquassi 72
étendue *(n.fém.)*	stesa 89
étiquette	etichetta 71, 86
étonner (s'~)	maravigliassi 83, 89
étouffée (à l'~)	à l'istretta 19
étrange	stranu 96
étranger	furesteru 41, 100
être	esse 12, 22, 23, 41, 67
être *(v.)*	esse 1, 2, 6, 7
être en usage	usà 85
étudiant/-e	studiente 2
étudier	studià 81, 93
éviter (l'~)	parà + la 18
évoquer (mentionner)	mintuvà 79
exclusif	sputicu 96
excursion	scampagnata 29
excuser	scusà 24
exemple	esempiu 96
exhausteur de goût	stuzzicagustu 37
expatrié	spatriatu 75
expédier	spedisce 74
expérience	pratica 26
expliquer	spiigà 26
exporter	spedisce 74
exposer	spone 95
exprès	apposta 25
exprès (à dessein)	apposta 79
exprès *(adv.)*	apposta 75
expression	spressione 100

expresso	espresso 4
exprimer (s'~)	discorre 58
exquis	squisitu 82
extérieur (dehors)	fora 62
exterminer	stirpà 60, 87
extraire	strae 79 ; ricaccià 81
extraordinaire	strasordinariu 12
extravagant	catarzu 48

F

fabriquer	fabbricà 37
face (en ~)	faccia (in ~) 71
facile	faciule 56
façon	manera 58, 96 ; modu 96
façon (manière)	manera 48, 78
facture	fattura 32
fade (non salé)	lazzu 72
faim	fame 15
faire	fà 2, 4, 10, 13, 19, 22, 23, 25, 36, 45, 67
faire (se ~)	fassi 25
faire appel (judiciaire)	appellassi 50
faire attention	fà attenzione 91
faire de l'effet	figurà 78
faire du bien (à qqun)	campà 39
faire mal	mucà 69
faire	fà 92
fait (en ~)	infatti (d'~) 89
faîte (toit)	capimonte 59
familiarité (confiance)	cunfidenza 100
famille	famiglia 10
fanatique	fanaticu 54
fané	passu 45
fanfaron	sbaccone 27
farine de châtaigne	farina pisticcina 67
fatigue	fatica 23
fatigué/e	stancu/ca 6
faucille	falgione 95
faufiler (se ~)	infrugnassi 57
faut (il ~)	ogna 72
faute (morale)	colpa 54
fauteuil	futtogliu 27
fauvette	capinera 94
faux (outil)	furlana 95
fée	fata 99
féliciter	felicità 56
femme	donna 44, 61, 68

femme (épouse)	moglia 58, 97
femme (femelle)	femmina 61
fenêtre	purtellu 74 ; finestra 76, 94
fer à repasser	ferru da stirà 32
fermer	serrà 31
festin	tavulacciu 85
festival	festival 36
fête	festa 36, 75
fête (petite ~)	festicciola 59
fêter	festighjà 39
feu (grand ~)	fucheria 65
feuille (*pl.* : feuillage)	fronda 47
feuille (végétale)	foglia 74
feuille morte	cuscogliula 95
février	ferraghju 48
fiancée	spusata 99
ficher (planter)	ficcà 59
fichier	schidulariu 26
fier (se ~)	fidassi 37
fièvre	frebba 18 ; frebbà 96
figatellu	figatellu 95
figue	ficu 65
figuier	fica 65
filet (de pêche)	reta 100
filet de porc fumé	lonzu 19
filière	trafila 89
fille	femmina 61
fille (de quelqu'un)	figliola 96
fille (sexe)	femmina 93
fille (*vs* garçon)	zitella 38
film	filmu 25, 36
fils (de quelqu'un)	figliolu 96
fils (enfant)	figliolu 16
fin	fine 39
fin *(adj.)*	finu *(adj.)* 52
fin *(n.)*	fine *(n.)* 92
financier	finanziere 97
fine herbe	erbigliula 95
finir	finisce 19, 33, 44 ; finì 50
fiscal	fiscale 68
flambant	framante 27
flamber (brûler)	oscià / oschjà 60
flanquer	schjaffà 50
fleur	fiore *(masc.)* 11
fleuri	fiuritu 30, 73
fleurir	fiurisce 79

flocon	fioccu 67
flocon (gros ~)	stracciu 67
foie	fegatu 72
fois	volta 6, 17, 33
follement	à a scimesca 29
fonction	funzione 93
fonctionnel	funziunale 64
fonctionner	funziunà 72
fond	fondu 67, 95
fond (au ~)	in fondu 22, 46
fondre	sdrughje 67
fontaine	funtana 30
force	forza 41
forcer	sfurzà 67
forêt	valdu 67 ; furesta 67, 89
forme	forma 16, 71
formule (boniment)	pricantula 65
fort	forte 72
fort/-e	forte 18
fortes chaleurs	a sciappittana 47
fossé	fussettu 90
fou	pazzu 96
foudre	saietta 90
foudre (frappé par la ~)	fulminà 90
fougère	filetta 79
four	fornu 10, 88
fourchette	furcina 78
fourneau	furnellu 79
fourniture	furnitura 93
fourrer (se ~)	infrugnassi 44
fraîcheur	truvà 47
frais	frescu 19, 43
frais *(n. et adj.)*	frescu 47
fraise	fraula 82
franc *(adj.)*	francu 36
franchement	franca 9
franchir	francà 23
franchir (à pied)	trafancà 41
frapper	minà 42, 93
frelon	calafrone 94
fréquenter	frequentà 66, 73, 85
frère	fratellu 16
fricot / ragoût	tianu 37
frictionner	strufinà 43
frime	sbacca 27
frissonner	sussinà 18

quattrucentu ottantottu • 488

friture	frittura 88
froid	freddu 15, 60, 73
froidure	friddura 48
fromage	furmagliu 13, 19
fromage corse	casgiu 19
frotter	strufinà 43, 88
fruit (propre et figuré)	fruttu 45
fruits (comestibles)	frutta 45
fumer (du tabac)	fumà 72
fusil	fucile 60, 94
futur	futuru 38

G

gâcher	guastà 80
gagner	guadagnà 50, 54 ; vince 54
gaieté (allégresse)	aligria 47
gain	vincita 66
gaîté	aligria 11
galette de farine de châtaigne	pisticcina 87
gamin	criampuli 65
garantie	garanzia 86
garçon	zitellu 13 ; maschju 61
garçon (sexe)	maschju 93
garer (se ~)	ingarassi 17
gargouillement	spisciulime 30
gâté (pourri)	guastu 45
gâter (se ~), piquer (se ~) (vin)	guastassi 86
gauche (à ~)	à manca 75, 78
gauche *(adj.)*	mancu/a 22
gazon	erbetta 95
geai	ghjandaghja 94
gelée *(n.)*	cutrura 67
gendarme	gendarme 29
gendarmerie	giandarmeria 68
génération	generazione 65, 100
genre	generu 99
gens	ghjente 8, 32, 41
gentil	bravu 58
germain (cousin ~)	carnale 9
gibier	selvaticume 60
girolle	ghjallisturzu 89
gorge	gola 15
goujon de mer	mazzacarò 15
gousse (ail)	sprichju 88
goût	gustu 74, 88
goûter (tester)	tastà 46

goûter *(v.)*	tastà 87
goûter *(v.)*	tastà 55
goutte	candella 90
gouvernement	guvernu 68
gouverner	guvernà 66
grâce à	grazie à 89
grammaire	grammatica 26, 38
grand	grande 36
grand (plus ~)	maiò 24
grand (si ~)	tamantu 31
grand plat	guantiera 78
grand troupeau	battarecciu 85
grande tenue (en ~)	in tocchisi 52
grand-mère	mammone 55 ; caccara 61 ; minnanna 96
grand-parent	caccari 61
grand-père	babbone, caccaru, missiavu 61
gratter (à ~)	grattatoghju 66
grave	grave 72
gravir une côte	attippassi 47
grêle	grandina 76
grêle *(n. fém.)*	grandina 90
grené	granatu 82
grève (bord de mer)	batticcia 43
griffer	sgrinfià 57
griller	imbrustulisce 88
griller	arruste 95
grincheux	azezu 58
grippe (maladie)	influenza 18
gris	grisgiu 51, 69
grisaille	muffura 90
grive	tordulu 94
gros (en ~)	à l'ingrossu 74
gros bonnet (haut dirigeant)	capizzone 75
grossir (sources)	ammatrà 89
guêpe	vespa 94
guérison	risanamentu 39
gui	vischju 65
gypaète	altore 94

H

habillement	vistitoghja 33, 51
habiller	veste 91
habiller / se rhabiller (s'~)	vestesi 43
habiter	stà 44
habitude	abitudine 41

habitude (mauvaise)	vezzu 29
habitué	avvezzu 31, 41
habituer (s'~)	abituassi 76
hacher	tazzà 55
haleter *(fig.)*	anscià 58
harassé (très fatigué)	spussatu 41
hardi (déterminé)	risulutu 41
haricot	fasgiolu 82
haricot vert	fasgiulinu 19, 82
hasard	inforse 66
hausser	alzà 67
haut	altu 41
haut (d'en ~)	supranu 83
haut (en ~)	in cima 30, 92
haut/e	altu 59
hauteur *(géogr.)*	altura 89
hectare	ettare 89
hélicoptère	elicotteru 85
herbe	erba 95
hérisson	ricciu 30
hêtre	fau 89
heure	ora 3, 53
heureusement	ancu di grazia 39
heureusement !	ancu assai ! 67
heureux	beatu 16
hibou	ciocciu 39, 94
hier	eri 40, 76
hirondelle	rondina 94
hisser (se ~)	cogliesi 29
histoire	storia 99
histoire (racontée)	fole 99
hiver	imbernu 67, 73, 96
homard	lupacante 88
homme	omu 17, 44, 61, 68
homme (mâle)	maschju 61
homme des bois (bûcheron)	machjaghjolu 79
honneur	onore 52
hôpital	ospidale 39
horizon	orizonte 90
hors (de)	fora 31
hors saison	contrastagone 74
houx	caracutu 65
huile	oliu 37, 78
huilier	uliera 78
huître	ostrice 88

I

ici	qui 20 ; quì 74
idée	idea 38
identité	identità 100
il y a	ci hè 1
il/lui	ellu 3, 4
île	isula 23, 44
illumination	luminaria 65
image	figura, fiura 25
imiter	rifà 94
immédiatement	aval'avà 53
immeuble (bâtiment)	palazzu 64
immortelle (plante)	murza 79
importance	impurtanza 68
importer (avoir de l'importance)	preme 66
importer (être d'importance)	preme 37
imposer	impone 74, 77
impôt	impositu 97
imprimante	stampaghjola 26
improductif	scaticatu 74
improviste (à l'~)	à l'ispensata 29
incendier	zingà (focu) 79
incommode	scomudu 64
indication	indicazione 85
indiquer	insignà 30, 55, 92
informatique	infurmatica 26, 31
ingrat	ingratu 83
ingrédient	roba 56
initiative	rigiru 48
initiative (démarche)	mossa 100
inoffensif (animal ~)	mansu 60
insecte	insettu 94
insipide	lazzu 72
instant	istante 80
instant (à l'~)	aval'avà 53
instrument	attracciu 32 ; arnese 95
intact	sanu 44
intercontinental	intercuntinentale 38
intéresser	interessà 81
intéresser (s'~)	interessassi 25
intérêt	interessu 89
intérieur	internu 88
intérieur (l'~ de)	aldinentru 87
interview	intervista 68, 81
intrinsèque	sputicu 60

quattrucentu novantadui • 492

inutile	inutule 83
inventer	inventà 95
invention	invenzione 25
inviter	invità 11
isolé	scantatu 85
isoloir (cachette)	piattatoghju 75

J

jamais	mai 33, 40, 83
jamais (à~)	insempiternu 99
jambon	prisuttu 13
janvier	ghjennaghju 65, 67
jaquette	flacchina 52
jardin	giardinu 37
jaune	giallu 44
je	eiu 2
jeter	ghjittà 45 ; lampà 75
jeter au loin	capulà 67
jeu	ghjocu 65
jeudi	ghjovi 48, 62
jeune	giovanu 24, 44, 87, 93
jeune fille	giuvanotta 99
jeunesse (les jeunes)	giuventù 93
joindre (adjoindre)	appiccià 31
jonc	ghjuncu 85
jouer	ghjucà 17, 66
joueur	ghjucadore 38, 66
jouir de...	gode 11
jour	ghjornu 3
Jour de l'An	Capudannu 30
journal	giurnale 48, 81
journaliste	giurnalistu/-ta 2
journée	ghjurnata 33, 67
joyeux	alegru 54
juge	ghjudice 50
jugement (procès)	ghjudiziu 50
juillet	lugliu 47, 67
jusqu'à	finu à 37, 66 ; sinu à 43, 92 ; insinu à 67
juste	ghjustu 51, 81
justement	appuntu 97
justement (à propos)	ghjustappuntu 48

K

kilo	chilò 82
klaxon	tromba 27

L

là	custì 22, 71
la *(art.)*	a 3
là-bas	culà 17, 91 ; quallà 43, 91
lacet (de chaussure)	stragliere 69
lâché	cappià 83
lâcher (abandonner)	cappià 41
là-haut	quassù 91
laisser	lascià 20, 27, 60, 99 ; lacà 53, 66 ; lacà (lascià) 66
lait	latte 4
lampadaire	lampadariu 71
lampe à huile	lumera 32
langouste	aligostia 88
langue	lingua 44
lapin	cunigliulu 92
large	largu 51
lauze (tuile)	teghja 30
lavage	lavata 20
lave-linge	lavapanni 32
laver	lavà 91
laver (se ~)	lavassi 84
lave-vaisselle	lavapiatti 32
le	u 3
le bout (la fin)	l'ultimu 64
le/la/les	l' 3
leçon	lezzioni 93
lecteur	lettore 100
lectrice	lettrice 100
lecture	littura 81 ; lettura 100
léger	ligeru 72
légère	allera 64
légitime	lighjittimu 100
lendemain	lindumane 65, 80
lequel	qualessu 86
lequel ?	qualessu ? 46
les *(m.)*	i 6
lettre	lettera 71
lever	pisà 90
lever (se ~)	arrizzassi 84
lever (se ~) (le matin)	arrizzà(-ssi) 3
lever (se ~)	arrizzassi 80
libeccio	livecciu 76
libre	liberu 17
licol	cavezza 83

liège	cozzu 86
lien	liame 100
lier	ligà 87
lieu (emplacement)	lucale *(n.)* 64
lieu (endroit)	locu 24, 40
ligne	filare 31 ; linia 81
ligne (d'écriture)	filare 81
liqueur	licore *(n. masc.)* 86
lire	leghje 48, 81
lisse (étale)	lisciu 43
liste	lista 75
lit	lettu 34, 80
litige	lita 50
livre	libru 96, 97
livre (poids)	libbra 56
livre (volume imprimé)	libru 93
livre *(fém.)*	libbra 46
local	lucale 81
location	affittu 81
logement	alloghju 40
loger	allughjà 59
logiciel	lugiziale 26
loi	lege 54, 79
loin	luntanu 8, 27, 91 ; indà 15
lointain	luntanu 40
lointain (le ~)	luntananza 83
long	longu 39
long (le ~ de)	arrente à 71
longtemps	un pezzu 27, 76, 93
loterie	lutteria 66
loto (jeu)	china 66
louange	loda 85
lourd (temps ~)	tempu angusciosu 90
loyer	pigiò 32 ; pigione 59
lumière (artificielle)	lume 32
lumière (naturelle)	luce 32
lundi	luni 93
luxe	lussu 87
lycéen	liceanu 93
lys	gigliu 17

M

machin (bidule)	incrochju 24
machin (joujou)	incrochju 65
maçon	muradore 59
madame	madama 22, 46

magasin	magazinu 12
magnifique	magnificu 67
mai	maghju 94
mail	mail 31
main	manu 22, 31, 68, 91, 93
maintenant	avà/avale 11 ; aval'avà 53
maire	merre 30, 44
mairie	merria 30
mais	ma 13, 20
maison	casa 6, 11
maison (de la ~)	casana 94
maison (petite ~)	casuccia 59
maître	patrone 12 ; maestru 93
maître (d'un animal)	patrone 83
maîtresse de maison	patrona di casa 11
maîtrise	patrunanza 100
maîtriser	guvernà 66
majeur	maiò 89
mal	male 12, 58
mal (douleur)	pena 37
mal (physique)	pena 72
mal *(adv.)*	male 1
mal à la tête	pena in capu 18
maladie	malatia 18
malheur	guaiu 57 ; disgrazia 87
malheureux	disgraziatu 32
maltraiter (malmener)	strazià (transitif) 64
Malvoisie	Malvasia 86
manche *(fém.)*	manica 51
manches de chemise (en ~)	scamisgiulatu 52
mandarinier, mandarine	mandarinu 74
mangeable	manghjatoghju 37
manger	manghjà 13, 57 ; magnà 96
manier	manighjà 67
manipuler	manighjà 97
manœuvre *(masc.)*	manuvale 59
manquer	mancà 41, 85, 99
manteau	mantellu 69
maquis	machja 60, 79
marc (de café)	posa 45
marchand de légumes	ligumaghju 82
marchandise	roba 10 ; mercanzia 37
marché	mercatu 10
marcher	marchjà 12, 39
marcher (se déplacer)	vïaghjà 12
mardi	marti 33, 48

mare	pozzu *(fam.)* 23
mariage	matrimoniu 52
marié *(n.)*	sposu 52
marier (se ~)	maritassi 16, 61
marmaille	criaturame 94
marmite	pignatta 95
marqué	signatu 18
marque (empreinte, trace)	marcu 88
marquer	marcà 86
marraine	cumare 52
marron (couleur)	marron (couleur) 69
marron grillé	fasgiola 95
mars	marzu 48, 67
martinet (oiseau)	sbirru 94
masser (se ~, s'amasser)	ammansassi 68
match	macciu 25
matelas	strapunta 80
mathématique(s)	matematica 38
matin	mane 3 ; matina 4
matinal	sbunuratu 75
maudit	maladettu 99
mauvais	gattivu 39, 50
mauvais/-e	gattivu/-va 5
mauvaise foi	malafede 54
me *(pr. pers. compl.)*	mi 2, 3
mécanisé	miccanizà 95
médicament	medicina 18
meilleur	migliore 94
mélange	mischju 19, 55
mélange (panachage)	miscugliu 75
mélanger	imbulighjà 55
mêlé à	à bulighjù 100
melon	milone 82
même	listessu 9, 30 ; puru 20
même *(adj.)*	listessu 96
même (aussi)	ancu 24
même (de ~)	listessa 85
même (identique)	cumpagnu *(adj.)* 51
même (pareil)	listessu 44
même pas	mancu 24, 67, 71
mémoire (en ~)	à mente 100
mémoire *(fém.)*	memoriu 40, 61
mentionner	mintuvà 86, 96
mentionner (évoquer)	rammintà 87
menu *(adj.)*	minutu 81
mer	mare 23 ; mare (masc.) 43

497 • **quattrucentu novantasette**

merci	grazie 1
mercredi	mercuri 33, 48
mère	mamma 9, 44
mère (ma ~)	mamma 38
mère (ta ~)	mammata 38
mère poule	cioccia 92
mérite	meritu 46
mériter	merità 54
merle	merla 60, 94
message	mandataghju 53
messager	mandataghju 53
messe	messa 65
mesure	misura 51, 68
mesurer (se ~ avec)	scumpete 97
météo	meteò 5
métier	arte *(fém.)* 38 ; mistieru 38, 46, 85
mètre	metru 30
mettre	mette 11, 14, 26, 77
mettre (poser)	pone 78
mettre de côté	allucà 97
mettre le feu	zingà (focu) 79
meuble	mobule 71
meuble *(n.)*	mobule 57
meubler (se ~)	ammubulà 71
miauler	miaulà 57
micro	micrò 68
midi	meziornu 80
miel	mele 92
mieux	megliu 11, 36, 44, 62
milieu (au ~)	à mezu 12
militaire	militare 60
millier	millaia 94
ministre	ministru 68
minuit	mezanotte 12, 65
minute	minutu 8 ; minutu *(masc.)* 68
miracle	miraculu 24, 44, 58, 99
misère (somme dérisoire)	bazzica 83
mistral	maistrale 76
mode	moda 61
modérer	muderà 29
moderne	mudernu 31
modernité	mudernita 99
moi	eiu 2
moindre	minore 23
moindre (chaque)	ogni 44
moins	menu 8, 40, 66, 73

quattrucentu novantottu • 498

mois	mese 36, 48
moment	stonda 53 ; mumentu 68
mon	u mio 13
monde	mondu 73
monde (gens)	ghjente 12
monde (univers)	mondu 31
monsieur	monsieur 20 ; sgiò 68
montagne	muntagna 41
montée	ricciata 30
monter	cullà 40, 59, 66, 67, 92
monter (élever)	cullà 18
monter (sur qq.chose)	cogliesi 29
monument	munumentu 68, 87
moquer (se ~)	ride 61
morceau	pezzu 76
mort	mortu 68
morue	baccalà 88
mot	parolla 85
moteur	mutore 12, 27, 38
motif (raison)	mutivu 58, 100
motivation	primura 81
moto	motò 44
motorisation	muturizazione 83
mots croisés	incrucittimi 81
moucheron	muschinu 94
mouchoir	mandile 45, 69
mouillé	crosciu 90
mouiller	incruscià 5
mouiller (se ~)	incrusciassi 43
mourir	more 81, 94
moustique	zinzala 94
moutarde	mustarda 78
moyen (manière, procédé)	versu 72
moyen (possibilité)	versu 25
moyen *(adj.)*	mizanu 89
mulet (poisson)	mazzerdu 88
mulet (quadrupède)	mulu 44
multiplier	multiplicà 60
municipal (communal)	municipale 75
mur	muru 71
mûrir	maturà 40
musette (sac)	sacchetta 69
musique	musica 36, 94
myrte	morta 86

N

n'est-ce pas	nevvè 26
nager	nutà 43
naïf	niscentre 64
naître	nasce 44, 54
nappe (linge de table)	tuvaglia 78
nation	nazione 96
nature	natura 60, 92
naturel	naturale 24
naturel, "nature"	naturale 46
ne... pas	ùn 1
néfaste	micidiale 76
nèfle	nespula 40
négocier	niguzià 64
neige (tempête de ~)	nivaghjone 67
neiger	nivà 67
nervosité	nerbosu 50
nettoyer	pulisce 95
neuf, neuve	novu/a 40
neuf/nouveau/nouvelle	novu/a, nuvellu/a 22
ni	nè 83
ni... ni...	nè... nè... 71
Noël	Natale 30
Noël (de ~)	Natalecciu 65
nœud papillon	fiucchettu 52
noir/-e	neru 4, 52, 93
nom	casata 71
nom d'un cépage	niellucciu, sciaccarellu, vermentinu 86
nombre (grand ~)	buzeffu (à) 85
nombre / numéro	numeru 66
non	nò 2
non (renforcé)	innò 5
normal	nurmale 72
norme	norma 85
note	nota 82
notre/nos	nostru/a/i/e 22
nourriture	manghjusca 10
nous *(pr. pers. sujet)*	noi 6
nous autres	noialtri 96
nouveau	novu 26
nouveau-né	ciucciu 61
Nouvel An	Capudannu 61
nouvelle (information)	nutizia 16, 25
nouvelle *(n.)*	nutizia 81
nuage	nulu 90

nuit	notte 6
nuit (dans la ~)	nuttata 67
nuitamment	nottetempu 90
nulle part	indocu 38, 44, 57

O

ô (devant un nom pour saluer)	o 1
obligation	ubbligazione 97
obliger	ubligà 53
obscur	oscuru 81
obscurité	bughju 32
observer	mirà 16
occasion	occasione 52, 81, 100
occupation (activité)	faccenda 23
occupation (tâche)	faccenda 33
octobre	ottobre 93
odeur	odore 81
odeur (bonne ~), parfum	muscu 46
œuf	ovu 56
officiel	uffiziale 68
offre	offerta 89
offrir	rigalà 82
offrir (faire cadeau de)	rigalà 37, 71
oiseau	acellu 34
oiseaux (espèce)	acillame 94
olive	oliva 65
olivier	oliva 65
on (homme)	si 15
on *(pronom)*	omu 15, 17
oncle	ziu 23, 37
opposition (d'~)	contrappartitu 75
orage	timpurale 90
orange	aranciu 74
oranger	aranciu 74
ordinaire	qualvogliasia 78
ordinateur	urdinatore 26
ordonnance (médicale)	repice 18
ordre (en ~)	in sesta 51
ordre/état (en ~)	in sesta 33
oreille	orechja 24
oreiller (coussin)	cuscinu 80
original	originale 71
origine	origine 85
origine (d'~, exclusif, authentique)	sputicu 60
orner (décorer)	frisgià 65
oronge	buletru 89

ôter	caccià 87
ôter (enlever)	caccià 47
ôter (s' ~)	caccià 50
ou	o 8
où	induve 10, 24, 57
oublier	scurdassi 13, 29, 31, 69, 74, 80, 93 ; diminticà 69
ouest (occident)	punente 41
oui	ïé 8
oursin	zinzì 88
outil	ferru 95
ouverture	apertura 75
ouvrir	apre 29, 57, 67, 77, 92

P

page (livre, journal)	pagina 81
pageot	paragu 88
paghjella	paghjella 99
paille	paglia 40
pain	pane 87, 88
paire	paru 51
paix	pace 65
palais	palazzu 79
palmier (palme)	palma 76, 89
panier	spurtellu 37
pantalon	pantalone 44, 51
pantoufle	ciavatta 69
paperasse	scartafacciu 59
papier	carta 45, 81
papier (petit ~)	cartina 66
paquet	pacchettu 72
par ici	quindi 69
par là-bas	culandi 69
parages (alentours)	cuntornu 31
parages (environs)	cuntorni 73
paraître	pare 36, 77
parangon	paragone 83
parapluie	paracqua 5
parasol	parasole 43
parce que	percosa 60
parcourir	girà 31, 44 ; batte 83
parcourir (explorer)	girà 89
paré	paratu 27, 69
pareil (semblable)	simule 76
pareille	altrettantu 85
parent	parente 9

cinquecentu è dui • 502

parent (père ou mère)	genitore 73
parenté	parintia 9
parents (père et mère)	genitori 93
parfum	prufume 79
pari	scummessa 81
parier	scummette 51
parler	parlà 64, 85
parler *(n.)*	parlatu 100
paroissien	paruchjanu 65
parrain	cumpare 52
partage	spartimentu 60
parti *(n.)*	parti 75
particulier	particulare 73
partie (jeu)	partita 80
partir	parte 14, 17, 29, 58
partout	dapertuttu 63
pas	passu 100
pas *(négation)*	micca 11
pas *(adv.)*	micca 23
pas *(n.)*	passu 12
pas même	mancu 94
passage (quantité de passants)	passeghju 46
passager (voyageur)	passegeru 79
passer	passà 13, 36, 65, 99
passion	passione 25
passionné	passiunatu 75
pastèque	patecca 82
patience	pazienza 22, 58, 69, 91
pâtisserie	pastizzeria 46
patrimoine	casale 66
patron	patrone 15
patronyme	casata 9, 71
pâturage	pasculu 85
pâture	pascura 85
pauvre	poveru 66, 88, 99
payer	pagà 13, 63, 97
pays	paese 25
paysage	paisaggiu 17 ; paisagiu 89
pêcher	piscà 73, 88
pêcher (arbre)	persicu 74
pêcheur	piscadore 15
peine	pena 18
peine (ennui, souci)	fastidiu 45
peiner	strazià *(intransitif)* 64
peintre	pittore 71
pêle-mêle	à buleghju 45

503 • cinquecentu è trè

pelle	pala 95
pénétrer	infrugnassi 44
penser	pensà 26, 32, 36, 62, 72
pentu	appesu 83
pépin (grain)	granella 74
percepteur	percettore 97
percher (se ~)	inalpellassi 57
perdre	perde 50, 54, 66
perdre (se ~)	perdesi 46
perdrix	pernice 60
perdurer	durà 85
père / papa (ton ~)	babbitu 38
père / papa (mon ~)	babbu 38
pérégrinations	girandulata 100
période (époque)	epica 47, 69
permettre	permette 59, 97
persienne	ghjelusia 30, 76
persil	petrusellu 82
personnalité	persunalità 68
personne	persona 18 ; nimu 37
personne *(pronom indéf.)*	nimu 91
personne (quelqu'un)	persona 24
perte	perdita 66
peser	pisà 46, 69
petit	chjucu 34, 93 ; picculu 81
petit pois	pisu 82
petit-fils	figliulinu 96
petits-enfants	figliulini 96
peu	pocu 20
peu (un ~)	appena 15, 16, 26, 53
peu (un tout petit ~)	appinuccia 51
peuplier	piopu 89
peur	paura 43, 51
peut-être	forse 74
peut-être que	soca 41
pharmacie	farmacia 18
pharmacien	farmacistu *(mod.)*, spiziale *(anc.)* 18
photo	fotó 31
photographie	fotografia 26, 83
picaillons	sghei 97
picoler	sciumbrà 72
pièce (d'habitation)	stanza 22, 40
pièce minuscule/exiguë	chjuvellu 40
pied	pede 44, 83
pied (plant)	pedale 87
piège	trappula 64

pierre	petra 59, 99
pierreux	petricosu 83
pilier (soutien)	puntellu 100
pilote	pilotu 38
pilule	pillula 18
pin	pinu 89
pincettes	mullette 67
pinçon	pinciglione 94
piquer (aiguillonner)	zingà 79
pitié	frizione 87
pizza	pizza 15
placard	scanceria 71
place	piazza 17, 65, 78
place (lieu)	lucale *(n.)* 92
placer	piazzà 62, 71
plaindre (se ~)	lagnassi 61
plaine	piaghja 67, 96
plainte	lagnanza 93
plaire	piace 23, 27, 30, 43, 83
plaisir	piacè 2, 8, 26, 66, 94
plant	cestu 82
plantation	piantazione 87
plante	pianta 76
planter (agr.)	pone 59
plantureux	bundanziosu 85
plastique	plastica 85
plastique (matière ~)	plastica 45
plat (assiette)	piattu 19
plat de service	piattu à purtata 55
plat, étalé	spartu 78
platane	platanu 76
plein/e	pienu 12, 16
pleurer	pienghje 90
pleuvoir	piove 5
plier	allibrà 97
plonger	ciuttà 55
plonger (se lancer)	lampassi 43
pluie (eau de ~)	acqua piuvana 89
plume (métallique)	pinnuccia 93
plus	piú 8
plusieurs	parechji 9, 19
poche	stacca 69, 71
poêle à griller	testu 95
poêlon	tianu 37
poésie	puesia 83
point	puntu 50, 64

poirier	peru 74
poisson	pesci 3 ; pesciu 15, 88
poivre	peveru 55
poivrier	piveraghjola 78
polenta	pulenda 67
polenta (repas de ~)	pulindata 87
police	pulizza 68
policier	pulizzeru 25, 38
politique	pulitica 20, 81
politique *(péjoratif)*	puliticaccia 20
pomme (fruit)	mela 65
pomme de pin	pignottu 89
pomme de terre	pomu 82
pommier	melu 65
porcelet	purchettu 92
porcherie	purcile 92
port (de mer)	portu 88
port (maritime)	portu 44
port (petit ~)	purticciolu 88
portable (téléphone)	purtabile 24
porte d'entrée	purtone 57
porte-couteau	riponicultellu 78
porte-plume	penna 93
porter	purtà 33
porter (bien se ~)	passassila 16, 39
porter (se ~)	stà 1
poser	pone 40
poser (déposer)	ripone 78
positif	pusitivu 64
possible	pussibule 40, 62
poste TV	postu 25
poster (mettre à la poste)	impustà 31
poster (se ~) (en faction)	impustassi 29
pot	vasu 78
potager	ortu 37
poubelle	pubbella 45
poulailler	pullinaghju 92
poule	ghjallina 92
poulet	pullastru 92
poulette	pullezza 92
pour	per 3, 12
pourquoi	percosa 60
pourtant	eppuru 85
pourvoir	pruvede 85
pourvu de grandes oreilles	arichjutu 83
pousser (botanique)	spuntà 79

cinquecentu è sei • 506

poussin	piulu 92
pouvoir	pudè 15, 17, 23, 36, 67
pouvoir *(v.)*	pudè 4, 10, 22
pratique	pratica 26
pratique *(adj.)*	praticu 81
précaution	precauzione 37
précipice	precipiziu 67
préfecture	prefettura 68
préfet	prefettu 68
premier	primu 58
premièrement	una 45
prendre	piglià 3, 4, 13, 18, 22, 36
prendre congé	licenziassi 100
prendre le dessus	suprana 89
prendre ses aises	accumudassi 57
prénom	nome 61, 71
préoccupation	capatoghju 81
près	vicinu 68
présence	prisenza 75 ; presenza 85
président	presidente 68, 75
presque	guasi 74
presse	stampa 81
presser (comprimer)	spreme 55
pressoir	franghju 37
présure	impresu 85
prêt	prontu 27, 68
prêt (tout ~)	è lestu 92
preuve	prova 66
prévoir	prevede 36, 91
principal	principale 19
principal/e	principale 8
printemps	viranu 73
printemps	veranu 94
prisonnier	prigiuneru 67
prix (à payer)	prezzu 64
prix (montant)	prezzu 40
problème	prublema 81 ; prublemu 93
procédurier	attaccalita 50
procès	causa, prucessu 50
procuration	prucura 75
procurer (se ~)	buscà 10, 95
prodigue	spendaccione 96
producteur	pruduttore 37
production	pruduzzione 37
produire	pruduce 74, 77
produire (se ~)	stalvà 81

produit	prudottu 37, 74
produit(s)	roba 37
professionnel	prufessiunale 38, 40
profit	prò 79
profiter	prufittà 8, 82
profond	fondu *(adj.)* 71
progrès	prugressu 31
projet	prugettu 64
prolonger	allungà 100
promenade	spassighjata 73
promettre	prumette 95
prononciation	pronunzia 100
propos	discorsu 96
proposer	prupone 40, 81
propre	pulitu 30
propreté	pulizia 45
propriétaire	patrone 57 ; prupietariu 85
propriété	prupietà 92
prospère	prusperosu 99
protection	prutezzione 89
protéger	prutege 60, 68, 79, 83, 94
provenir	scatulisce 61
proverbe	pruverbiu 3, 76, 96
provision	pruvista 8, 67
provoquer (attiser)	azzizzà 58
prune (variété)	bombuccone 74
prunier	bombuccone 74
public	pubblicu 64, 68
publication	pubblicazione 81
puisque	postu chì 31
puissance	putenza 27
puissant	putente 38
pull-over	maglia 69
pureté	purezza 89

Q

qualité	qualità 46
quand	quandu/quand' 11
quand même	listessu 97
quant à	quantu à 16
quart	quartu 15
quartier	quartieru 12
quasiment	guasi 87
que/qui	chì 3, 4
quel que soit	qualvogliasia 96
quel(le) qu'il(elle) soit	qualvogliasia 78

quelqu'un	qualchissia 68, 100
quelque chose	qualcosa 11
quelque(s)	qualchì 25
quelque... que ce soit	qualsiasi 24
qui *(pr. interrog.)*	quale 2
quincaillerie	chincaglieria 95
quitte	pattu 66
quitter	chità 53 ; sorte 58
quotidien	cotidianu 81

R

raccourci *(adj.)*	accurtatu 44
raccourcir	accurtà 20, 51
racle-pâte	conzula 99
raconter	cuntà 20
radiatore	radiatore 32
radis	ravanetta 82
rafale	sbuffulata 76
rafraîchir	rinfriscà 20, 81
ragot (racontar)	capatoghju 81
raisin	uva 74, 86
raison	ragiò 3, 31 ; mutivu 58 ; ragiò /ragione 78
raison (motif)	mutivu 40, 83
raisonnement	ragiunamentu 100
rameau	rambella 65
râper (fromage)	grattà 88
râper (gratter)	grattà 55
rappeler	richjamà 53
rappeler (remémorer)	rammintà 48
rapporter	ghjunghje 95
rapprocher	avvicinà 78
rare	raru 54
rasoir	rasoghju 32
rassasier	appatturisce 10
ravir (à ~)	d' d'incanti 51
ravitaillement	pruvista 85
rayé	arriatu 52
rayer (biffer)	arriià 75
rebord (de route)	ripale 95
rebut	scartu 45
réception	ricevimentu 68
recette (de cuisine)	sosula 55
recevoir	riceve 68
rechercher	circà 40
réclame	riclama 81

recoin	scornu 44
récolte	cugliera 87
recommander	arricumandassi 75 ; ricumandà 100
recommencer	turnà à 100
réconforter	rinchere 76, 77
rectangulaire	rettangulare 71
recueillir	ricoglie 85
réduire au silence	azzittà 94
réduire en farine	macinà 87
rééducation	rieducazione 39
réfléchir	riflette 64
refuser	ricusà 79
regarder	fidighjà 17, 25, 30, 99 ; guardà 25, 54, 99 ; mirà 51
regarder (observer)	guardà 59
regarder dehors	affaccà 34
règle	regula 76
règle (instrument)	riga 93
régler	rigulà 26
regretter	rincresce 99
regretter *(intransitif)*	dispiace 53
régulier	rigulare 72
relevé (cuisine)	appuntatu 88
remarquable	assignalatu 89
remercier	ringrazià 1, 22
remettre	rimette 33
remettre (se ~)	rimettesi 39
remontée	ricullata 85
remonter	ricullà 55
remous (mer)	sciambottu 43
remplacer	rimpiazzà 59, 65
remplir	empie 89
rencontre	scontru 16
rencontrer	scuntrà 61
rendez-vous	appuntamentu 33
renommé	rinumatu 92
renouveler (recommencer)	turnà 72
rentrée	rientrata 93
renvoyer (ajourner)	attimpà 67
répandre	sparghje 85, 99
répandre (se ~)	sparghjesi 83
réparer (arranger)	accuncià 26
repartir	riparte 34
répartir	scumparte 93
repas	pastu 19
repas copieux	pranzu 65

repasser (défriper)	stirà 69
répéter	ripete 64
répondre	risponde 68, 83, 92
repos	riposu 47
reposant	sfaticatu 33
reprendre	ripiglià 39, 80
reprendre (relever)	ripiglià 100
représentatif	riprisintativu 74
reprocher	rimpruverà 56, 83 ; rimbiccà 61
réputation	riputazione 79, 89
réserver	riservà 62
résineux	rasginosu 89
résoudre	disciublicà 93
respecter	rispittà 45
respirer	rispirà 72
resplendir	spampillulà 27
restaurant	restaurant 15
restaurer (nourrir)	appatturà 78
reste	restu 59, 82 ; avanzu 95
reste / relief (de repas)	avanzatura 45
rester	stà 1, 6, 8 ; ristà 15
rester (demeurer qq part)	stassine 41
rester (subsister)	firmà 65, 82
rester	firmà 34
résultat	risultatu 72, 93
retenir	ritene 62
retiré	ritiratu 73
retirer (ôter)	caccià 80
retoucher	rituccà 51
retourner (revenir)	vultà 75
retraite	ritirata 73
réunion	riunione 22, 33
réussir	riesce 26
revanche (en ~)	invece 16
réveiller	discità 34, 80
réveiller (se ~)	discitassi 84
réveillon	sopraccena 65
revenir	vultà 29, 53
revenir de droit (à quelqu'un)	tuccà (à qualchidunu) 93
revenu	rivenutu 97
rêver	sunnià 80
revivre	rinivisce 47
revoir	rivede 91
révolu	scapulatu 93
rez-de-chaussée	pianu 34 ; parditerra 59
riant (en ~)	ridoni 100

richard / richissime	riccone 66
riche	riccu 97
rideau	tindina 75
ridicule	ridiculu 96
rien	nulla 36 ; nunda 36, 58
ripaille	manghjata 88
rire	ride 61
risque	risicu 66, 67
risquer	risicà 62
rivage	sponda 23 ; marina 43
rivages	marina 88
rivière	fiume 47, 88
robuste	rubustu 41
rocher	scogliu 43
roitelet	scrizzula 94
ronce (piquant)	tangu 60
rond-point	giratoghju 29
ronfler (en dormant)	surnacà 80
ronger	rode 87
ronronner, bourdonner	bufunà 57
rosé	rusulinu 19
rossignol	rusignolu 94
rôti	arrostu 92
rôti *(adj.)*	arrustitu 65
rôtir	arroste 60
rouge	rossu 19, 44, 82
rouge-gorge	pettirossu 94
rouget	triglia 88
rouleau de mer (lame)	matarusciata 43
rouler	vïaghjà 29 ; cincinà 89
route	stradone 17, 67, 83, 92, 95
route (en ~)	per istrada 29
ruche	bugna 92
rucher	ernaghju 92
rue	carrughju 12
ruelle	stretta 12
ruiner	ruvinà 60
ruissellement	piena 79

S

s'écouler (passer)	scorre 36
s'exposer	tendesi 47
s'il faut	casumai 40
sable	rena 43
sac	saccu 10
saccager	ruvinà 60

cinquecentu è dodeci • 512

sage (doué de sagesse)	astutu 66
sagesse	saviezza 96
sain	sanu 44
saison	stagione 47, 96
salade	insalata 13, 19
salé	salitu 55
saletés (immondices)	mullizzu 45
salière	salinu 78
salle	sala 22, 71
salle (à manger)	sala 57
salut	salute 1, 36
salutaire	salutivaru 43
samedi	sabatu 36
sandale	sandula 69
sang	sangue 43
sanglier	cignale 60
sans	senza 4, 8, 38
santé	salute 39
sapin	ghjallicu 65
sardine (fraîche)	sardella 88
satisfaction	suddisfazione 54, 100
sauce	salsa 55
saucisson	salciccia 19, 83
sauf (à l'exception de)	salvune 65
saumure	salamoghja 88
saupoudrer (répandre)	sparghje 55
sauter	saltà 11
sautiller	saltichjà 94
sauver	salvà 94, 99
savoir	sapè 18, 20, 24, 36, 42, 57, 64, 81, 85, 93
savoir *(n.)*	sapè 100
scie	sega 95
scie à bras	sigone 87
scie égoïne	saragattu 95
se divertir	divertissi 25
se heurter (se battre)	impicciassi 54
se ruer (attaquer)	fraià 60
se souvenir	arricurdassi 24
se tromper	sbagliassi 14
seau (métallique)	stagnone 45
sec	asciuttu 13 ; seccu 76
sèchement / sec	seccu 50
sécher (se ~) (s'essuyer)	asciuvassi 43
sécher, dessécher	siccà 73
sécheresse	sicchina 90

séchoir à châtaignes	grataghju 87
second/e	sicondu/a 22
secouer	trinnicà 17
secrétaire	sicritariu 75
secrétariat	sicritariatu 22
sel	sale 55
selon	sicondu 11, 72
semaine	settimana 10, 48 ; etima 62
sembler	pare 11, 17, 42 ; parè 22
semer, ensemencer (emblaver)	suminà 58
sénat	senatu 50
sensibilité (sentiment)	sintimu 93
sentence	sintenza 50
sentier	straducula 83
sentir	sente 15, 19, 72
sentir (à l'odorat)	sente 46
séparer	staccà 93
septembre	sittembre 48
serein (devenir ~)	assirinà 90
série	ie 25
serpe	rustaghja 95
serrer	stringhje 51, 69
serrure	serratura 95
service (plat de ~)	purtata (piattu à ~) 78
service (travail)	serviziu 22
serviette de table	tuvagliolu 78
servir	serve 57, 82 ; ghjuvà 95
servir (être utile)	ghjuvà 52, 78
servir (se ~ de, utiliser)	ghjuvassi 24
serviteur	servu 83
seuil	zigliare 57
seul	solu 34
shampoing	lavata 20
si (condition)	sè/sì 13
si *(conj.)*	sè/sì 5
si grand	tamantu 40
siècle	seculu 85
signal	segnu 90
signe	segnu 46
signe (marque)	segnu 66
silence	silenziu 30, 68
sinon	osinnò 19, 32
sirocco	sciloccu 76
sirop	sciroppu 18
site	situ 68
situation	situazione 79

sœur	surella 16
soie	seta 51
soif	sete 15, 47
soigner	curà 79
soir	sera 6, 23, 36
soirée	serata 6, 36
soldat	sullatu 60
soleil	sole 47, 67
solennité	pompa 52
sollicitude (empressement)	primura 100
sombre	foscu 51
sommeil	sonnu 6
sommet	cima 67
sonner	sunà 24
sonnerie	suneria 71
sonnette (agiter la ~)	scampanellà 92
sorcier	mazzeru 99
sornette	fughjichja 99
sortir	sorte 12, 14, 53, 61 ; esce 68
sortir (*transitif*)	caccià 96
sortir (*transitif*) (ôter)	caccià 29
sou	sollu 13
souche	ceppu 9
souci	penseru 17, 27, 62
souci (intérêt)	primura 50
soucier (se ~)	primurassi 40
soucieux (de …)	primurosu 75
soudain	à manu à manu 90
souffle	fiatu 41
souffle (vigueur)	fiatu 99
souffler (vent)	tirà 76
soufflet	suffiettu 95
souffrir	pate 67
soulever	pisà 23
soulier	scarpu 52, 69
soumettre	sottumette 54
soupe	suppa 82
soupe de farine de châtaigne et lait	brilluli 87
souper	sopraccena 65
source	surgente 47
sourd	cioncu 27
sous (en dessous)	sottu 51
soutenir	sustene 54
souvenir (s'en ~)	arricurdassine 48
souvenir (se ~)	arricurdassi 67, 74, 93
souvent	spessu 23, 69

spécial	speziale 36
spécialiste	spezialistu 38 ; spizialistu 81
spécialité	spezialità 83
spécifier	specificà 64
spectacle	spettaculu 36
sport	sport 39
sportif	spurtivu 54
stade	stadiu 54
subsister	campà 8
substantiel	sustanziosu 88
succès	successu 36
sucre	zuccheru 4
sucré	inzuccheratu 82
sucrerie	dulciume 87
suffire	bastà 8, 22, 32, 39
suffisamment	abbastanza 59
suite (de ~)	à fila 67
suivre	seguità 25, 54, 61
supporter	sustenitore 54 ; suppurtà 95
suppositoire	sdrughjinu 18
sur	nantu à 18 ; nantu 85
sûr	sicuru 62, 73, 82
sûr (c'est ~)	di sicuru 76
sur le/à dos, dans les bras	accollu 44
sur soi	addossu 69
sûrement	sicura 4
surface (à la ~)	à gallu 55
surmonter (éviter)	francà 79
surprise	surpresa 64
surtout	soprattuttu 81 ; masimu 90
surveiller	surviglià 38
survenir	stalvà 81
suspendre	appende 24, 67, 71, 77 ; suspende 93
sympathie	simpatia 100
sympathique	simpaticu 74

T

table	tavulinu 39, 62, 71
table (meuble)	tavulinu 78
table (nourriture)	tavula 19
table (sauf le meuble)	tavula 78
tableau	guadru 71
tablette	tavuletta 75
tablier	scurzale 93
tache	tacca 93
tâche	dafà *(inv.)* 33

taille (corps : partie resserrée du tronc)	vita 72
taille (mesure)	taglia 5
tailler (dans le dur)	zuccà 59
taire (se ~)	stà zittu 58 ; tace 63
tandis que	invece 94
tandis que (en revanche)	invece 44
tanin	tinta 87
tant	tantu 20
tant que / jusqu'à ce que	finchè 54
tante	zia 23, 61
tantinet (un ~)	una cria 51
tard	tardi 25, 62
tarder	tricà 47
tasse	tazza 4
tasse (petite ~)	tazzina 4
taxe d'habitation	mubiglia 97
taxe foncière	fundiaria 97
te *(pr. pers. compl.)*	ti 5
technologie	tecnulugia 65
tee-shirt	camisgiola 44
téléphone	telefunu 24, 68
téléphoner	telefunà 89
télévision	televisione 25, 32
tellement (tant)	tantu 15
témoin	testimone 52, 81, 100
tempête	timpesta 76
tempête de vent	vintizata 76
temps	tempu 5, 13, 23
temps en temps (de ~)	ogni tantu 26
tendre	teneru 82
tendre (offrir)	porghje 65
tenir	tene 15, 42, 48
tenir compte	tene contu 96
tension	tensione 72
tenter	pruvà 41
tenue	tenuta 52
terrain	terrenu 85
terrain à bâtir (emplacement)	situ 59
terrasse	terrazza 62
terre	terra 74, 85
terre (par ~)	in pianu 75
territoire	rughjone 96
territoires (vastes ~)	cunfina 74
tête	testa 17 ; capu 18, 72
téter	sughje 92

517 • **cinquecentu dicessette**

têtu	inchjuccutu 83
théâtre	teatru 36
thermalisme	termalisimu 44
Tiens ! *(interj.)*	Ohò ! 3
timbre-poste	franchizia 31
tirer	tirà 66, 100
titre	titulu 81
toit	tettu 30
tomate	pumata 37
tomber	cascà 54, 63, 73, 87, 89
ton	u to 11 ; tonu 58
tondeuse	tunditrice 95
tonneau	botte 86
tonnelet	caratellu 86
tonnerre	tonu 90
tonnerre (roulement de ~)	tunizata 90
tonte	tundera 85
tordre (se ~)	torcesi 76
toucher	tuccà 32, 63, 67
toucher (trinquer)	tuccà 86
toujours	sempre 2
tour	torra 62 ; giru 92
tour (être le ~ de)	tuccà à 20
tourisme	turisimu 44
touriste	turistu 44
touristique	turisticu 89
tourmenter (châtier)	casticà 72
tourner	girà 81
tourner (virer)	trincà 30
tous les deux	tramindui 16
Toussaint (la ~)	i Santi 46
tout	tuttu 12, 19, 30
tout de même	puru 17, 20, 23
tout de suite	subitu 43
tout là-haut	in cima 86
tout/e	tuttu 8
tradition	tradizione 46, 99
trafic	trafficu 12
train	trenu 17
traire	munghje 85
traite (mulsion)	munghjera 85
tramontane	tramuntana 76
tranche	fetta 13
transfert en plaine	impiaghjera 85
transmettre	tramandà 99 ; trasmette 100
transport	trasportu 64

transporter	trascinà 87
travailler	travaglià 3
traversée	traversata 23
traverser	travirsà 85
traversin	capizzale 80
trébucher	inciuppicà 83
trempé	intintu 90
tremper (à -)	mogliu (à -) 88
trempette (immersion)	ciuttata 43
trentaine	trentina 30
trépied	treppede 95
très	assai 79
tribunal	tribunal 50, 93
tricot de corps	maglietta 69
tricoter	calzittà 73
trident (râteau)	ruspaghjola, ruspula 87
trier	sceglie 45
trille	fischjulata 94
trois	trè 3
troisième	terzu 9
tromper (se ~)	sbagliassi 12, 62, 78, 83
tromper qqun	burlà, ingannà 12
tronc	fustu 89
tronqué (coupé)	mozzu 62
trop	troppu 36
troupeau	banda 85
troupeau moyen	greghja 85
trouvaille	truvata 24
trouvé *(adj. verbal)*	truvà 57
trouver	truvà 17, 30, 40, 67, 83, 99
trouver (se ~)	truvassi 22, 85
truie	lofia 92
truite	truita 88
tu/toi	t' 5 ; tù 11
tuer	tumbà 60, 83

U

ubac (lieux ombragés)	umbria 47
un/une	un/una 4
urgent	urgente 53
urne (électorale)	cascetta 75
usage	usu 31, 45, 57, 65
usage (être d'~)	usà 61
ustensile	arnese 45 ; stuvigliu 95
utile	utule 100

utiliser	aduprà 85, 100
utilité	prò 79 ; ghjuvore 89

V

vacance	vacanza 47
va-et-vient	pass'è vene 40
vague (grosse ~), onde	marosulu 43
vaincre	vince 26, 54
vainqueur	vincitore 75
valise	valisgia 69
valorisation	vantu 87
varié	svariatu 81
varier	svarià 36
variété	qualità 86
va-vite (à la ~)	lesta (à la ~) 81
végétaux fauchés	pattume 95
veille	vigilia 39
veillée (la ~)	veghja 39
veiller	veghja 99
veiller sur	curà 86
vélo (bicyclette)	biccicletta 47
vendange	vindemia 73, 86
vendre	vende 66, 85
vendredi	venneri 48
venir	vene 6, 8
venir à manquer	scaglià 32
vent	ventu 43, 54, 76
vent (petit ~) (brise)	venticellu 43
vente	vendita 81
ventre	corpu 37, 72
verdure	virdura 89
verger	arburetu 74
verglas (glace)	cotru 67
véritable	veru 12 ; veru/a 27
verre (~ à pied)	calice (à ~) 78
verre (à boire)	bichjeru 72, 78
verre (matière)	vetru 45, 75
verre (petit ~)	bichjerinu 86
vers (en direction de)	ver'di 100
vers (environ)	versu 53
vert	verde 45, 79
vert (fruit)	maciarbu 82
vésicule	vuscicula 72
veste	vesta 51
veste d'homme	ghjacchetta 52

cinquecentu vinti • 520

vêtement	vistitoghja 33
viande	carne 60
vide	biotu 10, 68, 78
vidéo	video 65
vie	vita 61, 73, 81
vie pastorale	pasturinu 85
vieil homme	vechju (n.) 93
vieillir	invichjà 86
vieux / vieille	vechju 19, 32
vigilant (attentif)	attentu 64
vigne	vigna 59, 90
vigneron	vignaghjolu 86
vigoureux	furzutu 41
vilain/e	gattive 64
village	paese 8, 20
villageois	paisanu 30
ville	cità 8
vin	vinu 19
vin au quinquina	vinu chinatu 86
vin piqué	acitosu 86
vinaigre	acetu 78
vingt	vinti 17
violent	forte 18
virer (tourner)	trincà 92
visite	visita 68, 73
visiter	visità 29, 40
vite	in furia 13, 17 ; di/in furia 29, 31 ; prestu 29, 40
vitesse	vitezza 29
vitre	vetru 29
vivace (vivant)	vivu 99
vivats	evive 75
vive… !	eviva… ! 39
vivre	campà 8, 39
vivre / survivre	campà 81
vivre (v.)	stà 4
voilà	eccu 22, 53
voilà / voici	eccu 68
voir	vede 8, 16, 36, 39, 57, 77 ; mirà 82
voisin	vicinu 9, 73
voisin (n.)	vicinante 50
voiture	vittura 8, 12, 17
voix	voce 58
vol (aérien)	volu 38
voler (en l'air)	vulà 76
voler (s'envoler)	vulà 23

volontiers	vulenteri 30 ; vulinteri 82
voter	vutà 75
votre/vos	vostru/a/i/e 22
vouloir	vulè 5, 6, 12, 24, 41, 77, 81, 98 ; vole 48
vous *(pr. pers. compl.)*	vi 1, 4
vous *(pr. pers. sujet)*	voi 1
vous autres	voialtri 38, 60
voyage	viaghju 31, 54
voyager	vïaghjà 12 ; viaghjà 17
vrai	veru 17, 60, 61, 71 ; veru/a 24
vraiment	propiu 60, 97 ; daveru 88 ; viramente 90
vrombissement	rombu 12
vu que	siccume 99
vue	vista 52

Y
y *(adv.)* — ci 1

Z
zone — locu 85

▶▶▶ Le corse

chez Assimil, c'est également :

Guide de conversation corse
Kit de conversation corse

N° **édition 4193** : Le corse
Imprimé en France par Laballery, novembre 2022
209735